当代西方学术经典译丛

Knowledge and its Limits

知识及其限度

[英]蒂莫西·威廉姆森 著

刘占峰 陈 丽 译

陈 波 校

人民出版社

责任编辑:洪 琼

图书在版编目(CIP)数据

知识及其限度/[英]蒂摩西·威廉姆森著 刘占峰 陈丽 译
陈波 校. -北京:人民出版社,2013.9
(当代西方学术经典译丛)
ISBN 978-7-01-012298-4

Ⅰ.①知… Ⅱ.①威…②刘…③陈…④陈… Ⅲ.①认识论-研究 Ⅳ.①B017

中国版本图书馆CIP数据核字(2013)第153349号

知识及其限度

ZHISHI JIQI XIANDU

[英]蒂摩西·威廉姆森著 刘占峰 陈丽 译 陈波 校

人民出版社 出版发行

(100706 北京市东城区隆福寺街99号)

北京中科印刷有限公司印刷 新华书店经销

2013年9月第1版 2013年9月北京第1次印刷
开本:710毫米×1000毫米 1/16 印张:30.5
字数:370千字 印数:0,001-3,000册

ISBN 978-7-01-012298-4 定价:79.00元

邮购地址 100706 北京市东城区隆福寺街99号
人民东方图书销售中心 电话 (010)65250042 65289539

目 录

Contents

推荐者序 陈 波 / 1
序 / 18

导 论 / 1
1. 知道和行动 / 1
2. 不可分析的知识 / 2
3. 事实性心理状态 / 6
4. 知识作为信念和断定的证成 / 10
5. 认识透明性的神话 / 13
6. 不可知的真理 / 22
第 1 章 一种心灵状态 / 25
1.1 事实态度 / 25
1.2 心理状态、第一人称的可通达性和怀疑论 / 27
1.3 知识与分析 / 32
1.4 知道作为最一般的事实性心理状态 / 40
1.5 知道与相信 / 51
第 2 章 宽广性 / 60
2.1 内在主义和外在主义 / 60
2.2 宽条件和窄条件 / 63

2.3 知道和相信之间的心理差异 / 67
2.4 知识的因果有效性 / 75
第3章 首要性 / 80
3.1 首要条件和合成的条件 / 80
3.2 首要性的论证 / 82
3.3 自由重组 / 90
3.4 首要条件的解释价值 / 93
3.5 普遍性的价值 / 100
3.6 解释与相关性系数 / 103
3.7 首要性与因果秩序 / 109
3.8 非合取的分解 / 110
第4章 反透明性 / 115
4.1 认知家园 / 115
4.2 透明性 / 116
4.3 一个反透明性论证 / 120
4.4 可靠性 / 122
4.5 连锁论证 / 127
4.6 总结 / 132
4.7 科学的检验 / 135
4.8 可断定性条件 / 137
第5章 余地与迭代 / 142
5.1 知道一个人知道 / 142
5.2 进一步迭代 / 150
5.3 接近的可能性 / 154
5.4 点估计 / 163
5.5 迭代的人际间知识 / 165

第6章　一种应用　/169
6.1　意外的考试　/169
6.2　有条件的意外考试悖论　/178
第7章　敏感性　/184
7.1　预览　/184
7.2　反事实的敏感性　/185
7.3　反事实条件与怀疑论　/188
7.4　方法　/191
7.5　语境主义的敏感性　/197
7.6　敏感性与宽内容　/203
第8章　怀疑论　/206
8.1　计划　/206
8.2　怀疑论与认知可通达性的非对称性　/207
8.3　证据在好情形与坏情形中的区别　/212
8.4　证据同一性的论证　/214
8.5　现象的证据概念　/217
8.6　证据的同一性与连锁论证　/220
8.7　理性的非透明性　/224
8.8　无需证据同一性的怀疑论　/228
第9章　证据　/232
9.1　知识作为证成的信念　/232
9.2　证据总体　/235
9.3　证据的通道　/240
9.4　一个论证　/244
9.5　证据作为命题的　/245

9.6 命题证据作为知识 / 252
9.7 知识作为证据 / 256
9.8 非实用主义的证成 / 261
第10章 证据概率 / 263
10.1 模糊的概率 / 263
10.2 不确定的证据 / 268
10.3 证据与知识 / 279
10.4 认知的可通达性 / 281
10.5 一个简单模型 / 288
10.6 一种费解的现象 / 290
第11章 断定 / 299
11.1 断定的规则 / 299
11.2 真理解释 / 306
11.3 知识解释 / 313
11.4 对知识解释的异议与答复 / 320
11.5 BK解释和RBK解释 / 325
11.6 数学的断定 / 329
11.7 断定的目的 / 333
第12章 结构的不可知性 / 337
12.1 菲奇的论证 / 337
12.2 对合取式分配 / 344
12.3 对句子位置的量化 / 357
12.4 无法回答的问题 / 361
12.5 跨世界的可知性 / 363
附录1 相关性系数 / 377
附录2 计算知识的迭代 / 381

附录 3　几乎遍及各处的轻微不敏感性的一个形式模型　/ 385
附录 4　认知逻辑中的迭代概率（证明）　/ 391
附录 5　一个非对称的认知模式　/ 398
附录 6　对合取式分配　/ 400
附录 7　威廉姆森访谈录/陈波　/ 403

索　引　/ 443

推荐者序

陈 波*

2007 年至 2008 年，我在英国牛津大学哲学系做了一年访问学者，此事导致了《知识及其限度》一书①在中国的翻译出版。

我的访问邀请人和联系导师就是本书作者蒂莫西·威廉姆森（Timothy Williamson，1955—），他的本科生和研究生阶段都在牛津大学度过，1981 年获得哲学博士学位，先后任都柏林三一学院哲学讲师，爱丁堡大学逻辑和形而上学教授，现任牛津大学威克汉姆逻辑学教授，英国科学院院士，挪威文理科学院外籍院士，美国文理科学院外籍荣誉院士，是一位有重要国际影响的原创性哲学家。其主要研究领域为哲学逻辑、认识论、形而上学和语言哲学。其专著有《同一和分辨》（1990）、《模糊性》（1994）、《知识及其限度》（2000）以及《哲学的哲学》（2007）；已发表论文一百多篇，在世界各地的多所大学和学术机构兼职和讲学。2009 年，威廉姆森应我的邀请访问中国，先后在北京、太原、重庆、上海和广州等地的高校讲学，进行了为期 20 多天的学术之旅。2009—2012 年，他获得莱弗尔梅研究基金（Leverhulme Major Research Fellowship），有四年空余时间专门从事"二阶模态逻辑的哲学应用"的研究工作。

---

* 作者简介：陈波，北京大学外国哲学研究所、哲学系教授。

① Williamson，T. *Knowledge and its Limits*，Oxford：Oxford University Press，2000.

2000年,牛津大学出版社出版了威廉姆森的第三本书——《知识及其限度》。此书把批判的矛头对准下述三者:首先是认识论中的一个漫长传统,即把信念看做比知识更为基本的概念,并试图根据信念、真理和其他因素来分析知识;其次是心灵哲学中的内在论学说,它赋予主体的纯粹内在的状态作为认识论起点的优先地位;再次是怀疑论,也就是这样一些支持怀疑论的论证,它们也许看起来没有但实质上却预设了某种形式的内在论。该书开篇即说:"知识和行动是心灵与世界之间的核心关系。在行动中,世界要适应心灵。在知识中,心灵要适应世界。当世界不适应心灵时,就徒留愿望。当心灵不适应世界时,就徒留信念。愿望渴求行动;信念渴求知识。愿望的目的是行动;信念的目的是知识。"该书要在与行动的关联中去探讨知识,要在与知识的关联中去诠释信念等其他认知现象,它正面阐述了一种"知识优先"或"以知识概念为中心"的认识论,提出了许多新颖独特的论题。该书出版后,受到英语哲学圈的欢迎和高度评价。我读到过这样的评论:此书是"自1975年以来所出版的最好的认识论著作"①,"它为后十年或更多时间内的认识论提供了议事日程"②,"即使按保守的估计,……[该书]是过去25年内所出版的最重要的哲学著作之一。"③2009年,牛津大学出版社出版了一卷讨论此书的专题文集——《威廉姆森论知识》④。

那么,《知识及其限度》一书究竟阐述了哪些重要的新思想,为什么会显得如此重要呢?我这里只撮述其要,供读者们

---

① DeRose, K. "Review of Timothy Williamson, *Knowledge and Its Limits*", *British Journal for the Philosophy of Science* 53(2002):573.

② Harman, G. "Reflection on Knowledge and Its Limits", *The Philosophical Review*, 111(2002):417.

③ Greenough, P. and D. Pritchard. (eds.) *Williamson on Knowledge*, Oxford: Oxford University Press, 2009, p.1.

④ 参见上注。

参考。

需要先从“盖梯尔问题”谈起。从柏拉图以降,西方哲学有一个根深蒂固的传统:“知识”是“真理”,至少蕴涵着“真理”;说某人“知道”某事,但该事却是假的,这是相当反直观的,甚至是悖谬性的。一个命题 p 对某个认知主体 x 来说构成“知识”,通常意味着:(1)x 相信 p;(2)p 是真的;(3)x 相信 p 是有充分根据的,用哲学行话来说,是得到证成(justified)的。简言之,“知识”就是“得到证成的真信念”。美国哲学家盖梯尔(Edmund Gettier,1927—　)于 1963 年发表了一篇仅 3 页纸的短文《有证成的真信念是知识吗?》(这也是他一生中所发表的唯一一篇文章),通过几个反例有说服力地证明:以上所列举的只是“知识”的必要条件,而不是充分条件。自此以后,大多数认识论学者承认,要对“x 知道 p”做出令人满意的分析,必须加入另外的第四个条件。寻找这第四个条件就成为众所周知的“盖梯尔问题”。“绝大多数认识论学者在最初遇到它时,都确信它有一个简单的解答。一些解决原来盖梯尔反例的条件被发现,但该条件的新反例几乎立刻出现。越来越复杂的反例伴随着越来越复杂的第四个条件。目前,盖梯尔问题变得异常错综复杂,已经没有多少哲学家指望它有一个简单的解答了。”①威廉姆森在《知识及其限度》一书中指出,回答盖梯尔问题的各种尝试之不成功说明:我们一开始就弄错了,不是要根据“信念”去说明“知识”,而是相反,要根据“知识”去说明信念、证据、证成(justification)、断定等认知现象。他提出了一个著名的口号:“知识优先”(knowledge first),一反先前的研究传统,发展了一种“知识优先”或者说“以知识概念为基础或中心”的认识论。

---

① 约翰·波洛克、乔·克拉兹:《当代知识论》,陈真译,复旦大学出版社 2008 年版,第 17 页。

具体来说，该书阐述和发展了以下主要的新思想或新论题。

(1)知道是一种事实性的心灵状态。

威廉姆森断言，我们凭借命题态度构造来描述知道(knowing)状态的方式，与我们描述其他心智状态如感知(perceiving)、记忆(remembering)、相信(believing)、愿望(desiring)、意欲(intending)的方式相同。知道类似于感知和记忆，但在一个明显的方面区别于相信、愿望和意欲：知道是事实性的，或者用一个更为传统的说法，知识蕴涵真理。一个人知道某事发生，仅当该事确实发生；否则，那个人仅仅是相信该事发生，或者是相信他知道该事发生。如果某人断言他知道北京在日本，他的断言仅仅是假的。他也许*以为*他知道北京在日本，但他弄错了；他并不真的知道北京在日本。他对他自己的无知无知，正像他对地理学无知一样。因此，知道不是一种纯粹内在的状态。一个人是否知道关于外在环境的某事并不仅仅由那个人内在的心智状态决定，它也取决于事物在外在环境中是怎样的。

心灵哲学中的内在论认为，纯粹的心智状态随附于内在于自主体的心智生活的东西(如内在的大脑状态或感受性)，以致两个内在状态完全一致的自主体有完全相同的认知状态。既然知道是事实性的，知道关于外在环境的某事并不随附于内在状态，因此根据内在论的标准，知道就不是纯粹的心智状态。在内在论者看来，知识是纯粹的心智状态和外在环境条件两部分的合成物，例如，相信天在下雨至少由下面两个因素构成：相信天在下雨的心智状态，以及关于环境的外在条件，即天在下雨。这表明，知识应该分析为真信念加上一些其他因素，如证成。不过，这种内在论遭遇到一些严重的困难和质疑。有强有力的独立论证支持语义外在论观点，即命题态度的内容在内在状态一致的几个摹本之间可以有很大不同，因为自主体所思考的东西构成性地依赖于他们与什么样的东西发生因果作用。于是，根据内在论的标准,对于给定内容的大多数命题态度就不是纯粹的心智状态,甚至像相信、愿望或意欲这样的心智状态范例也不算数。虽然内在论者可以设定核心的纯粹心智状态,它们随附于内在状态,未被自然语言充分地表征,不过,相信有这样一簇核心状态的理由却是很薄弱的。这簇核心的纯粹心智状态被认为在对于行动的因果解释中发挥了特殊作用,因为它们是局部的。但大多数行动本身不是局部的;而且,对于因果解释的内在论限制倾向于迫使人们使用这样的解释条件,它们或者是不适当的、普遍的,或者是不适当的一贯的。外在论是下述看法的自然结果:有一个心灵的作用就是使一个人的行动受关于这个世界的知识的指导,典型地是受关于外在环境的知识的指导;一般而言,心智生活应该相对于它成功发挥作用的情形来加以理解。就其内容而言是外在的心智状态要辅之以就其对该内容的态度而言是外在的心智状态。事实性的心智状态,如知道、感知、记忆,就是后一种心智状态的例证。它们能够在行动的解释中发挥充分的作用。

(2)应该根据知识去解释信念、断定等认知现象,而不是相反。

根据当代的心灵解释,信念的适应指向是从心灵到世界。信念若适应世界就为真,否则就为假。尽管真信念和假信念在不同的世界中是相同的心理状态,但信念在心智生活系统中的位置依赖于它与真理的潜在关系。知识只是一种特殊的真信念,"真"和"信念"都只是"知识"的必要条件,还必须找到另外的条件,把所有这些条件合在一起才可能是"知识"的充分必要条件。如果情况确实如此的话,信念就被假定为是比知识更为基本的东西,因为要根据信念来解释知识。但是,威廉姆森指出,这种方案遭遇到很多难以克服的困难,例如,自盖梯尔证明了甚至证成的真信念对于知识来说也是不充分的以来,认识论学家付出了巨大努力,试图说出知识究竟是哪一种真信念,迄今为止进行了成百上千种这样的尝试,但它们全都失败了;而且,通过找出知识的多个必要条件,例如信念、真、证成以及X,就能找出知识的非循环的充分必要条件,这一假定是错误的。举例来说,“是有颜色的”是“是红色的”的必要条件,但是,如果有人问,给“是有颜色的”加入什么样的条件才能成为“是红色的”?只能回答说:除了加入“是红色的”之外别无他法。同样的道理,我们也没有理由认为,把知识的多个必要条件合取起来,就能找到知识的非循环的充分必要条件。等式“红色=有颜色+X”和等式“知识=真信念+X”都不必然有一种非循环的解答。简而言之,根据信念等去诠释、说明、分析、定义知识的方案是行不通的。

威廉姆森所提出的替代方案是:“知识优先”,即把“知识”概念作为不加诠释的基本概念,用它去诠释、说明、分析、定义“信念”等其他认知现象。认知系统的功能就是生产知识;当它发生故障的时候,它生产纯粹的信念,这样的信念是有缺陷的,并不构成知识,典型的是假信念,也包括碰巧为真的信念。如果某人知道事情是如何,他就相信事情是如何;但是,如果他仅仅相信事情是如何,他并不知道事情是如何。单纯的相信要相对于知道加以理解,误感知要相对于感知加以理解,误记忆要相对于记忆加以理解,就像发生故障要相对于正常起作用来加以理解一样。特别地,相信要被理解为这样的心智状态,它对于作为其特殊状态的知道具有类似的直接效果。于是,根据其直接的先行状态对行动做因果解释,经常要合适地诉诸信念而不是知识,即使当自主体事实上知道的时候。但是,许多行动,像搜寻、捕猎、喂食等,经常包括在相当长时间内与环境直接的复杂反馈。在这样的情形下,知识和信念在给定时间内起了很不相同的因果解释作用,因为它们以不同的方式与长期效果相关联。

单纯的信念常常不像知识那样稳定,因为它基于错误的理解之上,这种错误很容易暴露出来。而且,在成功的理智行动中,自主体做某件事情,是因为做那件事是一件好事,这里的"因为"是在给出理由,而不只是因果的。"因为"陈述并不是下述因果断言的省略说法,即该自主体实施该行动,因为他相信做那件事是一件好事。如果他做过那件事是因为做那件事是一件好事,就可以推出做那件事情是一件好事;确实,按照"因为"是在给出理由的解读,下面一点是合理的:仅当该自主体知道做那件事是一件好事的时候,他才因为做那件事是一件好事而做了那件事。如果他仅仅相信做那件事是一件好事,那么,也许在"因为"的因果意义上,他做了那件事因为他相信做那件事是一件好事,也许在"因为"的非因果意义上,他相信他在做那件事因为做那件事是一件好事,但后一信念是假的。

综上所述,知识是核心的而非从属于信念。知识为信念设定规范:一个直率的信念得到充分的证成,当且仅当它构成知识。既然对信念的语言表达是断定,知识也为断定设定规范:一个人应该断定某事如何,仅当他知道某事如何;或者说,一个人应该断定 p,仅当他知道 p。

(3)证据即知识,用公式表示为 E=K。

威廉姆森还用"知识"概念去诠释和说明"证据"概念,得出了一个有点惊世骇俗的结论:证据即知识,并用符号表示为"E=K"。他断言,一个人的全部证据(evidence)就是他的全部知识(knowledge)。因此,一个假说与证据不一致,当且仅当,它与已知的真理不一致;它是一种恰当的证据解释,当且仅当,它是对已知真理的一种恰当的解释。一个人的证据证成了对这个假说的信念,当且仅当,他的知识证成了这个信念。知识在解释中的作用主要是作为证成者(what justifies),而不是作为被证成者(what gets justified)。知识也能够证成本身不是知识的信念,例如，由 x 知道某个人拿着一把血淋淋的刀从房间里出来——随后在那里发现了尸体——就可能证成 x 相信他是凶手，即使他实际上是无辜的，因此 x 并不知道他是凶手。

在我于牛津大学对他所做的访谈中，威廉姆森解释说："E=K 是相当自然的、合乎常识的证据观。它不会使你的证据不依赖你的个人状态，因为你所知道的东西依赖于你的个人状态——例如，昨天你把你的头朝向什么样的事件并注意到它们。但同样地，它也不会使证据成为完全主观的东西，因为既然知识依赖于真理，E=K 就确保了所有证据都由真理组成（尽管不是所有的真理都是证据）。于是，证据就能够帮助我们达到真理。我们不知道的真理的概率可以根据我们所知道的真理来评定。当然，我们并不总是能够知道某物是否构成了我们的部分证据，既然我们并不总是能够知道我们是否知道这一点，但反透明论证表明：这并不构成对 E=K 的异议，既然无论证据是什么样的，具有某个特定的命题作为一个人的部分证据这一状态将不是透明的。所以，一个人能够有该命题作为他的部分证据，但不能知道它是他的部分证据。我们必须学会与这一事实自然相处。"①

威廉姆森进一步解释说，一个人的证据和他的知识相等，这并不蕴涵任何关于某些命题证据如何证成某个信念的特殊理论。相反，它将绝对的证成与相对的证成关联起来。一个信念是相对于其他一些信念——这个信念是以某种适当的方式从那些信念派生出来的（可能是通过演绎）——而被证成的，但它不是被绝对证成的，除非其他的那些信念是被绝对证成的。这种倒退止于何处？根据它终止于证据的假设，证据和知识的相等

① 陈波：《深入地思考，做出原创性贡献——威廉姆森访谈录》，《晋阳学刊》2009 年第 1 期。

蕴涵着:一个人的信念被绝对证成,当且仅当,它是相对于这个人的知识而被证成的。证成的倒退止于知识。这种解释可能被认为以一种极其不足道的方式而使所有知识都能自我证成:一个人的知识被绝对证成,当且仅当它是相对于自身被证成的。如果证成的目的是尽其所能充当知识的一个条件,这种非议就是公平的。但根据目前的解释,这并不是证成的目的。相反,证成主要是知识能够赋予信念的一种地位,这些信念根据这种地位看起来就很好,而无需它们自身等同于知识。仅作为一种有限的情形,知识本身才享有证成的地位。

也许可以如此概括威廉姆森关于知识、信念、断定、证据的观念:知识是一种事实性的心智状态;信念是更一般的心智状态,要求以知识为条件。成功的信念构成知识,不构成知识的信念是有缺陷的。知识概念不能用更基本的术语来分析。相反,可以用知识去解释信念、证据、证成和断定的性质。这样的观点是一种极端形式的外在论,因为它意味着:我们最基本的认知状态是由与我们的外在环境的关联来构成的。例如,你知道那只猫坐在那张席子上,仅当那只猫坐在那张席子上……

威廉姆森进而论述说,以上观念可以在一种形式框架内展开,该框架把概率论与用于认知逻辑的可能世界语义学相结合。可能世界刻画了下述区别的结构,即什么东西与一个人的知识相一致,什么东西与其不一致。概率论测度了一个人的知识在多大程度上支持了其他命题。这种做法允许人们使用贝叶斯主义的形式手段,而避免它在认识论上的素朴的主观主义。认知逻辑也能够使人们去探讨菲奇(G.W.Fitch)所谓的可知性悖论,威廉姆森认为,后者实际上不是一个悖论——除非是对于那些持有过时的证实主义预设的人,而是关于什么东西能够被知道的形式限制的重要结果。

(4)反透明性论证及其意蕴。

对如上所述的观点，如知道是一种心理状态，证据等于知识，必须遵守的断定规则是“你应该断定 p，仅当你知道 p”，已经提出了三个相互关联的非议。威廉姆森指出，在这三个非议的底层，都假定了心智状态的某种透明性，而他透过构造反透明论证对它们做出了反驳。

质疑“知道是一种心智状态”的论证是这样进行的：(1)我们似乎有特殊的通道进入我们的心智状态，也就是说，我们有能力未经观察就知道我们是否处于一给定的心智状态中。或者说，心智状态在下述意义上是透明的：只要一个人处于这样的状态中，他就能够知道他处于这种状态中。例如，心灵哲学中的内在论者倾向于认为，处于疼痛的状态中是透明的，因为只要一个人处于疼痛中，他就能够知道他处于疼痛中。(2)知道状态却不是完全透明的。因为一个人不总能够(in a position to)知道他是否知道某事。如果一个人知道 p，由此不能推出他能够知道他知道 p；如果一个人不知道 p，由此不能推出他能够知道他不知道 p。这就是说，下面两个认知逻辑的公理不成立：

正内省　K(x,p) ∀K(x,K(x,p))　[若 x 知道 p，则 x 知道他知道 p]

负内省！K(x,p) ∀K(x,！K(x,p))[若 x 不知道 p，则 x 知道他不知道 p]

它们断言，一个认知主体对自己的知识状况(所知和无知)有清楚的认知。威廉姆森本人证明了正内省公理不成立，亨迪卡则给出了拒绝负内省公理的决定性理由。[①] 由前提(1)和(2)可以得出结论(3)：知道不是一种心智状态。不过，威廉姆森不接受结论(3)，但他却接受前提(2)，故他把批判的矛头对

---

① Hintikka, J. *Knowledge and Belief*, Ithaca, N. Y.: Connell University Press, 1962, p.106 and section 8.2.

准(1),并为此构造了反透明论证。

威廉姆森论证说,唯有不足道的状态在下述意义上是透明的:一个人总是处于这种状态中,或者从不处于这种状态中。而绝大多数心智状态S都是足道的,因而一个人处在S状态中这个条件不是透明的。一个人不在S中这个条件同样也是不透明的。例如,一个人能爱某个人却不能够知道他爱她,一个人能不爱某人却不能够知道她不爱他。一个人能想要某物却不能够知道他想要它,一个人能不想要某物却不能够知道他不想要它。假如知道是一种心智状态,一个人就不应当对此感到惊讶:即他能不知道某事却不能够知道他不知道它。实际上,一个人可以独立地反驳很多心智状态的透明性。它们包括因果关系模式;有时一个人做出了一个关于他现在的状态的判断,但他随后被迫予以否认,因为他介入其间的行为与这种自我归属模式有矛盾。他的判断可能受到了系统的曲解。一个人对心智状态的自我归属有时太不可靠,以致难以构成知识。与一个人的自我形象不相容的心智状态可能被他隐瞒了。回忆儿童时期的一件事与想象它的差异是心智状态上的差异,但这也是一种很容易被弄错的差异。

在反透明论证中,人的辨别力的有限性和误差余地(margin for error)起了重要作用。前者是说,在两个非常接近但有差别的情形中,我们无法准确地辨识它们之间的差别;后者是指在知道p和p为假之间存在一个缓冲带——由p为真但不为人所知的情形构成。这个缓冲带有这样的特性:一个人不可能知道他处于其中。威廉姆森考虑了这样一个过程,凭借该过程,小的改变引导你进入所谈论的那个心智状态。例如,一种折磨人的疼痛缓慢消失了,直到你处于完全舒适的状态。在该过程的某些中间阶段,在靠近处于疼痛中和不处于疼痛中的临界点的地方,必定会达到这样一个点:在那里,你处于疼痛中,但你不能知道你处于疼痛中。

不过,由心智状态的非透明性却不能否认,人在有利的情形下无需观察就能知道他是否处于某种心智状态中,比如说,是否处于知道状态中。你可能无需观察就知道你是否知道两天前下过雨,就像你无需观察就知道你是否相信两天前下过雨一样。如果你知道两天前下过雨,这种知识(或信念)可能来自于过去的观察,但是要知道你知道(和相信)却不需要进一步的观察。当然,随后的观察——它表明两天前没下雨——破坏了关于过去的知识即两天前下过雨的自我归属,却没有破坏关于过去的信念即两天前下过雨的自我归属。但是,如果一个判断能由于某类理由而被破坏,也不能推出它是基于同一类的其他理由而被破坏的。我无需进一步观察就能知道我知道p,尽管观察能证明关于知道p的主张为假。因此,知道仍然是我们有弱进入通道的一种心智状态。

无论证据是什么,反透明性的结果也适用于证据状态:既然一个人的证据就是他的知识,而知识并不是完全透明的,即一个人并不总是能够知道他的所知和无知,故一个人也并不总是能够知道他的证据是什么。于是,一个人也并不总是能够测度他的信念相对于他的证据的概率,由此得出的结论是:合理性不能完全被操作化。如果把"操作化的"认识论理解为把认识论转变为去评价有关获取、保存和拒绝信念的规则,这些规则在下述意义上是操作性的:只要一个人在遵循那个规则,他就能够知道他在遵循该规则。显然,这会使得遵循规则成为一种透明状态,并且它不是一种不足道的状态。但是,根据反透明论证,只有不足道的状态才是透明的。于是,不存在操作化认识论所要求的那种状态,认识论也不能被操作化。

(5)存在不可知的真理。

威廉姆森指出,反透明论证以及对正内省和负内省的拒绝,全都涉及不能被知道的真理,至少是在相关的情景中。他对意外考试悖论的处理也是类似的。该悖论的一个例子是一位教师告诉他的学生,仅在该年的某一天,他们将面临一场考试,并且在该考试的早晨,他们将不知道考试将发生在那一天。论证是这样进行的:考试日不可能是最后一天,既然那天早晨他们将知道这是留给考试的唯一一天。因此,他们能够提前排除考试发生在最后一天。所以,最后一天的前一天是最后的可能性。但是,这样一来,根据类似的论证,他们也能够排除考试发生在那一天。通过提前对该年的每一天继续该论证,学生们能够"证明"不可能有这样的考试。但是很清楚,如果该教师是值得信赖的,学生们就能够提前知道将会有这样一个意外考试。解决办法是弄明白下面一点:即使人们今天知道某件事情,也推不出他今天知道他明天仍然知道该件事情。这是直接拒绝正内省原则的历时版本。

威廉姆森还捍卫了关于存在不可知真理的另一类型的论证。该论证是这样进行的:他举例说,在 2008 年 1 月 1 日,我办公室里书的数目或者是奇数或者是偶数。既然我当时没有数它们,自那时以来已经发生了太多的改变,没有人将会知道该数目是什么。于是,或者"该批书的数目是奇数"总是一个未知的真理,或者"该批书的数目是偶数"总是一个未知的真理。我们能够允许,虽然那些真理总是未知的,却不是不可知的,既然在 2008 年 1 月 1 日,某个人能够通过计数我房间里的书,从而知道这两个真理中的某一个。不过,如果"该批书的数目是奇数"总是一个未知的真理,那么,"'该批书的数目是奇数'总是一个未知的真理"就是一个不可知的真理,因为如果任何人知道"'该批书的数目是奇数'总是一个未知的真理",他们因此就知道"该批书的数目是奇数",在这种情形下,"该批书的数目是奇数"就不会总是一个未知的真理。所以,在这种情形下,他们根本上就不知道"'该批书的数目是奇数'总是一个未知的真理"(既然知识依赖于真理;整个论证使用了归谬法)。类似地,如果"'该批书的数目是偶数'总是一个未知的真理",那么"'该批书的数目是偶数'总是一个未知的真理"就是一个不可知的真理。于是,无论按哪一种方式,都存在不可知的真理。反实在论者常常把此论证叫做"不可知悖论",因为他们不喜欢该结论;而在威廉姆森看来,它不是悖论,而是一个出乎意料的从真前提得出真结论的简洁论证。

在我于牛津对他的访谈中,威廉姆森在回答"此类结论是否含有不可知论的意谓","如何划出可知的与不可知的界限"等问题时,他解释说:"我的观点确实蕴涵一种有限度的不可知论,在它看来,我们必须承认,存在着某些我们不能知道的真理。不过,也存在许多我们能够知道的真理——甚至是关于是否存在一个上帝的真理。同一个认识论原则既解释了在某些情形下的无知,也解释了在另外情形下知识的可能性,我看不出对这样的不可知论有什么可反对之处,只要它不会变成怀疑论。在某些非常清楚的情形下,我们知道我们知道一些东西。正内省的失败只是意味着,当我们知道时,我们不能总是知道我们知道;它并不意味着,当我们知道时,我们不能在某时知道我们知道。类似地,负内省的失败只是意味着当我们不知道时,我们并不总是知道我们不知道;它并不意味着:当我们不知道时,我们不能在某时知道我们不知道。我正在解释的论证类型给予我们很多关于可知性与不可知性之间界限何在的知识,但是它们也表明,我们不可能具有关于这种界限何在的完全知识。生活本身就是这样。"①

---

① 陈波:《深入地思考,做出原创性贡献——威廉姆森访谈录》,《晋阳学刊》2009 年第 1 期。

(6)对怀疑论的反驳

尽管威廉姆森承认人的理智辨别力的有限性，承认知识需要误差余地，并断言存在不可知的真理，但这些并不会使他陷入彻底的不可知论和怀疑论，相反，如前所述，怀疑论始终是《知识及其限度》一书批判的靶子之一。他论述说，怀疑论者及其同道通常认为，一个人的信念之真值的变化可以独立于那些信念以及他的所有别的心智状态：一个人的总体心智状态在极其可疑的情景中和在常识的情景中是完全相同的，然而他关于外部世界的大多数信念在常识的情景中为真，而在可疑的情景中为假。但是，如果知道本身是一种心智状态，那么这种假定就相当于这个可疑的结论：一个人的信念在常识的情景中不构成知识，尽管它们为真。因为：由于假信念根本不构成知识，因此一个人在可疑的情景中当然不能知道；因此，假如知道对于一个人的总体心智状态至关重要，那么这个假定，即一个人在这两种情景中处于完全相同的心智状态，就蕴涵着他在常识的情景中也不能知道。威廉姆森明确指出，反怀疑论者不应当接受这个假定。可疑情景中的任何心智生活都是一种极其贫乏的心智生活。当然它不是"从内部"感觉贫乏的，而是说自我知识的失败是这种贫乏的一部分。

应该指出，即使在某些西方哲学同行看来，威廉姆森的《知识及其限度》一书以及他的其他论著也很难读。我猜测，这可能是由于下述四个原因：(1)威廉姆森的思想与论证相当有原创性，这种原创性也体现在其表达方式上，有许多新概念和新术语，以及一些陌生的表达方式。(2)他常常把一些必要的交代、预备知识等置于背景之中，假定它们是已经为读者们所知道和熟悉的，但情形并非总是如此，并且很多时候不是如此。(3)威廉姆森是有逻辑学背景的哲学家，他喜欢使用逻辑学的形式工具去建构和表述他的哲学理论。他常常用到的逻辑知识包括一阶逻辑,二阶逻辑,模态逻辑(甚至是高阶模态逻辑),可能世界语义学,认知逻辑,反事实条件句逻辑,概率论,等等,以及一些语义分析方法,大多数读者并不总是具备这些知识,因而就不那么容易读懂他的论著。(4)当然,也由于威廉姆森的个人风格。即使同样的思想,假如放到罗素和蒯因(W.V.Quine)的手里,就能够表述得既严格和精确,也能够为读者们所理解,至少易于被那些认真的且有相当知识基础的读者们所理解。

从威廉姆森那里,我获得的一个重要教训是:我们应该去面对重要的哲学问题,去做真正的哲学研究,建构原创性的哲学理论,做一名哲学家;而不应该仅仅去研究他人的哲学,做一名哲学学者,哪怕是一名出色的哲学学者。在中国哲学界,"别人研究哲学,我们只研究别人的哲学"的局面必须改变,我相信,在年轻一代那里,这种局面也能够改变。①

由于我诸事缠身,无暇去做这本书的翻译工作,遂邀请刘占峰先生、陈丽女士去做这件事情。我仔细审阅了他们的全部译稿,他们翻译得很好,表述方式相当流畅、干净、老到,达到相当好的水准,值得信赖,也值得鼓励。

为了帮助读者理解威廉姆森的学术工作,经他本人同意,中译本附上我的《威廉姆森访谈录》一文,该文曾以《深入地思考,做出原创性贡献——威廉姆森访谈录》为题,发表于《晋阳学刊》2009 年第 1 期。其英文版先发表于中英双语刊物《逻辑学研究》(广州),2008 年第 3 期;后发表于日本英文刊物 *Annals of the Japan Association for Philosophy of Science*, vol. 18, November 2009, pp.57-87。且被日本北海道大学中户川孝治(Koji Nakatogawa)教授翻译成日文,在日文著名刊物《思想》上发表。国际

① 参见陈波:《面向问题,参与哲学的当代建构》,《晋阳学刊》2010 年第 4 期。

RHCI 刊物 *THEORIA* 认为此访谈录很重要，尽管先前发表过，但相关刊物都是地域性的，欧美学者看不到，遂决定重新发表此文英文版（2011 年）。

2010 年 10 月 4 日

于京西博雅西园

序

如果我必须用两个词概括本书，那就是：知识优先（knowledge first）。本书将知识与无知之间的简单区别作为解释其他事物的出发点，而非本身需要解释的东西。在此意义上，本书扭转了认识论史上占主导地位的解释方向。

与很多哲学家一样，我长期以来一直对那些试图按照据以认为更基本的概念如信念、真理和证成来寻找正确的知识概念分析的失败印象深刻。对这种失败的一种自然的解释是：知识没有这样的分析。我想知道，倘若如此，能推出什么？首先，我很想得出这个结论：知识概念不是很重要，因为我们可以使用其他那些替代概念。然而，在1986年前后，我开始注意到：在知识概念是其目的之真正所求时，哲学家由于使用其他那些概念的组合而误入了歧途。这就提出了这个问题：在知识概念就是他们之所需时，他们为什么不使用它呢？本书的前三章解释但没有证成这种对知识和无知之间的区别的忽视。它们这样做是通过将最近的心灵哲学的教训应用于认识论，然后用这一结果来丰富心灵哲学。这为我一直在从事的知识及其限度方面的研究提供了一个理论背景，在这种研究中，知识概念扮演的角色是作为主要的理解工具之一。这种研究在很大程度上构成了后面九章的基础。这几章也简要描述了向语言哲学、科学哲学和决策论的应用。本书提出了一种从事认识论的方法，知识和无知的区别在这种方法中是核心性的和不可还原的,并且我们仍然能够追求系统性和精确性。

本书汇集了我在很多地方的研究。其中有我在都柏林三一学院的岁月的踪迹,更多的是来自于牛津大学学院,特别是来自于假期和一部分教学间隙。多数材料都是新近的,因为我转到了爱丁堡大学,再次拥有了宝贵的假期和一部分教学间隙。其他机构的盛情也很重要:我的有些研究是在麻省理工学院和普林斯顿大学作访问教授,以及在澳大利亚国立大学和坎特伯里大学作访问学者时完成的。

本书的多数思想在很多场合的讨论中都进行了检验,既有非正规的场合,也有牛津大学、爱丁堡大学、普林斯顿大学和赫尔辛基大学的研究生课堂;还有在下列大学演讲时:阿伯丁大学、澳大利亚国立大学、贝尔格莱德大学、布里斯托尔大学、剑桥道德科学俱乐部、克赖斯特彻奇的坎特伯雷大学、康奈尔大学、特拉华州大学、爱丁堡大学、格拉斯哥大学、基尔大学、拉·特罗伯大学、利兹大学、里斯本人文大学、伦敦大学学院、卢布林天主教大学、麻省理工学院、墨尔本大学、墨西哥州自治大学哲学研究所、莫纳什大学、安阿伯的密歇根大学、新墨西哥大学、纽约大学、北卡罗来纳大学教堂山分校、俄亥俄州立大学、奥斯陆大学、牛津大学、圣安德鲁斯大学、谢菲尔德大学、斯特灵大学、苏塞克斯大学、怀卡托大学、武龙岗大学以及耶鲁大学;伦敦大学和斯特灵大学的认识论研讨会;格拉斯哥大学举行的关于阿基利斯和乌龟的研讨会;经验论研讨会和苏格兰哲学俱乐部会议,两者都是在爱丁堡举行的;1999年拉哥斯认识论研讨会;千禧年之交在圣地亚哥大教堂举行的分析哲学大会。对熟悉分析哲学的人来说,几乎不必强调从这些场合的获益是多么的大。读者必定会判断我是否受益匪浅。当然,本书的有些部分是用于回答一些听众所提出的问题。我感谢所有那些听众。另外,还要特别感谢很多人:包括迈克尔·艾尔斯、迈克尔·巴卡拉克、海伦·毕比、亚历山大·伯德、西蒙·布莱克本、比尔·布鲁尔、贾斯廷·布罗克斯、约翰·坎贝尔、彼得·卡拉瑟斯、保罗·卡斯特尔、比尔·察尔德、蒂姆·克利夫兰、厄尔·科恩、杰克·科普兰、尼尔·库珀、保罗·克里韦利、乔纳森·丹西、基思·德罗斯、哈里·多伊奇、多罗西·埃金顿、吉姆·爱德华兹、马太·埃克隆、基特·法恩、格雷姆·福布斯、伊丽莎白·弗里克、理查德·福默顿、曼纽尔·加西亚·卡尔品特罗、奥拉夫·基尔斯韦克、约翰·吉本斯、吉尔伯特·哈曼、佩德罗·赫克特、詹姆斯·希金博特姆、马塞厄斯·希尔德、理查德·霍尔顿、劳埃德·亨伯斯通、弗兰克·杰克逊、马克·约翰斯顿、彼得·克莱因、约翰·克凡维格、伊格尔·克瓦特、雷·兰顿、基思·莱勒、大卫·刘易斯、彼得·利普顿、迈克尔·马丁、休·梅勒、彼得·米尔恩、查德·莫勒、亚当·默顿、彼得·莫特、尼古拉斯·内森、约翰·奥利里—霍索恩、菲利普·珀西瓦尔、菲利普·佩蒂特、斯泰西斯·普西勒斯、吉迪恩·罗森、马克·圣茨伯里、内森·萨蒙、海恩·桑·夏因、悉尼·休梅克、约翰·斯科鲁普斯基、罗伊·索伦森、欧内斯特·索莎、贾森·斯坦利、海伦·斯图尔德、斯科特·斯特金、理查德·斯温伯恩、查尔斯·特拉维斯、彼得·昂格尔、阿兰·韦尔、拉尔夫·韦奇伍德、克里斯平·赖特,以及很多匿名的审阅人。这个名单当然既让人反感又不完整;我向那些不该被遗漏的人表示歉意,希望他们能从他们正确地推测他们自己所导致的这些进步中感到欣慰。彼得·莫姆特奇勒夫作为我的牛津大学出版社的编辑给予了帮助和支持,安吉拉·布莱克本作为我的技术编辑非常细心。艾丽莎贝塔·威廉姆森使我能将每天的大量时间用于撰写本书。我的孩子爱丽斯和康纳德当时都很小。

我一度设想的是一本以前发表的论文的选集,中间穿插一些补充性的脚注和附录。后来我就不满意那种前景了,我改写、扩充并使这些材料构成一个整体。我删除了一些重复,统一了术语并说明了相互之间的关系。原始资料在下面列出来了;参考书目完整地包含了所提到的论文。要不是米玛·安德耶科韦克,我几乎不会作出这些改进,她拒绝相信我已尽了最大努力;她是对的。她在校对时也发现了许多错误。

导论是新写的。

第1章依据的是“知道是一种心灵状态吗?”[《心灵》104(1995)]的部分内容,并作了大量改写。在第1.1、1.2、1.3和1.5节有重要的新材料。

第2章的大部分依据的是“知道是一种心灵状态吗?”的部分内容,第2.1和2.2节的一些材料选自“心智现象的宽广性:一些逻辑的考虑”[《哲学视野》12(1998)]。第2.3节有大量的新材料,其他各节也都有一些新材料。

第3章的主体依据的是“心智现象的宽广性”。第3.2节包含了一些重要的新材料,第3.3节大部分是新写的,第3.8节全是新写的。

第4章的大部分内容是根据“认知的无家可归”[《哲学杂志》93(1996)]改写的。第4.4节是新写的。

每5章的5.1和5.2节依据的是“不准确的知识”[《心灵》101(1992)]的部分内容,但作了大量改写。这种改写使这几节与我的《模糊性》中的第8.2和8.3节区别开了,那几节依据的也是“不准确的知识”。第5.4和5.5依据的是“误差余地:一种回答”[《哲学季刊》50(2000)]。第5.3节是新写的。

第6章依据的是“不准确的知识”的部分内容。

第7章的大部分内容是新写的。第7.4和7.5节与“怀疑论、语义外在论和基思之母"[《南部哲学杂志》38(2000)]的部分内容相同。

第8章主要依据"怀疑论和证据"[《哲学和现象学研究》60(2000)],第8.2节中的一些补充材料是从"知道是一种心灵状态吗?"扩展来的。

第9章是"知识作为证据"[《心灵》106(1997)]的修订版。第9.2、9.7和9.8节中有一些重要的新材料。

第10章除第10.5节外都依据"知识的条件化"[《英国科学哲学杂志》49(1998)],第10.5节依据的是"不准确的知识"的一部分。

第11章是"知道与断定"[《哲学评论》105(1996)]的修订版,它有一些简短的新段落。

第12章的第12.1和12.2节利用了"证实主义与非分配的知识"[《澳大利亚哲学杂志》1(1993)],它们扩展并参考了"两种不完善的反实在论的模态认知逻辑"[《符号逻辑杂志》55(1990)]中的结论。第12.5节是对"论可知性悖论"[《心灵》96(1987)]和"论关于不可知的知识"[《分析》47(1987)]的改写。第12.3和12.4节是新写的。

附录1是重印了"心智现象的广泛性:一些逻辑的考虑"的附录。附录2是"不准确的知识"的附录的修订版。附录3是新写的。附录4和附录5是重印了"知识的条件化"的附录。附录6是"证实主义与非分配的知识"的附录的一个修订版。

我向允许使用这些材料的编辑(对于《哲学评论》来说,还有康奈尔大学)深表谢意。

蒂莫西·威廉姆森

导　论

求知是人之本性。

亚里士多德:《形而上学》AI980a2I(现代英语版)

1. 知道和行动

知识和行动是心灵与世界之间的核心关系。在行动中,世界要适应心灵。在知识中,心灵要适应世界。当世界不适应心灵时,就徒留愿望。当心灵不适应世界时,就徒留信念。愿望渴求行动;信念渴求知识。愿望的目的是行动;信念的目的是知识。

这些口号不是老生常谈——除非老生常谈能受到普遍的质疑。根据很多哲学家,愿望只渴求满足,信念只渴求真理。行动是一种满足愿望的系统方法,知识是一种满足真信念的系统方法,但是愿望也能碰巧得到满足,信念也能碰巧为真。有无行动却得到满足的愿望,也有无知识却为真的信念。为什么还要求更多呢?使用恰当的适应指向(directions of fit),满足和真理就构成了心灵与世界之间所必需的匹配。当然,我们有时欲求行动;这些愿望仅当有行动时才得以满足。我们有时相信自己知道;这些信念仅当有知识时才为真。但是,这些情形都是特例;

我们的愿望和信念通常都涉及行为和信念本身不是其构成成分的世界状态。

尽管愿望能由行动满足,也能由于碰巧而满足,但这不是在理解心灵时将行动范畴边缘化的理由。愿望在心理生活系统中的位置依赖于它与行动的潜在关系。同样,尽管信念能由于知识而为真,也能由于碰巧而为真,但这不是在理解心灵时将知识范畴边缘化的理由。本书提出了一种构想,根据它,信念在心理生活系统中的位置依赖于它与知识的潜在关系。

上述这些模糊的用语后面将部分地由更准确的用语代替。但这不是这篇导论的目的,导论只是进行粗略的描述。导论的目的是给读者一幅粗略的全景图,从中可以看到主要部分的安排。随后的各章将填充这些部分的细节。甚至它们也没有证明这幅图画是正确的。认识论理论通常是不能证明的。本书表明了如何根据一些简单但被普遍忽略的观念来理解认知现象。读者可以根据这些观念的结果对它们作出判断。

2. 不可分析的知识

当代的心灵解释往往将知识范畴边缘化,有时根本不会提到它;这些解释无疑认为它没有行动范畴重要。它们承认,知觉中从世界到心灵的输入,是行动中从心灵到世界的输出的反向对应者。前者是一个比知识更受限制的范畴;它排除了记忆和有意识的推理的产物。如果知觉和行动都是与环境发生因果作用的独立系统,那么知觉就是行动的反向对应者。但是,在有意使某事成为事实的意义上,行动在持续期间包含着复杂得多的、中介性的世界向心灵的适应。在那个意义上,行动的反向对应者就是知识。它在持续期间包含着比知觉复杂得多的、中介性的心灵向世界的适应。

根据当代的心灵解释,信念是表示具有心灵到世界的适应指向的状态的一般范畴。信念若适应世界就为真,否则就为假。尽管真信念和假信念在不同的世界中是相同心理状态,但信念在心理生活系统中的位置依赖于它与真理的潜在关系。知识只是一种特殊的真信念。自盖梯尔证明了甚至证成的真信念对于知识也不充分以来,认识论学家付出了巨大努力,试图说出知识究竟是哪一种真信念,但这项计划对心灵哲学没有什么意义。根据这种看法,知识是根据信念来解释的,而信念对于理解心灵非常重要。与此相反,根据知识来解释信念的尝试听起来是古怪而荒谬的。这个正统说法可以概括为:信念在概念上优先于知识。

正统主张通常被看成是理所当然的,却很少由论证来支持。为什么我们应当认为信念在概念上优先于知识呢?一种论证是:因为知识衍推信念而非相反,解释这种衍推应当根据这个假设,即我们将知识概念化为信念与为了产生知识必须实际增加到信念中的东西——真理和其他更难以描述的特征——的合取式。合取支在概念上优先于合取式。假如知识衍推信念,那么不足道的是:一个人知道p,当且仅当(1)这个人相信p;(2)p为真;并且(3)如果一个人相信p并且p为真,那么他就知道p。但这种等价对于确立信念在概念上优先于知识是没有用的,因为它是循环的:"知道"已在(3)中出现。公认的观点是:我们独立于知识就能对这些因素——它们与信念的合取对于知识是既充分又必要的——进行概念化;我们无需思考后者就能思考前者,即使是在隐含的意义上。但是,这种论证并未证明这种独立的概念化是可能的,因为一个必要但非充分的条件不一定是一个非循环的充分必要条件的一个合取支。虽然有颜色对于是红色的是一个必要但非充分的条件,但我们将有颜色与其他不参照红色而得以说明的属性结合起来并不能陈述是红色的充分必要条件。等式“红色=有颜色+X”和等式“知识=真信念+X”都不一定有一种非循环的解答。

因此,信念可能是知识的一个必要但非充分的条件,即使我们没有暗中将知识概念化为信念和为了产生知识必须增加到信念中的东西的合取。从知识到信念的推理可能派生于一种根据知识对信念的概念化,而不是派生于一种根据信念对知识的概念化。如果相信p被概念化为处于一种状态,这种状态在相关方面非常类似于“从内部”知道p,那么信念对于知识就是必要的,因为知道p在所有方面都和它自身非常相似,即使知识在概念上优先于信念。实际上,从知识到信念的推理甚至不要求知识和信念进行概念排序。我们或许是独立地根据实例掌握了“知道”和“相信”,然后在此基础上认识到相信对于知道是必要但非充分的,这就像我们或许是独立地根据实例掌握了“红色的”与“深红的”这些词,然后在此基础上认识到是红色的对于是深红的是必要但非充分的。信念对于知识是必要但非充分的,这并未证明信念在概念上优先于知识。这种正统主张需要更深层次的辩护。

有些认识论学家引证他们所偏爱的根据信念对知识的分析,对信念相对于知识的概念优先性进行了辩护。这种分析究竟能支持哪种概念优先性将取决于其地位:例如,取决于它是分析的还是在某种意义上先验可知的。但是,当——如通常发生的那样——发现的反例证明所提出的这种条件对于知识甚至并非充分和必要的时,这些问题就会变成观念性的(notional)。其他的分析是循环的而非错误的;如果某个人根据一种对“证成的”的理解——它强得足以排除盖梯尔情形却弱得足以包括日常的经验知识——坚持认为知识就是得到证成的真信念,那么问题可能就变成了:证成的标准不是独立于知识本身而被提供的。本书不打算全面评述最近几十年所提出的最重要的知识分析以及它们所屈服的反例;其他很多作者已经对此作了充分的研究。人们推测——不是毫无争议的——这一争论的结果是:当前可用的根据信念对知识的分析都不合适(并非本书的各个部分都依赖于这个假设)。因此,辩护所假定的这种知识相对于信念的概念优先性不能借助于一种特殊的根据信念对知识的分析。

对信念相对于知识的概念优先性的一种更审慎的论证是:即使当前可用的所有根据信念对知识的分析都是循环的或者都遇到了反例,但其中的一些完全接近于强有力地表明进一步改进相似的路线最终会取得成功。但是,一个概念与其他概念相接近的可能性并不会充分证明前者可以根据后者进行分析。例如,大致而言,x 是 y 的家长,当且仅当 x 是 y 的一个长辈并且 x 不是 y 的长辈的长辈。反例唯有罕见的乱伦情形:如果一位父亲与其女儿乱伦生下了一个儿子,那么这位父亲就是他儿子的长辈的长辈。但是,单靠根据长辈的更精确的亲子关系(parenthood)定义无法避免这个问题。因为根据长辈而非根据亲子关系,父亲和他女儿的母亲与女儿和儿子的关系是对称的,如果没有其他的概念资源,亲子关系是不能根据长辈定义的。此外,根据长辈的亲子关系的近似定义在我们关于“家长”的理解中没有什么重要作用。我们可以用极多极小的三角形尽可能准确地接近于一个圆;但由此不能推出我们应该认为这个圆是由三角形构成的。根据信念和其他概念来接近知识的可能性并不能充分证明信念相对于知识的概念优先性(第 1. 3 节)。第 1. 4 节证明了人们何以无需参照信念就能描述知识。第 1. 5 节简要讨论了人们何以能参照知识来描述信念。

本书的主要目的是提出一种严格的从事认识论的方法,按照这种方法,知识是核心的而非从属于信念。它能使我们放弃根据信念来陈述知识的充分必要条件的尝试,却无需放弃认识论自身。实际上,我们放弃了这种徒劳无功的研究,就能在认识论问题上获得真知灼见,因为我们能自由地将知识概念作为一种理解工具来使用,而这在知识从属于信念的情况下是不允许的(特别参见第9章)。

3. 事实性心理状态

这个观点即信念在概念上优先于知识还有另外一个来源:内在主义的心灵概念和外在于心灵的世界,它们是两个独立的变量。信念只是心灵变量的一种功能。真理只是外部世界变量的一种功能,至少在给定命题是关于外部世界时是如此。对于内在主义者来说,知识是这两个变量而非仅其任意之一的一种功能;一个人是否知道天在下雨,这不仅仅取决于他的心理状态,这种状态对于知觉到雨的人和产生了雨的幻觉的人来说是一样的,但是它也不仅仅取决于天气状况,这种状况对于相信这些表象的人和那些怀疑它们的人来说是一样的。因此,内在主义者认为:知识是一种复杂的混合物,亟需分析其内外成分,而信念和真理分别是其最突出的成分。这种分析基于一般的形而上学理由是可以期待的。

心灵哲学最新的发展指出了心理状态的内容在构成上依赖于环境的方式,从而已经对内在主义的形而上学提出了质疑。我相信老虎在咆哮;关于我的一个精确的摹本如果遇到的不是老虎而是 schmigers——它是一种外貌相似但属于不同物种的动物,就不会有这个信念;他的信念是 schmigers 在咆哮。有些内在主义者断定,甚至用日常语言归属的信念也不是一种心灵功能,他们试图在理论上分离出一个纯粹的心理状态核心。这些尝试都没有成功。相反,我们可以将心灵和外部世界看成因变量,并反对这种形而上学:它使我们期望分析出纯内部的和纯外部的成分。按照这种观点,用日常语言归属的信念是一种真实的心理状态,它在构成上依赖于外部世界。

如果心理状态的内容依赖于外部世界,那么对该内容的态度可能也是如此。知识就是这样一种态度。一个人关于天在下雨的知识依赖于天气;由此不能推出:知道天在下雨就不是一种心理状态。自然的假设是:“S 相信 p”这种形式的句子归属了心理状态,就像“S 相信 p”和“S 愿望 p”这些形式的句子归属了一样。第 1 章和第 2 章辩护了这种关于知道是一种心灵状态的外在主义概念。特别是,第 2.3 节反驳了内在主义的尝试,它们想分离出一种非事实性状态,作为知道的纯心理成分。

关键的还远不止是:我们是否把“心理的”这个词运用于知道。如果我们能够分离出一些状态,由于在某种比知道更彻底的意义上它们是心理的从而构成了“纯粹心灵”,那么“心理的”这个词就能作为一种纯粹的尊称被扩展于知道。根据这里所辩护的概念,除了知道之外没有这样的心理状态核心。如果我们想阐明心性(mentality)的本质,知道和相信一样是一个好例子。心灵哲学不能忽视知道,因为这种状态是其核心主题的一部分。基于类似的理由,其他衍推真理的(truth-entailing)态度,如知觉和记忆某事属实,也能被归类于心理状态。知道可以被理解为最一般的衍推真理的心理状态(第 1.4 节)。

怀疑论者及其同道通常认为,一个人的信念之真值的变化可以独立于那些信念以及他的所有别的心理状态:一个人的总体心理状态在极其可疑的情景中和在常识的情景中是完全相同的,然而他关于外部世界的大多数信念在常识的情景中为真,而在可疑的情景中为假。但是,如果知道本身是一种心理状态,那么这种假定就相当于这个可疑的结论:一个人的信念在常识的情景中不构成知识,尽管它们为真。因为:由于假信念根本不构成知识,因此一个人在可疑的情景中当然不能知道;因此,假如知道对于一个人的总体心理状态至关重要，那么这个假定，即一个人在这两种情景中处于完全相同的心理状态，就蕴涵着他在常识的情景中也不能知道(第 1.2 节)。反怀疑论者不应当接受这个假定。可疑情景中的任何心理生活都是一种极其贫乏的心理生活。当然它不是“从内部”感觉贫乏的，而是说自我知识的失败是这种贫乏的一部分。

如果行动是知识的反向对应者，而知道是一种心理状态，我们就应该期望行动也是一种心理状态吗？倘若如此，我们可能就把怀疑论者否认我们知道外部世界，比作否认我们作用于外部世界(这可能是这些人提出的，他们相信自由意志既是一种错觉又是真正的行动的一个前提)。但是知识与行动的类比并不是无懈可击的。行动根据定义并不是任何一种状态；它是动态的而非静态的。此外，尽管知道门被关上了可能是一种心理状态，但关门肯定不是一种心理活动。只有像推理这样的行动才被自然地归类于心理活动。如果我们寻找行动和知觉之间——例如，打破窗户与看见窗户被打破之间——更严格的类比，类似的不对称性就会出现。一个人在光线到达他的视网膜后开始看见窗户被打破；我们不会提出这种貌似对称的主张：一个人在石头离手前就打破了窗户。为什么我们对输入端和输出端的概念化如此不同呢？答案可能就在于我们倾向于根据起因(origins)进行个体化。结果依赖于其原因，在这种意义上原因并不依赖于其结果。因此，从一个环境原因到一个知觉经验这个过程的早期阶段通常不依赖于知觉者的卷入，然而甚至从一个意向到一个环境结果的过程的后期阶段也依赖于自主体(agent)的卷入。因此我们自然会把输出过程的早期阶段和后期阶段置于可归属给自主体的东西之列，而只把输入过程的后期阶段置于可归属给知觉者的东西之列(这种分类概念意欲在关于行动的不同本体论理论之间保持中立)。我们将输入过程的早期阶段仅仅看成是我们归属给知觉者的东西的前提。我们把这种图式推广到了具有更复杂的因果结构的知识和行动的情形。由于输出过程的后期阶段——它们的发生无需连续的心理的卷入——被归类于行动,所以我们不愿意把它看做心理的。相反,由于输入过程的早期阶段不被归类于知觉或知识,所以把它看做心理的就没有相应的障碍。

知识和行动还有另外一个方面的联系。我们期望真实的心理状态引人注目地出现在行动的因果解释中,因为否则假定它们看起来就是多余的。因此,如果知道是一种真实的心理状态,它就应当引人注目地出现在这些解释中。但是很多哲学家认为,行动的因果解释中的知识归属可以由相应的信念归属代替而不会失去解释力。第2.4节和第3章——更详细地——颠覆了这种假设。行动通常伴随着与环境的复杂互动;人要使之产生一个圆满的结果就需要不断作出反馈。例如,撰写一本书会伴随着在此过程中所进行的阅读。知识的归属对这些互动之成功的解释常常比相应的信念归属——甚至是真信念的归属——要好。一个人对命题p的信念用于证明他是否知道p,比用于证明他是否仅相信p为真要更有力;一个人在与环境发生互动的过程中,不太可能由于发现了使p的概率降低的新证据而失去对p的信念。因此,如果一个人一开始就知道p而非仅相信p为真,那么他就更有可能完成一个持久的行动,这个行动依赖于对p的持续的信念。相对于仅相信哥德巴赫猜想和它为真,如果一个人知道哥德巴赫猜想为真,他就更有资格写一篇数学论文。这一点不是由将行动分解成一系列基本行动来回答的,因为甚至基本行动的因果解释也经常引证久远(temporally distant)的心理状态。人会思索,形成一个意向,然后将之付诸实施或者根据新的发展放弃它。在思索的基础上,思索行动和完成行动之间的空隙(gap)允许知识和纯粹的真信念的区别将自身表现于行动之中。如果行动的因果解释只引证了紧接在行动之前的心理状态,它就会遗漏思索所根据的心理状态,从而会遗漏行动的合理性。这些考虑可以从知识的归属推广到涉及提及环境的心理内容的归属;它们在对久远的行动的因果解释中都起着独特的作用。第3章用这些考虑论证了:外在主义的心理状态通常不能被分解成纯内部成分与纯外部成分的合取。

4. 知识作为信念和断定的证成

这种观点即信念在概念上优先于知识很容易导致这种观点:证据和证成在概念上也优先于知识。尽管这在知识是证成的真信念这个传统定义中最清晰,但盖梯尔针对该定义的反例并没有排除这种观点,即证成或证据概念和信念概念一起出现在一种更复杂的知识概念分析中。因此,知识概念据认为难以用于解释证成或证据概念,否则就会出现循环论证。一旦我们不认为信念在概念上优先于知识,我们就能尝试用知识概念来解释证成和证据概念。

第9章进行了这种尝试。它论证了,一个人的全部证据就是他的全部知识。因此,一个假说与证据不一致,当且仅当它与已知的真理不一致;它是一种恰当的证据解释,当且仅当它是对已知的真理的一种恰当的解释。一个人的证据证成了对这个假说的信念,当且仅当他的知识证成了这个信念。知识在解释中的作用主要是作为证成者(what justifies),而不是作为被证成者(what gets justified)。知识能够证成本身不是知识的信念,因为证成关系不是演绎关系。例如,由我知道某个人拿着一把血淋淋的刀从房间里出来——随后在那里发现了尸体——就可能证成我相信他是凶手,即使他实际上是无辜的,因此我并不知道他是凶手。

一个人的证据和他的知识相等,这并不蕴涵任何关于某些命题证据如何证成某个信念的特殊理论。相反,它将绝对的证成与相对的证成联系了起来。一个信念是相对于其他一些信念——这个信念是以某种适当的方式从那些信念派生出来的(可能是通过演绎)——而被证成的,但它不是被绝对证成的,除非其他的那些信念是被绝对证成的。这种倒退终止于何处?根据它终止于证据的假设,证据和知识的相等蕴涵着:一个人的信念被绝对证成,当且仅当它是相对于这个人的知识而被证成的。证成的倒退终止于知识。

这种解释可能被认为是以一种极其不足道的方式而使所有知识都能自我证成:一个人的知识被绝对证成,当且仅当它是相对于自身被证成的。如果证成的目的是尽其所能充当知识的一个条件,那么这种非议就是公平的。但根据目前的解释,这并不是证成的目的。相反,证成主要是知识能够赋予信念的一种地位,这些信念根据这种地位看起来就很好,而无需它们自身等同于知识。仅作为一种有限的情形,知识本身才享有证成的地位,正如——不足道地——所有绿色调都类似于一种绿色调一样。

反对者或许还指出:我们的很多知识——特别是以理论为中介的知识——的证成和证据,看起来也会出现这些足道的问题。如果我们只把它们看做关于我们如何知道的一般问题,我们就会遗漏这些问题的特殊性。然而,根据目前这种取向,它们能够被理解成足道的。因为即使一个人知道 p,他也能对这种知识提出质疑,能暂时认为 p 似乎不属于他的知识总体,然后参照他的其他知识对 p 作出评价——他的独立证据。那么,证据和证成的足道的问题就会对 p 出现。这个程序是对某些种类的所谓知识——特别是以理论为中介的知识——的一种很好的测试。在这些情形下,假定这种特定的知道 p 的方法,那么,一个人知道 p,仅当他的其他知识证成了 p。但是这种测试不是普适的;如果一个人同时受质疑的知识过多,这种测试就会产生靠不住的结果,因为这样一来这个人很容易就能拥有这种知识,即使将它从这个人的知识总体中排除会所剩无几难以证成它。有的怀疑论者出错,就是由于将这种测试运用到了这些情形中。

考虑减少的证据总体会服务于不同的目的。将那些假说的下述两种地位进行比较:一种是相对于证据总体的地位,另一种是相对于将所谈论的这条证据从证据总体中排除的结果的地位,我们就能分离出特殊的证据对特殊假说的证成的贡献。这一点是与一种形式的所谓旧证据问题(problem of old evidence)相联系的。

第 10 章在一个更专业的方向上发展了这些观点,这是通过将它们与改进的客观贝叶斯主义框架中的一种证据概率理论结合起来(有些读者可能更喜欢跳过这一章)。对一个人来说,一个假说的证据概率就是其以这个人的全部证据为条件的概率。假如一个人的证据等于他的知识,那就是它的以这个人的全部知识为条件的概率。因此,知识会自动地获得证据概率 1。即便如此,知识也不被看成不可否定的(indefeasible)证据,因为一个人能得到知识也能失去知识。因此,对我来说,我现在的知识的未来的证据概率可能小于 1。总之,第 9 章和第 10 章阐明了一种从事认识论的方法,按照这种方法,知识被作为出发点、作为无法解释的解释者,但仍保留了某种程度的严格性。

第 11 章随着对断定这种言语行为的解释,将这种取向推广到了语言哲学。我们可以自然地将断定看做判断的言语对应者,把判断看做正在发生的信念形式。如果一个人认为信念在概念上优先于知识,他就会因此而期望断定的解释不使用知识概念。相反它可能使用真理和证成的信念的概念,这两者可能是彼此独立的。但是,如果信念不是在概念上优先于知识,并且知识就是证成的信念,那么知识在断定的解释中就应当发挥关键的作用。根据第11章提出的建议,断定的基本规则是:一个人应当断定p,仅当他知道p。尽管那个知识规则似乎能从真理规则——一个人应当断定p,仅当p为真——推出来,但是根据这种考虑:一个人在断定p时并不知道他在遵守真理规则,除非他实际上在遵守知识规则,所尝试的推导就失败了,因为对于有些例子来说,它预言了错误的认识论。更多不正确的预言是从一种断定解释产生的,这种解释根据的是证成规则:即一个人应当断定p,仅当他相信p是证成的。这个知识概念是捕捉我们的断定实践所必需的。

假如将第9章和第11章的结论结合起来,那么一个人能彻底断定的命题就是构成其证据的命题。更具推测性地说,我们可以将断定解释反向投射到它的心理对应物即判断(或信念)上。其结果就是这条规则:一个人应当判断(或相信p),仅当他知道p。这会澄清这一主张即信念的目标是知识的意思。它与证据解释——相信p却不知道p,就会超出一个人的证据——也是一致的。尽管我们对将这种规则概念运用于除语言行为之外的心理行为心存疑虑,但这种观点即信念是受知识的规范(norm)支配的,至少与这种观点即它是受真理的规范支配的一样明白易懂。

5. 认知透明性的神话

所勾画的这种知识是一种心理状态的解释,构成了断定和信念的证据标准。这种解释的一些要素遇到了一种常见的认识论非议。它是从这种观察开始的:一个人不总能够(in a position to)知道他是否知道某事。如果一个人知道p,由此不能推出他能够知道他知道p(第5.1节);如果一个人不知道p,由此不能推出他能够知道他不知道p(第8.2节)。在这两种情形下,这个结论都推不出来，即使我们增加了额外的前提，即一个人想知道他是否知道 p；这个问题不限于无意识的、缺乏知识概念等的自主体。在最简单的例子中，一个人不知道 p 并且不能够知道他不知道 p。有时 p 为假，因此他不知道 p，尽管系统地误导的表象使他处于一种感觉就像"从内部"知道 p 的状态之中，因此他不能够知道他不知道 p。一个人会错误地但可证成地相信自己知道 p。后面将讨论这些例子：一个人知道却不能够知道他知道。为什么这些对一个人知道他是否知道的能力的限度会被认为威胁了上述的知识解释呢？

首先考虑这个论题，即知道是一种心理状态。人们常说我们对自己的心理状态拥有特殊的通道，以至于我们无需观察就知道我们所处的心理状态。如果 S 是一种心理状态，仅当一个人总能够知道他是否处于 S 中（至少在他能够问自己他是否处于 S 中的时候），那么知道就不是一种心理状态。

类似的非议也适用于证据与知识的等同。理性要求人的信念要与其证据相符合。理性不能要求人做不可能的事。但是除非一个人能够知道他的信念是什么，否则他怎么能使其信念与其证据相符合呢？如果一个人总能够知道他的证据是什么，那么他的证据就不是他的知识。

由于一个人不总能够知道他是否知道 p，因此他就不总能够知道在断定 p 时他是否遵守了规则："只断定你知道的东西。"特别是，一个人可能难以满足这个知识条件，尽管"从内部"感觉起来他好像满足了这个条件。在这些情况下，违反知识规则看起来可能是无辜的。言语行为怎么可以由人能无辜地违反的规则支配呢？如果一个人总能够知道他的断定是否遵守了断定规则，那么，这个规则就不是"只断定你知道的东西"。

如果第一种非议是正当的，那么每种心理状态就都有这种属性，即人能够知道他是否处于这种状态中（"每当人能够问自己他是否处于这种状态中"这种限制依惯例今后将常常被省略了)。如果第二个和第三个非议也是正当的,那么心理状态由于拥有了那种属性,就有资格既成为证据又成为断定的标准,至少对可通达性是如此。实际上,还不清楚的是:心理状态之外的东西怎么能以所要求的这种方式通达(我们可能排除了一个人总处于或从不处于的不足道的状态)。因为假如一个人总能够知道条件 C 是否得到。考虑一个人可能处于其中的一个普通情形α和α的一个怀疑论的对应者α*。在α*中,这个人不处于α中,但他自己看起来是处于α中,并且就他所知他处于α中。如果 C 在α中得到,那么,就这个人在α*中所知,他是处于一个 C 在其中得到的情形;因此,如果 C 在α*中没有得到,那么与假设相反,这个人在α*中就不能够知道 C 是否得到了;因此 C 在α*中得到。根据一个类似的论证,如果 C 在α中没有得到,那么 C 就没有在α*中得到。因此,C 在α中得到,当且仅当 C 在α*中得到。C 对普通的情形与其怀疑论的对应者之间的区别是不敏感的。心理状态是唯一明显表现出这种不敏感性的候选者。

我们也揭示了另一种怀疑论诱惑,因为如果我们将上一段的论证与这个原则——人总是能够知道他的证据是什么——结合起来,结果就是:一个人在普通情形中和在其怀疑论的对应者中拥有完全相同的证据。那么,这个人怎么能知道他处于哪种情形中呢?

这三种非议都认为:有些足道的状态符合可通达性要求;人总是能够知道他是否处于它们之中。第 4 章对这种假设提出了质疑。它提出了一种一般形式的论证——几乎能适合任何条件——来破坏这种主张:人总是能够知道条件是否得到。更具体地说,除了一些很不足道的例外,它削弱了这种主张:条件是透明的(luminous),其含义是:每当它得到(以及一个人能够问自己它是否得到)时,人就能够知道它得到了。反透明性论证背后的主要思想是:我们的辨别力是有限度的。如果我们处于情形α中,并且情形α′和α非常接近,那么就我们所知,我们是处于α′中的。于是,我们在α中所能够知道的在α′中仍然为真。因此,一个透明的条件在α中得到,仅当它也在α′中得到,因为它在α中得到,仅当我们能够知道它在α中得到。换句话说,一个透明的条件是在任何与它在其中得到的情形非常接近的情形下得到的。什么算是非常接近,这取决于我们的辨别力。由于我们的辨别力是有限的,因此,透明的条件难以控制地延伸于整个概念空间,越出所有的边界。它无处不在又到处都无,至少就我们能够问自己它是否得到而言。对于几乎任一有意思的条件而言,它在其中得到的情形是由一系列难以觉察的渐变而与它在其中没有得到的情形相联系的,在这里每一步上,我们都能够问自己它是否得到了。因此这个条件不是透明的。这个论证的完整版本用认知术语替换了(cash out)那些空间隐喻,以保证这些隐喻不含有无保证的假设。特别是,这个完整版本的表述方式没有预设下列两类情形之间的界线是确切分明的:一类是这个条件得到的情形,另一类是它没有得到的情形。这个论证的结论是:为真的东西与我们能够知道的东西之间的空隙不是一种被局限于一些成问题的话语领域的特殊特征;它通常贯穿于话语的始终。

有些人可能怀疑反透明性论证能应用于心理状态,因为它依赖于一个关于在独立构成的事项之间进行辨别的模型,而人的心理状态和他对心理状态的判断据认为在构成上是相互依赖的。但是,这种相互依赖不会使人对其当下的心理状态的判断成为不可错的。例如,如果我的宗教导师(guru)告诉我,我在子夜时分会感觉剧烈的疼痛,并且我非常轻信,那么,我在子夜时分就可能判断我正感觉剧烈的疼痛;由此不能推出:我正感觉剧烈的疼痛。当然,我或许能够知道我没有感觉剧烈的疼痛;我可能没有实现那种潜能。但这个例证也指出了判断与真理之间的空隙——即使比其他地方小,这个论证可以把它作为反透明性的一点理由。这个完整版本是通过分析人的判断所具有的逐渐变化的信心度进行的,它采取了一种可适用于关于心理状态的判断的方式。

实际上,没有这样的心理状态S:一个人在S中这个条件是透明的。一个人不在S中这个条件同样是非透明的。例如,一个人能爱某个人却不能够知道他爱她,一个人能不爱某人却不能够知道她不爱他。一个人能想要某物却不能够知道他想要它,一个人能不想要某物却不能够知道他不想要它。假如知道是一种心理状态,那么一个人就不应当对此感到惊讶:即他能不知道某事却不能够知道他不知道它。实际上,一个人可以独立地反驳很多心理状态的透明性。它们包括因果关系模式;有时一个人作出了一个关于他现在的状态的判断,但他随后被迫予以否认,因为他介入其间的行为与这种自我归属模式有矛盾。他的判断可能受到了系统的曲解。一个人对心理状态的自我归属有时太不可靠,以致难以构成知识。与一个人的自我形象不相容的心理状态可能被他隐瞒了。回忆儿童时期的一件事与想象它的差异是心理状态上的差异,但它也是很容易被弄错的差异。

所有这些都不否认:人在有利的情形下无需观察就能知道他是否处于某种心理状态中。但是知识符合那个条件。你可能无需观察就知道你是否知道两天前下过雨,就像你无需观察就知道你是否相信两天前下过雨一样。如果你知道两天前下过雨,这种知识(或信念)可能来自于过去的观察,但是要知道你知道(和相信)却不需要进一步的观察。当然,随后的观察——它表明两天前没下雨——破坏了关于过去的知识即两天前下过雨的自我归属,却没有破坏关于过去的信念即两天前下过雨的自我归属。但是如果一个判断能由于某类理由而被破坏,也不能推出它是基于同一类的其他理由而被破坏的。我无需进一步观察就能知道我知道 p,尽管观察能证明关于知道 p 的主张为假。

我们广泛但非无限的能力,即无需进一步观察就知道我们是否知道某事,使我们能够把知识作为证据来使用。它构成了一种广泛但非无限的能力,即无需进一步获得证据就知道某种东西是不是我们现在的一部分证据。抱怨我们不总是能够知道我们是否知道某种东西,就是毁坏证据概念,因为只有透明的条件满足那个更严格的限制,而透明的条件是不足道的。尽管这个限制可能促使我们认为:一个人的证据是由呈现给他自己的表象构成的,但辨别力论证表明,甚至这个条件即事物以给定方式呈现给一个人也不是透明的。例如,一个人自己似乎看见了一个红点,尽管他不能够知道他自己似乎看见了一个红点。一旦证据的认知可通达性标准建立在一个可实现的层次上,知识就能满足这个标准。

第 8 章通过将证据压缩为一个虚构的现象学基础,追溯了过分的证据可通达性要求招致怀疑主义的方式。如果我们以为对我们的证据知道得很多,我们就会发现自己对外部世界知道得太少了。对于这种看法——我们在普通的情形下和在它们的怀疑论对应情形中一样没有证据——的最好论证利用了这个错误的前提:成为证据的条件是透明的。由于怀疑论者不否认证据和知识是等同的,因此他们没有资格认为,我们在普通的情形下和在它们的怀疑论对应情形中一样没有证据,因为根据他们打算反驳的观点,我们在普通的情形下具有的知识确实比在它们的怀疑论对应情形中多。

由于理性要求人的信念符合他的证据,而且一个人不总是能够知道他的证据是什么,因此,我们需要一个理性概念,根据它,我们不是总能够知道它的要求是什么。实际上,反透明性论证使我们更直接地得出了这个结论:一个人可能被合理地要求做某事,尽管他不能够知道他被合理地要求做这件事。如果我们设想某种候选的理性标准是完全可通达的,那么我们可能会总喜欢这个标准;但是一旦我们认识到完全的可通达性(prefect accessibility)一般情况下是一个难以企及的理想,我们就能学会容忍一种不完全可通达的标准。我们没有其他东西要容忍。倘若一个人的证据比所研究的假说的真值更能通达,前者就仍能充当后者的一个有用的向导。现实生活就是乱糟糟的。第10.6节考察了不完全可通达性对决策论的一些出乎意料的含义。不完全可通达性也有伦理的含义;我们不是总能够知道我们的义务。

基于相同的理由,一个人应该预料到他不总是能够知道他在断定p时是否符合断定规则。因此,以"只断定你知道的东西"这条规则为基础的断定解释具有那个结果,这并不是反对的理由。以"只断定你合理地相信的东西"这条规则为基础的解释有相同的结果。我们的断定实践是可行的,因为我们通常都完全知道我们是否知道某事。

理性的不完全可通达性解释了前面提到的心理内容的外部个体化。由于理性与演绎逻辑有某种关系,尽管这种关系不容易说清楚,因此内容的外部个体化会使推理的演绎有效性成为不能完全可通达的。从"这里天热"和"这里潮湿"到"某个地方既热又潮"的推理在一给定语境下是否有效,取决于两次出现的"这里"在该语境下是否有相同的内容。有人接受了这些前提并反对这个结论,他避免前后不一致,仅当这个论证是无效的。如果"这里"的内容至少部分地由环境决定,那么一个人可能就不能够知道这个推理是否有效。同样,从"万物皆变"到

"布尔巴基[1]变了"的推理是否有效,取决于"布尔巴基"是否有内容。如果"布尔巴基"的内容(若有的话)至少部分地是由环境决定的,那么一个人可能就不能够知道这个推理是否有效。这些例证只是指示性的(indictive);如果一个词语的外部个体化的内容不同于它的指称,从外部个体化到不完全可通达性的论证就要难懂得多。然而,如果我们基于独立的理由承认,一个人不是总能够知道理性的要求,那么,我们就不应当只由于它使有效性成为不完全通达的而反对一种外部个体化内容的解释。

第5章清楚地陈述了隐含在反透明性论证中的知识的限制。在这里,一个人对于p为真的情形和p为假的情形只有有限的辨别力,知识需要误差余地(margin for error):一个人能够知道p的情形肯定不会过于接近p为假的情形,否则他在前一些情形下对p的信念就会缺乏足够可靠的构成知识的基础。所讨论的这个接近性(closeness)种类和程度,依赖于一个人在该语境下的辨别力的特殊限制。因此,一个人在其中能够知道p的概念空间的区域是由于一个边缘区域——p在其中为真但这个人不能够知道p——而与p在其中为假的周围区域区别开的。考察这种模型的含义是为了迭代的知识(iterated knowledge)。特别是,一个人对于他知道p的情形和他不知道p的情形只有有限的辨别力,因此,一个人能知道p却不能够知道他知道p。进一步的知识迭代甚至更难实现。很显然,一个人对于别人知道p的情形和他们不知道p的情形具有更有限的辨别力,因此,实现共享知识的迭代("我们都知道我们都知道我们都知道……p")要更难,而实现公共知识(common knowledge)所要求的无限多层次的迭代则更加更加困难。第6章用这种困难

① 尼古拉·布尔巴基(Nicolas Bourbaki)是个虚构人物,是20世纪一群法国数学家的笔名。布尔巴基团体的正式称呼是"尼古拉·布尔巴基合作者协会",在巴黎的高等师范学校设有办公室。——译者注

解释了意外考试悖论和博弈论中的一些悖论性论证，它们认为游戏者中间的公共知识是：他们都有理性。

由于我们需要误差余地，因此我们的断定实践中就隐含着：真理超过了有保证的断定。我们有保证断定 p，仅当我们知道 p；我们知道 p，仅当 p 在邻近的情形中为真。要把我们的断定解释成是有保证的，我们就必须把它们的内容解释成在有些情形中为真，而我们在这些情形下断定它是没有保证的。我们的无知是我们的知识的一个前提。与反实在论理论相反，可断定性与真理之间的空隙甚至是最简单的断定中所固有的。

第 7 章在另外一个方向上使用了误差余地原则。有时候一个人知道 p，是由于他相信 p 并且留下了很大的误差余地，尽管如果 p 为假，他仍会相信 p。因为一个人关于 p 的判断可能几乎完全准确，但受到了很轻微的曲解：当 p 为假但非常接近于真时，他会错误地相信 p。由于一个人对 p 的信念为误差留下了充裕的余地，因此只有在情况很不相同时，这个信念才为假；情况可能是：如果 p 为假，它仍很接近于真。例如，如果某个人的身高远远不到两米，我目测就可能知道她身高不到两米，但是如果她的身高至少有两米，她的身高只是两米多一点，那么，我通过目测就可能错误地判断她的身高不到两米。这些情形会否证这些知识解释，根据它们，知道 p 的一个必要条件是：如果 p 为假，一个人就不会相信 p。关于这些解释的雅致的修改被这些情形否定了：在这些情形中判断的曲解很少但无处不在。这个结果对一些怀疑论论证有影响，因为我们可以把 p 看成这个命题：我不处于一个怀疑论情景α中。如果 p 为假，我就处于α中并且（根据α的构成）相信我不处于α中，但这没有证成这种怀疑论主张："我不知道我不处于α中"，因为这个反事实条件不是知识所必需的。尽管人们仍可以坚持认为：知道 p 的一个必要条件是：如果 p 为假，一个人就不会基于非常相同的证据相信 p，但这个反事实条件没有证成这个怀疑论主张，因为怀疑论者没有证明一个人在怀疑论情景中会有非常相同的证据。根据第9章的解释，一个人在怀疑论情景中的证据是极其贫乏的，以至于他根本不能够知道它是贫乏的。

误差余地构成了一种认知摩擦力（epistemic friction）。对有些目的来说，在思想实验中将它们理想化是有用的，但是没有误差余地的世界就像一个没有摩擦力的世界一样，与我们的世界是不同的。对于假定真有一种无需误差余地的世俗事物的知识和假定太空中的某个地方真有一个没有摩擦力的星球，我们同样没有理由。

6. 不可知的真理

当知道p需要误差余地时，p被知道的情形就由于一个缓冲带——由p为真但不为人所知的情形构成的保护带——而与p为假的情形区别开了。这个缓冲带有这样的特性：一个人不可能知道他处于其中。要知道这一点就要知道p为真并且不为人所知；但知道这一点包含了知道p为真（因为知道一个合取式包含了知道它的合取支）；那么p就不是不为人所知的，因此p为真并且不为人所知，这并不为真（由于只有真理是已知的）。因此，知道p为真但不为人所知，这是不可能的。当p处于保护带时，那就是一个不可知的真理。

所讨论的这些知识限度是比第4章的反透明性论证所确定的更强的一种。命题确实需要误差余地，从而它能够被知；反透明性论证的用意就是：p可以被知的情形并没有穷尽p为真的情形。相反，p为真并且不为人所知这个合取命题的用意是：由于它的结构，它无论如何都不能被知。这个结论的论证是1963年由菲奇首次发表的。通过换质位推理，他证明：所有真理都是可知的,仅当所有真理都是已知的。这有时被称为可知性悖论,尽管还不清楚为什么应当认为它构成了一个悖论。这是第12章的主题。

人们为使菲奇论证易于接受已经付出了很多努力。尽管你今天不知道这个合取式:p为真并且你今天不知道p,但你能知道这个合取式:p为真并且你昨天不知道p,而且你也知道这个合取式:p为真并且我今天不知道p。因此,一个人能将下列两个语境区别开:一个是菲奇的合取式为真的语境,另一个是它在前一语境下为真是为人所知的语境。直接的反应是推广第二个合取支,就像在"p为真并且没有人知道p"中那样。菲奇论证表明,没有人知道这个合取式:p并且没有人知道p。很多真理都根本不为人所知。例如,要么一年前我办公室的书的数量恰好是偶数这一点为真,要么一年前我办公室的书的数量恰好是奇数这一点为真;没有人知道是哪一种情况,因为当时没有数过,而现在查明真相又为时已晚。然而,一个人可能想把下面两个可能世界区别开:一个是这个合取式(p为真并且没有人知道p)在其中为真的可能世界w,另一个是在其中这个合取式在w中的真为人所知的可能世界w^*。这种策略的麻烦是:它只承诺了不足道的知识。我们用描述只说明了可能世界;在w^*中,我们可以将一个世界描述成一个p在其中为真的世界,从而我们知道p在这个世界中为真,但这不是一项显著的成就。第12.5节论证了这种关于其他可能世界的知识不会有效地放松菲奇论证所确认的可知性限度。

第12.2节讨论了一个更直接的挑战。菲奇论证使用了分配原则:即知道合取式识蕴涵着知道其合取支。尽管这个原则听起来很有说服力,但有些知识解释和它不一致。指出这些解释的错误是可能的。作为一项预防措施,人们考察了修正菲奇论证的方法,以避免依赖于分配原则。

知识的限度在行动的限度中有对应者。至少根据一种解释,自主体与成真(making true)的命题的关系分享了非奇论证所必需的知道的形式特征:它对于合取式分配(一个人使一个合取式为真,仅当他使其合取支为真)并且它是事实性(如果一个人使某种东西为真,它就为真)。因此,还没有人能使这个合取式为真:p 并且没有人使 p 为真。因为如果一个人使这个合取式为真,他就会使第一个合取支为真,那么第二个合取支就为假,那么这个合取式就为假,因此他根本没有使之为真。如果有些真理不是由任何人而成真的,那么有些真理就不可能由任何人而成真。世界的很大一部分既处于我们的控制之外,也处于我们的视野之外。我们发现了我们知识的限度应当像发现了我们行为的限度一样不令人惊讶。尽管知识和行动对于心灵至关重要,但心灵对于世界并非如此。

第1章　一种心灵状态

1.1　事实态度

知道是一种心灵状态。这一主张对于本书所提出的知识解释至关重要。但它是什么意思呢?

心灵状态就是主体的心理状态。典型的心理状态包括爱、恨、快乐以及疼痛。此外,也包括对命题的态度:相信事情是如此,认为它是如此,希望或害怕它是如此,想知道它是不是如此,意欲或愿望它成为如此。一个人也可能知道事情是如此。本书关注的就是这种命题知识。如果 p 是一个命题,我们将不仅把知道 p 理解为亲知 p,而且理解成知道事情是如此,事情是如此,当且仅当 p 为真。例如,如果 p 是这个命题:天很冷,那么一个人只有在想知道天是不是很冷时才亲知 p;要知道 p 就要知道天很冷。在此意义上,知道是一种事实(factive)态度;一个人知道 p,仅当 p 为真,尽管即使命题 p 为假他也能亲知它。其他的事实态度包括知觉到事情是如此、回忆它是如此以及惋惜它是如此。如果态度是主体与命题的关系,那么所主张的就是:知道本身是一种心理关系,以至于对于每个命题 p 来说,有和 p 的这种关系就是一种心理状态。因此对于某个心理状态 S 来说,处于 S 中对于知道 p 是必要而充分的。我们可以把这一主张简化为这种说法：知道是一种心理状态。

我们最初可能假定：知道 p 衍推相信 p；第 1.5 节更深入地考虑了这个假设。有的人期望知道是一种心灵状态，可能只是由于知道 p 包含了典型的相信 p 的心理状态。如果那些理由是合适的，那么知道是一种心灵状态的主张就是陈腐之见。然而，这些理由只蕴涵着处于一种心理状态中对于知道 p 是必要的。相反，知道是一种心灵状态的主张应被理解成这种主张：处于一种心理状态中对于知道 p 是必要的和充分的。简而言之，知道不过是一种心灵状态。这一主张可能出乎意料。根据标准的看法，相信不过是一种心灵状态而知道不是，因为它是事实性的：真理是知道的一种非心理成分。

我们的初始假设应当是：知道是一种心理状态。在建立哲学理论之前，我们借助实例学习了心理的概念。我们的范例应当包括像相信和愿望这样的命题态度，如果我们的心理概念不是过于贫乏的话。但事实态度与非事实态度有如此多的相似之处，以至于我们应当期望它们也构成了心理状态；我们期望一个概念运用于所有与其范例非常相似的东西。如果有恐惧的心理状态却没有惋惜的心理状态，或者有想象的心理状态却没有记忆的心理状态，将是很奇怪的。实际上，还不清楚的是：将事实态度从典型的心理状态清单中删除有什么前理论的根据。心理包括知道和其他事实态度，这是对借以获得心理概念的程序的自然理解的一部分。当然，那并不排除随后会在别的某个地方找到在心理与非心理之间划出界线的理论理由。但这些理由背后的理论最好是一个好理论。

这一章和下一章消除了知道和非事实态度之间的一些公认的区别，这些区别据认为可能会使知道失去作为一种心理状态的资格。所假定的这种无资格涉及对环境、第一人称的可通达性和因果有效性的构成的依赖性。在每种情形下，这些区别经检查都会消失。显然,这种论证形式不能提供判决性的证明。我们审视当前的候选对象,会发现它们都不够格。我们仍想知道我们关于潜在区别的清单是否全面。但是,降低知道作为一种心理状态核心实例的前理论地位,并没有充分的理论理由。降级只屈服于诡辩。实际上,这些思想——根据它们,知道被误认为是一种心理状态——可以根据独立的理由反驳。我们将它与其他心理现象归于一类,就能对知道作出最好的理解。

在本章,第1.2节针对的是这种主张:知道是一种与怀疑论和自我知识的一些传统问题相关的心理状态。第1.3节解释了下列两者之间的不相容性:一个是知道是一种事实性的心理状态的观点,另一个是标准的分析,即知道概念是相信与真这些概念(命题的谓词)以及其他概念的合取;它指出了这些分析的错误。第1.4节对知道概念提出了一种适度的正面解释,将它与这种传统的分析相区别,并指出了根据状态的形而上学来理解认识论的可能性。第1.5节讨论了知道和相信的关系,并考察了它对所谓的心理状态的析取解释的一些影响。[①]

1.2 心理状态、第一人称的可通达性和怀疑论

关于知道是一种心理状态的思想可能看起来像混淆了客观的确定性和主观的确定性。有的人甚至将这种思想诊断成犯了笛卡尔的核心错误。他不是寻找一种对于知道p充分的心理状态吗?把p作为他的候选对象不是清楚明白的吗?他的认识论纲领的失败不是表明所要求的这种心理状态不可能吗?

根据这里所提出的观点,如果笛卡尔寻找的是一种对于知

① McDowell 1995 和 Gibbons 1998 辩护了密切相关的关于知道是一种心理状态的思想。也见 Guttenplan 1994 和 Peacocke 1999:52-55。

道充分的心理状态,那么他就错在别处:可能错在这种看法(如果他支持它的话),即一个人必定总是能够知道他处于什么心理状态。H.A.普里查德也把知道看成一种心理状态,他认为一个人总能够知道他是知道还是仅仅相信(Prichard 1950:86)。现在很少有人声称有这种辨别力。实际上,否认知道是一种心理状态的原因之一可能是这个假设:一个人必定总能够知道他是否处于给定的心理状态之中。

一个人确实不是总能够知道他是否知道 p(对于几乎任何命题 p 来说),不管他多么警觉、在概念方面多么精通。这一点在主体错误地相信 p 时最明显。例如,考虑这种情况:一个通常消息很灵通的公民 N.N.还没有听到林肯刚刚在剧院被暗杀的消息。由于林肯已死,他就不再是总统了,因此 N.N.就不再知道林肯是总统(知道是事实性的)。然而,N.N.不能够知道事情出岔子了。他继续合理地相信他知道林肯是总统。此外,这对他似乎就是另一条常识。N.N.继续合理地相信他知道林肯是总统。尽管 N.N.不知道林肯是总统,但他不能够知道他不知道林肯是总统(也见 Hintikka 1962:106 和第 8.2 节)。

所述的这个论证认为,先验的推理不会证明:不可能有关于外部世界的知识,因为这种推理会使 N.N.相信他知道林肯是总统成为不合理的。当然,如果所有知识都不可能,那么对于任何命题 p 来说,一个人就不知道 p 并且不能够知道他不知道 p;他根本不能够知道他是否知道 p。一个怀疑外部世界但不怀疑一切的人可能打算主张:对任何提供了外部世界的信息的命题 p 来说,一个人是能够知道他不知道 p 的。让我们暂且假定这个怀疑论者是错误的。第 8 章将重新考虑怀疑主义。

我们也能够建立这样的情形:一个人知道 p 却不能够知道他知道 p(参见第 5 章)。它们包含了更棘手的问题。一个人不知道 p 却不能够知道他不知道 p,这就现在的目的来说是足够的。

假定透明性(transparency)是这个论题:即对于每个心理状态 S 来说,每当一个人适当警觉并且在概念方面精通时,他就能够知道他是否处于 S 中。倘若有透明性,那么对于几乎任何命题 p 来说,知道 p 就不是一种心理状态。

然而,透明性是错误的,参照无可争议的典型的心理状态就能证明这一点。例如,一个人有时不能够知道他是否处于希望 p 的心理状态中。我相信我不希望一个特殊的比赛结果;我意识到的只是漠不关心;那么我对一个比赛结果的失望表明我希望另一个结果。当我有那个希望时,我不能够知道我有。实际上,很难找到一种透明性对之成立的足道的心理状态。透明性不适合相信 p 的状态,因为相信 p 与只幻想 p 之间的区别部分地取决于一个人的仅出现在反事实情况下的实践推理和行动倾向,而且他不是总能够知道这些倾向是什么。透明性甚至对于处于疼痛中的状态也是可疑的;一个人过于自怜就可能把痒误认为疼,而太不自怜又会把疼误认为痒。第 4 章将提出一种形式的论证,它表明:足道的心理状态都不满足透明性。但是即使透明性对于一些心理状态确实成立,它显然也不适合别的心理状态;从透明性到否认知道 p 是一种心理状态的论证的前提是错误的。假如知道 p 是一种心理状态,我们就不能期望知道一个人是否处于它之中总是容易的。

由此不能说:关于自己的心理状态的知识与关于别人的心理状态的知识之间根本没有不对称性。或许缺乏透明性不是常态,但这一主张需要具体论证。更可信的主张是:我们对自己的心理状态有一些非观察的知识,对别人的心理状态则没有。但是,这样一来对知道也同样能说:我们对自己的知识和无知有一些非观察的知识,对别人的知识和无知则没有。关于心理状态的任何真正的优越通道(privileged access)要求都由知道 p 的状态满足的。知道通常是向第一人称现在时态通道开放的;它像其他心理状态一样,不是完全开放的。

有的人可能反驳说:知道一个人是否知道p,需要评价支持和反对p的理由,而知道一个人是否相信p则不需要。他们将知道一个人现在是否相信p与决定是否继续相信p进行了区别。暂且假定他们在认为知道一个人是否相信p不需要评价支持和反对p的理由方面是正确的。然而,即使按照他们的观点,基于某种合适的合理性概念,也有合理地相信p的心理状态。知道一个人是否合理地相信p并不要求这个人对支持和反对p的理由作出评价。因此,要知道一个人是否知道p就需要这种评价,这没有证明知道p不是一种心理状态。

能这样答复吗:知道和合理地相信不像相信那样是心理状态,因为“知道”和“合理的”是规范性词语?信念归属也有一种规范性因素,因为要对一种内容具有心理态度,一个人在某种意义上就必须掌握这种内容,从而必须具有某种最低限度的合理处置它的能力;这种答复本身将“合理的”归类于规范性词语。无论如何,“知道”与“合理的”都是规范性词语,因此心理状态的归属也可能是规范的。

一种不同的异议是:一个人关于他是否知道p的信念能被新的信息否定,而他关于他是否相信p的信念则不能。例如,新的信息可能证明p为假。但是一个人关于他是否相信p的信念真的是新的信息不能否定的吗?某个人可能相信他相信明年世界就要终结,因为他加入了一个宗教教派,教派中的强大压力迫使他相信明年世界就要终结,但是他不愿意兑现他的养老金,这可能表明他并不是真相信明年世界就要终结。当他反思他不愿意兑现养老金时,他自己可能就会得出那个结论。但是,即使我们忘掉这些例证,并且假定一个人关于他是否相信p的信念不能被进一步的证据否定,但我们仍必须承认这样的心理状态,如警觉或清晰地思考一个问题。一个人关于他是否警觉或是否清晰地思考一个问题的信念能被新的信息否定,例如关于偷偷放入他的饮料中的药的信息。因此,关于一个人是否知道 p 的信念的可否定性并没有证明知道 p 不是一种心理状态。

一旦我们考虑了所有公认的心理状态,就会明白关于心理状态的任何一般的优越通道要求都是非常宽松的。知道满足了那些宽松的要求。

透明性的缺乏有助于澄清知道是一种心理状态的论题与传统怀疑论论证模式之间的关系。怀疑论者认为,具有一个真信念的主体可能处于完全相同的心理状态(也就是说,处于完全相同的心理状态集合中)中,即使这个信念为假。他的结论是:由于信念在后一种情形下没有构成知识,因此它在前一种情形下同样如此。怀疑论论证的假设与此类似:如果一个人的心理状态在两种情况下完全相同,那么他的知识也完全相同。根据这里所提出的解释,那个假设是正确的,但并非完全像怀疑论者所想象的那样。

怀疑论者认为,知识的不同要求心理状态事先就有些不同,这些不同是主体能发现的。根据现在的解释,知识的不同构成了心理状态的不同。这种不同不一定是缺乏知识的主体能发现的。因此,基于破坏其论证的理由,怀疑论者的假设就是正确的。他声称已经建立了一种情形:信念为假但心理状态完全相同。但对于这种情形他实际上至多证明了:这个信念为假而且他的情况没有能辨别的不同。他没有证明:一个人在难以辨别的情况下不能处于不同的心理状态中。实际上,由于我们有时不能够知道我们是否处于某种心理状态中——如前面所论证的,因此一个人在他不能对之作出辨别的情况中当然能处于不同的心理状态中(参见第 8 章和 McDowell 1982)。

如果知道是一种心理状态,那么怀疑论论证就没有说服力。

实际上,这种知识观能够辩护,必定只是由于怀疑论论证没有说服力。因此,通向怀疑论的一条道路被堵上了。本章的目的不是要论证这些。第8章将更详细地考虑怀疑论推理。

如果在被堵上前,某个人已经沿着这条道路陷入了那个谬误的论证所提供的怀疑论,并且真的无法判定——至少原则上——她是否处于怀疑论情景,那么现在堵上这条路就为时已晚,难以拯救她了。这里所说的都不应当使某人已经放弃了普通信念的人相信:这些信念实际上构成了知识,因为这里所说的都不应当使她相信它们为真。这一策略根本不是要放弃这些信念。哲学的怀疑论处置办法的常规情况是:它们在预防方面要优于治疗。如果对怀疑论的一种驳斥被看成是使人摆脱困境的理由,那么怀疑论就是驳不倒的。最有希望的是某种东西,它使怀疑者(可能是自己)不会一开始就让人陷入困境。

这些评论的目的是为知道是一种心灵状态的观点提供一种感官认识。现在必须对这种观点的内容进行更详细地考察。心理状态概念将不作正式定义,因为那将要求正式的心理定义。相反,思考直觉的心理状态概念将有助于澄清心理状态的活动方式。第1.4节会给出一种不太正规的解释。

1.3 知识与分析

将知道称为一种心理状态在某个方面就是认为它类似于典型的心理状态,如相信、愿望和处于疼痛之中。也是要把它与非心理状态的例证进行比较。最发人深省的比较可能是知道与真信(believing truly)之间的对比。

真信p不是一种心理状态,至少在p是一个关于外部环境的普通偶然命题时不是。例如,从直觉上看,没有这样的心理状态:处于这种心理状态中对于真信天在下雨(也就是说,对于当天在下雨时相信天在下雨）是必要而充分的，正如没有这样的心理状态一样：处于这种心理状态中对于在罗马失火时相信天在下雨时是必要而充分的。有相信天在下雨的心理状态，有——根据现在的解释——知道天在下雨的心理状态，但没有中间的真信天在下雨的心理状态。假定S_1是：知道天在下雨，S_2是：真信天在下雨，S_3是：相信天在下雨。那么，我们可能就认为：所有处于S_1中的东西也必然处于S_2中；所有处于S_2的东西也必然处于S_3中。然而，根据现在的解释，尽管S_1和S_3是心理状态，但S_2不是一种心理状态。

夹在两种心理状态之间的东西本身不一定是一种心理状态，这并不像听起来那样荒谬。考虑一个类比：几何属性概念。就这些目的来说，我们可以把几何属性理解成由物理空间中的殊相（particulars）所拥有的属性。假如π_1是这种属性：是一个等边三角形，π_2是这种属性：是一个边长难以用肉眼辨别的三角形，而π_3是这种属性：是一个三角形。每个具有π_1的东西都必然具有π_2，因为等长的边不能根据边长来辨别；每个具有π_2的东西都必然具有π_3。然而，尽管π_1和π_3都是几何属性，但π_2不是一种几何属性，因为它会随人的视力的变化而变化。夹在两种几何属性之间的东西本身不一定是几何属性。同样，夹在两种心理状态之间的东西本身为什么应当是一种心理状态，就也没有什么结构的理由。

这一点是很普遍的。如果S是一种心理状态，C是一种非心理条件，那么就不一定有心理状态S^*，以至于必然地：一个人处于S^*中，当且仅当他处于S中并且C得到了。不存在这种S^*和下述情况是非常一致的：存在一种心理状态S^{**}，以至于必然地：一个人处于S^{**}中，仅当（而非：当）他处于S中并且C得到满足。一种心理状态只有在不仅仅保证了那个合取式时才能保证那个合取式。

如果否认真信是一种心理状态不会立即使人信服，那么这样来考虑它。即使在心理状态的某种宽泛的意义上，真信是一种心理状态，但在一种更严格但仍然合理的意义上，真信不是一种心理状态，而是心理状态与非心理条件的结合。现在的主张是：在“心理状态”这个词的所有合理的意义上，知道都是一种心理状态：在“心理的”的任何更严格但仍合理的意义上，知道都不能——像真信那样——被分解为心理状态与非心理条件的结合。如果“心理的”这个词的一种意义在重要的方面都和它的一般意义接近，那么这种意义就是合理的。因此，尽管现在的主张是模糊的，但显然它至少是可以讨论的。

严格说来，我们必须把概念的比较与形而上学的比较区别开。概念的比较是：知道这个概念是一个心理概念，而真信这个概念不是一个心理概念。形而上学的比较是：知道是一种心理状态，而真信不是一种心理状态。

心理状态这个概念至少能大致地根据关于一种状态的心理概念（mental concept of a state）来定义：一种状态是心理的，当且仅当可能存在一个关于该状态的心理概念。这个定义原则上并不排除可能有一个关于心理状态的非心理概念，因为不同的概念能够关于相同的状态。我们可以合理地假定：状态 S_1 和 S_2 是同一的，当且仅当：必然的是，任何东西处于 S_1 中，当且仅当它处于 S_2 中。在一个特定语境下，不同的概念可能必然是共外延的。例如，由于金必然是原子序数为 79 的元素，那么有一颗金牙的状态就是有一颗用原子序数为 79 的元素制成的牙齿的状态，但是有一颗金牙这个概念不是这个概念：有一颗用原子序数为 79 的元素制成的牙齿。同样，对于任意心理状态 S 来说，这个概念即处于 S 中并且金是原子序数为 79 的元素与处于 S 中这个概念必然是共外延的，因此它们都是关于 S 的概念。

就概念的比较和形而上学的比较来说，两者都不直接衍推对方。如果知道这个概念是心理概念而真信这个概念不是，那么由此能直接推出：知道是一种心理状态，但不能直接推出：真信不是一种心理状态，因为可能也有一个关于真信状态的心理概念。因此，概念的比较并不直接衍推形而上学的比较。如果知道是一种心理状态而真信不是一种心理状态，那么由此可以直接推出：真信这个概念不是心理的，但不能直接推出：知道这个概念是心理的，因为可能有一个不同的关于知道状态的概念，它是心理的。因此，形而上学的比较并不直接衍推概念的比较。然而，很难看出为什么某个人应当接受一种比较而不接受另一种。如果真信这个概念是非心理的，那么所想象的它与一个心理概念的必然的共外延性就是一种古怪的形而上学巧合。如果知道这个概念是一个关于心理状态的非心理概念，那么它与心理概念的必然的共外延性就是一种同样古怪的形而上学巧合。在实践中，随意忽视形而上学比较和概念比较之间的区别可能不会有太大害处。然而，不忽视这种区别会更安全。

真信这个概念不是一个关于一种状态的心理概念。如果概念 C 是概念 C_1，……，C_n 的合取，那么 C 是心理的，当且仅当每个 C_i 都是心理的。例如，是难过的并且金是原子序数为 79 的元素这个合取概念是非心理的，这只是因为它有非心理的合取支：金是原子序数为 79 的元素，尽管它是一个关于难过状态的概念。甚至一个在逻辑上多余的非心理的构成概念（component concept）也会使 C 成为一个非心理概念，尽管这样一来它和心理概念就是逻辑等值的。相反，关于态度归属的内容从句中的非心理概念不会使所表达的概念成为非心理的；即使数这个概念不是心理的，相信有数这个概念也能是心理的。至少在"心理的"的一种合理的意义上，所在这些都是如此，有人或许将它表达为"纯心理的"。真信这个概念就是概念相信与真的合取。合取支真不是心理的，因为它没有提到主体。所以，真信这个概念就是非心理的。同样,属于主体而不属于命题的真信这个概念也是非心理的。形而上学的比较与概念的比较取决于知道是不是一种心理状态,取决于知道是不是一个心理概念。

正如真信这个概念是非心理的,有一个证成的真信念这个概念基于类似的理由也是非心理的。的确,这个论证适用于任何这样的概念:根据这种标准的合取分析知道这个概念是与之等同的。这个论证可以推广到用逻辑联结词而非合取构成的分析。如果那些更简单的概念都是心理的,这个论证就不适用,但这种对知道概念的标准分析总是包含着不多余的非心理成分,特别是概念真。因此,分析的概念(analysing concept)是非心理的:也就是说,不是纯心理的。假如知道这个概念是心理的,那么,关于它的所有标准的分析作为一种概念同一性主张就是不正确的,因为分析的概念不同于被分析的(to be analysed)概念。

如果非心理概念必然与心理概念知道共外延,那么它们就是关于相同心理状态的概念。现在的解释不严格地衍推这种传统分析不能为知道提供正确的充分必要条件。但是一旦我们认可:知道这个概念不是传统所设想的那种复合概念,我们有什么理由期待任何这样的复合概念都能为知道提供必要而充分的条件呢?

经验归纳地确证了现在这种解释的含意:对知道这个概念的标准分析都不正确。的确,候选的概念最终不仅不同于目标概念(target concept),而且甚至也不必然与目标概念共外延。自1963年盖梯尔否定了知道就是有一个证成的真信念这种传统分析以来,一系列越来越复杂的分析都被越来越复杂的反例推翻了,这就是现在的观点让人期待的。①

---

① 继Gettier1963年之后10年间关于知道的分析的研究史,参见Shope1983;对1983年之后的发展可以写一本同样复杂的书。并非所有这些研究的目标都是提供一种传统意义的分析;参见Shope 1983:34-44。

即便有些非常复杂的分析从未屈服于反例,那也不会衍推分析的概念与知道这个概念的同一性。实际上,概念的等同导致的难题更多而不是更少。因为知道至关重要;知道与不知道的区别对我们是很重要的。甚至单纯的好奇心就是求知欲。这种重要性很难理解,如果知道这个概念多少像那些分析必定成为的那样特别混乱;为什么我们应当如此在意这一点呢?①

基于非常一般的理由,一个人不会期望知道这个概念有一种用更基本的术语进行的足道的分析。并非所有概念都有这样的分析,否则就会出现无穷后退;分析哲学史表明,大多数有哲学意义的概念都没有这样的分析。"单身汉"是一种特性,而不是一种原型。例如,分析手段(means)和原因(causes)这些概念的尝试和分析知道这个概念的尝试一样不成功,它们都会屈服于相同的反例和循环论证模式。分析的概念不仅不能与被分析的概念相同;它甚至也不能为后者提供充分必要条件。追求这种分析是一个退化的研究纲领。②

我们很容易就能描述简单语言,用这些语言不可能无循环地表达知道的充分必要条件。英语的许多部分都有这种属性。为什么我们应当期望英语本身有所不同呢? 一旦"知道"和同

---

① Craig1990a 根据这种标准分析的失败,为解释这种关于知识概念的观点进行了一个有意思的尝试。然而,根据现在的观点,它仍太接近于传统纲领,因为它认为它的起点是我们对我们环境的真信念的需要(1990a:11),似乎这在某种程度上比我们对环境知识的需要更基本。说真信就像知道一样有用,这并不是回答,因为人们赞成起点应当比"有用的心理状态"更具体;为什么它在"真信"方面而非在"知道"方面是具体的呢? 关于我们为什么把知识不仅仅评价为纯粹的真信念的讨论,也见第 3 章。

② 关于概念分析的雅致但无说服力的辩护,参见 Jackson 1998 和 Smith 1994:29-56,161-164。然而,他们所辩护的这种分析并未对如下主张构成多少威胁:在心理状态的所有合理的意义上,知道都是一种心理状态。他们没有为下列看法提供理由:在任何典型的心理概念所不具有的意义上,知道这个概念都能得到足道的分析,或者在分析的顺序上它要稍后于相信这个概念。关于终结定义的讨论,也见 Fodor 1998。

源词被排除了，我们剩下的词汇可能就太贫乏了，难以表达知道的充分必要条件。

分析的纲领起源于伟大的哲学观。例如，考虑罗素的亲知原则（Principle of Acquaintance）："我们能理解的所有命题必定都是由我们亲知的成分构成的。"（罗素 1910—1911，载 Salmon 和 Soames 1988：23）罗素将这个原则称为"分析包含摹状词的命题的根本的认识论原则"。根据某种解释它可能是正确的。然而，当这个原则与罗素相当私人的亲知概念相结合时，它就会使分析深入到清楚明白的科学和常识命题的表面成分之下，因为我们对这些表面成分的亲知不完全是私人的（intimate）。[①] 在这种语境下，分析的纲领有一种哲学的意义。那么给予它意义的哲学观点就不再是严肃的选择。然而在最初的动机消失后很久，哲学家们仍在继续执行这个纲领。正确的深入分析如果存在的话无疑仍有意义；失去的是相信它们存在的理由。

尽管一般的观点勉强得到了承认，但人们可能主张：我们有特殊的理由期望一种知道分析。由于我们对于什么是已知为真的，并且可能也相信为真已经具有必要条件；那么我们增加知道具有而真信可能不具有的东西，就有望得到一个充分必要条件。但是这种期望是以一个谬误为基础的。如果 G 对于 F 是必要的，那么不一定有进一步的条件 H，它可以独立于 F 来说明，以至于 G 和 H 的合取对于 F 是充分必要的。例如，有颜色对于是红色的是必要的，但是如果一个人寻找另外一个条件，它与有颜色的合取对于是红色的是充分必要的，那么他就只找到了根据

① 我们也必须认为罗素的命题概念处于指称层次而非涵义层次。实际上，Evens 1982 将亲知原则与一个不像罗素那样极端的亲知概念联系了起来。当然，罗素这里的极端主义不纯粹是无关的教条；它是解决关于意向语境下的指示（denotation）的同一性和非存在的难题的一种尝试。不幸的是，这种治疗比病更糟糕。

"红色"来说明的条件:是红色的;如果有颜色即是红色的。

相同现象还有别的例证。尽管x是y的家长,仅当x是y的长辈,但不能由此推出:我们暗中把亲子关系概念化为了长辈与为了产生亲子关系就必须增加给长辈的东西的合取,或者甚至不能推出:长辈在概念上优先于亲子关系。相反,x是y的长辈,当且仅当亲子关系链是从x到y(更正式地说:当且仅当x属于每个包含了y的所有家长以及其家庭成员的所有家长的集合)。因此,y的家长自动地是y的长辈。总之,亲子关系在概念上优先于长辈;我们是使用根据亲子关系来确定的长辈的充分必要条件来解释为什么长辈对于亲子关系是必要的。[①] 再者,x同一于y,仅当x和y重量相同,但不能由此推出:同一于(is identical with)这个概念是重量相同(weighs no more than)与为了产生前一个概念就必须增加给它的东西的合取,或者甚至不能推出:重量相同优先于同一于。在这种情形下,我们解释衍推是根据莱布尼兹定律:如果x同一于y,那么对于x成立的一切对于y也成立,因此既然x和x重量相同,那么x和y也重量相同。我们无需考虑所有的例证就掌握了莱布尼兹定律。原则上一个人在获得任何重量概念之前就能掌握这个定律。在任何足道的意义上,必要条件都不一定是充分必要条件的合取支。

更一般地说,存在概念关联是假定一种概念分析来解释它们的坏理由。例如,关于外延性的公理说:元素相同的集合是同一的集合;它作为一种关于概念真理的主张与作为知识衍推信念的命题一样好。然而,这个公理不是通过分析集合这个概念来解释的,如果一种分析为充分必要条件提供了一种非循环的陈述的话。

---

① 如在导论中所指出的,我们不能用"x是y的长辈并且x不是y的长辈的长辈"来定义"x是y的家长"。

这个工作假说应当是：知道这个概念不能被分析成更基本的概念。① 但这样说并不是说关于它的反身性(reflective)理解都是不可能的。

1.4　知道作为最一般的事实性心理状态

知道的因素不是像标准的分析所要求的那样分析的。然而，对这个概念可以给出一种温和的正面解释，这种解释不是关于它的一种传统意义的分析。下面勾画的这种分析与标准的分析相比似乎是无力的(thin)。这可能不是一个缺陷。实际上，它的无力将澄清这个概念的重要性，这是更复杂的解释做不到的。

主要的思想很简单。一个命题态度是事实性的，当且仅当一个人必然只把它视为真。其例证包括看见、知道和记忆的态度。并非所有事实态度都构成了状态；遗忘是一个过程。将那些确实构成了状态的态度称为状态的(stative)。建议是：知道是最一般的事实状态态度，如果一个人对一个命题具有事实性的状态态度，他就会对它具有知道的态度。这种推测的明显的反例将在后面讨论。这种推测的目的是阐明知道概念在我们思想中的核心作用。它对我们很重要，因为事实性的状态态度对我们很重要。

为了描述这个建议，比较知道状态与有颜色的属性——某种东西若有颜色属性就会具有的颜色属性。如果某物有颜色，

---

① 怀疑根据相信概念来分析知道概念的另一个理由是：这些分析似乎蕴涵着前一个概念是在后一个之前得到的。关于儿童发展的材料表明——更可能——的是相反的顺序(相关研究的讨论，参见 Perner 1993:145-203)。大致而言：儿童在理解错误之前就理解了无知。显然，这些材料能得到不同的解释，它们与分析顺序的关系依赖于概念理论中的微妙的问题。

那么它就有一种更具体的颜色属性;它是红的或绿的或……尽管这种具体的颜色可能碰巧在我们的语言中缺少一个名称,但我们总可以采用这样一个名称,这可能是指着作为范例的东西。我们可能说有颜色就是红色的或绿色的或者……,如果这个清单被理解成末端开放的,并且有颜色这个概念并不同一于这个析取概念。一个人无需掌握是绿色的这个概念,从而无需掌握这个析取概念,就能掌握有颜色这个概念。同样,如果一个人知道A,那么他就有一种具体的知道方式;他可以看见或记忆或……A。尽管这种具体的方式可能碰巧在我们的语言中缺少一个名称,但我们总能够采用这样一个名称,这可能是指着作为范例的情形。我们可能说知道A就是看见或记忆或……A,如果这个清单被理解成末端开放的,并且知道这个概念不同一于这个析取概念。一个人无需掌握看见这个概念,从而无需掌握这个析取概念,就能掌握知道这个概念。

我们描述其一种自然语言中的实现,就能给事实性的状态态度范畴以实质内容(substance)。事实性的状态态度在语言中的典型表达式是事实性心理状态算子(FMSO)。在句法上,一个FMSO Φ具有动词的组合属性。在语义上,Φ是一个无法分析的表达式;也就是说,Φ和任何复杂的表达式——其意义是由其部分的意义构成的——都不是同义的。Φ本身更不是这样一个表达式。Φ也符合另外三个条件。为了简单起见,它们在这里被陈述为英语中的一个FMSO的条件,尽管这个一般范畴也在别的语言中被实现了。首先,Φ通常把一个表示有生命之物的词语作为主语,把一个由"that"从句构成的词语作为宾语。其次,Φ是事实性的,其意义是:从"S ΦsA"到"A"这种形式的推理是演绎有效的(谨慎的人在适当时会把引号读成角引号)。最后,"S ΦsA"向S归属了一个命题态度。根据现在的观点,"知道"和"记忆"是典型的FMSOs。即使有下面的注解,这些评论也不会构成“FMSO”的严格定义,但它们应当使它的外延更为清晰。

第一,“S ΦsA”需要把“A”作为一个演绎的结论,而非一个完全可以取消的前提。动词“猜测”有一种用法,根据它,“S 猜测 A”在某种意义上预设了“A”。然而,这个前提根据语境是可以取消的,正如下列句子的逻辑和语言属性所示:

(1)我不正确地猜测他有罪。

(2)我猜测他有罪,你猜测他无辜。

相反,在(1)或(2)中用“知道”替换“猜测”会产生矛盾。因此——顺便说一下——从“S 不知道 A”到“A”的蕴涵不同于从“S 知道 A”到“A”的蕴涵,因为只有前者是可以取消的。下列句子在逻辑上和语言上是合适的:

(3)我不知道他有罪,因为他无辜。

(4)我不知道他有罪并且你不知道他无辜。

相反,在(3)或(4)中用“知道”替换“不知道”就会产生矛盾。如果Φ是一个 FMSO,从“S ΦsA”到“A”的蕴涵就不能取消(关于“知道”的可取消性和预设,分别参见 Grice 1989:44-46 和 279-280)。

第二,FMSOs 是状态的:它们用于表示状态而非过程。这种区别在语言上的标志是不适合用进行时态。考虑:

(5)她正在证明有无穷多的质数。(She is proving that there are infinitely many primes)

(6)这双鞋子正在伤害她。(The shoes are hurting her)

*(7)她正在知道有无穷多的质数。(She is knowing that there are infinitely many primes)

*(8)她正在相信在无穷多的质数。(She is believing that there are infinitely many primes)

*(9)这双鞋子正在适合她。(The shoes are fitting her)

句子(7)-(9)不正常,因为与“证明”和“伤害”不同,“知道”、“相信”和“适合”(根据相关的解释)是状态的。当然,一个动词可能既有状态的解释也有非状态的解释,如在(10)中:

?(10)她正记忆有无穷多的质数。

根据这种值得注意的“记忆”解释,(10)是反常的,但可以正确地用它来说:她处于记忆有无穷多的质数的过程中(关于状态动词的语言标志的更多讨论,参见Vendler 1967:104)。

第三,一个FMSO把对一个命题的态度归属给了一个主体。因此,“S ΦsA”衍推了“S掌握了命题A”。要知道有无穷多的质数,一个人必须掌握这个命题:有无穷多的质数,因此“知道”通过了测试。一个具有像“对它成为这样的事实负责”(is responsible for its being the case that)这种意义的动词通不过测试。因此,倘若“看见”和“记忆”是FMSOs,一个人能看见奥尔加正在下棋或记忆她正在下棋,仅当这个人有棋的概念。这不是否认一个人的知觉和记忆可能有一种他没有概念来表达的内容;这种观点就是:“看见A”和“记忆A”这些英语结构没有归属这种内容。其他具有那些动词的结构的表现是不同的;一个人要看见或记忆奥尔加在下棋不需要棋的概念。

第四,FMSO是不能作语义分析的。一个规定与“真信”意义相同的人工动词(artifical verb)不是一个FMSO。一个可作语义分析的表达式比只表示一种态度的表达式具有更为复杂的语义作用;它的适当处置要求对构成其意义的意义作出解释。因此,在这个阶段最好集中于可作语义分析的表达式。像“知道”

和"记忆"这样的动词将被认为是不能作语义分析的。然而,FMSO是不要求不能作句法分析的。例如,在英语和其他一些语言中,增加助动词"能够"(can)常常会构成一个FMSO(Vendler 1967:104-106)。考虑下列两个句子:

(11)她感觉骨折了。(She felt that the bone was broken)

(12)她能够感觉骨折了。(She could feel that the bone was broken)

(12)中的"could"不是表示能力的"能够";(12)的意思不同于:

(13)她有能力感觉骨折了。(She had the ability to feel that the bone was broken)

(11)的主要意思大体可以翻译为:"她直觉地相信骨折了。"(12)的主要意思大体可以翻译为:"她通过触觉知道骨折了"。句子(12)与(11)不同,它衍推"骨折了"。因此,"能够感觉"(could feel)与"感觉"(feel)有两方面的区别:它是事实性的;它是知觉的。如果"能够感觉"在语义上可分析为"能够"(could)和"感觉"(feel),这两种区别就都不会出现,因为那样就会认为"能够感觉"与"有能力感觉"是相似的,而后者既非事实性的也非知觉的。"能够感觉"是语义混合的(semantically fused)。它是一个FMSO;"感觉"则不是。

"听到"(hear)在这方面与"感觉"类似。考虑:

(14)她听到火山在喷发。(She heard that the volcano was erupting)

(15)她能够听到火山在喷发。(She could hear that the volcano was erupting)

(14)的主要意思大体可以翻译为:“她听到一则报道说火山在喷发。”(15)的主要意思大体可以解释为:“她借助听觉知道火山在喷发。”句子(15)与(14)不同,它衍推了“火山在喷发”。因此“能够听到”与“听到”有两方面的区别:它是事实性的,它是更直接地知觉的。如果“能够听到”在语义上是“能够”和“听到”的一个复合词,这两方面的区别就都不会出现。“能够听到”是一个 FMSO;“听到”则不是。

“能够看见”(could see)仅在这两个方面之一和“看见”有区别。考虑:

(16)她看见股票市场已经崩盘。(She saw that the stock market had crashed)

(17)她能够看见股票市场已经崩盘。(She could see that the stock market had crashed)

(16)和(17)都衍推了“股票市场已经崩盘”;它们在事实性方面没有区别。然而,它们自然可以作这样的解读:如果她只是看到了一则关于崩盘的新闻报道,那么(16)就为真,(17)就为假;如果她看见投资者在总台排队,那么(17)就可能为真。在这些情形下,一个人可以将“这则新闻”(the news)插在(16)中的“that”之前,但不能插在(17)中的“that”之前——甚至在她从关于其他事件的新闻报道推断出崩盘的时候也不会如此。在这个方面,“能够看见”是比“看见”更直接地知觉的。这不会使两者都不成为 FMSOs。

现在,FMSO 这个概念应当很清楚,可以使用了;它可以被投射于新的情形。此外,不用参照知道概念,它就得到了解释,尽管“知道”是 FMSO 的一个实例。现在,人们会提出:“知道”在 FMSOs 集合中有一个特殊的位置。

这种建议是:如果Φ是任意的 FMSO,那么“S ΦsA”就衍推

"S 知道 A"。如果你看见天在下雨,那么你就知道天在下雨。如果你记得那时天在下雨,你就知道那时天在下雨。这些衍推看似合理但不是没有争议的(关于有用的讨论,参见 Unger 1972 和 1975:158-183)。

人们有时宣称:一个人能知觉或记忆 A 却不知道 A,因为他不相信 A 或者他相信 A 没有得到证成。其他证据可能使一个人有理由认为:他只是产生了他实际知觉的东西的幻觉,或者只是想像了他实际记忆的东西。一个人放弃或保留这个信念不需要证成;人们宣称,无论是哪种情形,他都不知道(Steup 1992 是这种观点的一个最新例证)。然而,这些情形对知道与相信或具有证成之间关系的影响,比对知觉或记忆与知道之间关系的影响要大。如果你真看见天在下雨——这不只是看见了雨——那么你就知道天在下雨;看见 A 是知道 A 的一种方式。你可能不知道你看见了天在下雨,因此可能不知道你知道天在下雨,但这两个条件对于知道天在下雨都不是必要的(参见第 5 章)。同样,如果你真记得那时天在下雨——这不只是记得雨——那么你就知道那时天在下雨;记得 A 是知道 A 的一种方式。你可能不知道你记得那时天在下雨,因此可能不知道你知道那时天在下雨,但这两个条件对于知道天在下雨不是必要的。但是,还很不清楚的是:在所讨论的这些情形中你确实看见了或记得天正在下雨或那时正在下雨,现在将提出一种解释,根据它你并非如此。

看见 A 与看见一种 A 所处的情景之间是有区别的。一种区别是:只有前者要求知觉者掌握命题 A。在正常情况下,一个没有棋的概念的正常观察者向正确的方向观看就能看见奥尔加正在下棋的情景,但他不能看见奥尔加正在下棋,因为他不知道他所看见的是奥尔加正在下棋的情景。现在的情形指出了这两个看见概念之间的另一个区别。你向正确的方向观看就能看见天在下雨的情景。此外,在所设想的情形中,你有足够的概念来掌握天在下雨这个命题。然而,你不能看见天在下雨,这正好是因为你不知道你所看见的是天在下雨的情景(考虑到不利的证据)。根据这种解释,这种情形对于看见蕴涵知道的主张和知道蕴涵相信的主张都不构成反例。

同样,记忆A与记忆一个A所处的情景之间也有区别。一个区别是:只有前者要求记忆者掌握命题A。某个人——他记忆功能正常但没有棋的概念——能记得奥尔加那时正在下棋的情景,但不能记得奥尔加那时正在下棋,因为他不知道他所记得的是奥尔加那时正在下棋的情景。现在的情形指出了这两个记忆概念之间的另一个区别。你能记得天那时在下雨的情景。此外,在所设想的情形中,你有足够的概念来掌握天那时在下雨这个命题。然而,你不能记得天那时在下雨,这恰好是因为你不知道你所记得的是天那时在下雨的情景(考虑到不利的证据)。根据这种解释,这种情形对于记忆蕴涵知道的主张和知道蕴涵相信的主张都不构成反例。

对FMSOs的讨论可以概括为三个原则:

(18)如果Φ是一个FMSO,那么一个人就能从"S ΦsA"推出"A"。

(19)"知道"是一个FMSO。

(20)如果Φ是一个FMSO,那么一个人就能从"S ΦsA"推出"S知道A"。

后两个原则——依赖于逻辑等值——根据FMSO概念只描述了知道概念的特征。因为假定"schnow"是任何受"19′"和"20′"——分别是用"schnow"替换(19)和(20)中"知道"的结果——支配的词语。根据(19)和(20′),一个人能从"S知道A"推出"S schnow A"。同样,根据(19′)和(20),一个人能从"S schnows A”推出“S 知道 A”。因此,“schnow”和“知道”是逻辑等值的。注意:如果(20)只对大多数 FMSOs 成立,这个论证就会失败。简而言之,“知道”是最一般的 FMSO,是只要有 FMSO 适用它都完全适用的 FMSO。

具体而言,这种主张是:知道是最一般的状态命题态度,以至于对于所有命题 p 来说,如果一个人对 p 有这种态度,那么 p 必然为真。这不完全是主张:对于所有命题 p 来说,知道 p 是最一般的心理状态,以至于如果一个人处于其中,那么 p 必然为真。后一种主张不适合于必然为真的命题:每种心理状态都是这样的,即如果一个人处于其中,那么必然是 5+7=12,但由此不能推出每种心理状态对于知道 5+7=12 都是充分的。

这种“知道”解释的关键是:“真信”不算是一个 FMSO。倘若它算,(20)就会允许从“S 真信 A”到“S 知道 A”的无效推理。这种心理状态是相信 A,而非真信 A。要衍推知道,这种心理状态本身对于真必须是充分的。语义不可分析性(semantic unanalysability)条件保证了“真信”不算是一个 FMSO。

根据这种解释,知道对我们的重要性会变得像真理的重要性一样容易理解。事实性的心理状态作为其本质包含着心灵与世界的符合的状态,对我们是很重要的,而知道作为最一般的事实状态态度,对我们也很重要。当然,对这种符合的本质和重要性还要作一些解释,但这是另一个问题。有的人否认(18)-(20)所描述的概念是我们的知道概念,他甚至可能认为它比后者更有用。

所讨论的这些状态是一般的:不同人在不同时间都能处于它们之中。对它们的个例(token)的本质还没有提出什么主张;的确,关于个例状态的思想具有可疑的一致性(Steward 1997:105-134)。就一般状态而言,这些关于必要性(necessity)的主张是从物的(*de re*),而非只是从言的(*de dicto*)。假如“知道 p”

严格地指示一种心理状态,那么这个命题性主张,即p的真对于知道p是必要的,就蕴涵着这个事实性主张:对某个心理状态S来说,p的真对于S是必要的。

这种解释显然不是分解知道这个概念;如果"知道"可作语义分析,它就不是一个FMSO。这种主张当然是相当不合理的:每个认为约翰知道天在下雨的人会因而认为约翰具有最一般的状态命题态度,以至于对于所有命题p而言,如果一个人对p有这种态度,那么p就必然为真,对天在下雨这个命题也是如此。那么,这种解释有什么地位呢?

考虑一个类比。同一性——依赖于逻辑等值——只是根据反身性原则和莱布尼兹定律来描述的,正如知道——依赖于逻辑等值——只是根据(19)和(20)来描述的一样。然而,这种主张是相当不合理的:每个认为伊斯坦布尔是君士坦丁堡的人因而认为伊斯坦布尔和君士坦丁堡具有这种遵守莱布尼兹定律的反身性关系。在陈述莱布尼兹定律时所使用的元逻辑概念,比我们在思考伊斯坦布尔是君士坦丁堡时所用的概念要复杂得多。为了具有是(同一性)这个概念,一个人必定倾向于依据莱布尼兹定律进行推理,但这不要求他具有在陈述莱布尼兹定律时所使用的元逻辑概念。倘若要求,就会有一种显而易见的无穷倒退的危险。同样,为了具有知道这个概念,一个人必定倾向于根据(18)-(20)进行推理,但这不要求他具有在陈述(18)-(20)时所使用的元语言概念。

说一个主体倾向于根据他不能陈述的规则进行推理,这并不是明显很重要的。这个主体甚至可能会有意拒绝这些规则;错误地否认莱布尼兹定律的哲学家不会因此而不理解表示同一性的"是"。然而,某个这样概念似乎确实需要,这不依赖于知道的解释;后一种解释自身可以利用那个概念,不管它究竟证明什么。现在这种知道解释与一种概念理论如皮科克1992年的理论的主要特征是一致的，根据这种解释，对一个概念的解释会为拥有这个概念提供必要而充分的条件，却无需分解这个概念本身。然而，这种解释并不承诺概念理论中有任何皮科克式的一般纲领。

现在这种对知道的解释没有使用这些概念，如证成(justified)、引起(caused)和可靠的(reliable)。然而，知道对很多情形中的这些因素似乎都很敏感。对知道的任何恰当的解释都应当能使人理解这些联系。这一挑战不限于现在这种解释：根据证成对知道的标准解释必须使人能理解知道对因果因素的敏感性，而根据因果因素对知道的标准解释必须使人能理解知道对证成的敏感性；这些任务都不是不足道的。

现在这种解释化解挑战的一种方式是利用状态的形而上学。例如，一种形式的起源的本质性(essentiality)可能适用于状态；处于某些状态的一个必要条件可能是以特定方式进入了这些状态。知觉和记忆的状态就有这个特征，它们需要沿着特定的因果通道进入。因此，在很多关于知道的情形中，因果因素的重要性和这种解释是非常一致的。更明显的是，具有一种特定的推理的证成对于处于一些心理状态中是至关重要的；有一个证明显然是一个事实性的心理状态。因此，在很多关于知道的情形下，证成的重要性同样与这种解释相一致。当然，这些评论只勾画了一个策略，但未将之付诸实施。第 2 章和第 3 章进一步考察了认识论与心理状态的本质之间的关系。我们可以把认识论看成心灵哲学的一个分支。如果我们打算将认识论排除于心灵哲学之外，我们得到的就是一个极其贫乏的关于心灵本性的看法。

1.5 知道与相信

上述这种对知道的解释基本没有提到相信。从形式上说,它与很多关于这两个概念之间关系的不同解释是一致的。然而,从历史上看,知道是一种心理状态的观点已经与知道衍推不相信的观点联系在一起了。普里查德就有一个相关的例证(1950:86—88)。相反,根据对知道的标准分析,知道衍推相信。根据一些中间的观点,知道既与相信一致又与不相信一致。因此,人们自然会问:现在这种对知道的解释在多大程度上限制了知道和相信之间的关系。

我们要考虑两种图式:

(21)如果S知道A,那么S相信A。

(22)如果S知道A,那么S不相信A。

如果(21)是无效的,那么这个纲领即把知道概念分析成相信与真以及其他概念的合取就是不成功的。一旦这个纲领被放弃了,(21)无需事先证实就能得到考察。

图式(22)是很不合理的。我是否是由于被告知A才知道A,这在构成上依赖于给我信息的人是否知道A(除其他因素之外)。我是否是由于被告知A才相信A,这在构成上不依赖于给我信息的人是否知道A;如果知道排斥相信,它就必定会如此依赖。当然,在一个人能够描述某个人知道A时,仅仅描述她相信A在交流中是有误导性的,但这并不是说这是错误的。并非所有相信都仅仅是相信。我们应该否定(22)。

图式(21)听起来不是不足道地有效的,就像"如果S知道A,那么A"这个图式那样。当不自信的应试者自己进行猜测而给出了正确的日期——它们是遗忘的历史课的结果——时,将她归类于知道但不相信阿金库尔战役发生在1415年,并不是明显地误用了英语。但是对于这些情形的直觉是不同的;还不很清楚的是:她是否知道它,她是否相信。在这种情形下:即教给她的是不正确的日期并且她同样不自信地背诵它们,她至少处于一种有点类似于信念的状态,在教给她正确的日期时,她也处于这种状态。我们对(21)没有明显的反例(对这些情形的进一步讨论,参见 Radford 1996, Armstrong 1973:138-149 和 Shope 1983:178-187)。

动词"知道"和"相信"之间有巨大的语法差异,它并不暗示它们是密切相关的词语。例如,在我已经预测天要下雨的语境,"你知道我的预测"有一种解释:根据它,这个预测为真,当且仅当你知道我预测了天要下雨,而"你相信我的预测"没有这样一种解释:根据它,这个预测为真,当且仅当你相信我预测了天要下雨。"知道"和"相信"之间还有很多别的语法差异(参见 Austin1946, Vendler1972:89-119 和 Shope1983:171-178,191-192)。对这些事实的一种解释——文德勒提出的——是:"知道"与"相信"采取了不同的对象:人所知的是一个事实,所相信的是一个命题,这里一个事实不是一个真命题。一个偶然为真的命题不同于一个偶然的事实,它可能为假但仍然存在。倘若如此,那么知道就不是一个命题态度,那么本书的很多术语就需要修改,但这种解释的本质会保持不变。文德勒的解释使人们很难看出(21)为什么应该是有效的。然而,它与(21)的有效性并不是严格不一致的,因为"A"(that A)可能指称前提中的一个事实,指称结论中的一个命题。

如果"A"在"S 知道 A"的语境下指称一个事实,那么在"A"为假时,我们可能就预料到"A"会遭到指称失败。因此,我们可能期望"S 知道 A"和"S 不知道 A"不是要表达命题。但是,如果"A"为假,那么"S 知道 A"就表达了一个假命题,"S 不知道 A”就表达了一个真命题。也许我们可以将“A”看成“事实 A”(the fact that A)的省略形式,并根据罗素的限定摹状词理论对它作出分析。“事实 A”在限定摹状词中的指称可能是由“A”所表达的命题 p 决定的;因而它是 p 的某个函数 f。因此,知道 A 就是知道 f(p),从而是与“A”所表达的命题具有一种由“知道”、“这个”(the)和“f”表达的复杂关系。但是,这样一来只需意义的些许变化,我们就能用“知道”这个词来表示这种与一个命题的复杂关系。因此,即使根据像文德勒这样的观点,知道也仍涉及一个命题态度。然而,非常可疑的是:除了真命题之外还有诸如事实这样的东西(有关的一个论证,参见 Williamson 1999)。此外,像“我一直相信你是一位忠诚的朋友;现在我知道了这一点”和“在我知道那些与你有关的事情很久以前,我就相信它们了”这样的评论是得体的,这表明“相信”和“知道”采取的确实是同一类对象。文德勒的解释在这里并未得到认可。

目前这种对知道的解释可能被认为是与(21)的有效性不一致的,因为它没有为相信和知道之间的概念关联提供根据。这是过于草率了。第 1.3 节也指出,并非每个概念方面的必要条件都是一个合取分析的一个合取支。这种看法是错误的,即(21)是有效的,仅当那种关联能由一种根据相信对知道的分析来解释。考虑一个类比:是深红色对于是红色的是充分的,这可能是先验的,但该蕴涵不一定是由一种根据其他颜色概念对一个颜色概念的分析来解释的。把它适用和不适用的例子给一个人看,他就能无需掌握另一个概念而掌握任意一个概念。在对概念空间进行划界时,这两个概念都不依赖于对方。然而,一个概念所划定的区域可能如此安全地处于另一个概念所划定的区域之内,以至于一个人根据先验的反思就知道前者对于后者是充分的。同样,知道这个概念所划定的区域可能如此安全地处于由相信这个概念所划定的区域之内,以至于一个人根据先验的反思就知道(21)。这和第1.4节中的知道的解释是非常一致的,尽管不是由它衍推的。

另一个建议是颠倒分析的方向,并且借助一种根据知道对相信的分析来证实(21)。最简单的建议是:相信这个概念可以分析成知道与其他概念的析取。"以为"(opine)这个词在这里是作为一个表示析取的其他部分的专门术语。根据这种分析,一个人相信p,当且仅当他要么知道p,要么以为p。假如以为p和知道p不相容,那么就可以推出:一个人以为p,当且仅当他相信p却不知道p。约翰·麦克道威尔(1982)提出了一个类似的观点,它建立在欣顿(1967和1973)和保罗·斯诺登(1980—1981和1990;也见Child 1994:143－164,Dancy 1995和Martin1997)所提出的关于知觉经验的析取解释之上。用约翰·麦克道威尔的术语来说,相信不是知道和以为的最一般的因素。没有这种一般的因素。相反,知道和以为是截然不同的、相互排斥的状态,尽管后者的例证很容易被误认为前者的例证。假定事实和真命题之间的区别,一个人就能像文德勒比较知道和相信那样对知道和以为进行比较:知道是亲知事实;以为不过是亲知命题。但这个析取概念不要求这样一种事实本体论。

并非所有支持析取概念的人都声称它提供了一种概念分析。除了在第1.3节中概念分析所导致的普遍暗淡的前景之外,这种主张还遇到了一些困难。如果相信这个概念是知道和以为的析取,那么必定就有可能在无需事先掌握相信这个概念的情况下就能掌握以为这个概念。因为否则的话,由于掌握一个析取式包含了掌握它的析取支,所以初次掌握以为这个概念就是不可能的。现在"以为"是作为一个专门术语而介绍的;怎么解释它呢?自然的解释是:以为一个命题p就是具有一个纯粹的信念p,它很可能是相信p却不知道p,但那种解释使用了相信这个概念。它不允许一个人掌握了以为却还未掌握相信。

以为p就是有意见p这种解释不会更好,因为通常理解的“有意见”(be of the opinion)就是“相信”的一个马马虎虎的同义词。特别地,一旦人们勉强承认——就像根据析取概念所出现的那样——“知道”蕴涵“相信”,那么否认“知道”蕴涵“有意见”也就没什么道理。

我们能根据“知道”来解释“以为”吗?第一种尝试是:一个人以为命题p,当且仅当他处于一种他不能将之与知道p区别开的状态中,换句话说,一种——就他所知——知道p的状态。这不可能是完全正确的,因为如果一个人不能掌握命题p,他就不能把他的状态与知道p区别开;但是这个人不相信p,因此也不以为p。要避免这个问题,我们可以这样修改定义:一个人以为p,当且仅当他对命题p有一种他不能将之与知道区别开的态度,换句话说,一种——就他所知——知道p的态度。然而,这个定义无助于关于相信的析取分析。因为如果一个人知道p,他就会不足道地对p有一种他不能将之与知道区别开的态度;他不能把某物与它自身区别开。因此,第一个析取支“一个人知道p”就衍推了第二种析取支:“一个人以为p”。整个析取式于是就等价于它的第二个析取支,这种析取式定义是一种纯粹的概念冗余的人为产物。将“但不知道p”的限定条件添加到“以为”的定义之后是无关紧要的,因为由于“一个人要么知道p,要么对p有一种他不能将之与知道相区别的态度但又不知道p”仍然等价于“一个人对p有一种他不能将之与知道p相区别的态度”,所以这种析取形式仍然是一个纯粹人为的产物。

换言之,“以为”或许被解释成一些更具体的析取支的析取式,例如,“在错觉之下”(be under the illusion),“非理性地确定”(be irrationally certain),等等。然而,非常可疑的是:一个人不使用相信这个概念就能扩展这个清单,以囊括某个人无需知道就能相信的所有不同方式。那些方式似乎是无限多样的。如果不使用相信这个概念,一个人如何能说明某个人在其中能错误地相信 p 的所有状态呢? 如果这个析取支的清单是末端开放的,那么一个人如果没有认识到他必须列出某个人无需知道就能相信的方式,就不能掌握如何继续下去。因此,对“以为”的解释非法地依赖于先验地掌握相信这个概念。

刚才注意到的这种现象也威胁着更多形而上学的析取解释,这些解释没有尝试概念分析,而是只作出了关于这些概念的应用所借助的基础事实的主张。这种对相信的解释或许否认了相信本身是一种统一的状态,它坚持认为:一个人相信 p,当且仅当他要么处于知道 p 的状态中,要么处于以为 p 的状态中,是必要的但非先验的。由于概念分析不再受到质疑,因此用“只是相信”(merely believing)替换“以为”就不能基于循环性反驳。问题在于把只是相信 p 看成一种统一的心理状态和把相信 p 看成一种统一的心理状态一样没有道理。把盖梯尔情形与未证成的假信念的情形统一起来的就是:在这两种情形下,主体都相信却不知道;一种关于相信的好的分类法不会完全根据某种排斥知道的肯定特征对它们进行分类。此外,很难看出:如果不使用相信这个概念,这种分类法如何能描述每一种相信。但是如果一种关于相信的好的分类法确实使用了相信这个概念,这会破坏这种否定:即相信是一种统一的状态。同样的异议也适用于知觉、表象和经验的析取解释。例如,在一个人没有知觉到 A 时,就没有理由认定一种统一的心理状态等价于它呈现给这个人的表象 A。

关于信念的严格的析取解释在概念层次上或形而上学层次上都是不正确的。然而,这种析取解释的作用是作为一种将第 1.4 节中关于知道的解释与所认为的(21)(知道衍推相信)的有效性协调起来的简单方式。实现那个目的还有其他方式。对相信的一种非析取的分析或许也能使(21)有效。例如,根据上述关于以为的定义路线，(21)也是对相信本身的分析的一个推论：一个人相信p，当且仅当他对命题p具有一种他不能将之与知道区别开的态度，换句话说，一种——就他所知——知道p的态度。这个定义提示人们要把知道作为关于相信的解释的核心。这种解释的一个吸引力是开启了这种——休谟谈到的——前景：根据随意地知道p的困难来解释随意地相信p的困难。这种分析和第1.4节中对知道的解释也是一致的。

尽管这种分析为我们的相信概念提供了一个合理的近似物，但它并没有完全地捕捉到这个概念。它不正确地将一种原始生物——它没有任何知道概念，只是愿望食物出现——归类于相信食物出现者之列；就这种生物所知，它对食物出现这个命题的态度是知道。同样不正确的是：这种解释将某个人——他有意识地作出信仰飞跃(take a leap of faith)，知道她不知道有神——归类于不信神者之列。然而，这两个例子和下述这种变异的观点是相容的：相信p就是认为一个人似乎知道p——也就是说，以与主体对待他们知道的命题相似的方式对待p。特别是，由于良好的功能的理由，对一个命题的事实性命题态度通常是与对它作为实践推理的一个前提的依赖联系在一起的；这种依赖对于信念至关重要。缺乏知道概念的动物仍能以它对待它知道的命题的方式对待一个命题。原始生物对待食物出现这个命题并不像只是欲望食物出现时一样；它没有把这个命题作为实践推理的一个前提。比较而言，通过信仰的飞跃而真信有神的人在这种推理中确实依赖于这个前提。不自信的应试者——他试探着给出答案p——倾向于不依赖p作为一个前提，因此他显然不相信p，但是由于相同的原因，他显然也不知道p。尽管一种根据知道对相信的成熟而准确的概念分析遥不可及，但我们仍能沿着这些路线认定一种更宽松的关联。

如果相信p大体就是认为一个人似乎知道p，那么在这种意义上,知道对于相信就是至关重要的。知识为信念设置了合适性(appropriateness)标准。这并不意味着知道的所有情形都是典型的相信的情形,因为一个人或许知道 p,尽管在某种意义上他认为他似乎不知道 p——也就是说,尽管是以主体通常不对他们所知之物采取的方式来对待 p。然而,作为一个大致的规则,一个人越不知道 p,相信 p 就越不合适。在这种意义上,知道是最好的一种相信。纯粹的相信是一种拙劣的(botched)知道。① 简而言之,信念的目标是知识(而不仅仅是真理)。这些相当含糊的言论将在第 9 章和第 10 章中展开,它们论证了知识是信念的证成的证据标准。

尽管析取解释的措辞被排除了,但它的精神还在。因为根据第 1.4 节的解释,相信不是知道和纯粹相信的最常见的因素,这只是因为它根本不是知道的因素(无论它是不是一个必要条件)。由于这种观点与相信是知道和纯粹知道的共性的主张是一致的,因此这种主张是无害的。就像这种观点即连续性是直线和曲线的共性不会使直和曲的区别外在于一条线一样,这种主张也不会使知道和纯粹相信的区别外在于一种状态。在别的各种条件被满足时,知道也不仅仅是相信;它是处于一种新的状态、一种事实性状态。重要的是:不接受关于相信的析取解释却反对关于知道的合取解释。② 此外,信念以知识为目标的主张,与析取解释中的建议即错觉在某种程度上寄生于真实的知觉是一致的。如果得到适当的发展,析取理论背后的卓识会导致一种关于知识的非合取解释和一种关于信念的非析取解释。

---

① 也见 Peacocke 1999:34。

② Martin 1997:88-90 问道:关于知觉和表象的一种类似的解释是否会服务于朴素实在论的目的,因为这种解释没有衍推朴素实在论者关于知觉现象学的独特主张。但一种类似的解释——它根据的是一种关于有意识的知觉意识的事实性心理状态——能够描述这些主张。

尽管信念的目标是知识,但各种心理过程的目标是更具体的事实性心理状态。知觉的目标是知觉某物是如此;记忆的目标是记忆某物是如此。由于知识是最一般的事实性状态,因此所有这类过程的目标就是各种知识。如果一种生物没有某种取得成功的能力就不能参与这些过程,那么我们就能推测:没有获取知识的能力,就不可能有心灵。

第2章 宽广性

2.1 内在主义和外在主义

知道是一种心理状态的论题遇到了一系列别的挑战。它们来自于一幅当代行话称作内在主义的心灵图画,在某种意义上,这个词语在心灵哲学中要比在认识论中更流行。

当我用日常语言向你归属了一个心理状态时,我的陈述的含义很容易就能超出你的界线。我说你看报纸;如每个怀疑论者所知,你无需亲自看报纸就能与某个看报纸的人处于相同的内部状态:我的陈述为真,仅当你眼前、你的外部有报纸。在某种意义上,我的陈述不纯粹是关于你的。出于理论的目的,将一个纯粹关于你的陈述与另一个纯粹关于你外部的环境的陈述区别开,不是能更清楚地把这种混合物分解成它的基本因素吗?毕竟,因果关系是局部的——没有远距离的作用——因此关于你的行动的因果解释不要求将你这个局部(what is local to you)与背景的环境状况区别开吗?这种分解相当于一种分析,它给出了我最初的陈述为真的一个必要而充分的条件。换言之,由于能更好地完成其因果解释任务,因此它有可能取代那个陈述而不是与之等价。不管怎样,内部因素和外部因素是不同的。这幅图画就是内在主义。

在现在这种意义上，内在主义者认为一个人的心理状态是由其内部物理状态决定的；心灵就在头脑中。这作为一种关于内在主义的描述不完全是一般性的，因为它忽略了极端的二元论观点。但是如果用“现象学状态”——被理解为表示在构成上独立于环境的状态——替换“物理状态”，下列这种形式的论证就不会有多少变化。为简单起见，我们可以聚焦于当前最流行的内在主义版本。

内在主义提供了否认知道是一种心理状态的更深刻的动机。因为由于知道是事实性的，因此每当命题p关于环境时，一个人是否知道p在构成上就依赖于其外部环境的状态。因此，一个人是否知道p不是由其内部物理状态决定的。例如，一个人是否知道天在下雨不是由其内部物理状态决定的，因为它也依赖于天气状况。如果天没下雨，那么不管他有什么内部物理状态，他都不知道天在下雨。因此，对内在主义者来说，知道不是一种心理状态。杰瑞·福多从其形式性条件（formality condition）得出的就是这个结论，根据这个条件，定义于表征之上的心理状态和过程是借助于表征的句法而应用于表征的：“由于——根据该假设［即你不可能知道什么不是事实］——知识涉及真理，由于真理是一个语义概念，由此将推出：不可能有一种知识心理学（即使对于希望得到一种信念心理学来说，它与形式性条件是一致的）”（1981：228）。相比而言，外在主义概念使我们能自由地断定知道是一种心理状态。

这个问题错综复杂。根据内在主义图画，知道是一种形而上学的混合物，是一种心理状态与独立于心灵的外部世界状况的混合物。泰勒·伯杰——他和有些人一样致力于提出一种外在主义的心理理解——甚至写道：像“知道”、“后悔”、“认识到”、“预见”和“知觉”之类的事实性动词“指出了使这些动词切实可行的两种贡献之间的简单而清晰的区别：一种是个别主体的贡献,另一种是环境的客观而'真实的'贡献"(1979:85)。伯杰明智地加上了插入语:"事实上,经过反复斟酌,问题会变得更加复杂"。内在主义者自然想把所假定的混合物分解成它的因素,想根据相信、真理和其他因素来分析知道。甚至所谓的外在主义的知识分析——这里的其他因素是因果的或反事实的因素——也承认内在主义的假设:即相信在某种程度上比知道更基本。因此,内在主义也为根据相信、真理和其他因素来分析知道的企图提供了更深刻的动机。我们可以将这些企图称为还原主义的知识纲领(the reductionist programme for knowledge)。

内在主义者认为知道本身是复合物,他们自己并不因此而对知道概念承诺相同的观点。简单概念可能是通过直指复杂的实例来定义的。因此,内在主义对这种还原主义知识纲领的推动,在形而上学层次上比在概念层次上更有力。因此本章的重点将放在形而上学问题而非概念问题上。

我们可能认为迄今所有执行还原主义知识纲领的努力都失败了。这表明它被误解了。它的失败也表明:就推动了还原主义纲领而言,内在主义本身也被误解了。关于知道的一种概念——它在现在这种意义上完全是外在主义的——将不用这个纲领。根据这种概念——如前一章所提出的——知道不是一种形而上学的混合物,因为它不能被分解为这样一些因素。

第 2.2 节简要说明了外在主义立场的本质,但不打算详细陈述。其目标是对下列两种争论进行比较:一种是更熟悉的内在主义者和外在主义者在命题态度内容上的争论,另一个是当前关于对那些内容的态度的争论,并且它要表明:关于心理态度的外在主义立场和关于心理内容的外在主义立场一样好。第 2.3 节和第 2.4 节批评的主要对象是这种观点:有充分的根据将关于这些态度的内容的外在主义与关于这些态度本身的内在主义结合起来。一个总体的论证策略是表明:对真实的心理状态中包含有事实性态度的非议是正确的，仅当对真实的心理状态中包含有宽内容的相应非议也是正确的。例如，这些情形即外部环境的差异构成了知道方面的差异几乎不能证明知道不是一种心理状态，除非这些情形即外部环境的差异构成了宽内容的差异证明了相信一种宽内容不是一种心理状态。关于事实性心理态度的外在主义和关于心理内容的外在主义一样是非常合适的。第3章将陈述一种关于这两个方面的更深刻的外在主义立场。

2.2　宽条件和窄条件

为了更有效地处理这些问题，我们能用更严格的词语来定义它们。内部（the internal）和外部（the external）的区别究竟是什么？我们的心理状态归属所超出的自主体（agent）的界线就是时间—空间的界线。空间的界线自然同一于自主体的身体的界线，但对于现在的目的，它可能同一于大脑（或头颅）的界线。但是，在行动时只有自主体身体内部的活动才算内部的，因为在这种意义上即因果关系据认为是局部的，过去的身体活动不是局部的。内部同一于自主体在相关时间的全部内部物理状态，外部同一于外部环境的全部物理状态。

这里所说的一切都与这种温和的物理主义假设相一致：内部和外部既相互排斥又完全接合（jointly exhaustive），其意义是：主体的全部内部物理状态和外部环境的全部物理状态共同决定着世界的总体状态：没有至少前者之一的不同，就不会有后者的不同。

有的术语会有所帮助。情形（case）就是一个系统的可能的总体状态，这个系统是由某个时间的一个自主体和一个外部环境构成的，它当然可能包括其他主体。情形类似于可能世界，但有不同的主体和时间:用大卫·刘易斯(1979)的术语说,这是一个"核心世界"(centred world)。不同的情形能够区别不同的主体和时间。任何在法则上可能的东西在相关的意义上都算是"可能的";就现在的目的来说,其他东西是否如此可以存而不论。

条件(condition)在每个情形下都是得到或者得不到。条件是由"that"从句来说明的。这些从句中的代词"一个人"(one)和现在时态分别指称不同的自主体和时间。因此,这个条件即一个人很幸福在情形 α 中得到,当且仅当在 α 中 α 的自主体在 α 的这个时间很幸福。

条件 C 衍推(entail)条件 D,当且仅当对每个情形 α 来说,如果 C 在 α 中得到,那么 D 就在 α 中得到。条件 C 和 D 是同一的,当且仅当对每个情形 α 来说,C 在 α 中得到,当且仅当 D 在 α 中得到。条件的真值函项就是以这种明显的方式定义的;例如,C 和 D 的合取式在 α 中得到,当且仅当 C 和 D 都在 α 中得到。条件的同一性的标准保证了这些真值函项有唯一的值。

情形 α 内在地类似于 β,当且仅当在 α 中自主体的总体的内部物理状态和在 β 中自主体的总体的内部物理状态完全相同。条件 C 是窄条件,当且仅当对所有情形 α 和 β 来说,如果 α 内在地类似于 β,那么 C 在 α 中得到,当且仅当 C 在 β 中得到。用其他术语来说,窄条件随附于(supervene on)内部物理状态或者由它决定:该状态若没有不同,在它们是否得到方面就没有不同。C 是宽条件,当且仅当它不是窄条件。状态 S 是窄条件,当且仅当一个人处于 S 中的条件是窄条件。否则 S 就是宽条件。内在主义就是这种主张:所有纯粹的心理状态都是窄的;外在主义则是对内在主义的否定。

当我们用日常语言彼此归属心理状态时,我们所说的条件通常是宽条件。一个人看见那不勒斯,一个人记得那不勒斯,一个人一直提那不勒斯——所有这些都是宽条件,因为在一个人与那不勒斯连间接的因果联系也没有的情况下,它们是得不到的,而一个人的内部物理状态没有这种对一座城市的必然依赖性。同样,一个人爱玛丽和一个人恨玛丽都是宽条件,因为它们都依赖于与所说的这个特殊个体有一种关系。

用自然语言向命题态度归属内容的语义学,是宽条件的一个众所周知的来源。回顾历史,我们能将这种思想追溯到希拉里·普特南(1973),正如依据伯杰的著作,如他的 1979、1986a 和 1986b 的解释那样。例如,"一个人相信有老虎"这个句子表达了一个宽条件。为了检验它确实如此,考虑一个反事实的世界,它和我们的世界相似,但有一点不同:那里只有似老虎的(tiger-like)动物,它们和老虎的外貌相似,但在进化祖先和内部构造方面是截然不同的。这些不同的方面是一般的非动物学家所不知道的。将这种似老虎的动物称为 schmigers。很显然,schmigers 和老虎不属于同一物种;它们不是老虎。在反事实世界上,有另一个我(doppelganger),即孪生 TW,他和我处于完全相同的内部物理状态中。我真信有老虎。我表达我的信念是说"有老虎"。孪生 TW 表达他的信念也是说"有老虎"。如果他相信有老虎,他就是错误的,因为他的环境中没有老虎,只有 schmigers。但是,在这个问题上孪生 TW 和我一样不会出错;我们对这些将老虎与 schmigers 区别开的具体特征是无知的而不是弄错了。由于孪生 TW 真信,因此他不相信有老虎。相反,他的信念为真,当且仅当有 schmigers。因此,我和孪生 TW 的区别在于我相信有老虎,尽管我们的内部物理状态完全相同。约翰·麦克道威尔(1977)和加雷斯·埃文斯(1982)确认了一种和单称思想相关的类似现象。我相信这块屏幕在闪烁;某个人可能处于完全相同的内部物理状态中却不相信这块屏幕在闪烁,因为他相信在闪烁的(如果是这样的话)不是这块屏幕而是他面前的另一块具有相同外观的屏幕。因此,这个条件即一个人相信这块屏幕在闪烁不是宽条件。类似的论证适用于范围广阔的内容和对那些内容的态度。我们经推导就可以说:内容是宽的,如果:对每种态度来说,这个条件即一个人对该内容采取了那种态度是宽的。用自然语言归属的大多数内容都是宽的。

内在主义者不得不承认:用自然语言进行的内容归属表达的是宽条件而非窄条件,但仍坚持认为它们因此并没有反映基础事实的结构。根据这种观点,这些归属对主体的描述是参照一种真正的心理状态与外部环境条件的混合物。对这种内在主义者的挑战是:要通过分离一个关于有内容的态度的描述层次——它既是窄的也是真正心理的,而不仅仅是神经生理学的——而使这种主张取得成功。如果有这样一种内部和外部的混合物,就应当有可能分解出它的成分。用自然语言进行的内容归属的宽性表明:所必需的这种描述层次不会唾手可得,而是必须建构;于是,其结果就是把证明的重任落在内在主义者身上。

类似的考虑也适用于关于态度本身的内在主义。事实性命题态度是明显的宽条件的一个来源,无论它们的内容是不是宽的。即使在"一个人相信A"这个句子不表达一个宽条件时,"一个人知道A"、"一个人看见A"和"一个人记得A"所表达的条件也几乎都是宽的。内在主义者尽管承认这一点,但仍坚持认为:这些构造没有反映基础事实的结构。事实的构造据认为是参照一种真正的心理状态与外部环境条件的混合物来描述主体的。如上所述,对内在主义者的挑战是:要通过分离一个描述层次——它既是窄的又是真正心理的——以使这种主张取得成功。这种宽自然语言语义学的结果仍然是把证明重任落在内在主义者身上。根据第1章所提出的观点,事实性状态和任何状态一样是真正的心理状态。内在主义者持有异议,他们打算找到一种窄的非事实态度,它穷尽了支撑宽事实态度的心理实在。下一节将考察这些尝试;它们都被证明是不合适的。

2.3　知道和相信之间的心理差异

从内在主义到否认知道是一种心理状态的论证现在就能更详细地陈述了。首先,假定知道是一种心理状态:

> (1)就每个命题p来说,都有一个心理状态S,以至于在每个情形α中,一个人处于S中当且仅当他知道p。

假如(1)成立,那么知道方面的任何不同都涉及心理状态上的不同。也就是说,(1)衍推了知道p随附于一个人的(总体)心理状态,其意义是:

> (2)就所有命题p以及情形α和β来说,如果一个人在α和β中处理完全相同的心理状态中,那么他在α中知道p,当且仅当他在β中知道p。

如果一个人将"一个人在α和β中处于完全相同的心理状态中"定义为"就所有心理状态S来说,一个人在α中处于S中,当且仅当他在β中处于S中",从(1)到(2)的论证就是直接的。相反,(2)是否衍推(1)取决于随附于一个人的心理状态的东西本身是不是心理状态,这个问题在这里不需要回答。如果没有这种关于心理状态的完全同一性(sameness)的等价关系的分析,陈述(2)也能自立;这样一来,它就和(1)不同,它将不涉及对一种心理状态本体论或任何随后发生在个体化状态中的问题作出承诺。

无论它是不是从(1)推出来的,(2)都能和这个内在主义前提通约:一个人的心理状态随附于他的物理状态,换句话说,这

个条件即一个人处于一种给定的心理状态中是窄条件:

(3)就所有情形α与β来说,如果α内在地类似于β,那么一个人在α和β中就处于完全相同的心理状态中。

总之,(2)和(3)衍推了知道p随附于一个人的内部状态,因为随附性(supervenience)是传递的(transitive):

(4)就所有命题p以及情形α和β来说,如果α内在地类似于β,那么一个人在α中知道p,当且仅当他在β中知道p。

根据(4),一个人知道p这个条件是窄的。但是(4)绝对是错误的。就处于完全相同的内部物理状态中的两个人来说,一个人可能知道天在下雨,而另一个人——作为精心设计的骗局的结果——错误地相信天在下雨。一个人能够知道p,但却由于环境的状态而不知道p,其意义是:一个人能和某个知道p的人处于完全相同的内部物理(而非:心理)状态中,但他自己却不知道p。由于内在主义者接受(3),所以他们就否定(2),即从中演绎出(4)的另一个前提。由于(1)衍推(2),所以他们也反对(1)。

否定知道是一种心理状态之后,内在主义者自然会寻求将知道的因素分解成心理成分和非心理成分。由于相信看起来可能是由人的内部物理状态决定的,因而在内在主义者看来它似乎有资格成为心理状态,因此它是一种明显的候选成分。这种观点,即知道的心理(或心理学)成分就是相信,似乎是斯蒂芬·斯蒂奇在一个评论中表达的,并得到了金在权的认可:"知识增加给信念的东西在心理学上是不相干的"(Stich 1978:574,在Kim 1993:188中引证;Kim 1993:175-193清楚地陈述了这里反对的观点)。由于相信就是这种明显的候选对象,因此甚至承认心理内容的外在主义的人可能也赞同知道的态度的内在主义，将它看成心理因素与非心理因素的混合物。

用现在的术语说，这种主张即知道 p 没有为相信 p 增加任何心理的东西就是：

(5)就所有命题 p 和情形 α 来说，如果一个人在 α 中相信 p，那么他在某个情形 β 中和在 α 中处于完全相同的心理状态中并且他知道 p。

因为如果(5)是错误的，一个人在处于一个与知道 p 不相容的总体心理状态 T 时就能相信 p；但这样一来，一个人知道 p 这种信息就为这种信息即他相信 p 增加了一些心理的东西，因为这意味着他具有一种不同于 T 的总体心理状态。因此，如果知道 p 没有为相信 p 增加任何心理的东西，(5)就成立。相反，如果(5)成立，那么除了已经由相信 p 所施加的限制之外，知道 p 就没有为一个人的心理状态施加任何限制，因此，知道 p 没有为相信 p 增加任何心理的东西。

那么，(5)就蕴涵知道 p 不是一种心理状态，假如不知道 p 和相信 p 是相容的。因为如果知道 p 是一种心理状态，那么任何人在和某个知道 p 的人处于完全相同的心理状态中时，就也知道 p。更准确地说，(1)形式化这种主张即知道 p 是一种心理状态；(1)衍推(2)；(2)和(5)衍推：在每个情形下，如果一个人相信 p，那么他就知道 p。由于不知道 p 和相信 p 是相容的，因此，知道是一种心理状态，仅当(5)错误。

然而，(5)不成立，这是由于独立于内在主义的理由。一种情形涉及与主体自己的心理状态相关的假命题。例如，假如 p 是这个命题：某个人很警觉。假如在 α 情形中，一个人只基于其错误的第一人称现在时态信念：一个人很警觉，就错误地相信某个人很警觉。如果他在 β 情形和 α 情形中处于完全相同的心理状态中，那么他在 β 中只基于其第一人称现在时态信念：

一个人很警觉，就也会相信某个人很警觉；由于一个人的警觉程度本身是其心理状态的一个特征，那么他在β中就不是警觉的，因此他的信念即一个人很警觉就为假；由于这个假信念是他相信某个人很警觉的唯一根据，因此，他就不知道某个人很警觉。所以(5)就不成立。当某个人相信一个必然为假的命题时，也会出现反例。错误地相信 79+89=158 是可能的；而知道 79+89=158 是不可能的。这些例子并不依赖于任何关于信念内容的外在主义假设。

由于这些反例涉及假信念，因此内在主义者可能认为补救的办法就是这种修正的主张：知道 p 没有为真信 p 增加任何心理的东西。

> (6)就所有命题 p 和情形 α 来说，如果一个人在 α 中真信 p，那么他在某个情形 β 中和在 α 中就处于完全相同的心理状态中，并且他知道 p。

假如不知道 p 和真信 p 是相容的，陈述(6)就蕴涵知道 p 不是一种心理状态。

然而，甚至(6)也遇到了独立于外在主义的反例。某个人可能真信吃大蒜有益于健康，其理由可能如此含糊和不合理，以至于不能与知道吃大蒜有益于健康相容；由于他的含糊和非理性是其心理状态的一个方面，因此没有人能处于完全相同的心理状态中并且知道吃大蒜有益于健康。排除这些情形的尝试在陈述正确的知识证成条件时会受到众所周知的难题的困扰(参见 Shope 1983:45-118)。

即使(6)能得到辩护，它也不会解决最初的问题，用内在主义的话说，这个问题就是：分离出知道的心理成分，说出知道没有为什么心理状态增加任何心理的东西。通过说明这个信念为真，(6)就做不到这些。这后一种异议并未被增加给(6)的一个证成条件化解。

相信p无论如何都是一种太不具体的状态，难以构成知道p的心理成分。知道p排除了：仅基于非常含糊和不合理的理由而相信p。假定的知道p的窄心理成分必定不仅包含了相信p，而且在这样做时没有这些各类的含糊性和不合理性。因此，我们必须考虑这个建议：知道的心理成分就是合理地相信（Fricker 1999）。这里，"合理地"不一定蕴涵着能够清楚地说出理由，而只蕴涵着避免不合理性；无语言的动物和年幼的儿童仍能知道。我们也可以用"有一个证成的信念"来替换"合理地相信"。既然合理地相信是知道的心理成分，那么后者就没有为前者增加任何心理的东西：

(7)就所有命题p和情形α来说，如果一个人在α中合理地相信p，那么他在某个情形β中和在α中就处于完全相同的心理状态中，并且他知道p。

现在，(7)可能也摆脱了最初的(5)的反例，因为内在主义者可能认为：相信79+89=158或只根据某个人很警觉这个假信念就相信他很警觉的主体不是在合理地相信。此外，倘若不知道p和合理地相信p相容，(7)就蕴涵知道p不是一种心理状态。

也许(7)看起来适合于关于人的态度的内容的外在主义，但不适合于关于人对那些内容的态度的外在主义。其实不然。假如在我看来和听来我似乎看见和听见了一条狗在狂吠；根据"那条狗在狂吠，因此一条狗在狂吠"的论证，我相信一条狗在狂吠。不幸的是，我是错觉的受害者，我的指示词没有指称，因此我的前提句没有表达一个命题，而且根据内容外在主义者，我的心理状态的一个特征是：我缺乏相应的单称信念。如果我合理地相信一条狗在狂吠，那么根据(7)，某个人具有的心理状态可能就和我实际具有的完全相同，并且知道一条狗在狂吠。但是,这个人也缺乏一个充当推理前提的单称信念,因而不知道一条狗在狂吠。通过质位互换,根据(7),我不是合理地相信一条狗在狂吠,尽管我的思想过程不一定有什么内在的错误。因此,如果信念的内容是那样依赖于外部环境,那么对特定内容的合理信念态度也是如此。简而言之,(7)和内容外在主义相结合就会使合理的信念成为一种外在主义的心理态度。如果对特定的内容采取这种外在主义的合理信念态度能促成一个人的心理状态,为什么对该内容采取这种外在主义的知识态度不会也促成一个人的心理状态呢?(7)和内容外在主义的结合会使否认知道是一种心理状态失去动机。

我关于一条狗在狂吠的信念在这个例子中很容易为真,因此,用"合理而真实地"替换"合理的"将一无所获。

实际上,(7)遇到了另一个问题,一个独立于内容外在主义的问题。将"一个人在 α 情形中合理地相信 p"定义为"一个人在某个情形 β 中和在 α 中处于完全相同的心理状态中并且知道 p",我们就能使(7)不足道地为真。如果知道 p 衍推相信 p,而相信 p 是一种心理状态,那么这个定义就保证了相信 p 是合理地相信 p 的一个必要条件。但它既没有用独立的词语分离出知道的心理成分,也没有为心理成分不符合知道本身的看法提供任何理由。如果(7)要为这种杂交的概念即知道是心理成分与非心理成分的混合物提供正面的支持,就像据认为(5)所做的那样,那么我们就应当能够不依赖于掌握知识概念而掌握相关的合理性概念。我们能吗?考虑一个情形 α:一个人仅根据一张奖券的中奖概率只有百万分之一,就相信 666 号奖券不会中奖。在任何情形 β 中——一个人在其中和在 α 中处于完全相同的心理状态中,他仅根据相同的概率就相信 666 号奖券不会中奖;所以他在 β 中就不知道 666 号奖券不会中奖。如果一个人已经知道了奖券不会中奖,他就不会买。因此,根据(7),

一个人在α中不是合理地相信奖券不会中奖。但是在α中,这个人的信念在任何明显不依赖于对知识的考虑的意义上就不是不合理的。它根据的是相关的理由;问题就是:它们不是一种使信念构成知识的理由。第8章将论证:关于合理信念的考虑依赖于对知识的考虑。

倘若(5)—(7)不成立,那么某个人可能想从这一主张,即不知道p没有为相信p增加任何心理的东西,来理解这种观点:知道和相信之间的不同不是心理的不同。根据与(5)的类比,这种主张可以形式化为:

> (8)就任何命题p和情形α来说,如果一个人在α中相信p,那么他在某个情形β中就处于和在α中完全相同的心理状态中并且他不知道p。

如果(8)是错误的,那么尽管总体心理状态T与不知道p不相容,某个人仍能够相信p;但这样一来,不知道p就为相信p增加了心理的东西,因为——假如一个人相信p——前者而非后者对于处于一个不同于T的总体心理状态中是充分的。因此,如果不知道p没有为相信p增加任何心理的东西,那么(8)就成立。相反,如果(8)成立,那么除了已经由相信p所施加的限制之外,不知道p就没有对一个人的心理状态施加任何限制,因此,不知道p没有为相信p增加任何心理的东西。

那么,倘若知道p和相信p是相容的,(8)就蕴涵着知道p不是一种心理状态。因为如果知道p是一种心理状态,那么与某个知道p的人处于完全相同的心理状态中的任何人就也知道p。更准确地说,(1)形式化了这个主张:知道p是一种心理状态;(1)衍推(2);(2)和(8)衍推:如果一个人在每个情形中都相信p,那么他就不知道p。由于知道p和相信p是相容的,并且可能还衍推它,因此,知道是一种心理状态,仅当(8)是错误的。

然而,即使从内在主义观点看,(8)也是不合理的。例如,命题 p 可能涉及主体自己的心理状态,或者它是一个必然真理。内在主义者会把一个人处于疼痛中的直接觉察(direct awareness)归类为一种心理状态,认为它不依赖于任何外部的东西。很可能,直接觉察到一个人处于疼痛中对于既知道又相信一个人处于疼痛中是充分的。因此,如果一个人直接察觉到他处于疼痛中,他就相信他处于疼痛中,如果没有直接觉察到,从而不知道他处于疼痛中,他就不可能处于完全相同的心理状态中。因此,(8)不成立。同样,内在主义者会把掌握 79+89=168 的证明作为一种心理状态,认为它不依赖于任何外部的东西。很可能,他们也会认为它对于既知道又相信 79+89=168 是充分的。因此,如果一个人掌握了 79+89=168 的证明,那么他就会相信 79+89=168,如果他没有掌握 79+89=168 的证明,从而不知道 79+89=168,他就不可能处于完全相同的心理状态中。那么,(8)同样不成立。从一种强外在主义观点看,直接觉察到一个人处于疼痛中可能依赖于外部的东西;例如,它可能依赖于一个词在整个语言共同体中的用法,这个词意指疼痛而非某种排除了一个人的当下感觉的更具体的东西。同样,掌握 79+89=168 的证明可能依赖于整个共同体的数学实践。但是对于地道的外在主义者来说,这些外部的依赖性并不表明:直接觉察到一个人处于疼痛中以及掌握 79+89=168 的证明不是心理状态。它们可以作为(8)的反例。(8)的辩护者不得不采取一种折中的立场,根据它,不管命题 p 多么不足道,知道 p 总有足道的外部的必要条件,这些条件并不构成主体的心理状态。尽管这些主张的结合并不是明显不融贯的,但也没有明显的动机;对于为不把知道归类于心理状态提供好的理由,(8)没有独立的合理性。

由于在这些例证——它们对于(8)是成问题的——中,主体合理地而且真地相信p,因此用“合理地”或“真地”来修饰“相信”毫无助益。

所假定的知道的心理成分未达到知道本身,这是哲学理论的一个假定,而不是由我们对知道和相信之间关系的理解所提供的东西。我们没有充分的理由接受作出了该假定的理论。内在主义者在企图消除知道的心理含义时并未拔得头筹。这不是说这种企图不会成功;而只是说我们期待它成功,一般并没有任何独立于内在主义论据的理由。

2.4　知识的因果有效性

内在主义的一个动机是下列两种观点的结合:一种是真正的状态都是因果有效的,另一种是心理状态是因果有效的,仅当它是窄的。没有远距离的作用:因果关系被视为局部的,它只涉及窄心理状态。由于判断前面有一只老虎的属性是宽的(因为它的内容是宽的),因此,这种内在主义者就否认这种属性是因果有效的,他将因果有效性定位于随附于主体的内部物理状态的属性。毕竟,这些属性决定着主体当前的物理活动。同样,内在主义者会否认:知道前面有一头危险的动物这种宽状态是因果有效的,他将因果有效性定位于相信前面有一头危险的动物这种所称的窄状态,这种状态是认知者与怀疑论情景的受害者所共有的。例如,根据哈罗德·奴南(1993:291—292),知识“最好不被看成一种心理学状态,而被看做由一种心理学状态(信念)加上某些外部因素所构成的复合物——这不是因为它作为知识的地位在行动解释中是因果不相干的,而是因为它根本不必在行动的心理学解释中这样引证”。

在这些内在主义思想中,有很多都需要探究和质疑。我们不应当认为因果有效性概念是清晰的，或者是从基础科学派生而来的，或者已知是只适用于局部的关系的。然而，怀疑所假定的心理状态是合理的，在因果解释中参照它根本不起任何实质性的作用。就宽内容而言，一种标准的外在主义措施是：论证关于它们的归属在因果解释——其解释对象本身是用宽术语描述的——确实起着一种实质的作用。例如，一个猎人射中一只老虎，而他的反事实的孪生人射中了一只 schmiger。这些行动描述不是随心所欲的，因为它们就是这些行为在其下是有意的描述，从而它们是在我们想看一下从主体的观点看行为何以有道理时所使用的描述。由于我们的解释对象是猎人射中了老虎，因此，我们的解释要素自然包含了关于他的宽描述，这些描述对其孪生人来说并不为真，如“他相信射中老虎会使他扬名”。

同样的考虑也适用于事实性态度在因果解释中的作用。考虑像“他挖掘珍宝，因为他知道珍宝埋藏在树下面并且他想致富”这样简单的因果解释。注意：解释对象（“他挖掘珍宝”）提到了环境中的对象（珍宝），也提到了主体当前的物理运动。内在主义者不可能毫无损失地在解释中用“相信”替换“知道”，因为修正的解释要素和最初的不同，它不能衍推珍宝就在他相信它在的地方；解释要素与解释对象之间的关系因此会弱化。解释要素对于提高解释对象的概率没有太大作为。通常，内在主义者的反应是用“真信”替换“相信”。新的解释就是：“他挖掘珍宝，因为他真信它埋藏在树下面并且他想致富。”这可能被认为和最初的解释一样令人满意，尽管听起来不太自然。然而，有时甚至用“真信”替换“知道”也包含了解释力的损失。

一个夜贼整晚都在洗劫一座房子，他冒着被发现的危险在那里待了那么长时间。我们问：在他潜入这座房子时，环境的什么特征导致了那个结果？一种合理的回答是：他知道房子里有一颗钻石。只说他真信房子里有一颗钻石，会给出一种更差的解释,一种其解释要素和解释对象的关系不太紧密的解释。因为一种与这个新解释要素相一致的可能是:潜入房子的夜贼有一个从假前提推出来的真信念:里面有一颗钻石。例如,他相信房子里有一颗钻石的唯一理由可能是:某个人告诉他床底下有一颗钻石,而这时唯一的钻石实际上在抽屉里。那么,他在发现他的信念——床底下有一颗钻石——为假时,很有可能会放弃他的真信念:房子里有一颗钻石,并且会放弃寻找。相比而言,如果他知道房子里有一颗钻石,他的知识实质上就不是建立在一个假前提的基础之上。假如有合适的背景条件,那么在这种条件下:他潜入房子时真信但不知道里面有一颗钻石,他整晚洗劫这座房子的概率就比他在如下条件下洗劫这座房子的概率要低:他潜入房子时知道里面有一颗钻石。由此可以推出:在这种条件下,即他潜入房子时真信房子里有一颗钻石,他整晚洗劫这座房子的概率比他在如下条件下整晚洗劫这座房子的概率要低:他潜入房子时知道里面有一颗钻石。在这种情形下,用"真信"替换"知道"会使解释弱化,这是由于降低了解释对象在解释因素条件下的概率。用不是"真"的"相信"替换"知道"甚至更糟。这个论证不是认为降低解释因素条件的解释对象的概率严格地衍推解释力的损失:而只是认为在没有补偿性的收获时——像这里一样——它会导致这样的损失。

人们有时可能会对如下思想困惑不解:在这些情况下,夜贼的真信念构成了他的知识。这些结果和一个人对它的称呼不同吗?然而,这个思想并没有解决最初的问题——它关心的是一般状态的因果有效性。不同的人能分享知道房子里有一颗钻石的状态;这种状态不可能等同于真信房子里有一颗钻石,因为并不必然如此。无疑,这些特殊的情况,即在某种意义上能在特定情形下实现该状态,有很多不同的描述方式;重要的是那些描述与对所讨论的这种结果的理解的相关性如何。前面表明:"知道 p”这种描述有时比“真信 p”这种描述更相关。

为了证明提及知道状态对于因果解释力是至关重要的,一个人需要证明它不能为了支持相信、真理等的结合而被取消。有可能提出无穷多种潜在的替换。这里所能做的就是勾画一种处理它们的一般策略;我们千万不能指望能证明这种策略不会失败。假如有一种“知道”的潜在替换,假如它没有为知道提供必要而充分的条件。那么一个人就能建立一些可能的情形,在其中,缺乏必要性或充分性会造成因果的差异,会使所提出的替换甚至不能因果等价于知道。这种潜在的替换避免这个问题,仅当它为知道提供了一个必要而充分的条件。因此,在因果解释的语境下搜寻一种对知道的替换必须再现企图依据相信、真理等来分析知道的历史,这个历史没有显示出最后会成功的迹象。

例如,用“不依赖于错误引理地真信”替换“知道”会导致因果解释力的损失。对上述情形可以建构一些变种,在这些变种中,夜贼潜入房子时不依赖于错误的引理就真信里面有一颗钻石,然而他不知道,因为他那时还没有误导的证据,但他在搜寻过程中是有可能发现的,在这种情形下他会放弃搜寻。对解释力损失的论证和上述论证相同。尽管知道并非不能被后来的证据摧毁,但是它的本质在这方面是很稳固的。人的信念的坚定、对反面证据(counterevidence)的不合理的不敏感性是一种不同的稳固性(robustness);它在所有因果解释的语境下都不能替换知道,理由很简单:知道 p 的人常常缺乏一种对 p 的坚定信念。夜贼的信念不一定是坚定的。同样,他不一定对它们确信无疑;主观的确定性并非总能替换知道。根据最有可能的证据,这同样适用于真信,因为这个例子可以如此建构,以至于夜贼的证据尽管很好,但不是最有可能的。当一个人对这类例子进行充分研究时,知道必然能包含在因果解释之中,就会变得越来越合理。如果任何心理状态本身都是因果有效的，那么知道本身也是因果有效的（相关的讨论，参见 Pettit 1986 和 Child1994: 204-216）。①

本章陈述了关于心理内容和对这些内容的事实性心理态度的外在主义的初步情形。下一章将深化这种情形并将之置于更宽广的语境之下。

① Hyman 1999 对知识与行动之间的另一种关系作出了合理的论证：一个人知道 A，当且仅当他做某事的理由可能是 A。但由此不能推出：一个人可以将知道 A 解释成能够基于理由 A 来做事（如 Hyman 希望那样）。在盖梯尔情形中，某个真信 A 却不知道 A 的人不能基于理由 A 来做 X_1，不能基于理由 A 来做 X_2，……但是一次知道的失败就解释了所有这些无能（incapacities）。如果这些无能构成了知道的失败，无能之间的关系将是一种莫名其妙的巧合。

第3章　首要性

3.1　首要条件与合成的条件

上一章初步论证了:内在主义是错误的,并且根据外在主义的选项,知道是一种真正的心理状态。本章将深化这种内在主义批判。它基于结构的理由论证了所设想的内部因素与外部因素的区别是不可能的。很多普通的心理状态都不等价于纯内部之物与纯外部之物的合取。这种不等价性对于它们的归属所能完成的因果解释工作至关重要。内部之物在行动解释中并未发挥内在主义者所预言的独特作用。根据关于心理状态的外在主义理解,知道是一个核心范例。

一种内在主义的思想路线可概括如下:

> 我现在的行动的原因就在当下(here and now)。只有窄条件随附于当下;因些,窄条件在行动因果解释中必定起着一种优越的(priviledged)作用。如果行动的因果解释引用了宽心理条件,那么基础的窄条件必定是真正起作用的。从宽心理条件中减去使之成为宽心理条件的环境添加物,我们就能分离出那种窄条件。我们反向增加那些添加物,就能从窄条件复原最初的宽心理条件。①

---

① 术语是从 Jackson 的有用研究(1996)借用来的,但没有将这个论证归功于他。

内在主义者认为最初的宽心理条件是窄条件与一个条件——它是纯外部的，就像前者是纯内部的一样——的合取。例如，把这个条件即一个人真信天在下雨看成一个人相信天在下雨的窄条件与天在下雨的环境条件的合取。

让我们将这个问题说得更正规一些。回想一下：情形 α 内在地类似于情形 β，当且仅当自主体在 α 中的总体内部物理状态和他在 β 中的总体内部物理状态完全相同。一个条件 C 是窄的，当且仅当就所有情形 α 和 β 来说，如果 α 内在地类似于 β，那么 C 在 α 中得到，当且仅当 C 在 β 中得到。C 是宽的，当且仅当它不是窄的。我们可以仿照内部的相似性来定义外部的相似性：情形 α 外在地类似于情形 β，当且仅当在 α 中的外部环境的总体物理状态与 β 中的外部环境的总体物理状态完全相同。一个条件 C 是环境的(environmental)，当且仅当就所有情形 α 和 β 来说，如果 α 外在地类似于 β，那么 C 在 α 中得到，当且仅当 C 在 β 中得到。用别的术语来说，环境条件随附于外部环境的物理状态或者由之决定。一个条件 C 是合成的(composite)，当且仅当它是某个窄条件 D 与某个环境条件 E 的合取。作为一个特例，窄心理条件不足道地是合成的，因为它是它自身与环境条件的合取，这在所有情形下都是成立的。C 是首要的(prime)，当且仅当它不是合成的。这条思想路线从因果关系的当下性(here-and-nowness)开始，得出了这样的结论：心理条件是合成的。

这条内在主义的思想路线是非结论性的，这根本不是因为它使用了定义不明的增加和减去条件的概念。下一节将证明它的结论是错误的；我们用日常语言彼此归属的很多心理条件都是首要的。它是从对首要性、合成性以及一些相关概念的初步考察开始的。

3.2 首要性的论证

一个宽心理条件衍推了各种窄条件。实际上,有一个它所衍推的最强的窄条件,也就是说,这样的窄条件:它是由宽心理条件衍推的,而且它也衍推了所有这样的窄条件。为了看出这一点,假定虚拟的-C(virtual-C)是这样的条件:它在情形 α 中得到,当且仅当 C 在某个内在地类似于 α 的情形中得到。虚拟的-C 是窄的,因为内部的相似性是传递的和对称的。C 衍推虚拟的-C,因为内部的相似性是反身性的。此外,虚拟的-C 衍推了 C 所衍推的所有窄条件;因为如果 C 衍推了一个窄条件 D,而且虚拟的-C 在情形 α 中得到了,那么 C 就在某个内在地类似于 α 的情形 β 中得到,因此 D 在 β 中得到了(因为 C 衍推 D),D 在 α 中得到了(因为 D 是窄的);从而虚拟的-C 衍推 D。因此,虚拟的-C 是 C 所衍推的最强的窄条件。当 C 是用自然语言归属的一个宽心理主义条件时,内在主义者就把虚拟的-C 看成是构成 C 的基础的纯心理实在。特别是,当 C 是一个人知道 p 的条件时,他们就很想把虚拟的-C 同一于这个条件:一个人相信 p,或者同一于这个条件:一个人合理地相信 p。第 2.3 节论证了这些同一关系是不正确的。

我们在"虚拟的-C"的定义中用"每个"替换"某个"就能定义这个双重概念(dual notion):衍推 C 的最弱的窄条件;它在一个情形 α 中得到,当且仅当它在每个内在地类似于 α 的情形中得到。然而,当 C 是宽的时,最终的这个结果通常是不可能的。就哪个情形α来说,一个人相信老虎在咆哮这个条件是在每个内在地类似于α的情形中得到的? 虚拟的-C,即 C 所衍推的最强的窄条件,是内在主义者感兴趣的条件。

假如有一个条件 C,也就有一个条件——称为外部的-C

(outward-C)——它之于外部事物,就像虚拟的-C之于内部事物。外部的-C在一个情形α中得到,当且仅当C在某个外在地类似于α的情形中得到。正如虚拟的-C是C所衍推的最强的窄条件,外部的-C是C所衍推的最强的环境条件。

我们现在就可以识别窄条件和环境条件了——某个条件如果是合成的,它就是两者的合取:它们分别是虚拟的-C和外部的-C。如果C是任意的窄条件和环境条件的合取,那么它就是虚拟的-C和环境的-C的合取。我们可以作如下证明:假如C是一个窄条件D和一个环境条件E的合取D∃E。由于C衍推D,所以,虚拟的-C就衍推D;同样,外部的-C也衍推E。因此,虚拟的-C和外部的-C的合取就衍推D∃E,即C。相反,不管C是不是合成的,C都衍推虚拟的-C与外部的-C的合取。因此,C若是合成的,它就是虚拟的-C与外部的-C的合取。论证C是首要的,实际上就要论证:C在虚拟的-C和外部的-C都得到时不会得到。

我们如何能证明一个条件C是首要的?假如C在两个情形α和β中得到了。考虑一个情形γ,它内在地类似于α但外在地类似于β;我们假定这种情形是可能的,因为否则的话,内部与外部的相互依赖性本身就会破坏它们能区别开的观点(对此假设的更多讨论,参见第3.3节)。假如C是一个窄条件D和一个环境条件E的合取。那么C在γ中得到。因为既然C衍推D,所以D在α中得到;由于D是窄的,所以D也在γ——它内在地类似于α——中得到。同样,由于C衍推E,所以E在β中得到;由于E是环境条件,所以E也在γ——外在地类似于β——中得到。由于每当D和E都得到时C就得到,而且它们两者都在γ中得到,所以——如所要求的——C在γ中得到了。因此,我们证明C是首要的,只需展示三个情形α、β和γ,这里的γ内在地类似于α,外在地类似于β,而且C在α和β中得到,但不在

γ中得到。我们下面要看一看如何对最普通的心理条件做这些。

相反,如果不存在这三个情形,条件 C 就是合成的,因为这样一来,每当虚拟的-C 和外部的-C 在γ中得到时,C 就在γ中得到,因此虚拟的-C 和外部的-C 的合取就衍推 C,而且反向的衍推必然会发生。所以,就 C 是首要的来说,既充分又必要的是:它是在两个情形下得到的,但不是在一个内在地类似于其一而外在地类似于另一个的情形中得到的。

一个图形会有所帮助(图 1)。水平轴代表所有内部的物理状态;垂直轴代表外部环境的物理状态。代表 γ 的点和代表 α 的点处于水平轴上的相同位置(因为 γ 内在地类似于 α),它和代表 β 的点处于垂直轴上的相同位置(因为 γ 外在地类似于 β)。

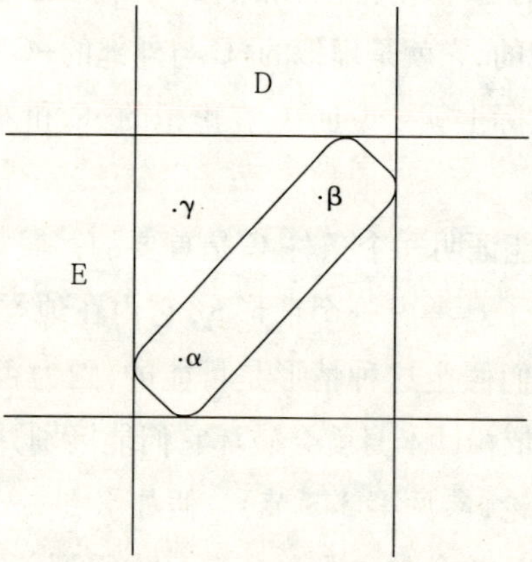

图 1

两条垂直线之间的区域代表一个窄条件;两条水平线之间的区域代表一个环境条件。它们交叉所形成的矩形代表一个合成的条件。曲线围成的区域代表一个首要条件。

一个结构的类比或许也能解释正在发生的事情。假如属性 P 是颜色属性 Co 和形状属性 Sh 的合取,假如黑球和白立方体都有 P。那么黑立方体也有 P:它有 Co,因为它和黑球——它有

Co——颜色相同,而且它有 Sh,因为它和白立方体——它有 Sh——形状相同。通过质位互换,如果黑球和白立方体都有一种黑球所没有的属性,那么这种属性就不是颜色属性与形状属性的合取。

假如有一个心理状态 S,我们怎么能找到所需的这三个情形 α、β 和 γ 来证明一个人处于 S 中这个条件是首要的呢?我们可以把它们建构成一种常见的模式。我们想象这样的环境:S 在其中只能以两种方式实现,这两种方式不一定相互排斥。一个人处于 S 中,当且仅当他要么以方式 1 要么以方式 2 处于 S 中。每种方式都涉及一个具有内外两部分的通道;一个人以方式 i 处于 S 中,当且仅当方式 i 的内外部分都是开放的(在这个简化的层次上,我们可以把一个人以方式 i 处在 S 中这个条件看成是合成的)。在 α 情形中,方式 1 的内外部分都是开放的,但方式 2 的内外部分都不是开放的;因此一个人以方式 1 处于 S 中,但不是以方式 2;因而他处于 S 中。β 情形颠倒了这两种方式的地位。在 β 中,方式 1 的内外部分都不是开放的,但方式 2 的内外部分都是开放的;因此一个人以方式 2 处于 S 中,但不是以方式 1;因此他处于 S 中。在 γ 情形中,方式 1 而非方式 2 的内部部分是开放的,因为 γ 内在地类似于 α,而且方式 2 的而非方式 1 的外部部分是开放的,因为 γ 外在地类似于 β;因此一个人处于 S 中既不是以方式 1(因为其外部部分不开放)也不是以方式 2(因为其内部部分不开放);因此他不处于 S 中。α、β 和 γ 之间的关系保证了一个人处于 S 中这个条件是首要的。这种结构可以用图表表示(图 2)。

因此,作为第一个例证,我们可以论证:这个条件即一个人看见水是首要的。假定 α 是这样的情形:一个人通常是右眼看见水。他的左眼接收到一些光线,它们碰巧与从水那里接收的光线相似,但它们都是由眼前的一台无水的装置发出的;然而,

情形	方式	内部的	外部的	结合处	结果
α	1	√	√	√	√
	2	×	×	×	
β	1	×	×	×	√
	2	√	√	√	
γ	1	√	×	×	×
	2	×	√	×	

图 2

头部的创伤使他的左眼不能对输入作进一步加工。假定 β 是一个不同于 α 的情形,这是通过颠倒双眼的作用得到的。在 β 中,一个人通常是左眼看见水。他的右眼接收到一些光线,它们碰巧和从水那里接收的光线相似,但这些光线都是由眼前的一台无水的装置发出的;然而,头部的创伤使他的右眼不能对输入作进一步加工。假如有一个情形 γ,它内在地类似于 α,而外在地类似于 β。在 γ 中,头部的创伤使他的左眼不能对输入作进一步加工,因为它在 α 中就是如此,而 γ 内在地类似于 α。同样,在 γ 中,一个人的右眼接收不到来自于水的光线,因为它在 β 中就接收不到,而 γ 外在地类似于 β。因此,在 γ 中,双眼都既接收不到来自于水的光线,也不会使大脑对其输入作进一步加工。因此,在 γ 中,这个人看不见水。然而,在 α 和 β 中,这个人确实看见水了。根据前面的论证,这个条件即一个人看见水是首要的。显然,就几乎所有 x 来说,可以修正这个例证以证明这个条件即一个人看见 x 是首要的;它不是一个窄条件与一个环境条件的合取。

这个例子利用了双眼视觉(binocularity),这是无关紧要的。

通过如下假设我们可以得出相同的观点：在α中，右侧是水，左侧是姜酒（它看起来和水完全一样），脑损伤使一个人在视觉上只能接收到右侧的东西。在β中，右侧是姜酒，左侧是水，脑损伤使一个人在视觉上只能接收到左侧的东西；在情形γ——它内在地类似于α而外在地类似于β——中，右侧是姜酒，左侧是水（和β中一样），而脑损伤使一个人在视觉上只能接收到右侧的东西（和α中一样）。因此，假如有合适的背景条件，一个人在α和β中就能看见水，而在γ中则看不到。这个例子和单眼视觉是一致的。

考虑听觉的类比。假如在α中玛丽只发出频率为f的声波，约翰只发出频率为g的声波，脑损伤使一个人在听觉上只能接收到频率为f的声波。在β中，约翰只发出频率为f的声波，玛丽只发出频率为g的声波，脑损伤使一个人在听觉上只能接收到频率为g的声波。在情形γ——它内在地类似于α而外在地类似于β——中，约翰只发出频率为f的声波，玛丽只发出频率为g的声波（和β中一样），脑损伤使一个人在听觉上只能接收到频率为f的光波（和α中一样）。因此，假定有合适的背景条件，一个人在α和β中就能听见玛丽的声音，在γ中却不能。对其他感觉也可以建立这种例子。

用屏幕替换第一个例子中的水，我们能证明这个条件即一个人相信屏幕在闪烁的首要性。因为我们可以假定：在α和β中，一个人关于屏幕在闪烁的信念只是由于他与屏幕的视觉联系才涉及屏幕；在γ中，由于一个人看不见屏幕，因此他就没有这个信念。这一点可以推广到其他依赖于对象的（object-dependent）内容和其他命题态度。

考虑这种条件：一个人相信老虎在咆哮。假定α是这种情形：老虎住在大山里，而schmigers（它的外观和老虎完全一样）住在丛林中；一个人记得他是在大山里遇到过老虎，但彻底忘记了他在丛林中遇到过 schmigers。他相信老虎在咆哮;由于他没有回忆起 schmigers,因此他不相信 schmigers 在咆哮。假定 β 是这种情形:老虎住在丛林中,而 schmigers 住在大山里;一个人记得他在丛林中遇到过老虎,但彻底忘记了他在大山里遇到过 schmigers。他相信老虎在咆哮;由于他没有回忆起 schmigers,因此他不相信 schmigers 在咆哮。现在考虑一个情形 γ,它和 α 内在地相似,和 β 外在地相似。在 γ 中,老虎住在丛林中,而 schmigers 住在大山里;一个人记得他在大山里遇到过 schmigers,但彻底忘记了他在丛林中遇到过老虎。他相信 schmigers 在咆哮;由于他没有回忆起老虎,因此他不相信老虎在咆哮。因此,这个条件即他相信老虎在咆哮是首要的。

通过如下假定我们能让这个例子更生动:一个人相信命题,是将表达它们的思想语言中的句子存储在一个信念箱中,但是应当清楚,这个例子的基础结构中并没有什么真需要一种思想语言或一个信念箱。在每种情形中,在大山里遭遇有合适外貌的动物,会使一个人以标准的方式把其思想语言(如果真有的话)中的一个词 T_1 作为一个表示那些动物的自然种类术语。在丛林中遭遇有合适外貌的动物,会使他以标准的方式把其思想语言(如果真有的话)中的一个词 T_2 作为一个表示那些动物的自然种类术语。他的思想语言也有一个意指咆哮的词语 G。在 α 中,T_1 意指老虎,而且和老虎有适当的因果联系;一个人相信老虎在咆哮,因为他将句子 T_1G 存储在其信念箱中。T_2 不是意指老虎,因为它和老虎没有适当的因果联系;这个人没有将句子 T_2G 存储在其信念箱中。β 不同于 α,因为它颠倒了 T_1 和 T_2 的作用。在 β 中,T_2 意指老虎,与老虎有适当的因果联系;一个人相信老虎在咆哮,因为他将 T_2G 存储在其信念箱中。T_1 不意指老虎,因为它和老虎没有适当的因果联系;一个人没有将 T_1G 存储在其信念箱中。在 γ 中,一个人没有将 T_2G 存储在其信念箱中,因为他在 α 中没有这样做,而 γ 内在地类似于 α。同样,在 γ 中,T_1G 不是表达这个命题:老虎在咆哮,因为 T_1 不是意指老虎,因为 T_1 在 β 中和老虎没有适当的因果联系,而 γ 外在地类似于 β。因此,在 γ 中,T_1G 和 T_2G 都既没有表达老虎在咆哮这个命题,也没有被存储在信念箱中。我们可以合理地认为,在这三种情形中,除了 T_1G 和 T_2G 之外,思想语言中的任何句子都没有表达老虎在咆哮这个命题。因此,在 γ 中,一个人没有在其信念箱中存储任何表达老虎在咆哮这个命题的句子;因此他不相信老虎在咆哮。然而,在 α 和 β 中,他确实相信老虎在咆哮。同样,这一点可以推广到其他外部个体化的内容和其他命题态度。

我们能够论证:认知的条件也是首要的。上述例证甚至是充分的,因为在有些这类特殊的情形 α 和 β 中,一个人知道老虎在咆哮;在 α 中,他不知道老虎在咆哮,因为他不相信老虎在咆哮。然而,举这样一个例子更有启发性:在这个例子中,信念保持不变,改变的是它的认知地位。假定 α 是这个情形:一个人根据证言知道选举被非法操纵了;史密斯告诉他选举被非法操纵了,而史密斯是可信的,而且这个人信任他;布朗也告诉他选举被非法操纵了,但布朗不可信,而且这个人不信任他。假定 β 是这个情形:它和 α 的区别在于颠倒了史密斯和布朗的角色;在 β 中,一个人根据证言知道选举被非法操纵了;布朗告诉他选举被非法操纵了,布朗是可信的,而且这个人信任他;史密斯也告诉他选举被非法操纵了,但史密斯不可信,而且这个人不信任他。现在考虑一个情形 γ,它和 α 内在地相似而和 β 外在地相似。在 γ 中,一个人不信任布朗,因为这个人在 α 中不信任他,而 γ 内在地类似于 α。同样,在 γ 中,史密斯是不可信的,因为他在 β 中是不可信的,而 γ 外在地类似于 β。因此,在 γ 中,史密斯和布朗都既不可信又不被信任。我们可以合理地假定:

在这三种情形中，这个人没有任何其他的方式知道选举被非法操纵了。因此，在 γ 中，他不知道选举被非法操纵了。然而，在 α 和 β 中，他确实知道选举被非法操纵了。因此，这个条件即他知道选举被非法操纵了是首要的。由于这个例子并不取决于知识的具体内容，因此可以修正它来证明：对于几乎任意的命题 p 来说，一个人知道 p 这个条件是首要的。

无数的例子都能被构想成现在这种模式。此后，心理条件因此将被看成典型的首要条件。它们不是窄条件与环境条件的合取。

3.3 自由重组

在我们构想三种情形 α、β 和 γ 以确立心理条件的首要性时，一个类似于 γ 的情形的可能性依赖于这个原则：假如有情形 α 和 β，就有一个内在地类似于 α 并且外在地类似于 β 的情形。把这个原则称为自由重组原则（free recombination）。在某种意义上，它允许我们把外部和内部看成自变量。

自由重组不是完全没有问题的。如果内部和外部有法则的联系，那么 γ 可能就违反了法则的约束（nomic constraints），即使 α 和 β 不违反。例如，如果决定论成立，并且外部事物包括过去的事物（就像在处理指称问题时必然出现的那样），那么外部就法则地决定着内部。尽管一个在法则上不可能的情形可能不是在形而上学上不可能的，但这种情形不会证明什么，因为如果在所有法则地可能的情形中，心理条件都和内部条件与外部条件的合取相一致，那么这将是对内在主义的心灵图画的一种意义重大的证实。此外，内部和外部在构成上也是以其他物理方式相互依赖的。它们据认为涵盖了既相互排斥又完全接合的空间区域；因此，其中之一占据的区域决定着另一个占据的区域。当内部和外部之间的时空界面在 α 和 β 中轮廓不同时，这些失配(mismatches)就威胁了 γ 的构成。其中之一的物理状态的变化包含了它所占据的区域的形状的变化，从而限制了另一个的物理状态的变化。①

然而，自由重组原则大体上仍能成立，就像颜色和形状大体上能被看成一个物体的独立属性一样，即使这个物体的颜色最终依赖于它的微观几何学。对这个框架稍作修改，例如限制过去的事物算作环境事物的方面，我们就能处理刚才提到的内部与外部的相互依赖性。此外，自由重组的反例对于本章所批判的将内部与外部区别开的尝试，确实是一个问题。因此，在批判该尝试时假定重组原则是公正的。

例如，考虑杰瑞 · 福多的主张："因果力的同一性必须在语境之间(across)而非语境之内(within)来评价。"(1987:35)他用这个主张来支持一种个体主义的心理概念(后来他在其 1994 中改变了立场)。这种建议大体上是：个体具有相同的因果力，当且仅当对于每个语境 c 来说，他们在 c 中都能做相同的事情。当然，一个个体的因果力依赖于其内部状态，内部状态因而在语境变化时必须保持不变。所以，关于福多的提议更准确的表述是：在某个语境下处于内部状态 I 中的一个个体，和在一个可能不同的语境下处于内部状态 J 中的一个个体，具有相同的因果力，当且仅当对于每个语境 c 来说，一个在 c 下处于 I 中的个体，可以和一个在 c 下处于 J 中的个体做相同的事情。假如在情形 α 中，一个人处于内部状态 I_α 中和语境 C_α 下；在情形 β 中，他处于内部状态 I_β 中和语境 C_β 下。他在 α 和 β 中的因果力相同吗？按照福多的标准，同一性的必要(但非充分)条件是：一

① 也可参见 Susan Hurley 对她所称的复制假设(the Duplication Assumption)的相关批判，载其 1998 的第 8 章。

个人在 C_β 下处于内部状态 I_α 中和在 C_α 下处于内部状态 I_β 中可以做相同的事情。这种比较会失效,这不依赖于一个人在任何情形下所能做的事情,除非他能在 C_β 下处于内部状态 I_α 中。但是要在 C_β 下处于内部状态 I_α 中就要处于一个与 α 内在地相似而与 β 外在地相似的情形 γ 中,因为内部的相似性是一个人的内部状态的同一性,外部的相似性是一个人的语境的同一性。因此,相关的比较只有在自由重组原则成立时才能进行。如果重组原则不成立,福多的测试就不能保证因果力的同一性,不管一个人在任何情形下能做什么。例如,假定任何与 α 内在地相似而与 β 外在地相似的情形都不予理睬,因为它违背了这些法则的约束——因果力是相对于它们来评价的;那么一个人在 α 和 β 中就不算有相同的因果力。如果一个与 α 内在地相似而与 β 外在地相似的情形是不可能的,也可以得出相同的结论,因为内部和外部之间的时空界面在 α 和 β 中的轮廓不同。然而这些抵制裁决因果力的同一性的理由甚至没有提到一个人所能做的事情;从直觉上看,它们是不充分的。只有在自由重组原则成立时,福多的测试才能服务于其目的。由于他的测试隐含在内在主义的心理因果关系图画中,因此这幅图画需要自由重组原则。因此,反内在主义图画的论证可以合理地采用自由重组原则,因为没有它,这幅图画无论如何都不成立。

这种辩证的立场同样适合于对内部与外部之间区别的更一般的怀疑。我们不应当不作论证地就认为,亚原子物理学将包含一类局域性原则(locality principles),这些原则保证了促成内部物理状态的特征与不促成它们的特征之间有清晰的区别。对首要性的论证不限于心理条件;它们也适用于其他物理条件(也可参见第 3.7 节)。因此,我们可能发现在定义可靠的内部物理条件的初始集合方面出乎意料地困难。这会使内部和外部之间这种区别发生动摇。这种动摇对于本章所批判的内在主义心理概念是坏消息，因为那个概念依赖于区别窄条件的贡献和环境条件的贡献，这种区别只有在内部与外部之间的区别本身有道理时才有道理。如果这种区别不清晰，外在主义者仍可以坚持这种否定的观点，即关于它的解释都没有把日常的心理条件看成合成的。现在的心理概念不要求在内部和外部之间作出清晰的区别；为了论证，我们只需把这个概念交给其内在主义的对手，并由此证明：即使如此，心理条件也不能像他们所设想的那样被分解成的窄条件和环境条件。

3.4　首要条件的解释价值

首要条件概念适合于任何理论目的吗？在证明首要性的例证中，将γ情形区别于情形α和β的用意是什么？这一节论证了我们需要首要条件概念的理由通常和我们需要宽条件概念的理由相同。

以看见为例。将一个人看见水的情形与如下情形区别开是什么用意：他处于完全相同的内部物理状态中却只看见了一种幻景（mirage）？这种区别对于这个人接下来的行为可能并不重要，如果行为本身是由其内部的物理本质个体化的。如果它是被宽个体化的，我们仍应当考虑宽个体化的用意。但我们的兴趣不限于接下来的行为——如果有行为的话；如果时间紧迫，就没有。一个人口渴；他马上喝水的可能有多大？如果他看见水，就是极有可能的。如果他看见的是一个幻景，就不太可能。即使喝水是被窄个体化的，它的根据之前的系统状态的解释也涉及环境中有水存在，而不只是涉及自主体之前的内部物理状态。宽心理条件概念使我们能更好地理解当下状态与非直接将来的行动之间的关系，因为这些关系涉及与环境的相互作用（关于行为的宽解释，也可参见 Burge 1986b 和 Peacocke1993）。

需要思考之前的心理状态与后来的行动之间的关系，这在很大程度上就是需要思考心理状态和由秒、天或年分隔开的行动之间的关系。行动的因果解释通常涉及自主体的思考的结构。但是，思考通常发生在行动发生前的某个时刻。在思考时，人会根据他的信念和愿望对其他的行动过程进行评价，决定哪种最好，并形成完成它的意向；他只是在行为的时间来临时才将意向付诸实施。他如何以及是否执行这个意向取决于他在此期间与环境发生的相互作用。在行动时，他甚至可能不记得他的思考的任何细节了。将行动解释限制于行动之前的瞬间，就会遗漏掉很多使行动合理的东西。历史的解释当然不是局限于行动之前的瞬间；“拿破仑为什么入侵俄罗斯?”，这不是关于他的出现在几个月的周密准备之后、入侵开始之前瞬间的状态的一个问题。① 此外，多数行动都要花费时间；一个人不能同时吃苹果、写信或去散步。持久的行动涉及与环境的复杂的相互作用。

我们能将每种行动都分解成基本的物理行动，然后根据自主体之前瞬间的内部状态来对每种基本行动作出解释吗？把这些关于基本行动的近因解释(proximal explanations)结合起来，不会产生一种关于最初的非基本行动的好解释。例如，假定我们希望解释某个人去散步的原因。也许我们能把散步分解成一系列的步子。但是就每一步而言，关于他走这一步的近因解释将不会提及解释他散步原因的东西：他希望锻炼。

基于我们需要宽条件概念的这些理由，我们就需要首要条件概念。现在，看见水与立即喝水的相关性是自主体的内部状

---

① 再考虑普特南的例证(1978:42)：“人们发现 X 教授半夜 12 点赤条条地躺在女生宿舍。解释：(?)他半夜—ε赤条条地躺在女生宿舍，并且如果他的速度超不过光速，他到半夜就既不可能离开女生宿舍，也不可能穿上衣服。但是(涵盖率)：没有什么(无论如何，没有哪个教授)的行为能比光还快。”

态和水的存在穷尽不了的。在一个人能喝水之前,他自己必须得到水。通常,一个人是由于看见水才迈开步子的,并且会对他在反馈回路中的位置作出一系列复杂的调整。现在这种符合即一个人的内部物理状态与若他看见水就会具有处于其中的状态的符合,从那个观点看是不够的;这种符合必须持续到他得到水。一个人在看见某种东西时,他与之所具有的这种因果关系通常能使他看见它。相比之下,如果内部状态与外部环境的符合是纯粹的巧合,那么它为什么应当持续就没什么理由了。在证明一个人看见水这个条件的首要性的情形下,我们发现的就是这种比较。如果其他条件不变,一个人在 α 情形中能用右眼看见水,而在 β 情形中用左眼看见水;在 γ 情形中,他没办法保持内部状态与外部环境之间的符合。这种符合可能会持续,但那是因为运气好(good luck)。即使它真能持续,那也不是看见;一个人现在是否看见,不是像那一样取决于未来发生的事情。因此,这种需要,即理解当下状态与非直接将来的行动之间的关系,就为我们提供了将 γ 情形与 α 和 β 情形区别开的理由。那样分类就要使用某种首要条件概念。

我们不应当期望这些思考会产生一个看见的定义。如所指出的,为日常概念提供非循环的充分必要条件的尝试有着不幸的失败记录。看见概念是很多力量合成的结果。这里所考虑的力量使看见概念成为了一个首要条件概念;它们不一定唯一地决定那个条件。

这个论证可以推广到其他首要条件。有时,一个命题态度的内容依赖于与一个对象的知觉联系,就像在一个人相信屏幕在闪烁时那样;上述思考马上就可以应用。在其他时候,我们关于一个个体或一个种类的思想依赖于一种独立于当下知觉的因果联系。然而,这种联系通常是可更新的(renewable):它使我们能和这个个体或种类具有其他的因果相互作用,或者至少对它具有其他因果依赖性,如果它不再存在的话,例如,这是通过发现更多关于它的信息并依据这些信息行动——这些都不蕴涵指称可以根据可更新的因果联系进行定义。对于这些情形——它们证明了这个条件即一个人相信老虎在咆哮的首要性——来说,这种可更新性很可能能在 α 和 β 中利用,但不能在 γ 中利用。在每个情形中,一个人检验他关于咆哮的归属,是去这些地方:他在那里遇到了(一些)他向之归属了咆哮的动物;在 α 和 β 情形中这是把这个人带到老虎居住的地方,而在 γ 情形中是带到 schmigers 居住的地方。当在那里遇到它们时,这个人就更新因果联系。如果老虎真的咆哮而 schmigers 不咆哮,那么这个人的信念就很可能会在 α 和 β 中保存下来,但在 γ 中不保存(我们或许认为,在每个情形下,在遇到老虎和 schmigers 时,它们都没有咆哮而是看起来倾向于咆哮)。因此,这种需要:即理解当下状态与不是直接将来的行动之间的关系,为我们提供了使用首要条件概念的理由,因为内容在构成上依赖于与一个个体或种类的因果联系。

按照柏拉图的提示,我们就可以更详细地将这个论证推广到知识。在《美诺篇》中(97A—98A),苏格拉底提出了一个关于知识的值的问题。如果你想去拉利沙,那么知道这条路通向拉利沙对你是有用的。但仅仅真信这条路通向拉利沙似乎对你同样有用,因为你同样能到达那里。为什么我们应当认为知识不只是纯粹的真信念呢?苏格拉底根据与代达罗斯的雕像的比较作出了答复,这些雕像除非受到限定否则就会失控。真信念很容易失去,除非它们是如此受限制的,以至于它们构成了知识。①

---

① 这一段由 Williams1978:38、Shope1983:12-13,和 Craig1990a:7 作了简要的讨论。

柏拉图是什么意思？他确实承认纯粹的真信念在武断的自信之下能够成立，而且经过遗忘，知识会失去。但是信念也能对证据敏感。一个人在发现其他信念——一个纯粹的真信念实质上以它们为基础——为假时，就会失去这个纯粹的真信念；通常，就会失去真。一个人不可能那样失去知识，因为一个实质上依赖于假信念的真信念不构成知识。例如，我有可能从两个假(但可能是证成的)信念：即拉利沙在正北方向和这条路通向正北方向，推出这个真信念：这条路通向拉利沙；黎明时来到了一个意外的地方，并且我意识到这条路是通向南方，那么如果没有给我任何怀疑拉利沙在正北方向的理由，我就会放弃这条路通向拉利沙的信念。由于那个真信念实质上是建立在假信念的基础之上的，所以它不构成知识。这种情形是盖梯尔针对将知识分析成证成的真信念所提出的反例的一个明显的变种。①

在其他情形下，一个实质上并非建立在假信念基础之上的真信念仍不能构成知识，因为反对那个真信念的误导性证据在一个人的环境中到处都是，尽管他自己碰巧没有意识到它。例如，我可能一眼看去就正确地认为：一条狗是友善的；由此我在通常的环境中知道它是友善的。然而，这条狗的行为方式如果被观察到的话会证成这个错误的怀疑：它是有敌意的。到目前为止，只有在我转身时，它才碰巧具有那样的行为，而且我还没有形成任何这样的怀疑。但是我的真信念即它是友善的并不构成知识，而且它在任何时候都有可能失去。要知道它是友善的，我必须不被这样的误导性反面证据包围，并且我的真信念必须不能太容易受到这种颠覆的攻击。这种情形是哈曼的例证的一个变种，这些例证是要根据一个人不具有的证据来摧毁知识

① 《美诺篇》中的这个段落有时被引证为知识是证成的真信念这种看法的源头；根据这种解释，柏拉图弄错了这个限度的本质。这里的目标不是要说明他的意向。进一步的讨论和参考文献，参见 Fine1992：218-219。

(Harman 1973:143-144 和 1980:164-165;也可参见 Goldman 1976:772-773)。

纯粹的现在的真信念相比,现在的知识更不容易受到未来证据的合理的破坏,这不是说它在这种破坏下是绝对无懈可击的。如果你的认识官能情况正常,你明天相信 p 的概率,在你今天知道 p 的情况下比在你今天仅仅真信 p 的情况(也就是说,真信 p 却不知道 p)下要大。① 因此,你明天相信 p 的概率,在你今天知道 p 的情况下比在你今天真信 p 的情况下要大。② 当然,极其武断的信念——它们不受未来证据的影响并且不构成知识——与对未来的证据合理地敏感并构成知识的信念相比,更有可能持存,但这样一来,主体的认知官能就不是情况正常的。由于你现在的知识和你现在的真信念之间的区别对预言你未来的信念很重要,因此它对预言你未来的行动也很重要,因为它们依赖于你未来的信念。

这种证据——它们可能破坏了纯粹的现在的信念——的出现还有待时日。如第 2.3 节所论证的,知识和信念之间的区别能构成一种现在的心理学的区别;例如,知识排除了各种不合理性,而信念则没有。如果 C 这个条件:一个人知道 p,那么虚拟的-C 在有些方面就不会成为这种条件:一个人相信 p。然而,现在的论证只涉及延时的(delayed)影响,而不涉及"下一个"瞬间的行动。我们不会为了瞬间的满足就认为知识不仅仅是真信念。

---

① 知道 p 据认为衍推相信 p;若非如此,这种主张就应当是关于明天知道或相信 p 的条件概率的。类似的调整自始至终都能作出。

② 这个论证使用很容易确定的关于如下条件概率的事实:如果 E 衍推 D 并且 $P[C \mid D \exists NE] < P[C \mid E]$ 并且 $P[E \mid D] < 1$,那么 $P[C \mid D] < P[C \mid E]$。假定 C 是这个条件:你明天相信 p,D 是你今天真信 p,E 是你今天知道 p。

我们不应当期望根据持久的真信念来定义知识,更不用说根据随后的行动了。这个论证所表明的是:当一个用非循环的术语(信念、真、证成、因果关系……)陈述的条件不是知识的必要而充分的条件时,这种区别就会在未来行动的含义上产生一种区别;这项任务——就未来行动的含义而言,非循环地陈述一个与知识等价的条件——并不比非循环地陈述知识的一个充分必要条件的任务更容易。根据第 1 章所辩护的观点,这两项任务都是不可能的。因此,知道的心理状态对行动的因果解释具有独特的贡献。

这些考虑适用于证明认知条件的首要性的情形。在 α 和 β 中,一个人根据证言知道 p,并且他对 p 的信念相应地是可靠的;某个不可信的人——这个人不信任他——告诉他 p,但那不会使他的信念更不可靠,因为他的信念并不依赖于那种证言。在 γ 中,一个人相信 p,因为他信任告诉他 p 的不可信的信息提供者;他不信任告诉他 p 的可信的信息提供者。他的信念不太可靠,因为他终究能认识到他所依赖的信息提供者是不可信的。他可能也认识到他的其他信息提供者是可信赖的,这只部分地有所弥补。关于 γ 的这种描述包含了一种关于他的信念的特殊威胁;关于 α 和 β 的这些描述没有包含这种特殊的威胁;尽管他可能不信任可信的信息提供者,但是还没有出现他为什么应当不信任的理由。根据关于正常的背景条件的比较令人愉快的假设,这些问题的真至少有某种失去的倾向,因此这个人对 p 的信念在 α 和 β 中比在 γ 中更可靠。这种需要,即理解现在的状态与非直接未来的行动之间的关系,为我们提供了使用首要的认知条件概念的理由。

3.5 普遍性的价值

然而,有的人可能主张:首要条件在理论上是多余的。因为假定 α 是首要条件 C 在其中得到的任何情形,而 D 和 E 分别是在 α 中得到的最强的窄条件和最强的环境条件。那么合取式 D∃E 衍推 C 就是合理的。因为 D 彻底地规定了主体的内部物理状态,而 E 彻底地规定了世界的其他部分的物理状态,因此,除非有些物理关系没有资格成为内部的或外部的关系(例如,由于整体论的原因),D∃E 在 α 中就完全决定了世界的物理状态;如果世界的总体状态随附于其总体的物理状态,那么 D∃E 就衍推 C。尽管刚才提出的假设不是没有争议的,但为了论证让我们承认它们。因此,在任何特殊的情形下,我们想要的首要条件的所有结果都是从在该情形下得到的复合条件推出来的。为什么我们最好的理论应当为首要条件操心呢?

假定 F 是这个条件:一个人随后执行了某种行动。假如 F 在 α 中得到;我们想知道这是为什么。如果首要条件 C 使 F 非常有可能,那么根据背景条件,我们在解释为什么 F 得到时就想引用 C。但是 D∃E 可能会使 F 确定无疑,因此为什么不引用 D∃E 而引用 C 呢? 它没有给出真正的因果解释吗?

对这些将会(would-be)的修辞问题的回答是:我们最好的理论是想获得重要的规则(generalizaions)。这种行动在除 α 之外的很多情形中都会被执行,D∃E 在这些情形下没有得到;D∃E 对 F 是充分的但非必要的。一个依赖于像 D∃E 这样的条件的理论可能没有得到一个将 F 与 C 联系起来的重要规则。还未被证明的是:关于首要条件的重要规则能够由关于复合条件的重要规则替换。

好解释都有适当的普遍性(generality)。如果一个人引用了一个要解释的条件的充分条件，或者就眼前的目的来说近乎于充分的条件，所称的这种解释仍会失败，因为要解释的条件仍会以相同的方式得到，即使所引用的条件没有得到。例如，一个人在解释某个人为什么死时，可以说他被公共汽车撞了；如果他详细说明这台公共汽车是红色的，这个解释会变得更糟，而不是更好，因为车的颜色与他的死没有任何关系。如果所有金属都有某种属性，一个人将不会对这些尝试感到满意：它们在解释黄金为什么具有这种属性时引用了不为其他金属所享有的黄金属性。再者，如果一个条件必然能得到，那么这样解释它为什么得到，即从只是偶然得到的条件推导出它，会遗漏掉它的模态普遍性（modal generality）（就像约定论解释通常所做的那样）。①

最具体的条件 D∃E 的很多特征都与得到 F 毫不相关。它们将要涉及的物理事件，不构成自主体的初始心理状态与最后的行动执行之间的因果链的一部分。自主体无论如何都会执行这个行动，即使那些特征是不同的。它们包含的是解释上的缺陷。一种非常具体的解释可能构成了一种关于事情如何发生的良好解释，却没有构成一种关于它为何发生的良好解释。②

还原主义解释战略有提供不佳解释的风险，因为它们引用了非常具体的条件，并从而达不到要解释的条件的普遍性。成功的还原不会包含普遍性的丧失。特定现象的所有真实例证的

---

① 也请考虑普特南（1978：42）的另一个例子："一个木钉（1平方英寸）穿过了一个1平方英寸的方孔，却穿不过一个1平方英寸的圆孔。解释：（?）这个木钉是由如此这般的基本粒子以如此这般的格状排列构成的。我们计算所有的轨迹，就能像著名的拉普拉斯超级心灵那样对木钉用力（受这种限制：这些力必定不是如此巨大，以至于使木钉或孔变形），我们确定：有的轨迹能使木钉通过方孔，没有什么轨迹能使之通过圆孔。（涵盖率：物理学定律。）"

② 例如，Jackson 和 Pettit1995：277 所设想的解释都遭受了这种普遍性的丧失。

共性都是以低层次的术语确认的。现在的论证并未破坏那些还原的解释价值。但这种价值并不是这些解释所共有的:它们没有使用这种关于现象的规则,而且只用更低层次的术语提供了——或者说指示(gesture)了——关于手头这种特殊情形的最具体的描述。

对窄内容的辩护常常把外部环境("情境"、"语境")的总体状态看成受欢迎的行动解释的一种成分,其他成分包括对窄内容的态度。表面上看,这是要放弃不同环境状态之间的普遍性。然而,这些解释不允许解释的内部成分同样不能清楚地说出来;这个条件即一个人对某种"窄内容"有某种态度,据认为是一个普遍条件,它是在很多不同的情形中得到的。一旦承认普遍性是一种解释优点,就会产生这样的问题:它是否能由这些解释——它们是以所设想的方式进行因素分析的——最好地实现。

我们需要首要条件概念来实现解释行动时的适当的普遍性。再考虑证明了首要性的情形:α 和 β 是彼此对称的;关于自主体随后行动的最好解释有可能推广到 α 和 β,它引了用在两个情形中都能得到的一个条件。但是如果它也在 γ 中得到,这种解释就会被削弱,因为这样一来,引用的这个条件就不会排除一系列这样的情形:自主体在 α 和 β 中随后的行动是不太可能的(参见第 3.4 节)。因此所引用的条件应当在 α 和 β 中得到,但不应在 γ 中得到,因此它是首要的。

当然,普遍性只是很多解释优点之一。有些所谓的解释使用析取概念就能实现虚假的普遍性。例如,如果某个人哭是因为她失去了亲人,那么说她哭是因为她失去了亲人或者切洋葱并不会使解释有所改进。但是关于首要条件的日常心理概念(如看见这个概念)不是析取的(也见第 1.5 节)。基于解释的无用性来论证这些概念没有表达真正的共有属性就是恶性循环的，因为这些概念为我们的解释提供了普遍性。除非它们也被认为没有表达共有属性，否则就没有什么会破坏它们明显的解释有用性。

当我们引用之前的条件D来解释条件C为什么得到时，我们的解释的普遍性会随P[C | ND]——C在ND条件下的概率——作反向变化；在此意义上，我们的普遍性的丧失会达到这种程度：D对C不是必要的。① 这种反向解释的优点很多，它是随P[C | D]——C在D条件下的概率——而变化的。我们可以将这些优点合并成一种解释优点，即C与D相关的程度。相关性越高，对“D得到了吗？”这个问题的回答就越能指导对“C将得到吗？”这个问题的回答；相关性也有一种预言的优点。

相关性本身只是很多解释优点之一，但它是现在感兴趣的一种。就讨论它来说，一种更严格的框架将得到解释，然后被应用于首要条件在行动的因果解释中的作用。

3.6　解释与相关性系数

在概率理论中，相关性的标准测量是相关性系数(correlation coefficient)，它在+1(完全的正相关性)和-1(完全的负相关性；附录1将给出技术细节)之间取值。从形式上说，这个系数测量了随机变量之间的相关性，这些变量本身取的是数值(numerical values)。就现在的目标来说，重要的是条件之间的相关性。我们自然可以采用这个标准概念来谈论两个条件的相关性系数，其方式是将每个条件与其指示器的随机变

① “必要性程度”(degree of necessity)这个表达式同样是和其他测量联系在一起的，如P[D|C]。概率分析的一个好处是：它促使一个人注意这些区别。就现在的目的来说，要考虑的自然概率是以之前的条件D和ND为条件的概率而不是以结果条件C和NC为条件的概率。

量——在条件得到时,这个变量的取值为1,否则取值为0——联系起来,并将两个条件的相关性系数定义为它们的相关指示器随机变量的相关性系数。这样一来,条件C与D之间的相关性系数α[C,D]就可以根据它们的概率和它们的合取式的概率来计算。其结果就是一个不太好理解的公式:

$$\frac{P[C \mid D]-P[C]P[D]}{\sqrt{(P[C](1-P[C])P[D](1-P[D]))}}$$

这里的这些概率是条件的客观属性(或然性),因为两种条件相关的程度是一个客观事实。但它们不是单例的(single-case)概率,因为条件和属性一样,也是一般的;它们能在很多现实的情形下得到。相关的概率空间既包括现实的情形也包含纯粹可能的情形;这些情形将受到一系列背景条件的限制,这些条件随着解释语境的变化而变化的。

一个人很容易就能验证:C与D是正相关的(ρ[C,D]>0),当且仅当C在D条件下的概率P[C|D]超过了C的无条件概率P[C](附录1,命题2):一个条件提高了另一个条件的概率。这些条件是完全正相关的(ρ[C,D]=1),当且仅当P[C|D]=1并且P[C|ND]=0(附录1,命题5):如果D得到,C肯定得到,如果D得不到,C肯定得不到,因此,C是否得到能根据D是否得到来确定无疑地预测。

在解释行动时,我们关心的是不完全的正相关性(0<ρ[C,D]<1)。例如,这个条件即一个人将来会执行某种行动,可能和下列两个条件是不完全正相关的:一个是他现在知道某个命题,另一个是他真信那个命题(我们可以把相关的愿望作为背景条件)。问题就是:前一个条件和后两个条件中的哪个更相关呢?更一般地说,D和E这两个条件——两者都和C正相关——中的哪个与C有更高的相关度?可以证明:ρ[C,D]≤ρ[C,E],当

且仅当

$$(P[C|D]-P[C])(P[C]-P[C|ND])\leq(P[C|E]-P[C])(P[C]-P[C|NE])$$

(附录1,命题3)。因此,D帮助我们预测C的程度($P[C|D]-P[C]$,D提高C的概率的程度)和ND帮助我们预测NC的程度($P[C]-P[C|ND]$,ND降低C的概率的程度)是相关的。特别是,如果E提高C的概率比D提高得多,NE降低C的概率比ND降低得多,那么C就和E而不是和D更相关(附录1,命题4)。

一个完整的示例就能澄清这幅图画。我们可以以知识为例,并发展第2.4节中关于其解释价值的说明。对其他首要条件也可以提出相似的观点。假定C是这种条件:一个人将执行某种行动,D是这种条件:一个人真信一个命题p,E是这种条件:一个人知道p。背景条件可能包括自主体的愿望和其他信念。假定恰好三种概率相等的可能性都有非零的概率:一个人真信p并且知道p并且将执行这个行动;一个人真信p但不知道p并且不会执行这个行动;一个人既不真信p也不知道p并且不会执行这个行动。从而,$P[C\exists D\exists E]=P[NC\exists D\exists NE]=P[NC\exists ND\exists NE]=1/3$。因此,可以断定:一个人将执行这个行动,当且仅当他知道p;$P[C|E]=1$并且$P[C|NE]=0$。这两个条件是完全正相关的;$\rho[C,E]=1$。也可以断定:一个人将执行这个行动,仅当他真信p,因此$P[C|ND]=0$。然而,如果一个人真信p,他可能执行也可能不执行这个行动,这取决于他是否知道p;$P[C|D]=1/2$。这两个条件是不完全正相关的;演算证明$\rho[C,D]=1/2$。现实的例子没有这么简单。但是由于相关性系数是相关可能性的一个连续的函数,因此,后者的微小变化就会造成前者的微小变化。所以,我们可以把现实生活中的一些棘

手的复杂性引入这个例子,并仍执行这个与知道而非真信更相关(ρ[C,D]<ρ[C,E])的行动。特别是,这种比较等级(comparative ranking)和下列可能性的非零概率是一致的,一种可能是:一个人执行行动,却不知道p、真信或不真信p(C∃D∃E并且C∃ND∃NE),另一种可能是:他没有执行行动但知道p(NC∃D∃E)。尽管在大多数现实的例子中,我们不能期望演算出准确的概率或相关性系数,但这种比较等级仍是合理的。用非常拙劣的术语来说,如果在知道p的情况下执行这个行动的概率超过在真信p但不知道p的情况下执行它的概率的程度,远远大于后者超过在不真信p的情况执行它的概率的程度,那么执行这个行动和知道p的相关度就比和真信p的要高。一种关于这个原则的更准确的陈述将考虑之前的知道p和真信p的概率。

行动与信念或真信念的相关程度通常比与知识的高得多。但并非总是如此。你看见某个人来到你的门前;他将要大声叫门,而你不想应答,他会如何反应? 你问自己:"他知道我在吗?"不知道,"他相信我在吗?"如果在敲门前他确实知道你在房间里,那么如果你不应答,他不可能会放弃他的信念;他可能会生气。如果在敲门前他(真的)相信但不知道你在房间里,那么如果你不应答,他很可能会放弃他的信念;他可能不会生气。如果在敲门前他甚至不相信你在房间里,那么他甚至不大可能会生气。根据他是否知道比根据他是否相信,能对他是否生气作出更好的预测。他生气与知道你在房间里的相关程度比与(真的)相信你在房间里的要高。

这种观点不是:知道在蕴涵的信心度(degee of confidence)方面超过了相信;它不一定如此。我知道很多事情却不打算以房子为赌注为它们打赌。这个例子是有效的,即使规定信念所要求的信心度与知识所要求的信心度相同。造访者——他在敲门时只是(真地)相信你在房间里——可能完全确信你在房间里，但是当他吃惊地发现你没有应答时就放弃了这个信念，因为他更加确信：如果你没有应答，你就不在。① 但是某个知道你在的人有一些理由，它们不会仅由于你的不应答而被破坏。显然，所有这些都是概率的问题；如果你的造访者只相信你在房间里，那么在你不应答时，他可能会保留这个信念并生气；同样，如果他知道你在房间里，那么在你不应答时，他可能会经过一番自我怀疑而放弃这个信念。然而，这些概率通常和上述的一样。

考虑第2.4节所使用的例子的一个变种，这次涉及的是向非人的动物归属信念。假如初始假设是：(a)狐狸知道树林中有一只兔子，或者(b)狐狸真相信树林中有一只兔子，那么我们预计狐狸在放弃搜寻前会在树林中搜寻兔子多长时间呢？在(b)而非(a)中，狐狸最初的真信念可能不构成知识，因为真信念实质上是建立在假信念的基础之上的，例如，这样一个假信念：树林中的某个洞里有一只兔子。当狐狸发现那个信念为假时，就会失去搜寻的理由。这不会发生在(a)中，因为一个实质上以假信念为基础的真信念不构成知识。因此，假如有合理的背景条件，就可以预料在(a)中比在(b)中坚持的时间更长。在很多这类情形中，最初的知识比最初的真信念能更好地解释长时间的坚持。

有时，所预言的知识和真信念之间的区别是以知识的文化意义为中介的。一个恶名昭彰的罪犯可能想除掉所有知道他杀害警察的人，因为他们都是在法庭上指证他的潜在证人。他不会操心除掉那些只是真信他杀害警察的人，因为根据法庭举证

① 用概率论的术语来说，如果$P_{新}$是通过对新证据Nr的条件化而更新$P_{旧}$的结果，那么$P_{旧}[i]$可能就任意高而$P_{新}[i]$可能就任意低，如果$P[i|Nr]$非常低，这将要求$P_{旧}[r]$为高（假定i是你在房间里，而r是你应答）。注意：这里相关的“P”的解释——与本章其他部分的相比——是作为信念（信任）度，而不是作为客观概率。

规则，他们对他杀害警察的确信不管多大，都不会威胁到他。如果我们想预测某个人是否马上就会逃命，那么，“她知道他枪杀了警察吗?”就是一个比“她相信他枪杀了警察吗?”更好的问题。当逃跑取决于罪犯的行为，并且罪犯相信这些人——他们错误地相信自己知道他杀害了警察——的证言在法庭上将不会得到支持时，这个问题甚至比“她相信她知道他枪杀了警察吗?”这个问题还要好。危险是知道得太多，而不是相信得太多。

我们也可以用一个示例来强化第3.5节的结论，这是通过详细证明：一个非常具体的条件——它对要解释的这个条件是绝对充分的——如何不能与后者高度相关。假定C是这种情况：一个人将执行某个行动，D是在手头的情形中得到的这种非常具体的条件（例如，它完全决定着自主体的内部物理状态和环境的物理状态），E是一个人知道p这种情况。这些背景条件包括自主体的愿望。假如D对C和E都是充分的，这只留下了五种可能性。假定它们有这些概率：

$$P[C \exists D \exists E]=1/10$$

$$P[C \exists ND \exists E]=3/10$$

$$P[C \exists ND \exists NE]=1/10$$

$$P[NC \exists ND \exists E]=1/10$$

$$P[NC \exists ND \exists NE]=4/10$$

因此，可以肯定：如果这个具体条件得到了，这个人就会执行这种行动（$P[C|D]=1$），不能肯定的是：如果他知道p，他就会执行它（$P[C|E]=4/5$）。然而，他执行这种行动的可能性在这个具体条件没有得到时比他不知道p时大得多（$P[C|ND]=4/9>1/5=P[C|NE]$）。支持E的后一种不同不仅仅弥补了支持D的前一种不同；演算表明：$\rho[C,D]=1/3<3/5=\rho[C,E]$。执行

行动与知道p比与这个绝对充分的具体条件更相关。

3.7　首要性与因果秩序

高相关性不能保证直接的因果关系。当这个条件即一个人知道p和这个条件即一个人执行某种行动高度相关时,原因可能是:这种知识与这种行动都是一个共同原因的结果,而不是知识引起了行动。知识没有引起行动的原因是什么?很可能,在正确的意义上,这个条件即一个人知道和他将执行这种行动的条件没有因果关系。但是这样一来,我们在解释后者为什么得到时就不应当关注于前者。这严重威胁了首要条件在行动解释中的作用吗?

高相关性对于因果结构是一个必不可少的但可错的向导。当一个高相关性误导我们错误地假定一种因果关系时,关于其他相关性的更详细的信息应当纠正我们的错误。首要的心理条件与随后行动的条件之间的高相关性构成了首要条件的因果有效性的可否定的证据。更高的相关性——构成了真正对立的解释——是否定该证据所必需的。

根据决定论规律,我们规定:D在情形α中得到,当且仅当在α中系统(自主体和环境)现在的一切状态和决定论规律都衍推了一个人将执行这个行动,就能定义现在的条件D与他将执行这个行动的条件C是完全相关的。C和D都是在完全相同的在法则上可能的情形中得到的。因此,如果这些规律有概率1,C和D就是完全相关的(如果P[C]>0;否则ρ[C,D]就是定义不明的)。D不是被析取地定义的。然而,D的定义将D在其中得到的情形统一起来,是根据后来发生的事情(行动的执行),而不是根据系统现在的状态。在很多语境下,这种相关性不会给予我们所寻求的这种理解。它当然不会给予为了预测和控制的目的所需要的东西,但那不完全是同一码事。我们寻求下列两个条件之间的相关性:一个是由这样一个概念提供的条件,这个概念根据系统现在的状态将它在其中得到的情形统一了起来,另一个是由这样一个概念提供的,这个概念根据系统未来的状态将它在其中得到的情形统一了起来;为了实现这种统一,我们愿意牺牲一定程度的相关性。

即使我们能用如下条件取代民间心理学所设想的条件:这些条件和一个人随后执行行动这个条件的相关性比民间心理学的条件更高,这些新条件本身也是首要的(如上述的 D 那样),这是由于已经指出的原因。此外,这些解释可能构成了对民间心理学解释的改进而非否定。

对宽性的讨论倾向于关注意向内容。由于意向内容是一种心理现象,因此,为了心理事物,宽条件特别是首要条件的因果有效性看起来就需要特别的辩护。事实并非如此。本章的这些考虑不限于心理事物。例如,一个人可以像第 3.2 节那样证明如下条件的首要性:一艘船抛锚在海床上;它不是下列两个条件的合取:一个是这艘船的内部物理状态;另一个是这艘船的外部环境的物理状态。显然,这个条件即一艘船抛锚在海床上对于这艘船随后是运动还是静止是因果有效的。首要性没有被排除于因果有效性之外。它的意义来自于我们对下列两者之间的因果解释关系的兴趣:一个是对象的状态;另一个是对象随后很长一段时间——长得足以允许其间的与其环境的相互作用——的行为(在最宽的意义上)。这在因果解释中是常态而不是例外。

3.8 非合取的分解

第 3.2 节关于各种心理条件的首要性的论证不是打算证明:那些条件不能以某种方式被分析成窄条件与环境条件的函

数。一个合成的条件就是一个窄条件与一个环境条件的合取。本章所确认的合取分析的问题在多大程度上能推广到其他形式的分析呢?

合取不是唯一的真值函项。析取就是一种简单的选项。称一个条件是足道的(non-trivial),当且仅当它能在有些情形下得到但并非能在所有情形中得到。那么,假如自由重组原则成立,我们就能轻松证明:一个足道的窄条件与一个足道的环境条件的(相容的)析取总是首要的。① 因此,关于心理条件的首要性的论证不会自动地证明它不是这样一种析取。

当然,假如自由重组原则成立,我们不应当期望一个心理条件就是一个足道的窄条件和一个足道的环境条件的析取。因为倘若如此,并且环境条件在 β 情形中得到,那么对任何情形 α 来说,某个情形 γ 就会内在地类似于 α 并且外在地类似于 β。由于环境条件会在 γ 中得到,那么这个心理条件也会在 γ 中得到(因为析取式是由其析取支衍推的);因此,心理条件将与任何足道的窄条件(头上的头皮屑,……)相一致,这是不合理的。我们论证矛盾条件 NC 是首要的,也能论证心理条件 C 不是窄条件 D 与环境条件 E 的析取,因为如果 C 是 D%E,那么 NC 就是 N(D%E),即 ND∃NE;由于一个窄条件的矛盾条件(contradictory)本身就是窄条件,而一个环境条件的矛盾条件本身就是

---

① 证明:假如窄条件 D 在 δ 情形中但不在 δ* 情形中得到,而环境条件 E 在 ε 情形但不在 ε* 情形中得到。根据自由重组原则,就有情形α、β和γ,这里:α内在地类似于 δ* 并且外在地类似于 ε;β内在地类似于 δ 并且外在地类似于 ε*;γ内在地类似于 δ* 并且外在地类似于 ε*。因此,γ内在地类似于α并且外在地类似于β。由于 E 是环境条件并且在 ε 中得到,ε 外在地类似于α,因此 E 在α中得到;因此 D%E 在α中得到。由于 D 是窄条件并且在 δ 中得到,δ 内在地类似于β,因此 D 在β中得到;因此 D%E 在β中得到。但是,由于 E 不在 δ* 中得到,δ* 内在地类似于γ,因此 D 不在γ中得到;因此 D%E 就不在γ中得到。所以,D%E 是合成的。

环境条件,因此,$ND \supset NE$ 是合成的。但是这种可能性即心理条件是窄条件和环境条件的一种更复杂的函数是不能被如此轻易地摒弃的。

例如,假定一个心理条件 C 涉及一个人的内部状态与外部环境状态之间的某种匹配,尽管它没有分别确定那些状态。那么,一个简单的假设就是:C 是一个可能无限的析取式($D_1 \supset E_1$)%($D_2 \supset E_2$)%……,在这里,D_1、D_2……是窄条件,E_1、E_2……是环境条件,D_i在恰当的意义上和 E_i 相匹配。虽然每个析取支 $D_i \supset E_i$都是合成的,但合成条件的析取本身通常不是合成的。内部状态和外部状态之间所要求的这种匹配可能分别出现在 α 和 β 情形中,却不会出现在 γ 情形中——它内在地类似于 α 并且外在地类似于 β;$D_i \supset E_i$ 和 $D_j \supset E_j$ 可能各自都衍推了匹配,但 $D_j \supset E_j$ 却不行。同样,这种匹配可能出现在 γ 中,却不会出现在 α 或者 β 中,因此,合成条件的析取甚至不是一个合成的条件的矛盾条件。所以,更现实的首要条件可以被建构成极其简单的窄条件与环境条件的真值函项。

一个不太成熟的建议是:心理条件要求一个人的内部状态与匹配的外部环境状态之间的某种因果关系。这只是强化了首要性的论证。当然,与环境的因果关系常常是根据外部的一方来设想的,在这种情况下,它们可以被归于环境条件之下;但是由于它们也蕴涵了它们的内部关系项(relata),因此,那个关于它们的概念就会危及自由重组原则。因果关系最好被看成在内部与外部之间架起了桥梁。

由于一个首要条件可能是窄条件与环境条件的一个真值函项或某种更难捉摸的函数,因此关于各种心理条件的首要性的这些论证并未证明:我们关于那些条件的概念不能被分析成窄条件和环境条件的概念。对不可分析性(unanalysability)的论证是不同的;就像在第 1.3 节中那样,它们注意到了漫长的不成功分析的历史，注意到没有任何充分的理由期望可分析性，期望能得到另一种关于心理的理解。然而，这些首要性论证是确定心理事物在行动的因果解释中的作用所必需的。因为即使心理条件 C 是足道的窄条件 D_i 与足道的、相匹配的环境条件 E_i 的合取的一种析取（$D_1 \exists E_1$）%（$D_2 \exists E_2$）%……，也不能由此推出：在因果解释中，C 会被相应的窄条件和环境条件取代；合成的条件可以被如此取代。倘若自由重组原则成立，那么，由这个析取所衍推的最强的窄条件和环境条件就分别是：D_1%D_2%……和 E_1%E_2%……。[①] 但是如果（$D_1 \exists E_1$）%（$D_2 \exists E_2$）%……是首要的，那么它就不是由它的合成的结果（D_1%D_2%……）∃（E_1%E_2%……）衍推的。仅前者要求一个人的内部状态与外部环境的状态相匹配。当因果解释依赖于（$D_1 \exists E_1$）%（$D_2 \exists E_2$）%……的首要性时，如第 3.4 节所论证它经常出现的那样，可引出的窄条件 D_1%D_2%……通常就不起任何解释作用；它是一种副现象。把一种解释作用给予窄条件的是合成性而非可分析性；因此，首要性论证对于窄条件的这种解释作用是不利的。

如果一种解释规定了一个环境条件 E_j，我们就有可能把它与（$D_1 \exists E_1$）%（$D_2 \exists E_2$）%……这个析取相结合来推出相应的具体的窄条件 D_j（如果对于每个不同于 j 的 i 来说，E_j 与 E_i 是不相容的），这样一来，这个窄条件就会发挥一种独特的解释作

---

① 证明：$\%_i$（$D_i \exists E_i$）显然衍推了$\%_i D_i$。假如$\%_i$（$D_i \exists E_i$）衍推了一个窄条件 D。我们必须证明$\%_i D_i$也衍推 D；我们只需证明任意的 D_j 衍推 D。假如 D_j 在情形α中得到。由于 E_j 是足道的，因此它在某个情形β中得到。根据自由重组原则，就有一个情形γ，它内在地类似于α，外在地类似于β。由于 D_j 是窄条件，E_j 是环境条件，那么它们都在γ中得到；因此$\%_i$（$D_i \exists E_i$）在γ中得到；由于它衍推 D，D 就在γ中得到；由于 D 是窄条件，它也在α中得到；因此，如所要求的，D_j 就衍推 D。因此，$\%_i D_i$ 是$\%_i$（$D_i \exists E_i$）所衍推的最强的窄条件。根据一个类似的论证，$\%_i E_i$ 是$\%_i$（$D_i \exists E_i$）所衍推的最强的环境条件。

用。但是具体性缺乏普遍性;第 3.5 节和第 3.6 节证明:缺乏普遍性何以能是一种解释缺陷。一种具有适当的普遍性的解释将在析取支 $D_j ∃E_j$ 与别的某个析取支 $D_i ∃E_i$ 之间保持中立,但仍排斥 $D_i ∃E_i$ 和 $D_j ∃E_j$;可从该解释中引出的不明确的窄条件……%D_i%……%D_j……在其中不起任何独特的解释作用。将心理事物非合取地分解成窄条件和环境条件,并不会拯救内在主义的心灵图画,因为这些分解没有为窄条件提供这幅图画预言它们具有的解释作用。

第 4 章　反透明性

4.1　认知家园

抵制这种思想即知道是一种心理状态的一个来源是这种观点:一个人保证有通向他当下的心理状态的认知通道。根据这种观点,一个人必定能够知道他是否处于某种心理状态中,至少当他注意到这个问题时。当一个人问自己是否知道某个命题时,他并不总能够知道答案。第 1.2 节对这种异议的反驳是通过论证:很多无可争议的心理状态的例证在这方面都和知道相同。然而,有的人倾向于认为,心理状态的核心必定是不同的。如果 S 属于那个核心,那么每当一个人注意这个问题时,他就能够知道他是否处于 S 中。在此意义上,知道不是一个核心的心理状态。本章论证了:没有那种特殊意义上的心理状态核心。这个结论是关于知识限度的更普遍的结果的一个推论。

哲学中有一种持久不变的诱惑,是假定有一个现象领域,在这个领域中没有什么向我们隐藏。笛卡尔认为一个人自己的心灵就是这样的领域。维特根斯坦将这个领域扩展到了哲学感兴趣的一切。① 几乎无需解释的是,他们是以非常不同的方式解释这种特殊的特征的;值得注意的是,他们都同意我们有一个认知家园,其中的一切都是我们能看到的。我们的很多思维——例如,物质科学中的——必定是在这个家园之外、在不同环境中起作用的。这里的主张是:并非我们的所有思维都是那个样子。

否认某种东西被隐藏了,并不是要断定我们关于它是不可错的。错误总是在所难免。在错误的推理和痴心妄想、魅力超凡的上师和廉价的平装本的引诱下,我们得到这个结论是没有限度的。这里的观点是:在我们的认知家园中,这些错误总可以纠正。同样,我们对我们的认知家园并不是无所不知的。我们可能不知道一个问题的答案,这只是因为我们根本想不到这个问题。即使有些东西可以看到,但我们可能未向那个方向扫一眼。同样,这里的观点是:这些无知总可以消除。

本章的目的是论证我们在认知上是无家可归的。尽管很多东西实际上是可以通达我们的知识的,但是几乎所有东西都不是天生就能通达知识。然而,首先必须廓清问题,使之更容易接受论证。

4.2 透明性

像前面各章一样,根据条件——它们在各种情形下可能得到也可能得不到——来设计讨论是很方便的。一种情形依赖于

① 参见维特根斯坦 1958:§126。当然,维特根斯坦的“我们”不同于笛卡尔的“我们”,它是集体性的。未向每个笛卡尔式主体隐藏的只是它自己的思维,而不是其他笛卡尔式主体的思维。维特根斯坦说的是未向我们中的任何人隐藏的东西。下面的论证不是但有可能适合于维特根斯坦 1969 年中对如下主张的反驳:在 p 无可置疑时就知道 p;对话的不恰当性和真是相容的。当我确定无疑地感觉冷并且我知道房间里的所有其他人都感觉冷时,我通常就知道房间里的每个人都感觉冷。倘若如此,我就知道我感觉冷。

一个主体(用“一个人”来指称)、一个时间(用现在时态来指称)和一个可能世界。尽管条件是由命题从句(sentential clause)表达的,但它们不是像通常所认为的后者那样的命题,这只是因为它们也对人、位置以及可能还有其他环境开放。我们经常使用那样的从句,如“不下则已,一雨倾盆”(when it rains,it pours)。情形的范围据认为既包括现实的可能性也包括反事实的可能性。由于下面的论证所依赖的情形在物理上和心理上都是行得通的,所以关于可能性的限度的问题并不是紧迫的。

条件大体上是由它们能在其中得到的情形个体化的:它们是同一的,如果它们能在完全相同的情形中得到。当我们说某个人知道一个条件 C 得到了时,这会提出一个棘手的问题,因为 C 可能是以不同的面目出现的。C 是在哪种面目下被知道得到了?如果这个条件即一个人在喝水是这个条件:一个人在喝 H_2O,那么因为它们是在相同的情形下得到的,似乎就不能由此推出:一个人知道这个条件即他在喝水得到了,当且仅当他知道这个条件即他在喝 H_2O 得到了,因为他可能不知道水就是 H_2O。幸运的是,在一种语境下,条件 C 在其中唯一相关的表达就是这个条件:一个人是 F,知道 C 得到了就可能同一于知道一个人是 F 这个条件得到了,而这反过来只和知道一个人是 F 有不足道的区别。因此,我们常常可以默许不提到这些面目。

我们也将使用能够知道这个概念(the notion of being in a position to know)。能够知道 p 既不是知道 p 的必要条件,也不是在物理上和心理学上能够知道 p 的充分条件。一个人知道 p 并不必然有什么障碍。如果一个人能够知道 p,并且对于决定 p 是否为真他已经做了能够做的事情,那么他就确实知道 p。这个事实是他看得见的、未被隐藏的,即使他还没有看见它。因此,能够知道——类似于知道,不类似于在物理上和心理上能够知道——是事实性的:如果一个人能够知道 p,p 就为真。虽然能够知道这个概念明显有些模糊并且依赖于语境,但就现在的目的来说,它够清晰了。总之,这种模糊性和语境依赖性主要是在试图为下面这些受批判的观点进行辩护时捏造的结果。

一个条件 C 被定义成透明的(luminous),当且仅当(L)成立:

> (L)对于任何情形 α 来说,如果 C 在 α 中得到,那么一个人在 α 中就能够知道 C 得到。

由于能够知道是事实性的,所以(L)的逆命题对于任何条件 C 都成立,因此(L)中的条件很可能一种双重条件(biconditional)。这幅图画就是:一个透明的条件总是光芒四射,足以使其存在被看见。然而,(L)并未说 C 的得到必定独立于我们的判断 C 得到的倾向;就(L)所述,这个条件可能是借助于那些倾向得到的。

在其中无物隐藏的领域就是所有条件在其中都是透明的领域。我们的问题是:倘若如此,那么实际上什么条件是透明的?

一些例子会有所帮助。疼痛经常被看成一种透明的条件,其意义是:如果一个人感觉疼痛,那么他就能够知道他处于疼痛中(最近的一个讨论,参见 McDowell 1989)。透明性的定义有机会巧妙地处理一些关于这类主张的更明显的异议。因此,缺乏疼痛概念——可能是因为他们的概念是以另一种方式划分可能的感觉空间的——并且因此根本不知道他们疼痛的人,仍可能算是能够知道他们处于疼痛之中。也许更原始的生物有时处于疼痛中却根本不拥有任何概念;如果它们被看成甚至不能够知道它们处于疼痛之中,那么规定:一个情形的主体必定是概念的拥有者,就能避免一个透明性的反例。

两种关于透明性的主张隐含在下面这个选自迈克尔·达米

特(1978:131)的段落中:

> 意义概念的一个无可否认的特征——像那个概念一样模糊——是:意义是透明的,其含义是:如果某个人将一种意向与两个词语中的每个都联系了起来,那么他必定知道这些意义是否相同。①

因此,如果对一个人来说,两个词有相同的意义,那么他就能够知道它们有相同的意义;如果这些词对他来说有不同的意义,那么他就能够知道它们有不同的意义。达米特甚至没有作出“能够……”这样的限定;一个从未比较过这两个词的主体的情况又如何呢?这两种关于透明性的主张确实是不同的,因为这个前提——每当一个条件C得到时,一个人就能够知道C得到——不能衍推这个结论:每当C没有得到时,他就能够知道C没有得到。如果每当一个人醒着(awake)时,他就能够知道他醒着,那么由此不能推出:每当一个人没有醒时,他就能够知道他没有醒(这些不对称性将在第8章讨论)。当然,严格说来,有相同的意义和有不同的意义是逆命题(contraries),而非矛盾命题(contradictories),因为两者都要求词语有意义。

通常认为的透明性的其他条件是这种形式的条件:在一个人看起来是A(it appears to one that A)。当前面真有一片绿洲时,一个人可能不能够知道前面真有一片绿洲,但是,人们认为:当至少在一个人看起来前面有一片绿洲时,他必定能够知道至少在他看起来前面有一片绿洲。

---

① 也可参见Dummett 1981:632和1993:4。新近的一个讨论,参见Boghossian 1994。

4.3 一个反透明性论证

考虑这个条件:一个人感觉冷。它看起来大体上和任何足道的条件一样很可能是透明的。然而,有理由认为它根本不是真正透明的。本节提出了这个论证,第4.6节对它作了总结。第4.4节和第4.5节讨论各种异议。

考虑一天早上,一个人在拂晓时感觉冰冷,随后感觉气温在非常缓慢地回升,到中午时他感觉热。他从感觉冷变成不感觉冷,从能够知道他感觉冷到不能够知道他感觉冷。如果他感觉冷这个条件是透明的,那么这些变化就绝对是同时发生的。假如他关于热和冷的感觉在此过程中变化得如此缓慢,以至于他觉察不到它们在一毫秒间的任何变化。再假如在整个过程中他始终都在考虑他感觉冷或热的程度。他关于他感觉冷的确信会逐渐降低。他最初对"你感觉冷吗?"这个问题作出了完全肯定的回答;然后犹豫和限定会悄悄地混进来,后来他给出了中立的回答,如"不好说";之后随着犹豫和限定的逐渐减少,他开始持有异议;他最后的回答是完全否定。

假定t_0,t_1,……,t_n是从拂晓到中午期间的一毫秒内的一系列时刻。假定α_i是t_i($0\leqslant i\leqslant n$)时的情形。考虑t_0与t_n之间的一个时刻t_i,并且假定一个人在t_i时知道他感觉冷。因此他至少能合理地确信他感觉冷,因为否则他就不会知道。此外,这种确信必定有可靠的基础,因为否则他就仍不会知道他感觉冷。那么在t_{i+1}时,根据对这种情形的描述,他几乎同样确信他感觉冷。因此如果他在t_{i+1}时不感觉冷,那么他在t_i时的确信——他感觉冷——就没有可靠的基础,因为他一毫秒前在相似基础上具有的关于他感觉冷的确信是错误的。形象地说,他在t_{i+1}时仍具有的他在t时的确信大部分是被误置的(misplaced)。即使他在t_i

时的确信完全能算作信念，但他在t_{i+1}时的确信却不足以构成信念，构成t_i时的这个信念的在很大程度上就是被误置的确信；这个信念不足以构成知识。他在t_i时的确信具有知识所要求的那种可靠基础，仅当他在t_{i+1}时感觉冷。使用这些情形的术语，我们就有了这个条件：

(1_i)如果一个人在α_i中知道他感觉冷，那么他在α_{i+1}中就感觉到冷。

注意：(1_i)只描述了一个特殊过程的一个阶段；它不是想成为关于感觉冷的一个普遍原则。陈述(1_i)是就从0到n-1的每个i所作的断定，它并未对任何不同于α_0，……，α_n的情形说什么。

假如一个人感觉冷这个条件是透明的。那么在任何他感觉冷的情形下，他感觉冷这个条件就得到了，因此他就能够知道他感觉冷这个条件得到了，因此他就能够知道他感觉冷；由于根据假设，他主动地考虑了这个问题，因此他就确实知道他感觉冷。于是，我们就有了这个条件：

(2_i)如果一个人在α_i中感觉冷，那么他在α_i中就知道他感觉冷。

现在假定：

(3_i)一个人在α_i中感觉冷。

根据肯定前件律，(2_i)和(3_i)能推出：

(4_i)一个人在α_i中知道他感觉冷。

根据肯定前件律，(1_i)和(4_i)能推出：

(3_{i+1})一个人在α_{i+1}中感觉冷。

下述推论肯定为真,因为 α_0 是拂晓时分,那时一个人感觉冰冷:

(3_0)一个人在 α_0 中感觉冷。

为了将 i 的值从 0 提高到 n-1,把从(3_i)到(3_{i+1})的论证重复 n 次,我们就能从(3_0)得到:

(3_n)一个人在 α_0 中感觉冷。

但是,(3_n)当然是错误的,因为 α_n 是中午,那时这个人感觉热。因此,前提(1_0),……,(1_{n-1}),(2_0),……,(2_{n-1})和(3_0)就衍推了一个错误的结论。因此,并非所有的(1_0),……,(1_{n-1}),(2_0),……,(2_{n-1})和(3_0)都为真。但是,我们已经论证了(1_0),……,(1_{n-1})和(3_0)为真。因此,并非所有的(2_0),……,(2_{n-1})都为真。根据这个例证的结构,每当一个人能够知道他感觉冷,他就知道他感觉冷,因此,如果一个人感觉冷这个条件是透明的,那么(2_0),……,(2_{n-1})就为真。因此,那个条件不是透明的。感觉冷并不蕴涵能够知道他感觉冷。

4.4 可靠性

由于在上一节的反透明性论证中(1_0),……,(1_{n-1})是关键的前提,因此,稍停片刻,重新考虑一下关于 1_i 的论证是稳妥的。

这个论证把可靠性考虑运用到了自信度。这些自信度不应等同于像由人的打赌行为所衡量的主观概率。因为在与知识相关的意义上,将高主观概率归属给一个假命题,这本身根本不构成任何程度的不可靠性。以从一个包里拿球为例。拿的数量是从 0 到 100。你没有被告知这些结果;你的信息只是:每拿 i 次,包里就有 i 个红球和 100-i 个黑球。你可以合理地把 i/100 的主观概率归属给这个命题:拿 i 次是红的(出现的是红球),并据此打赌。你知道拿 100 次是红的,因为那时包里只有红球,即使这个命题即拿 99 次都是红色的——你归属给它的主观概率是 99/100——为假。这并未证成针对你的不可靠性的指控。从直觉上看,对于任何小于 100 的 i 来说,你的打赌都不会使你完全相信拿 i 次都是红色的。你完全相信的可能只是:你关于拿 i 次都是红球的证据概率是 i/100,这是正确的。在第 100 次拿时,这不同于其他的,你就能在非或然的基础上形成这个信念:它是红球。招致不可靠性指控的是完全相信一个假命题,而非归属给它高主观概率。

完全相信 p 与归属给 p 高主观概率之间有什么区别? 从直觉上看,当一个人愿意把 p 作为实践推理的一个前提时,他就完全相信 p。因此一个人可能归属给 p 高主观概率却不是完全相信 p,如果他的实践推理的相应前提只是:根据他的证据,p 的概率很高,但还不是 p 本身。完全相信仍然有程度之别,因为一个人可能只在风险非常低时才愿意将 p 作为实践推理的一个前提。然而,一个人完全相信 p 的程度一般并不等同于他关于 p 的主观概率;一个人的主观概率可能改变而他完全相信的程度却保持不变。由于把 p 作为实践推理的一个前提依赖于 p,所以我们可以把一个人完全相信 p 的程度看成他依赖于 p 的程度。完全相信一个假命题会导致不可靠性,因为它依赖于谬误。因此,关于(1_i)的论证中提到的自信度应当被理解为完全相信的程度。

关于(1_i)的论证认为:一个人相信他感觉冷所依靠的基础在 t_i 和 t_{i+1} 之间至多稍有变化,因为否则的话,t_{i+1} 时的信念的错误就不可能危及 t_i 时的信念的可靠性。例如,如果一个人在 t_{i+1} 时根据推理相信而在 t_i 时根本不根据推理相信,那么 t_{i+1} 时的假信念或许就和 t_i 时的知识相一致。这个过程中的明显的渐进性

(gradualness)不会保证基础层次上的渐进性(Wright 1996:937)。然而,我们可以选择一个例子,在其中基础的层次也有渐进性,这将满足(L)的一个反例。我们判断一个人感觉冷所依赖的基础在他逐渐变得更冷时不一定会突然改变。

引用可靠性并没有预设:一个人是否感觉冷是独立于他判断他感觉冷的倾向的。透明性常常被认为是依赖于得到这个条件与一个人判断它得到之间的构成性关系的,但这种关系的作用是使可靠性更少偶然性,而不是使不可靠性与知识相一致。

可靠性概念是出了名的模糊。如果一个人在情形 α 中真信 p,那么为了算是在 α 中很可靠地知道 p,他必须在其他的哪些情形中避免假信念呢?用独立的术语来说明其他哪些情形是相关的,并没有什么显而易见的办法。这有时被称为可靠论(reliabilism)的普遍性问题。有的人已经论证了这个普遍性问题是无法解决的,因此认识论中的可靠主义理论应当被抛弃(Conee 与 Feldman 1998)。为了论证,让我们承认这个普遍性问题确实无法解决。由此不能推出:在认识论中应当放弃对可靠性的诉诸。因为普遍性问题的无法解决意味着可靠性概念不能用独立的术语定义;它并不意味着这个概念是不融贯的。大多数词语都表达了无法定义的概念;"可靠的"在那个方面并不特殊。如果不考虑任何与知道这个概念的关系,我们显然就有一个切实可行的概念:是可靠的(is reliable);例如,历史学家们明智地问:他们的哪些资料来源是可靠的。这个概念当然很模糊,但是大多数词语都表达了模糊的概念;"可靠的"在那个方面也不特殊。是可靠的这个概念不一定准确得要和知道这个概念相联系;它只需要像相应的知道中的模糊性那样是模糊的就行。还没有理由怀疑这种直觉的主张,即可靠性对于知识是必要的。

如果一个人在情形 α 中真信 p,那么为了算作在α中很可靠地知道 p,他必须在和α充分相似的其他情形下避免假信念。“充分相似的”中的模糊性与“可靠的”和“知道”中的模糊性是一致的。由于第 1 章中所提出的知识解释蕴涵着可靠性条件不是一种关于知道概念的非循环解释的一个合取支,因此我们甚至不必认为我们无需使用知道这个概念就能详细说明相关的相似性的程度和种类。认为可靠性对于知识是必要的,并不是认为知道这个概念可以根据是可靠的这个概念进行分析,因为如果不使用知道这个概念——它与可靠性的合取是知识的一个必要而充分的条件,就不可能建立其他的必要条件(参见第 1.3 节)。

我们不能总指望借助严格的规则来使用一个模糊概念。我们需要对特殊的情形作出好的判断。实际上,甚至在我们能借助严格的规则时,它们也只是推迟了我们必须根据好的判断在特殊情形下使用概念的时间。我们不可能将它无限期地推迟,否则就根本不能起步。对(1_i)的论证借助的就是这样的判断。直觉的观点是:如果一个人在某种程度上完全相信条件 C 得到了——这时它实际上也得到了,并且不久之后他在非常相似的基础上在稍低的程度上完全相信 C 得到了——这时它实际上并未得到,那么他之前的信念的可靠性就不足以构成知识。前一种情形和后一种情形是非常相似的。他之前对 C 的依赖和他之后对 C 的依赖非常相似。是可靠的这个概念在这里的用法:是一种引起对这种情形——它与知道概念的应用相关——的一个方面的注意的方式,正如一个人在论证一台机器不适合它的目的时能使用是可靠的这个概念一样。目标不是要设立一条普遍规则而是建构一个针对它即透明性原则(L)的反例。至于所提出的概念分析的反例,我们不需要从普遍原则中推导出我们关于这个概念是否适用于特殊情形的判断。

在刚才解释的这些限度内,我们却能看到知识的可靠性条件何以是和知识在行动的因果解释中的作用相一致的,如第2.4节和第3.4节所述。知识优于纯粹的真信念,这是因为由于它在遇到新证据时更牢靠,所以它在一段时间内能更好地推动行动。在其他条件相同的情况下,假如对新证据有合理的敏感性,那么相对于纯粹现在的真信念,现在的知识会使未来的真信念更有可能。当未来的信念针对的是一个不同的命题时,也就是说,当未来的信念和现在的信念的真值不同时,这一点尤其清楚。

有些猎人看见一只鹿消失在岩石后面。他们真信它在岩石后面。要完成捕杀,他们必须在几分钟内保持关于鹿的位置的真信念。但是由于这只鹿某个时刻在岩石后面而另一时刻又不在岩石后面,在逻辑上是可能的,因此他们的现在时态的信念就可能在某一时刻为真而在另一时刻为假。根据一般的个体化标准,一个命题不能改变其真值;"鹿在岩石后面"这个句子在不同时刻表达了不同的命题。用现在的术语来说,这个不变的条件即鹿在岩石后面在一个时刻得到而在另一时刻得不到,在逻辑上是可能的。如果猎人知道鹿在岩石后面,他们对鹿的位置所具有的敏感性,比他们只是真信鹿在岩石后面,更有可能使他们具有关于鹿的位置的未来的真信念。如果我们要解释他们为什么后来成功地捕杀了鹿,假如有上述情况,那么他们知道鹿在岩石后面就比他们真信它在岩石后面更相关。

知识在行动解释中的作用利用了一种可靠性。如果一个人在t时根据b知道p,并且他在与t非常接近的t*时,根据与b非常接近的b*,相信一个与p非常接近的命题p*,那么p*就应当为真。第4.3节的论证允许我们任意地挑选分别与t、b、p接近的t*、b*和p*。我们可以使t_i和t_{i+1}之间的时间间隔任意短。由于相关的信念针对的是在那些时刻的相同条件的获得,因此它们相应地都是接近的。如上所述,由于也可以认为这些信念的根据只是逐渐变化的,因此它们的根据相应地也是接近的。一个精心选择的例证会证实(1_0),……,(1_{n-1}),从而提供所要求的(L)的反例。知识的可靠性条件推动了知识在行动的因果解释中实际发挥的作用。诉诸于这样一个条件不只是依赖于天然的(brute)直觉;它符合知道是一种心理状态这种有独立动机的概念。

4.5　连锁论证

关于第4.3节的论证,有一种明显的质疑。这种推理很容易让人想到连锁悖论中的推理。如果头上一根头发也没有的人是秃子,那么对于每个自然数i来说,头上有i根头发的人是秃子,仅当一个头上有i+1根头发的人是秃子,那么对于任何自然数n来说——不管它多大——就能推出:头上有n根头发的人是秃子。因此,人们怀疑这种推理隐藏了一种错误,就像连锁推理中所隐藏的错误一样,不管是什么错误。这个论证非法地利用了“感觉冷”或“知道”的模糊性吗?

这种怀疑可以说得更具体。如果这个论证的结论为假,那么要么并非所有的前提都为真,要么这个推理无效。假定有(1_0),……,(1_{n-1})和绝对为真的辅助前提(3_0),这个论证就从正在讨论的这种条件的假定的透明性和无异议的背景假设推出了(2_0),……,(2_{n-1}),然后运用肯定前件律得出了绝对为假的(3_n)。根据归谬法,透明性被否定了。根据关于模糊性的任何合理观点,倘若(1_0),……,(1_{n-1})完全为真,那么这种推理就表明透明性主张不完全为真。

根据有些解释,肯定前件律不支持不完全的真理,因为它有时甚至会从近乎完全为真的前提推出一个并非近乎完全为真的结论。但是肯定前件律仍应当支持完全的真理。在程度理论语义学(degree-theoretic semantics)内,一个假条件(pseudo-conditional)是这样定义的:对它来说,一个条件陈述完全为真,当且仅当其结论的真在最坏的情况下比其前提的稍差(Peacocke 1981:127)。然而,就现在的目的来说,我们可以合理地规定:这个论证所使用的条件是这种更常见的条件:对它来说,条件陈述完全为真,当且仅当结论至少和前提一样正确。

根据其他的解释,归谬法规则是有问题的,因为一个假设可以有完全错误的结论而它自身却不完全错误,从而没有一种完全真的否定。然而,一个具有完全假的结论的假设仍不是完全为真的。此外,可以论证的是:模糊性根本不要求修改经典逻辑。①

就本章的目的来说,只需论证透明性主张不完全为真就够了,因为那样一来它就会有完全为假的结论,这应当会妨碍将它运用于哲学。因此,(完全的)透明性的辩护者对这种与连锁悖论的关系的利用,是通过论证并非所有的(1_0),……,(1_{n-1})都完全为真,并用某个相关术语的模糊性把它们的合理性消解掉。当然,关于(1_i)的论证还需要处理。然而,幸运的是,这种战略可以得到更直接的检验。因为如果(1_0),……,(1_{n-1})实际上是一个连锁悖论的前提,那么廓清这些相对模糊的表述式就应当至少使其中之一明显为假,就像通过规定一个分界点,廓清“秃子”这个词语会为如下条件提供一个明显为假的例证一样:“一个头上有 i 根头发的人是秃子,仅当一个头上有 i+1 根头发的人是秃子”。这里会出现相同的情况吗?

(1_i)中的相对模糊的表述式是:“感觉冷”和“知道”。我们将一种生理条件用于解决界线问题就能廓清“感觉冷”。让我

① 关于模糊语言的逻辑,参见 Williamson 1994b。本章的论证并不依赖于那里所提出的关于模糊性的认知解释,这不要求修改经典逻辑。

们假定:这个过程的主体对确定生理条件是否得到所必需的技术一无所知,因此他不能够知道它是否得到。这些规定绝没有削弱(1_i)的论证。这些关于可靠性的考虑仍像以前一样有说服力,因为它们根据的是我们辨别自己的感觉的有限能力,而不是根据"感觉冷"的模糊性。人们可能反驳说:这种廓清违背了"感觉冷"想表达的意义。然而,那无损于(1_i)与一个连锁悖论的大前提之间的差异。因为任何对"秃子"的完全廓清都产生了如下原则的一个明显为假的例证:"一个头上有 i 根头发的人是秃子,仅当一个头上有 i+1 根头发的人是秃子",即使它由于——例如——否证了如下这个相反的下向原则(the converse downwards principle)而违背了"秃子"想表达的意义:"一个头上有 i+1 根头发的人是秃子,仅当一个头上有 i 根头发的人是秃子"。根据定义,被廓清的词语在任何未被廓清的词语明显适用的地方都适用,而在任何未被廓清的词语明显不适用的地方都不适用;因此,根据任何廓清,对于一个大小合适的数 n 来说,"一个头上一根头发也没有的人是秃子"为真,而"一个头上有 i 根头发的人是秃子"为假,因此,对某个数 i 来说,这个条件即"一个头上有 i 根头发的人是秃子,仅当一个头上有 i+1 根头发的人是秃子"就为假。因此,根据对模糊词语的廓清——它违背了这些词语想表达的意义,甚至(1_0),……,(1_{n-1})的真就足以把它们与连锁悖论的前提区别开。

"知道"这个模糊表述式依然如故。廓清它,是通过约束它的应用条件:在新意义上,它不适用于旧意义上的知道的界线问题。它是否适用于旧的意义上的界线问题并不重要。如果真有区别的话,这是通过给(1_i)的前提中加入更多的东西而强化了关于的论证。它对于一个人知道他是否感觉冷是没有帮助的。实际上,他甚至不一定觉察到对"知道"的规定,因为它是理论家们而非主体作出的。

这些规定不会使“感觉冷”和“知道”完全准确；所有切实可行的廓清都不可能做到那一点。幸运的是，完全准确是不必要的。我们只需把那些表述式廓清得足以解决论证中实际产生的有限多的边界问题就行。这种廓清所具有的结果与把反透明性论证等同于连锁推理所预言的结果相反；(1_i)会多少变得合理。这个论证不只是另一种连锁悖论。

然而，人们可能认为，反透明性论证犯了一个更难解决的模糊性谬误。(2_i)的辩护者可能认为它的组成术语的模糊性对于它的真至关重要，并且通过把不完全真理的地位归属给它而对(1_0)的合理性作出了解释，但却承认：所有的(1_0)，……，(1_{n-1})根据某些廓清——例如上述的那些考虑——为真。批评者可能认为，任何否证(2_i)的廓清都违背了这些模糊术语要表达的意义，因为那些意义使(2_i)成为分析的。据此看来，某个未被廓清的(1_i)会近乎为真但非完全为真，因为它的结论和它的前提一样是近乎为真但非完全为真的。引证来支持(1_i)的这些可靠性条件被看做是近乎正确但非完全正确的。对于不把它们看成完全正确的，还没有提供任何证成，但先不考虑这一点。由于这种让步无论如何都是不适当的。(2_i)的辩护者必定反对下面的(1_i)的变种：

($_1P_i$)如果一个人在 a_i 中知道他感觉冷完全为真，那么他在 a_{i+1} 中感觉冷就完全为真。

因为如果(2_i)完全为真，那么其前提的完全为真就蕴涵着其结论完全为真：

($_2P_i$)如果一个人在 a_i 中感觉冷完全为真，那么他在 a_i 中知道他感觉冷就完全为真。

陈述($_1P_i$)和($_2P_i$)给出了一个从(3_i)的完全为真到(3_{i+1})的完

全为真，从而从(3_0)的绝对为真到(3_n)的完全为真的论证；但是(3_n)绝对为假。

批评者可能认为(1_i)类似于$({}_1P_i)$，主张：对于某个数 i 来说，一个人在 a_i中知道他感觉冷可能完全为真，但他在 a_{i+1}中感觉冷可能不完全为真。能有这样的 i 吗？如果他在 a_{i+1}中感觉冷不完全为真，那么就有一个严格的标准，根据它，这个人在 a_{i+1}中感觉冷为假；因此，根据这个标准，他在 a_{i+1}中非常确信的是假的东西，即他感觉冷。倘若如此，他在 a_i中知道他感觉冷就不完全为真，如果这些可靠性考虑无论如何都被归属了正权值(positive weight)的话。把这个论证说得更直接一些，如果一个人在 a_i中知道他感觉冷完全为真，那么他达到了知道所必需的可靠性层次就完全为真，从而他在 a_{i+1}中感觉冷就完全为真。因此，关于$({}_1P_i)$的异议就不成功，并且$({}_1P_0)$，……，$({}_1P_{n+1})$对于如下这个论证就是充分的：并非所有的(2_0)，……，(2_{n-1})都完全为真。借助于真的程度将不能保护完全透明性的主张。

这一点被如下观察强化了：一旦透明性假设被放弃，那么(3_n)就不能用经典逻辑从(1_0)，……，(1_{n-1})和(3_0)推出。要明白这一点，选择满足如下条件的 j 和 k：$0\leqslant j<k<n$；就每个 i 来说，评价“一个人感觉冷”在 a_i中为真，当且仅当 $i\leqslant k$，否则就为假；将“一个人知道他感觉冷”评价为在 a_i中为真，当且仅当 $i\leqslant j$，否则就为假。根据这种评价，(1_i)总是为真，因为如果前提为真，那么 $i\leqslant j<k$，因此 $i+1\leqslant k$，因此结论为真。陈述(3_0)为真，因为 $0<k$。陈述(3_n)为假，因为 $k<n$。将这些情形看做是与可能世界相类似的，把“一个人知道……”(One knows that…)看成与“必要的是……”(It is necessary that…)相类似，我们就能以标准的模态逻辑语义学的方式拓展这种评价。上述评价会产生，如果一个人将情形 a_h定义成：它能从情形 a_i通达，当且仅当 $\varpi h-i\varpi \leqslant k-j$，评价“一个人知道 A”在情形 a_i中为真，当且仅当

"A"在所有能从 a_i 通达的情形中为真,并像前面一样评价"一个人感觉冷"。由于经典的评价会使(1_0),……,(1_{n-1})和(3_0)为真,使(3_n)为假,因此后者不能用经典逻辑从前者推出。与连锁悖论相比:对于任何 n 来说,"一个头上有 n 根头发的人是秃子"确实是用经典逻辑学从"一个头上一根头发也没有的人是秃子"和"一个头上有 i 根头发的人是秃子,仅当一个头上有 i+1 根头发的人是秃子"这些形式的条件推出来的。一旦透明性被否定了,(1_i)这种形式的条件就不会产生悖论。

同理,我们可以假定一种更普遍的现象,模糊性和不依赖于模糊性的透明性的失败都是它的特例(Williamson 1994b 及以下)。根据这种观点,支撑(1_i)的认识论原则对于模糊性也很重要,但由此不能推出它们的表现都包括了模糊性。实际上,这些认识论原则本身没有蕴涵任何具体的模糊性理论。

4.6 总 结

第 4.3 节论证了:一个样板的条件——一个人感觉冷——不是透明的。这个论证能推广到多大程度?

这个论证对感觉冷的条件没有假定任何具体的东西。它拓展到了第 4.2 节所提到的据认为是透明的例子。例如,由于疼痛有时会逐渐减弱,因此,一个反对这种条件即一个人处于疼痛中的透明性的论证,无需任何结构的修改,就能模仿反对这种条件即一个人感觉冷的透明性的论证。每当一个人处于疼痛之中,他就能够知道他处于疼痛之中,这不是完全为真的。一个人处于疼痛中,这并不蕴涵他能够知道他处于疼痛中。同样,两个同义词的意义会逐渐出现差异,因为纯音调上的不同就会变成应用上的不同。反透明性论证的结构和前面的完全一样。两个词对一个人具有相同的意义,这并不蕴涵这个人能够知道它们对他有相同的意义。同样,它们对一个人具有不同的意义,这也不蕴涵这个人能够知道它们对他有不同的意义。这个论证也适用于这个条件:事物以某种方式呈现给一个人,例如,在一个人看来前面仿佛有一个紫色斑点。事物以某种方式呈现给一个人的情形,可能会逐渐让位于它们不以那种方式呈现给这个人的情形。它们以那种方式呈现给一个人,这并不蕴涵这个人能够知道它们以那种方式呈现给他。

这种条件即事物以某种方式呈现给一个人,常常被认为是所谓的反应依赖性(response-dependence)的范例。不幸的是,这个短语是在很多意义上使用的,这些意义几乎都不清晰。如果一个条件的反应依赖性只意指:它是否得到对一个人是否倾向于判断它得到,具有某种构成的依赖性,那么反应依赖性就不衍推透明性,但非透明性确实限制了一个条件所能表示出来的依赖性形式(关于颜色的情形,参见 Williamson 1994b:180-184)。但是如果"依赖于反应的"被如此定义,以至于一个依赖于反应的条件必定是透明的,那么通常被视为反应依赖性的范例的条件就都不是依赖于反应的。

这个论证的其他应用涉及一个人的知识的条件。由于一个人会逐渐地得到或失去知识,因此我们可以用这个论证证明:就大多数命题 p 而言,一个人知道 p 这个条件和一个人不知道 p 这个条件都不是透明的。一个人能知道 p 却不能够知道他知道 p,一个人不知道 p 却不能够知道他不知道 p。第 5 章和第 8 章分别对这些应用进行了更详细的讨论。

反透明性论证依赖于条件的什么普遍特征呢?按照现在的情况,它要求这个条件在有些情形中得到而在其他情形中得不到。因些它不能有效地反对这样的条件:它在所有情形下都得到,或者在所有情形下都从未得到。假如对一个情形是什么有一种非常严格的理解,那么这可能包括这个笛卡尔式的条件:人存在,甚或人思维。它不包括这个条件:人在思考他的存在,因为根据任何对一个情形是什么的合理理解,他在有些情形下思考了,而在其他情形下并未思考。

一个绝对得不到的条件,即不可能的条件必然是透明的;(L)就没有意义(holds vacuously)。一个在任何情形下都能得到的条件,即必然条件也是透明的吗?当它以一种简单的重言式面目出现时就是透明的,如果这些情形被限制于主体在其中具有陈述这种重言式的概念的情形的话。在以一种后验必然性或者一个未证明的数学真理的面目出现时,或者如果这些情形包括一个人在其中没有合适的概念的情形,它就不是透明的。

这个论证也需要这种可能性:从条件能得到的情形变为条件得不到的情形。因此,这个论证不能有效地反对永恒条件——这种条件一旦得到就总会得到:例如,这个条件:一个人在1999年除夕的午夜感觉冷。然而,许多永恒条件——包括这一个——都允许从一个人在其中能够知道它们得到的情形转变到他在其中不能够知道它们得到的情形。这个条件不可能是透明的,因为既然它在前一些情形中——这个人在其中能够知道它得到——得到了(因为能够知道是事实性的),那么在后一些情形中——他在其中不能够知道它得到——它也会得到(因为这个条件是永恒的)。因此,永恒条件是透明的,仅当一个人不能从能够知道它得到转变为他不能够知道它得到。这些条件有替补者。例如,如果一个主体S总是能够知道她是S——这不是说她必定知道自己的名字——那么任何能够知道她是S这个条件得到了的人就总是能够知道这个条件得到了,因为这样的人只有S本人。也许考虑一个科幻过程——在此过程中另外的某个人逐渐被S取代了,这个论证就可以得到拓展,用以证明甚至这个条件也不是透明的。然而,这里将不尝试这样的拓展。这些例证不会严重威胁这种观点:只有不足道的条件是透明的。

这个论证也假定:在整个过程中,一个人都是在相关的面目下考虑相关的条件的。因此,它不适合这个人所考虑的一些条件。例如,假定C是这个条件:一个人有天在下雨这个命题,G在这里是C刚才呈现的面目。考虑处于G下的C,就是考虑这样的条件:一个人正具有天在下雨这个命题;在这样做时,这个人会因而具有天在下雨这个命题,因此C得到了。所以这个人不可能逐渐从C在其中得到的情形,转变到C在其中没有得到的情形,尽管他在整个过程中都在考虑处于G下的C。虽然一个人可以逐渐从C在其中得到的情形,转变到C在其中没有得到的情形,但他在这个过程的后一些阶段没有考虑处于G下的C。就这个论证所证明的来说,C是透明的:如果一个人具有天在下雨这个命题,他就能够知道他具有天在下雨这个命题。当一个人具有一个稍有差别的命题p时,他就不会有一个极其虚假的信念,即他具有天在下雨这个命题;他具有一个极其真实的信念,即他具有p,因为这个信念的内容是从p本身得到的。因此,这个论证不适合这样的例子:一个人只有在这个条件得到时才考虑它。这些例子对这个论证的普遍性构成了一种非常小的限制。无论如何,我们都可以推测:就任何条件C来说,如果一个人能逐渐从C得到的情形转变到C没有得到的情形——尽管始终都在考虑C——那么,C就不是透明的。这种推测将在第5.2节作进一步讨论。

透明的条件是希奇之物。由于它们远未形成一个认知家园,因此它们是我们通常不感兴趣的。我们日常生活中所使用的条件从一开始就是非透明的。

4.7　科学的检验

在物理上和心理上能够知道p——即使假定有p——对于

能够知道 p 是不充分的;一个人可能处于错误的位置。因此,从一个条件的非透明性不能推出:在有些情形下,尽管这个条件得到了,但一个人在物理上和心理上不能知道它得到了。然而,人们自然会问:如果一个人在 α 情形中不能够知道他感觉冷,那么他在其他的某个情形 β 中何以知道他在 α 中感觉冷呢?必定或可能有这样一个 β 情形吗?对于其他非透明的条件也会出现类似问题。第 4.3 节的论证没有解决它们。它和如下这种可能性是一致的但不衍推它:借助一种生理技术,一个人随后就能发现他在 α 中一直感觉冷。

这种假想的技术遇到了很多困难。假如人们发现:冷和热的感觉通常和一个可测量的变量 V 相关。我们必定能发现 V 的哪些值是和这个人感觉冷的条件相关的。它们包括了与这个条件即一个人能够知道他感觉冷相联系的值。但是如果它们只包括了那些值,这个条件即这个人感觉冷就是透明的,实际上它不是透明的。我们不能够知道 V 的别的哪些值与那个条件相关。我们的问题就是:我们不能校准关于感觉冷的生理测量。即使对 V 的测量完全准确——它们将不会如此——它们也没有回答最初的问题。测量别的普通条件的尝试遇到了同样的问题。它们的非透明性使我们不能完全校准探测它们是否得到的工具。

根据一个真实的或隐喻的解围之神(deus ex machina)的证言来查明一个人是否感觉冷,这仍可能被认为在形而上学上是可能的。但是如果不作论证当然不能假定:如果一个普通条件在情形α中得到了,那么在某个可能的情形下就能知道这个条件在 α 中得到了。第 12.5 节将进一步讨论这个问题。

4.8　可断定性条件

透明性的缺乏影响到了迈克尔·达米特关于反实在论的意义理论的论证,相对于实在论的意义理论来说,这种理论是根据这些条件——在它们之下,说话者有保证断定地使用句子——来解释意义的,而实在论的意义理论是根据这些条件——在它们之下,句子表达了真理——来解释意义的。当然,达米特的反实在论不会提出这种极端的主张:所有条件都是透明的。各派都同意:石器时代的人生存期间月球引起了潮汐,但他们不能够知道月球引起了潮汐。透明性与反实在论之间的关系是一种更微妙的关系。

达米特对实在论的真值条件意义理论的非议,是说它违背了意义与用法之间的必然联系。理解一个句子就是要知道它的意义。如果——如达米特的实在论所认为的——意义就是真值条件,那么说一种语言的人就知道它的句子的真值条件。① 知道一个句子 s 的真值条件,不可能只是倾向于说出"s 为真,当且仅当 P"这种形式的东西;一个人也必须理解这种双重条件,而这样一种无限倒退就会隐约出现。在基础的情形中,一个人关于真值条件的知识必定是隐含的。如果这个人总能认识到它是否得到,那么关于 s 的真值条件的知识可能就是:只愿意在这个真值条件得到时断定 s。不诚实、羞怯和其他复杂因素被认

① 自然必须对非陈述句作出规定,这可能是根据涵义(sense)和确切意义(force)之间的区别。即使是对陈述句,关于真值条件的知识对于理解可能也是不够的。更一般地说,关于意义的知识对于理解可能是不够的。一位可靠的信息提供者告诉我一个用匈牙利语写在木板上的句子意指:一只猫坐在垫子上。我根据证言知道这个句子意指一只猫坐在垫子上,但可以证明我并不理解这个句子,因为我不知道每个构成词对该意义有什么贡献。这些复杂情况在下面将不予考虑。

为已经设法过滤掉了。然而,实在论者坚持主张:有些句子的真值条件即使在说这种语言的人认识不到它们得到时也能得到。达米特认为,实在论者对于知道句子具有那些真值条件在于什么,并没有一种实质的解释。所提出的补救办法是:一个句子的意义应当是由其可断定性条件(assertibility-condition)而非其真值条件给出的。因此,理解一个句子就是知道它的可断定性条件,而这种知识可能就是:只愿意在可断定性条件得到时断定这个句子。①

如果关于真值—条件意义理论的异议同样适用于可断定性条件的意义理论,这种补救办法就不会成功。因些,达米特的论证要求:当一个可断定性条件得到时,称职的说这种语言的人能认识到它得到了。他认可这种要求:"这些条件——在它们之下,一个句子被看成是真的或是假的……根据这种情形的本质,肯定是我们在它们得到时就可以认识到它们得到的条件。"(1981:586;比较 1991:317 和 1993:45-46)也就是说,在一个识别条件(recognition-condition)得到时,我们就能认识到这个识别条件得到了。达米特显然是想把句子之真值的识别条件作为它的可断定性条件,这就产生了这个论题:当一个可断定性条件得到时,我们就能认识到它得到了。但是,认识到就是知道,而且达米特的"可以"(can)能被解释为"能够(is in a position to)"。因此,达米特要求:可断定性条件是透明的。

将第 4.3 节的反透明性论证推广到可断定性条件。例如,逐渐不再能断定天在下雨了。根据这个论证,可断定天在下雨,并不蕴涵一个人能够知道天在下雨是可断定的。即使在数学的情形下——达米特在其中将基于证明的直觉主义语义学作为可

① 达米特说:"对于这种知识在于什么可能不再会有什么困难。"(1977:375)注意:即使根据达米特的反实在论的真理概念,可断定性条件也不是真值条件(参见下面的注释 7)。

断定性条件意义理论的范例，证明也可能会被逐渐地理解或遗忘。① 根据这个论证，一个人有一个关于数学断定的证明，并不蕴涵这个人能够知道他有一个关于它的证明。因此，可断定性条件具有的这种特征，据认为会使真值条件容易招致达米特的批判。②

可断定性条件的意义理论很可能会在权威的断定保证和非权威的断定保证之间作出区别，例如，有一个证明与一个可靠的信息提供者告知有一个证明之间的区别。递归语义学(recursive semantics)将根据权威的保证来表述；非规范的权威将被解释成：有资格相信有一个权威的保证。不管“保证”是否用“权威的”来修饰，这个论证都适用。

反实在论者可能答复说：一个人对一个句子的理解可能在于这个事实，即当且仅当这个句子的可断定性条件得到时，他才

① 关于将直觉主义的证明看成证明的论述，参见 Weinstein 1983 和 Ragin 1994。

② 在批评真值条件意义理论时，达米特经常关注真理的不可判定性，也就是说，关注这样的说话者：他们缺乏有效的程序来知道某个真值条件是否得到。当论证采取这种形式时，它也会威胁到可断定性条件意义理论，除非可断定性是可以判定的，也就是说，除非说话者对于知道某个可断定性条件是否得到总有一种有效的程序(Crispin Wright，1992b：56，认可了可断定性的可判定性)。可断定性的可判定性并不衍推真理的可判定性，即使根据大多数反实在论的真理概念，因为后者没有把真理等同于非理想情形下的可断定性。例如，直觉主义者把可断定性等同于拥有一个证明，把真理等同于存在一个证明(也就是说，等同于拥有它的可能性)；直觉主义者否定排中律，这只是因为他们认为真理是不可判定的。即使可断定性是自明的，它的可判定性也只能根据这个补充性假设——不可断定性也是自明的——推出。因此，反实在论者对可断定性的要求，依赖于指责实在论真理主要缺乏的是自明性还是可判定性，但是——考虑到对象语言的二值原则(bivalence)和经典否定的存在——这两个假设都是实在论者能接受的，因此真理是可判定的，当且仅当它是自明的(根据一种关于“能够知道”的适当解释)。但是由于任何可判定的条件都是自明的(根据那种解释)，因此本文中的这些观点就适用于这两种形式的反实在论论证。

愿意断定它,即使他不知道可断定性条件得到了。这种答复承认:可断定性条件不满足达米特的透明性限制;但这样一来,达米特对可断定性条件意义理论的论证就有错误,它认为那种限制是有约束力的。

一种不同的回答是:如果达米特想把可识别性(recognizability)看成可断定性,那么他就只要求:当p是可断定的时,就可以断定:p是可断定的。如果误导的证据有时保证了错误的断定,那么即使在一个人不能够知道p是可断定的时,也可能断定:p是可断定的,因此,达米特不要求可断定性条件是透明的。这种回答是不成功的,因为第4.3节的论证可以被概论为这种论证:所有足道的条件都不是只在可以断定它得到了时才得到。①

达米特提出他的论证是作为一种挑战,要求实在论者解释什么是实在论的真值条件的知识。他没有声称要证明实在论者不可能化解这个挑战,但他否认它迄今已经被化解了。他承认它有可能在有些领域而非其他领域被化解。但他认为反实在论者能轻松地化解相应的挑战,能解释什么是可断定性条件的知识。如果上述论证正确,那么那个假设就是错误的;反实在论者和实在论者面对的是同一类困难。对真值条件和可断定性条件进行比较会偏离主题。

真值条件意义理论和可断定性条件意义理论都发现很难化解达米特的挑战,因为真值条件和可断定性条件都是非透明的。它们和每种别的足道的条件——它可能是作为一个句子的意义

---

① 一个如下形式的条件取代了(1_i):"如果在α_i中可以断定C得到了,那么C就在α_{i+1}中得到。"(Williamson 1995a)。第11章辩护了一种观点,根据它,所讨论的这个措施无关紧要,因为只有知道p保证了断定p。CrispinWright 1992b:18在论证真理和可断定性符合"正规范力"(positive normative force)时似乎假定了可断定性原则S_4。

提供的——分享了这种特征。由于不足道的条件对于大多数句子的意义都不是严肃的候选者，因此，对于任意的X，一种严肃的X-条件意义理论会发现它很难化解达米特的挑战。如果对于某个X，任何系统的意义理论都能被指定一个X-条件，那么任何系统的意义理论都将发现它很难化解达米特的挑战。如果“难”（hard）最终就是“不可能”，那么化解挑战上的失败，会取消真值条件意义理论，仅当它取消了所有系统的意义理论。这种挑战体现了对一种意义理论的迫切需要。我们不应当接受这种可能性：关于意义的知识“在于”什么的还原解释就是达米特所要求的那种。

根据反实在论的图画，思想最初符合这些条件：它们的存在就是它们的感知；如果它后来艰难地到达了更深层次的条件，那么它这样做，必定是从那个认知家园起步的。可断定性条件被描述成：用语言形成了一个认知家园。它们实际上并未如此。只要思想符合什么条件，它就会符合其存在不同于其感知的条件；甚至知觉也是如此。除了细枝末节之外，没有别的什么要符合。我们没有认知家园。

第 5 章　余地与迭代

5.1　知道一个人知道

一个人能知道某事却不能够知道他知道它。我们用上一章所提出的那种形式的论证得出了这个结论，因为这个人在一个渐进的过程中会获得或失去知识。同样，一个人能知道他知道某事却不能够知道他知道他知道它，因为他在一个渐进的过程中会获得或失去他所知道的知识。本章考察了我们迭代知识的能力的限度。这些限度源于我们的很多知识都需要误差余地。这些限度构成了公共知识的问题，在这些知识中，每个人都知道每个人知道每个人知道……第 6 章用这些结果对意外考试悖论和相关的难题作出了诊断。

我们首先稍微详细地考虑一个不同的论证，它反对这个条件即一个人知道某事的透明性。一个人能知道却不能够知道他知道。

马古先生向窗外望去，能看见远处有一棵树。他想知道树有多高。显然，他只通过看不能精确到英寸。他的视力和高度判断力都没那么好。由于他当时没有其他的相关信息源，因此他不知道这棵树精确到英寸是多高。对于任何自然数 i 来说，他都不知道这棵树就是 i 英寸高，也就是说，是比 i-0.5 英寸高，比 i+0.5 英寸低。然而，他通过看获得了一些知识。他知道这棵树不是 60 英寸或 6000 英寸高。实际上，这棵树是 666 英寸高,但他并不知道这一点。就他所知,树是 665 或 667 英寸高。对于很多自然数 i 来说,他不知道树不是 i 英寸高。更准确地说,对于很多自然数 i 来说,他不知道用一个表示 i 的数替换“这棵树不是 i 英寸高”中的“i”的结果所表达的命题。我们不关心这些命题的知识,它们是由这样的句子表达的:在它们中表示 i 的是一个限定摹状词,如“用英寸测量的树的高度”,因为他可能不知道哪个数符合这个摹状词。

要知道树是 i 英寸高,马古先生必须判断它是 i 英寸高;但是即使他作了这样的判断并且树是 i 英寸高,他也只是在猜测;就他所知,这棵树实际上是 i-1 或 i+1 英寸高。他不知道它不是这样。同样,如果这棵树是 i-1 或 i+1 英寸高,他就不知道它不是 i 英寸高。在树实际上是 i+1 英寸高时,任何能通过看说出它不是 i 英寸高的人,都有比马古先生好得多的视力和强得多的高度判断力。这些反思并不取决于 i 的值。因为没有一个自然数 i 是这棵树的 i+1 英寸高,尽管他知道它不是 i 英寸高。在这个故事中,马古先生反思了他的视力和高度判断力的限度。马古先生知道刚才陈述的事实。因此,就每个相关的自然数 i 来说:

> (1_i)马古先生知道,如果这棵树是 i+1 英寸高,那么他就不知道树不是 i 英寸高。

将 1 英寸的距离减得更小,或许是减小到百万分之一英寸,我们就能使(1_i)的情形更有力,但那应当是不必要的。尽可能使这个条件即“如果这棵树是 i+1 英寸高,那么他就不知道它不是 i 英寸高”无可争议,我们就能将“如果”解释成真值条件,即所有条件中最弱的条件。实际上,它只是否定了这个合取式,即“这棵树是 i+1 英寸高并且他知道它不是 i 英寸高”。

就归谬法来说,假如一个人知道一个命题这个条件是透明的:如果这个人知道它,那么他就能够知道他知道它。我们也可以假设,在现在这种情形下,就每个与这个论证有关的命题 p 来说,马古先生已经考虑了他是否知道 p。因此,如果他能够知道他知道 p,他就肯定知道他知道 p。因此:

(KK)就任何相关的命题 p 来说,如果马古先生知道 p,那么他就知道他知道 p。

陈述(KK)是如下这个一般的"KK"原则的一个特例:如果一个人知道某事,那么他就知道他知道它,但这个陈述受到了充分的限制以避免很多对后者的非议(其中的一些非议,参见 Sorensen 1988:242)。例如,(KK)并不是由如下的迭代蕴涵的:如果 p 是相关的,那么马古先生对于 p 的知识就有所有数量有限的迭代,因为人们不承认:如果 p 是相关的,那么这个命题即他知道 p 就也是相关的。这些相关的命题就是出现在下述论证中的命题,它们形成了一个极其有限的集合。陈述(KK)也不受这种异议的影响:没有知道概念的简单生物仍可能知道,但它不会知道它知道,因为马古先生有知道概念。

我们可以合理地认为,在这个例子中,马古先生一直在如此认真地反思树的高度和他关于树的知识,以至于他得出的所有关于树的高度的相关结论都是从他所知道的东西演绎来的;他因此知道那些结论。让我们考虑那个过程完成的时间。我们因此可以假定:

(C)如果 p 和集合 X 的所有元素都是相关的命题,p 是 X 的一个逻辑结果,并且马古先生知道 X 的每个元素,那么他就知道 p。

当然,(C)不是由某个关于知识的一般封闭原则(closure principle)证成的。我们常常不知道我们所知道的东西的结果,因为我们不知道它们是结果。一旦马古先生通过完成演绎,在所争论的命题上达到了反思的平衡，陈述(C)就是一种关于马古先生的状态的描述。由于马古先生的演绎能力不完全能使他克服他的视力和高度判断力的限度，并且他知道它们不能，因此(1_i)对于所有的i仍然为真。

根据(KK)，我们可以从(2_i)推出(3_i)：

(2_i)马古先生知道这棵树不是i英寸高。

(3_i)马古先生知道他知道这棵树不是i英寸高。

现在，假定q是这个命题：这棵树是i+1英寸高。根据(1_i)，马古先生知道$q \supset N(2_i)$；根据(3_i)，他知道(2_i)。那么，Nq就是$q \supset N(2_i)$和(2_i)的一个逻辑结果。因此，根据(C)，(1_i)和(3_i)蕴涵了马古先生知道Nq：

(2_{i+1})马古先生知道这棵树不是i+1英寸高。

因此，从(KK)、(C)和(2_i)我们就能推出(2_{i+1})。重复关于i从0到665的值的论证，我们就从(2_0)得出了结论(2_{666})：

(2_0)马古先生知道这棵树不是0英寸高。

(2_{666})马古先生知道这棵树不是666英寸高。

陈述(2_{666})为假，因为这棵树是666英寸高并且知识是事实性的。因此，假如有前提(1_0)，……，(1_{665})、(2_0)、(C)和(KK)，我们就能演绎出(2_{666})这个错误的结论。因此，至少(1_0)，……，(1_{665})、(2_0)、(C)和(KK)其中之一要被否定。就所有的i来说，前提(1_i)已经得到了辩护，而(2_0)明显为真。因此，(C)或(KK)要被否定。

我们能否定假设(C)即马古先生关于相关命题的知识是演绎封闭的吗？如果演绎是一种拓展人的知识的方式：也就是说，如果知道p_1，……，p_n能够演绎q，从而相信q一般而言是知道q

的一种方式,那么假设(C)就为真。将这个原则称为直觉的封闭性(intuitive closure)。由于根据假设,马古先生满足了直觉的封闭性原则所适用的条件,因此否定(C)就相当于否定了直觉的封闭性。罗伯特·诺齐克关于知识的反事实分析与直觉的封闭性是非常不一致的,但那通常被看做是抛弃这种分析而非抛弃封闭性的理由。第7章将给出反驳知识的反事实条件的论证,即便它们是一种相当弱的论证;它们更有理由成为反驳诺齐克的分析的论证。

有时提出来的一种关于直觉封闭性的不同异议是:即使一个人的前提各自都完全能被算作是已知的,但他的结论可能不会。因为有些命题的逻辑结果可能比它们每个的结果的概率要低。如果抽奖中有100万张奖券而且只有1张会中奖,那么 每个"第i张奖券不会中奖"这种形式的命题就都有0.999999的概率,然而所有那些命题的合取的概率却为0。但是,这种异议误解了概率与知识的关系;不管一个人的奖券多少不可能中奖,他都不会知道它不会中奖,即使它实际上不会中奖(也可参见第11.2节)。所有低于1的概率都不会使真信念变成知识。第10章对知识与概率的关系提供了一种非常不同的理解;它不会危及直觉的封闭性。

诉诸概率无论如何都是徒劳的,因为这个论证可以被修改,以便(C)只适用于单一前提(single-premise)推理;如果q是p的一个逻辑结果,那么q的概率至少和p相同。因为支持(1_i)这些考虑也支持:

(4_0)马古先生知道[对于所有的自然数m来说(如果这棵树是m+1英寸高,那么他就不知道它不是m英寸高)并且(这棵树不是0英寸高)]。

插入圆括号是为了划清范围。那么,对于某个给定的i来说,假如:

(4_i)马古先生知道[对于所有的自然数m来说(如果这棵树是m+1英寸高,那么他就不知道它不是m英寸高)

并且(这棵树不是i英寸高)]。

根据(KK),我们就有:

(5_i)马古先生知道他知道[对于所有的自然数m来说(如果这棵树是m+1英寸高,那么他就不知道它不是m英寸高)并且(这棵树不是i英寸高)]。

但是,马古先生确实知道:如果他知道一个合取式,那么第一个合取支就为真并且他知道第二个合取支。因此:

(6_i)马古先生知道[对于所有的自然数m来说(如果这棵树是m+1英寸高,那么他不知道它不是m英寸高)并且(他知道这棵树不是i英寸高)]。

但是,适用于(6_i)的单一前提演绎(C)给出了:

(4_{i+1})马古先生知道[对于所有的自然数m来说(如果这棵树是m+1英寸高,那么他就不知道它不是m英寸高)并且(这棵树不是i+1英寸高)]。

从(4_i)到(4_{i+1})的推理就是所要求的连锁推理步骤。如果对于从0到665的每个i,我们都对它进行迭代,那么,我们从(4_0)出发就得到了:

(4_{666})马古先生知道[对于所有的自然数m来说(如果这棵树是m+1英寸高,那么他就不知道它不是m英寸高)并且(这棵树不是666英寸高)]。

陈述(4_{666})为假,因为这棵树就是666英寸高。因此问题并不取决于将(C)应用于有不止一个前提的演绎。

我们无论如何都应当很不愿意抛弃直觉的封闭性,因为它是直觉的。如果我们抛弃它,那么在什么条件下我们能获得演绎的知识呢?此外,第 4.3 节的密切相关的反透明性论证没有假定任何形式的封闭性,这表明它不是关键的前提。

对这个论证的一个不同的异议是:模糊性在某种程度上要受到谴责。第 4.5 节讨论了同样的异议。由于取消它的理由和前面相同,因此这里就不再赘述。关键在于:这个论证的前提不是由"知道"中的模糊性而是由马古先生的视力以及他关于这些前提的知识的限度证成的。在验证(1_i)在"知道"被廓清时仍为真时,我们必须很谨慎,因为"知道"在(1_i)中出现了两次,这会把能用如下的话表达的知识归属给马古先生:"如果这棵树是 i+1 英寸高,那么我就不知道这棵树不是 i 英寸高。"但是,如果我们廓清"知道"是通过为它的应用规定一个高标准,那么我们就会使那个条件更难否证,从而更容易知道,因为只在句子中出现一次的"知道"是否定性的。由于(1_i)在廓清之前明显为真,因此它在此后仍然为真;我们可以合理地认为,马古先生已经考虑了"知道"的这种被廓清的含义。这不会改进他的视力。这个论证不依赖于"知道"的模糊性。

假如(C)和(KK)是辅助性前提,就会有一个有效论证,它有其他的真前提和一个错误的结论。前提(C)是被认可的。因此,(KK)要被否定。马古先生知道相关的东西却不知道他知道它。由于(KK)是从这个假设——一个人知道一个命题这个条件是透明的——和关于马古先生的背景假设推出来的,因此透明性假设是错误的。如在第 4.5 节中那样,通过建构一个形式模型(C)、(1_0),……,(1_i),……,(2_0)和(2_{666})的否定式,我们就能验证:否定透明性真的遇到了这种困难(附录 2 有更多的细节)。

马古先生不能确认(KK)所不适合的特殊命题。一般来说,一个人不能故意以第一人称现在时态确认 KK 原则的一个特殊反例。如果我知道我既知道 p 又不知道我知道 p,那么我必定知道那个合取式的第一个合取支(由于知道一个合取式就衍推知道它的合取支),也就是说,我必定知道我知道 p,因此第二个合取支为假,因此我最终并不知道这个合取式(因为知识是事实性的);第 12 章更深入地讨论了这个论证。这一点可能有助于解释 KK 原则的吸引力。

这个例子的关键特征实际上是所有知觉知识都具有的。因此这个论证可以推广,用以证明我们的知识充斥着 KK 原则的失败。就见多识广的观察者来说,听提供了一些高分贝声音的知识,触提供了一些关于某摄氏度的热的知识。在我闻牛奶时,我会有一些牛奶被打开了多长时间的知识;当我品茶时,我有一些关于加入了多少糖的知识。这一点可推广于超出当下知觉源的不准确的知识,如记忆和证言。这部分是因为它们传递了最初源于过去知觉的知识,部分是因为它们自身增加了其他的无知。我最后一次散步走了多远?当向我描述是"非常远"时,别的某个人散步走了多远?在每种情形下,可能的回答都取决于一个尺度(scale),这种尺度可以得到如此好的划分,以至于如果某种回答实际上是正确的,那么这个人就不知道它相邻的回答不是正确的,而且他能够知道他的辨别力具有那种限度。那么,这个论证就是像在远处的树的情形中那样进行的。①

---

① 第 5.1 节的论证在形式上类似于 Nathan Salmon(1982:238-240,1986、1989)所用的论证——它反对的是关于形而上学必然性的 S_4 原则:$\Box p \supset \Box\Box p$。这个形式是有效的;每种情形下的问题都是:这些前提是否合理。Williamson 1990a:129 指出,Salmon 的前提之一的合理性来自于一个产生了连锁悖论的来源;Salmon1993 对此持异议。很难裁定关于直觉是否有一个共同来源的争论。Salmon 的前提的结构本身并不会使他犯一个连锁悖论。另外,如果 S_4 原则的有效性是我们关于不受限制的形而上学可能性和必然性的概念的一部分,那么发现连锁悖论的大前提合理的人,很可能也会发现 Salmon 的前提是合理的。就第 5.3 节中所讨论的这些关于可能性与必然性的受限制的概念来说,Salmon 的论证的类似论证可能是合理的,这可能对解释 Salmon 最初版本中的前提的合理表象也是有帮助的。

5.2 进一步迭代

我们可以将第5.1节的论证推广到进一步的知识迭代。我们对它们是进行归纳定义。一个人知道^0(know^0)p,当且仅当p为真。对任意的自然数k来说,一个人知道$^{k+1}$p,当且仅当他知道^{k}他知道p。知道^{1}p就是知道p,知道^{2}p就是知道一个人知道p,如此等等。

就任意的k来说,我们可以像第5.1节那样论证:一个人能知道^{k}某事却不能够知道他知道^{k}它。因为如果我们对关于树的高度和距离、马古先生的视力、他关于其视力的限度的知识以及他的反思能力的假设作适当地修改,我们就能建立一种情景,在其中这些被修改的假设对于一个给定的k和所有的i都为真:

($1_i{}^k$)马古先生知道^k:如果这棵树是i+1英寸高,那么他就不知道这棵树不是i英寸高。

($2_0{}^k$)马古先生知道^{k}树不是0英寸高。

(C^k)如果p和集合X的所有元素都是相关的命题,p是X的一个逻辑结果,并且马古先生知道^{k}X的每个元素,那么他就知道^{k}p。

那么,假定这两个假设,对于一个给定的数i来说:

($2_i{}^k$)马古先生知道^{k}这棵树不是i英寸高。

(KK^k)对于任意的命题p来说,如果马古先生知道^{k}p,那么他就知道$^{k+1}$p。

由于知道$^{k+1}$等价于知道^{k}一个人知道,因此($2_i{}^k$)和(KK^k)就衍推:

($3_i{}^k$)马古先生知道^{k}他知道这棵树不是i英寸高。

假设$(1_i{}^k)$、$(3_i{}^k)$和(C^k)衍推：

$(2_{i+1}{}^k)$马古先生知道^{k}这棵树不是i+1英寸高。

假如这棵树实际上是n英寸高。重复运用从$(2_i{}^k)$到$(2_{i+1}{}^k)$的论证，我们由$2({}_0{}^k)$开始就能得到：

$(2_n{}^k)$马古先生知道^{k}这棵树不是n英寸高。

由于知识^{k}与知识一样是事实性的，因此$(2_n{}^k)$为假。它是从假设$(1_0{}^k)$，……，$(1_{n-1}{}^k)$、$(2_0{}^k)$、(C^k)和(KK^k)演绎出来的。根据这个例子的结构，$(1_0{}^k)$，……，$(1_{n-1}{}^k)$、$(2_0{}^k)$和(C^k)为真；因此，(KK^k)为假。对这个论证的异议的答复遵循了第5.1节的模式。因此，一个人能知道^{k}某事却不能够知道$^{k+1}$它。换句话说，一个人能知道^{k}某事却不能够知道他知道^{k}它。

比较而言，别的一些对一般的KK论题的异议不会危及相应的适合于$k>1$的(KK^k)规则。例如，低等生物可能知道天在下雪却不知道它知道天在下雪，因为后者与前者不同，它要求这种生物具有一个知识概念，而这是它缺乏的。但是，如果$k\geqslant 2$并且一个人知道$^k p$，那么这个人就知道与知识相关的事情并且因而具有知道^{k+1}p所必需的概念。

我们能把所有有限的知识迭代结合在一起吗？一个人知道$^\omega p$，当且仅当对于每个自然数k来说，这个人知道$^k p$。我们能用ω代替k来模仿上述论证吗？归谬法的前提是：

$(1_i{}^\omega)$马古先生知道$^\omega$：如果这棵树是i+1英寸高，那么他就不知道这棵树不是i英寸高。

$(2_0{}^\omega)$马古先生知道$^\omega$这棵树不是0英寸高。

(C^ω)如果p与集合X的所有元素都是相关的命题，p是X的一个逻辑结果，并且马古先生知道X的每个元素，那么他就知道$^{\omega}$p。

(KK$^{\omega}$)对于任意的命题 p 来说,如果马古先生知道$^{\omega}$p,那么他就知道$^{\omega}$他知道 p。

对于某个 n 来说,错误的结论就是:

($2_n{}^{\omega}$)马古先生知道$^{\omega}$这棵树不是 n 英寸高。

我们根据($1_0{}^{\omega}$),……,($1_{n-1}{}^{\omega}$)、($2_0{}^{\omega}$)和(C$^{\omega}$)就可能得出结论:马古先生是(KK$^{\omega}$)的一个反例。但是,这是从这个例子得出的错误寓意,因为(KK$^{\omega}$)是一个逻辑真理。如果马古先生知道$^{\omega}$p,那么对于每个自然数 k 来说,他都知道$^{k+1}$p,这就是知道^{k}他知道 p,因此他知道$^{\omega}$他知道 p。所以,($1_0{}^{\omega}$),……,($1_{n-1}{}^{\omega}$)、($2_0{}^{\omega}$)和(C$^{\omega}$)自身就衍推了错误的结论($2_n{}^{\omega}$);因此它们之一为假。假如有一个自然数 k,我们可以建立一个例子,在其中,($1_0{}^{k}$),……,($1_{n-1}{}^{k}$)和($2_0{}^{k}$)为真,根据最初情形的有限修改,这显然是可能的。无限的修改被证明是不可能的。这无损于从前面的论证形式中得出的寓意。大致的观点是:迭代知识是很难的,而且每次迭代都增加了一层困难。知识$^{\omega}$包含着无限多层的困难。在有些条件下,这就相当于不可能。下一节将更系统地展开这些评论。

知识$^{\omega}$为第 3 章的被推广的反透明性论证提出了一种有意思的挑战。由于获得或失去知识$^{\omega}$似乎原则上是可能的,因此一个人可能指望这个论证证明:他能知道$^{\omega}$却不能够知道他知道$^{\omega}$。但是这个结论是有问题的。因为如果一个人知道$^{\omega}$p,那么对于每个自然数 k 来说,他就知道包含了这个命题即他知道^{k}p 的集合的所有元素;因此他就知道得出这个结论即他知道$^{\omega}$p 的演绎有效的论证的前提;从而在某种意义上他就能够知道他知道$^{\omega}$p。他知道$^{\omega}$p 这个条件似乎是透明的。

这个论证可能会受到质疑,因为我们不能够用无限多的前提进行推理。的确,即使在一个推理只有有限多的前提时,我们总能够知道哪个能演绎地从我们所知的东西中推出来,也不是显而易见的。只有在相当弱的意义上,我们才能够知道皮亚诺数学定理的所有结果。然而,这种答复并不完全令人满意,因为最初的反透明性论证没有诉诸推理能力的限度。如果一个人知道$^{\omega}$p 这个条件在这种弱的意义上是透明的,那么最初的论证为什么不能推广到这种情形呢?

知道$^{\omega}$可能不符合渐进性要求。尽管某个人能获得或失去知识$^{\omega}$,但变化必然是突然发生的。毕竟,它是从有限多的知识迭代向无限多的迭代的变化,反之亦然;它何以能是渐进的?如果知道$^{\omega}$确实不符合渐进性要求,那么它将是一个很难进入或离开的状态:一个人何以能够瞬间从有限跳到无限,或者从无限跳到有限呢?这类公共知识,即我们据认为都有一些约定,通常是以一种要求我们知道$^{\omega}$的方式定义的。例如,如果约翰知道简知道约翰知道简知道约翰知道 p,那么约翰就知道约翰知道约翰知道 p,如果他长擅长反思的话。因此,公共知识是一种便利的理想化,就像一架没有摩擦力的飞机一样。这种便利不一定局限于理论家。也许有些日常的交流和决策实践就依赖于我们拥有公共知识的假设。这几乎不足为奇,因为包含在公共知识中的无限多的命题对人类都太复杂了,以致难以在心理学上拥有它们。现在的观点是:拥有它们的障碍,不是知道它们的唯一障碍。①

---

① Fagin、Halpern、Moses 和 Vardi 1995:395-422 讨论了公共知识概念的一些弱化形式。一般来说,近乎是公共的知识形式并不蕴涵几乎和公共知识本身相同的行为,这提出了超出本书范围的难题。Shin 和 Williamson 1996 在不准确知识的语境下讨论了公共信念。

5.3 接近的可能性

知识的可靠性条件隐涵于(implicit)第5.1节的论证,外显于(explicit)第4.3节和第4.4节的论证。我们已经看到,这个条件造成了一个迭代知识的障碍。我们理解这个障碍的本质,最好是在关于一组相关概念如安全性。可靠性和稳健性的更一般的语境下考虑可靠性。

设想一个球在一个洞的底部,另一个平稳地放在一个圆锥体的顶端。两个球都是平衡状态,但这种平衡状态在前一种情形下是稳定的,在后一种情形下是不稳定的。一丝轻风就会把第二个球吹掉下来;第一个球则更难移动。第二个球有掉下来的危险;第一个球则是安全的。尽管两个球事实上都没有掉下来,但第二个球可能容易掉下来;第一个则不容易。稳定的平衡状态是稳健的(robust);不稳定的平衡状态是脆弱的。

可靠性和不可靠性、稳定性与不稳定性、安全与危险、稳健性和脆弱性都是模态状态。它们都涉及容易发生的事情。它们都取决于在初始状态发生细微变化时所发生的事情。如果决定论成立,那么从初始条件和自然规律就能推出两个球都不会掉下来。但不能推出两个球都处于稳定的平衡状态,都没有掉下来的危险,因为初始条件本身很容易出现细微的区别。在特定情形下有这样一种危险:一个事件类型E将发生(例如,球会掉下来),当且仅当在某个极其相似的情形下事件类型E确实发生了。这种危险是不足道的,如果E是在极不相似的情形下发生的,但是它不同于一个遥远的危险(a distant danger)——它只发生在不够相似的情形下。相关的相似性处于初始条件而非最终的结果中(具有可能是永恒成立的规律)。这里,"初始的"指这种情形的时间,而不是宇宙的开端;一旦我乘末班飞机逃离了被围困的城市，我就会安全，尽管我很容易会迟到几分钟并错过这班飞机，在这种情形下我现在应当就处于危险中了。安全和危险是极其偶然而暂时的事情。“危险”这个词语所适合的情形与事件类型 E 在其中发生的情形的相似程度，取决于使用这个词语的语境。①

可靠性类似于安全、稳定性和稳健性。当然，这些词语都有好几种理解方式。就现在的目的来说，我们感兴趣的是这样一种可靠性概念：根据它，在特定情形下，某事可靠地发生，当且仅当它没有不发生的危险。也就是说，它在情形 α 中可靠地发生，当且仅当它在每个与 α 非常相似的情形下（可靠或不可靠地）发生。特别是，一个人在 α 中可靠地避免了假信念，当且仅当这个人在每个与 α 非常相似的情形下避免了假信念。当危险是一个程度问题时，可靠性就包含了危险实现的程度与实现它的情形的接近性（closeness）之间的折中。不太接近的情形下的很高的实现程度与更接近的情形下的较低的实现程度都导致了不可靠性。第 4.3 节的论证包含了这样一种折衷，情形 α_{i+1} 与 α_i 的接近性弥补了 α_{i+1} 中稍低一点的信念度。

根据一种拓扑概念，一个点 x 算作安全地处于 R 区域中，当且仅当 x 在 R 的内部。如果 R 是一个度量空间中的一个区域，这个空间是根据某种评价为真的距离测量标准（real-valued measure of distance）定义的，那么 x 处于 R 的内部，当且仅当对至少一个正实数 c 来说，每个与 x 的距离都小于 c 的点都属于 R。更一般地说，x 属于 R 的内部，当且仅当 x 属于 R 的某个开子集。根据这个概念来迭代安全是没有什么困难的，因为 R 的内部的内部就是 R 的内部。因此 x 双重安全地（safely safely）处

① 关于容易的可能性（easy possibility）这个概念的更多讨论，参见 Sainsbury 1997 和 Peacocke 1999：310-328。这个概念也被运用于 Williamson 1994b：226-230。

于R中——也就是说,安全地处于这个区域中,它包括了所有而且仅仅包括安全地处于R中的点——当且仅当x安全地处于R中。因为如果x安全地处于R中,那么,对于某个非零的距离c来说,每个与x的距离小于c的点就都在R中,因此每个与一个距x小于c/2的点的距离小于c/2的点就都在R中,因此每个距x小于c/2的点就都安全地处于R中,因此x双重安全地处于R中。根据相应的稳定性概念,在圆锥体顶端的缺口上保持平衡的一个球就处于稳定的平衡状态,不管这个缺口多小、多浅。

就多数实践目的来说,这种拓扑概念不是我们需要的概念。球要不被常见的微风吹掉下来,这个缺口就必须有一定的大小和深度。要在悬崖顶保证安全,年幼的小孩必须至少与崖边保持三英尺的距离;与崖边保持某段有把握的距离——不管多小——是不够的。很显然,语境的特征可能对于确定将某种东西算作"安全"的界限是有贡献的:例如,一个人的屈服所产生的后果的严重程度。假定在某个语境下,一个点安全地处于一个区域中,当且仅当每个相距不到三英尺的点都在这个区域中。那么一个点就能安全地处于区域R中而不能双重安全地处于R中,因为如果不在R中的距x最近的点相距4英尺远,x就安全地处于R中,但与这个点——它与不在R中的一个点相距2英尺——相距仅2英尺,因此,x与一个不是安全地处于R中的点相距两英尺,因此x不是双重安全地处于R中。关于容易发生的事情的概念的表现类似于双重的安全性(the dual of safety);"可能很容易是F"类似于"不会安全地不是F"。如果一个事件类型E容易发生,可能是容易发生的,那么由此不能推出:事件类型E容易发生。例如,如果恰好i个人现在活着,那么事实就是:很容易发生的是恰好i+1个人现在活着,但是对某个非常大的数k来说,事实不会是:很容易发生的是恰好i+k个人现在活着。如果这个实数是 i,那么很容易发生的是:很容易发生……[k 次]……恰好 i+K 个人现在活着,但是不容易发生的是恰好 i+k 个人现在活着。因此,"很容易发生"的迭代没有崩溃。

在第 5.1 节和第 5.2 节中所观察到的迭代知识的失败与安全性和可靠性的迭代的失败密切相关。一个人可能是安全的却不是双重安全的。特别是,一个人可能无出错的危险却不是双重安全地不会出错。一个人可能是可靠的却不是双重可靠的。由于知识需要可靠性,因此这个人能知道却不知道他知道,就是不足为奇的。

安全性很难迭代。对每个自然数 k 来说,我们可以定义:x 安全地^{k}处于 R 中,当且仅当 x 双重安全地……[k 次]……处于 R 中;对每个自然数 k 来说,x 安全地$^{\omega}$处于 R 中,当且仅当 x 安全地^{k}处于 R 中。假如对某段固定的非零距离 c 来说,一个点安全地处于一个区域中,当且仅当每个与这个点相距小于 c 的点都处于这个区域中。在 n 维的欧几里得空间中,任意两点都是由一串有限的中间点——每个与下一个的距离都小于 c——联系在一起的。因此,除非 R 是整个空间,所有点都不会安全地$^{\omega}$处于 R 中。透明的条件类似于这样一个区域:其中的每个点都安全地处于其中;因此,这个区域中的每个点都安全地$^{\omega}$处于其中。在这个例子中,只有这些欧几里得空间区域是整个空间和空区域(the null region)。同样,我们可以认为,一个公式 A 在认知逻辑系统中是透明的,当且仅当 A⊃KA 是一个定理。那么,类似的特征就是:A⊃KA 是一个定理,仅当要么 A 是一个定理(A 相当于一个是整个空间的区域),要么它的否定式是一个定理(A 相当于空区域)。有些自然系统有那种属性(参见附录 2 和 Williamson 1992a)。

如果 R 是一个非空的有界区域(例如,一个球形)的整个欧几里得空间的补集(complement),那么对每个自然数 k 来说,有些点是安全地^{k}处于R中的,即使没有点安全地$^{\omega}$处于R中。但是如果R本身是一个有界区域,那么对某个自然数k来说,甚至没有点安全地^{k}处于R中。

当然,欧几里得空间不是唯一的一种空间。我们不应当不作论证就认为,我们感兴趣的可能性空间具有一种欧几里得式结构。原则上,它可能包括了几个离散的区域。其中一个区域中的每个点可能都安全地处于这个区域中;因此,这个区域中的每个点都安全地$^{\omega}$处于其中。我们也不能认为,所要求的安全性余地(margin for safety)c在整个空间中都是统一的。盛行风可能在有些区域比其他区域强。如果它们有一个盛行的方向,一个人可能更容易从x被刮到y而不是从y被刮到x。例如,假定一个人越接近一个固定点z_0,这些条件就越支持稳定性。我们可以设想这样的情景:其中的每个点所要求的安全性余地都是其与z_0的距离。因此,除非x就是z_0本身,否则任何点y更接近x,当且仅当y比z_0更接近x;x安全地处于区域R中,当且仅当每个更接近x的点都在R中。如果我们也确定了在z_0处的安全性余地,那么每个点就都有一个安全性余地。但是由于z_0除自身之外不和任何点接近,因此这个区域——是由除z_0之外的整个空间构成的——中的每个点就都安全地在该区域中。因此,该区域中的每个点都安全地$^{\omega}$处于其中。从形式上看,这些例子都模仿了足道的透明条件。第4章指出,这种模型不是一种关于知识的准确表征。

假如一个人能够知道,仅当他在相关方面没有出错。我们可能打算这样演绎:如果一个条件C能得到却不是安全地得到的,那么即使一个人不能够知道C得到,C也能得到,因此C就不是透明的。这种观点就是:一个人能够知道C得到,仅当他在相信C得到时没有出错,这要求C是安全地得到的。但这过于草率了。在相信C得到时不出错,就是不会错误地相信C得到了。因此，一个人在α情形下在相信C得到时没有出错，当且仅当没有这样的与α接近的情形——一个人在其中错误地相信C得到了。但是即使一个人在α中相信C得到了并且在这样做时没有出错，也不能由此推出：C在每个与α接近的情形下都得到了，因为可能有一些与α接近的情形，C在其中没有得到并且一个人不相信它得到。如果一个人是否相信对于C是否得到非常敏感，那么这个人就能相信C得到并且在这样做时不会出错，即使C不是安全地得到的。例如，如果一个人完全能够看见一个小孩但不去帮助她，那么他在相信这个小孩不会掉下来时就不会出错，尽管她并非不会掉下来。

要提出一个反透明性论证，我们需要另一个假设。如果我们把对知识的不出错(safety from error)要求与信念形成过程中有限分辨力以及一些合理的背景假设结合起来，那么我们就能推出透明性的失败。那不是打算对第4章的反透明性论证作形式化处理，这依赖于以一种更精巧的方式将可靠性考虑应用于自信。下述论证模仿了那些在极其简化的假设下的考虑，它们允许我们将注意力限制于相信与不信之间的双重比较。它解释了这个模型何以否证了透明性，何以证实了给误差留下余地原则。

假定对某个参数v——如树的高度——来说，对于每个情形α，条件C是否在α中得到，只取决于v在α中的值v(α)。例如，C可能是这个条件：树至多有50英尺高。为了简单起见，我们假定v取非负实数的值。显而易见：

(7)就所有情形α和β来说，如果v(α)=v(β)，那么C在α中得到，当且仅当C在β中得到。

在许多例子中，类似于下述的情况都成立，对于某个很小的正实数c来说：

(8)就所有情形 α 和非负实数 u 来说,如果 $\varpi u-v(\alpha)\varpi<c$ 并且一个人在 α 中相信 C 得到了,那么,就某个与 α 接近的情形 β 来说,$v(\beta)=u$ 并且这个人在 β 中相信 C 得到了。

不太正式地说:如果一个人有这个信念,那么如果这个参数取某个稍为不同的值,这个人仍容易具有这个信念。这个人的信念不是完全能分辨的。如所指出的,关于接近的可能性的迭代不会崩溃,因此(8)没有衍推:如果一个人有这个信念,那么如果这个参数取一个非常不同的值,他仍容易具有这个信念。如果一个人相信这棵树最多 50 英尺高,那么如果这棵树高了 1 英寸而非高了 100 英尺,这个人仍容易相信那一点。

现在假定知识与不出错之间有一个关系:

(9)就所有情形 α 和 β 来说,如果 β 接近于 α 并且一个人在 α 中知道 C 得到,那么他在 β 中就不会错误地相信 C 得到。

在(9)的一个更谨慎的版本中,我们可以用"在基础 B 上"限定"知道"和"相信"。知识基于一个基础(例如,看见一个事件),与在一个类似情形中基于一个非常不同的基础(例如,听到一个事件)的假信念是相当一致的。用这些情形上的量词限定情形的子集,我们也能使(8)和(9)与该子集相对应。如果我们对其他命题作同样的限定,下述论证仍会被认可。为了简单起见,我们可以忽略这些复杂的情况。

我们还必须说明知道与能够知道之间的关系。一个人能够知道某种由一个参数的值决定的东西,仅当他能知道即不改变这个参数的值:

(10)就所有情形 α 来说,如果一个人在 α 中能够知道

C得到，那么，就某个情形β来说，$v(\alpha)=v(\beta)$并且他在β中知道C得到。

陈述(10)可以被理解成一种对“能够知道”的意义的规定。

最后，我们假定知识蕴涵信念：

(11)就所有情形α来说，如果一个人在α中知道C得到，那么他在α中就相信C得到。

我们从(7)—(11)以及假设(L)——C是一个透明的条件——能够推出：

(12)就所有情形α和β来说，如果$\varpi v(\alpha)-v(\beta)\varpi<c$，那么C在α中得到，当且仅当C在β中得到。

因为假定C在α中得到并且$\varpi v(\alpha)-v(\beta)\varpi<c$。根据(L)，一个人在α中就能够知道C得到。根据(10)，就某个情形α＊来说，$v(\alpha)=v(\alpha*)$并且一个人在α＊中知道C得到。因此$\varpi v(\alpha*)-v(\beta)\varpi<c$并且——根据(11)——一个人在α＊中相信C得到。因此，根据(8)，对某个与α＊接近的情形β＊来说，$v(\beta*)=v(\beta)$并且一个人在β＊中相信C得到。由于β＊与α＊接近，并且一个人在α＊中知道C得到，因此，根据(9)，这个人在β＊中就不会错误地相信C得到。因此，C在β＊中得到。由于$v(\beta*)=v(\beta)$，因此根据(7)，C在β中得到。这表明：如果$\varpi v(\alpha)-v(\beta)\varpi<c$，那么C在α中得到，仅当C在β中得到。反之亦然。

陈述(12)是一个极其错误的结论，如果参数v能在这种意义上连续变化的话：

(13)就所有非负实数u来说，对于某种情形α，$v(\alpha)=u$。

因为(12)和(13)衍推了：

(14)就所有情形 α 与 β 来说，C 在 α 中得到，当且仅当 C 在 β 中得到。

由于任意实数都能通过一系列任意短的步骤从任何别的数得到；因此就有一列非负实数 u_0，……，u_n，以至于 $u_0 = v(\alpha)$，$u_n = v(\beta)$，并且对于所有 $i(0 \leqslant i < n)$，$\varpi u_i - u_{i+1} \varpi < c$。根据(13)，有一系列对应的情形 α_0，……，α_n，以至于对于所有的 i $(0 \leqslant i \leqslant n)$，$v(\alpha_i) = u_i$，这里 $\alpha_0 = 0$ 并且 $\alpha_n = \beta$。因此，对于所有 $i(0 \leqslant i < n)$，$\varpi v(\alpha_i) - v(\alpha_{i+1}) \varpi < c$，因此根据(12)，C 在 α_i 中得到，当且仅当 C 在 α_{i+1} 中得到。根据双重条件的传递性，C 在 α 中得到，当且仅当 C 在 β 中得到。因此，C 能在所有情形下得到或者在所有情形下都得不到；这是不足道的。通过质位互换，如果 C 不是不足道的并且假设(7)—(11)和(13)成立，那么 C 就不是透明的。

如果我们愿意，在这种意义上，即对于每个非负实数 u，都有一种情形α，以至于 $\varpi u - v(\alpha) \varpi < c/3$，我们能用这个更弱的假设，即 v 以一种近乎连续的方式变化，来取代假设(13)：参数 v 连续地变化。

在我们放弃透明性假设(L)时，我们仍能从(7)—(11)推出这个结果：

(15)就所有情形 α 和 β 来说，如果 $\varpi v(\alpha) - v(\beta) \varpi < c$ 并且一个人在 α 中能够知道 C 得到，那么 C 在 β 中得到。

对(15)的论证类似于对(12)的论证，但是最初不需要使用(L)。陈述(15)就是误差余地原则：一个人知道一个条件得到，仅当它在所有这些情形——相关参数的值在其中至多稍有变化——中得到。极端错误的结论(14)，即 C 是不足道的，很容易从(13)、(15)和(L)中推出。由于(13)或者它的适当弱化的形式通常是无可非议的,因此,误差余地原则通常会阻碍透明性。

误差余地c可能依赖于条件C。然而,如果条件C_0,……,C_k在误差余地c_0,……,c_k(就同一个参数v来说)方面分别满足了(15),那么C_0,……,C_k在c_0,……,c_k的最低限度方面当然都满足了(15)。但是一个无限条件集——每个条件都有正误差余地——可能没有一个公共的正误差余地,因为它们各自误差余地的最低限度可能是0。

本节的论证并未证成:我们在相信每个条件方面都满足了一个类似于(15)的原则。(15)的论证依赖于前提(8),即一个人的信念在基础参数方面不是完全能分辨的。这个假设不是显而易见的,特别是如果这个基础参数本身在构成上依赖于一个人的信念的话,就像有些哲学家对他们归类于依赖于反应的现象所规定的那样。例如,他们认为,一个人疼痛的剧烈程度在构成上依赖于这个人对其疼痛的剧烈程度的信念。这些情形需要第4章的更巧妙的论证。然而,假设(7)—(11)和(13)在很多情形下都是合理的;它们解释了误差余地原则和透明性的失败。特别是,如果这个条件即一个人知道(或者一个人知道^k)C得到,满足了任何与取代C的(15)相似的东西——自然,它具有一个参数v,它能对决定着一个人是否知道的情形进行充分编码——那么这个人就会预料到第5.1节和第5.2节所观察到的这种迭代知识方面的困难。特别是,关键的前提(1_i)和(1_i^k)只归属给了马古先生关于误差余地原则(15)的对应例子的知识。每次迭代都需要另外一个余地。

5.4　点估计

估计树的高度并对我的估计的不准确性施加一个界限,我就能得到我关于一棵树的高度的信念。① 例如,我估计树是55英尺高,并且逐渐相信它的高度处于50英尺和60英尺之间,因为在这些情况下我的估计的误差不会超过5英尺。实际上,我从前提(16)和(17)推出了(18):

(16)我估计这棵树是55英尺高。

(17)我对这棵树的高度的估计与这棵树的高度最多相差5英尺。

(18)这棵树的高度处于50英尺和60英尺之间。

由于我是从(16)和(17)推出结论(18)的,因此我知道(18),当且仅当我知道(16)和(17)。假如在这些情况下我的估计的误差从未超过5英尺,但有时误差刚好5英尺。因此在这棵树实际是50英尺高时,我可能估计它是55英尺高。在这种情形下,看起来我可能知道(18)却未满足任何像(15)那样的原则。如果这棵树更矮一些,我的信念就为假。

这种异议认为,在我的估计的误差恰好是5英尺时,我能知道我的估计的误差至多5英尺。这实际上是认为,我关于自己估计的准确性的知识不需要误差余地。但是我关于自己的准确性的信念和我的知觉信念一样没有确切的基础。如果我离树更远一点,或者光线更差一些,我的估计的误差就可能超过5英尺。我的判断——我关于这棵树的高度的估计误差至多5英尺——依赖于我关于我和这棵树的距离以及光照条件的知觉信念。如果我相信我的估计的误差至多5英尺,而此时它恰好是5英尺,那么在稍有差别的情况下——在其中我的估计的误差稍多于5英尺——我就很容易能形成那个信念。反对者当然没

① 第5.4节和第5.5节回答了Peter Mott 1998和其他人所提出的观点。Williamson 2000b考虑了Mott的论证的其他一些细节。

有证明:一个人在所设想的情况下能知道在误差实际上恰好5英尺时,他的估计的误差至多5英尺。在天气很差的情况下,我的估计的误差有多大,几乎没有什么限度。

如果我的估计的误差超过5英尺,我就不可能知道它至多5英尺,这只是因为知识是事实性的。误差余地原则有另一种表现方式,在这种方式下,我关于我估计的准确性的知识依赖于那种估计的准确性。

显然,我们可以设想这样的情形:在其中一个人知道他的估计的误差究竟有多大,就像我们能设想这些情形——在其中一个人知道树究竟有多高——一样。但是那些情形所涉及的知道方式与我们实际运用的方式是极为不同的。反对者并未证明:我们实际的方法使我们能够无需误差余地。当C是这种条件,即一个人的估计的误差至多5英尺时,论证(15)的前提仍是合理的。如果一个人对他关于树高的估计的不准确性的上限的知识满足了误差余地原则,那么他关于树高的推理知识就会满足相应的误差余地原则。

5.5　迭代的人际间知识

迭代知识很困难,不管是知道自己的知识还是知道别人的知识。误差余地原则会使它太难吗?

设想史蒂文、安娜和约翰在看一棵树。树实际上是15英尺高。他们满足了误差为5英尺的误差余地原则:

(19)如果史蒂文、安娜和约翰知道这棵树至多是n+5英尺高,那么这棵树就至多是n英尺高。

陈述(19)取决于他们的视力和视觉判断、这棵树的距离以及光照条件。史蒂文大声判断说:这棵树至多25英尺高。安娜听见了他的话并大声判断:史蒂文知道这棵树至多25英尺高。约翰听见了史蒂文和安娜的话并判断:安娜知道史蒂文知道这棵树至多25英尺高。

我们可能想论证:(19)蕴涵了对公共知识——即约翰不知道安娜知道斯蒂文知道这棵树至多25英尺高——的不合理的限制。因为根据(19),如果斯蒂文知道这棵树至多25英尺高,那么它就至多20英尺高。假如安娜知道该条件,知道她的知识封闭于演绎之下,那么如果安娜知道史蒂文知道这棵树至多25英尺高,安娜就知道这棵树至多20英尺高。根据(19),如果安娜知道这棵树至多20英尺高,那么这棵树就至多15英尺高。因此,如果安娜知道斯蒂文知道这棵树至多25英尺高,那么它就至少15英尺高。假如约翰知道该条件,知道他的知识封闭于演绎之下,那么如果约翰知道安娜知道史蒂文知道这棵树至多25英尺高,约翰就知道它至多15英尺高。根据(19),如果约翰知道这棵树至多15英尺高,那么它就至多10英尺高。因此,如果约翰知道安娜知道斯蒂文知道这棵树至多25英尺高,那么它就至多10英尺高。但根据假设,这棵树是15英尺高,因此约翰不知道安娜知道史蒂文知道这棵树至多25英尺高。

在安娜听见史蒂文的话时,这个论证将(19)应用于安娜的知识,而在约翰听见安娜的话时,它将(19)应用于约翰的知识。因此我们必须这样解释(19):它描述了这种知识,即史蒂文、安娜和约翰一旦考虑其他人的判断就会具有的知识,而不是他们独立的(unaided)知识。那种考虑可能减小了所要求的误差余地。

这个论证也暗中假定:史蒂文、安娜和约翰对他们最后的误差余地有公共的知识。如果安娜不知道(19)——因为就她所知,史蒂文在判断高度方面比他实际的表现好得多,那么安娜可能就知道史蒂文知道这棵树至多25英尺高,而她自己却不知道这棵树至多20英尺高。同样,即使安娜和约翰都确实知道(19),约翰也可能不知道安娜知道(19);也许约翰不知道安娜与史蒂文的熟悉程度。因此尽管我们可以论证——假定演绎封闭性和安娜关于(19)的知识——这个结论:如果安娜知道史蒂文知道这棵树至多25英尺高,那么它就至多15英尺高,但在这些情况下,约翰可能知道(19)却不知道那个条件。因此,即使约翰知道安娜知道史蒂文知道这棵树至多25英尺高,约翰可能也不知道这棵树至多15英尺高,这与反对者的论证是相反的。

反对者假定了与公共知识(19)相类似的东西。由于误差余地原则破坏了很多所称的公共知识,因此反对这些原则的论证不能合理地假定公共知识(19)。史蒂文、安娜和约翰不只是对树的高度有有限的知识;他们对自己和别人关于树高的知识限度也有有限的知识。因为他们对他们的视力和视觉判断、树的距离和光照条件有有限的知识。因此,他们的二阶知识有望满足其他误差余地原则,例如:

(20)如果安娜知道史蒂文关于树的高度的误差余地至少是i英尺,那么史蒂文对树的高度的误差余地就至少是i+j英尺。

但是当j=5时,(19)并不衍推(20)是成立的;所要求的值可能更小。要使(20)更严密,我们应该定义:谈论某个人的误差余地究竟是什么意思;这可能有不止一种定义方式,但是类似于(20)的东西将在所有误差余地上成立。

史蒂文、安娜和约翰可能相处了这么长时间,以至于他们彼此在高度判断上的认识就像他们对自身的认识一样好。这将主体间的情形还原成了主体内的情形。类似的考虑也适用。即使我做实验来测试我的可靠性,我关于自己的误差余地的知识仍是不准确的,仍要服从其他误差余地原则。实际上,误差余地会随着树的高度的变化而变化——对于低于10英尺高的树来说它会更小——这就是我打算判断的。此外,由于满足误差余地原则所要求的误差范围取决于模糊的知识概念,因此,即使给定了树的高度,我们也无法准确地测量误差余地。陈述(19)并不衍推:安娜不能知道她知道她知道这棵树至多25英尺高。

在关于误差余地原则的最简单的模型中,我们可以把那些原则看成公共知识。这样一来,我们就能推出对知识迭代数量的严格限制。这些模型表现出服从误差余地原则的知识的一些主要的结构特征。对于每个自然数n来说,知识的n次迭代对于n+1次迭代是不充分的。但是这些模型不打算成为现实;它们体现了许多过分简化的东西。指责它们有不切实际的结果是没有意义的。如果我们想给出更实际的误差余地模型,我们就能用第5.3节所讨论的各种方式来提供(也可参见附录2)。如果误差的范围在点与点之间有变化,那么人们都能够知道足道的条件得到了。然而,不成熟的寓意仍然是:知识的每次迭代——无论是主体间的还是主体内的——都增加了新一层困难。这些困难表现在一些臭名昭著的悖论中,如下一章所讨论的意外考试悖论。第10.5节将误差余地原则从知识推广到非事实的认知概念,如一个人的证据的高概率。

第 6 章　一种应用

6.1　意外的考试

我们可以为第 5.1 节中关于远处的树是一个悖论的论证提供一个结构的类似物。[1] 窥见悖论(The Glimpse)——如我们称呼它的(下述的#1)——处于一列二维的悖论的一角,而众所周知的意外考试悖论(###4)处于对角线上相对的一个角。这种关系使我们能评价第 5 章所提出的思想与意外考试悖论的相关性,使我们能提出一种解决办法。"悖论"这个词不是想蕴涵不可解性。

假定 n 是一个学期的天数。

#1. 一位老师的学生知道她会将其办公室日历上的所有而且仅仅是考试日期画上圈。在学期之初,他们关于本学期的考试日期所具有的唯一知识来自于远远地窥视到日历,它足以能看见一天而且是唯一被画上圈的一天,并且它不是非常临近期末,但它还不足以把日期限定得更准确。学生们认识到了他们的形势。他们现在知道,就所有的数 i 来说,如果考试距期末

---

① Sorensen 1988 详细考察了早期论述意外考试悖论的文献。更近的研究包括 Bovens 1997, Hall 1999, Jackson 1987, Janaway 1989, Koons 1992: 13-23, Sainbury 1995: 91-105 和 Weintraub1995。

i+1 天,那么他们现在就不知道它不是距期末 i 天($0\leqslant i<n$)。特别是,他们现在知道如果考试在倒数第二天,那么他们现在就不知道它不会在最后一天。但是他们现在从他们所窥视的日历也知道考试不在最后一天。他们推断考试不会在倒数第二天。他们现在也知道如果考试在倒数第三天,那么他们现在就不知道它不在倒数第二天。他们推断考试不会在倒数第三天。如此等等。他们将学期的每一天都排除于可能的考试日期之外。

#2. 和#1 类似,但是,是学校管理员而非学生窥视了日历。他告诉他们(一个而且唯一)画上圈的日期不是非常临近期末。他们知道他是一位值得信赖的观察者和情报提供者。在与此类似的情况下,可靠的证言是交流知识的一个渠道。由于管理员知道画上圈的日期不是非常临近期末,所以学生们也知道这一点。他们的推理与#1 中一样。

#3. 和#2 类似,但是,是老师而非管理员给学生了信息。她告诉他们:考试将不会非常临近期末。他们知道她是一位值得信赖的情报提供者。他们的推理和#1 中一样。

#4. 和#3 类似,但是,老师告诉学生的是:对于所有的 i,如果考试离期末 i+1 天,那么他们现在就不知道它将不是离期末 i 天($0\leqslant i<n$)。老师所说的是正确的,因为她确定的日期不是非常临近期末,她是学生关于考试日期的唯一信息源,她告诉他们的是他们自己在#1—#3 中唯一能得到东西:对于所有的 i,如果考试离期末 i+1 天,那么他们现在就不知道它离期末不会是 i 天,因为他们在#3 中不知道这一点,他们在#4 中和在#3 中一样不知道考试日期。老师知道所有这些,因此她知道她告诉学生们的东西的真。如在#3 中那样,他们知道她告诉他们的东西的真。他们的推理与#1 中一样。

##1. 和#1 类似,但是学生们的推理有所不同。他们现在知道:对于所有的 i 来说,如果考试离期末有 i+1 天,那么他们在

考试那天早上就不知道它不是离期末i天，因为他们知道：它不是非常临近期末；在所有不是非常临近期末的日子里，他们窥视日历以及他们对不考试的日期的记忆都不会使他们知道考试不是在第二天；他们不会获得现在与那时之间的其他相关信息（偶尔学校会有一次普通的紧急安全检查）。特别是，他们知道如果考试在倒数第二天，那么他们那时就不知道它不是在最后一天。但是他们那时知道这一点，因为他们记得他们窥视了日历。他们推断考试不会在倒数第二天。他们也知道如果考试在倒数第三天，他们那时就不知道它不是在倒数第二天。但是他们记得前面的结论。他们推断考试不是在倒数第三天。如此等等。他们的结论和#1中一样。

##2. 学生们的信息源和#2中一样；他们的推理和##1中一样。

##3. 学生们的信息源和#3中一样；他们的推理和##1中一样。

##4. 老师告诉学生的，是他们自己在##1—##3中所得出的东西：对于所有的i来说，如果考试离期末有i+1天，他们那时就不知道它不会是离期末i天，就像在#4中她把他们自己在#1—#3中所得到的东西告诉他们一样；他们的推理和##1中一样。

###1. 和##1类似，但是学生所运用的知识是：他们在考试那天早上不知道考试是在那一天。因为——如在##1中那样——他们不知道它不是在第二天。他们的推理和##1中一样，除了他们需要另外这个前提之外：在考试那天早上，他们记得考试不会在任何更早的一天。

###2. 学生的信息源和#2中一样；他们的推理和###1中一样。

###3. 学生的信息源和#3中一样；他们的推理和###1中

一样。

###4. 老师告诉学生的是他们自己在###1—###3 中所得到的东西:他们在考试那天早上不知道考试是在那一天。他们的推理和##1 中一样。

这 12 个论证有两方面的不同。在#1—###1 中,知识的来源是知觉;在#3—###3 和#4—###4 中,知识的来源是证言;#2—###2 是混合的情形。#1—#4 中的推理涉及的是现在的知识;##1—##4 和###1—###4 中的推理涉及的是将来的知识。然而,学生的推理在每种情形下都是不正确的,而且这些情形非常相似,足以使这一点不可能成为纯粹的巧合。一个常见的错误应当找出来。更具体地说,学生的推理在一个人从#1 转到###4 时似乎不会变得更好。如果他们在#1 中犯了一个错误,他们在###4 中会犯类似的错误。##1—##4 和###1—###4 的论证是更复杂的情形,因为学生是在根据现在的知识推断将来的知识。他们在学期之初所知道的东西与他们后来所知道的东西之间的差异,为未在#1—#4 中讨论的错误留下了可能,在那里学生是根据现在的知识推断现在的知识。然而,他们的推理在更简单的情形下也是不正确的:他们在那里的错误不可能在更复杂的情形下得到纠正。因此,任何对##1—##4 和###1—###4 之一或更多个的诊断——它没有拓展到#1—#4,尽管就它而言可能是正确的——应当被认为是不完善的,它没有查出这种常见的错误。由于###4 是常见的意外考试悖论,因此任何关于意外考试悖论的适当诊断都应当拓展到窥视悖论(#1)。

有些对意外考试悖论的诊断,依赖于学生在学期之初所知道的东西与他们后来所知道的东西之间的空隙,或者至少依赖于对这种空隙的认知可能性(参见 Wright 和 Sudbury 1977 以及 Jackson 1987)。那么有些结构相同的不同悖论关心的是不同的人在同一时间所知道的东西,而非同一个人在不同时间所知道的东西，因此，这种诊断最好被概括为：它依赖于认知立场之间的空隙（Sorensen 1988：317－18）。基本的观点是相同的。在排除最后一天考试时，学生们认为他们在最后一天早上仍知道会有一次意外的考试，它被定义为这一天的考试，即那天早上学生们不知道那天会有一次考试。但是即使他们在学期之初就知道那一点，他们后来也可能失去这种知识。这并不表明记忆是可错的；学生们可能被认为知道他们不会忘记老师的通知。相反，他们关于没有考试的日期的记忆会破坏他们之前关于通知的真的知识，就像误导的证据一样。对他们来说，在最后一天知道会有一次意外的考试——到那时为止还没有出现一次——实际上就是知道“明天会有一次考试并且我们不知道明天会有一次考试”。这种知识是不可能的，因为他们关于第一个合取支的知识与第二个的真是不一致的（第12章讨论了这种推理）。因此，如果考试是在最后一天，那么到最后一天早上，学生们就已经失去了他们关于老师的通知的真的知识。此外，他们能事先知道那个条件。因此，他们据以排除最后一天考试的推理是不正确的，因为这种推理认为，知识在试图反驳一种假定——根据这种假定，这种知识不会被保留——时将会被保留。

上述诊断能用很多方式来阐述。它显然有正确之处。然而，它是不完善的。它没有对瞥视悖论中的推理——它是意外考试悖论中的推理的一种同样不正确的简化形式——提出异议。瞥视悖论的错误在意外考试悖论中同样错误，但却未在这种诊断中提到。

这种与瞥视悖论的类比，强化了关于意外考试悖论的其他观点。老师的通知相当于瞥视悖论中的这种主张：如果考试离期末有i+1天，那么学生就不知道它离期末不是i天。因此说通知为假或没有真值，就相当于说在瞥视悖论中对学生们的知识之内容的这种尝试性表达为假或没有真值。说在意外考试悖论中,学生们不能事先知道通知为真,就相当于说在瞥视悖论中,学生们不能通过反思他们在该情形下的知觉知识的贫乏而知道他们知识的限度。这些主张对于瞥视悖论的明显的不合理性,也强调了它们对于意外考试悖论的不合理性。事先的知识——会有一次测试、消防演习或者其他一个人那时不会事先知道的事情——是日常的社会生活事实,但是人们惊人地否定了早期对意外考试悖论的研究。不是在等待电话响的人,知道它会在一周内响并且知道他不会在一秒钟前知道它会在一秒钟后响吗?对意外考试悖论的任何适当的诊断都应当使学生们知道将有一次意外考试。

关于瞥视悖论的其他观点可以推广到意外考试悖论。例如,问题不是依赖于老师的通知或学生关于通知的知识中的自指(self-reference)或无根据性(ungroundedness)。因为瞥视悖论的问题不是那一种。当然,一种恶意的自指曲解能够给予老师的通知;这并不意味着必定如此。如上所述,与老师的主张相似的主张常常是正确的,而且人们知道它是正确的。瞥视悖论不是说谎者悖论,意外考试悖论根据其正常的解释也不是。① 模糊性不会受到指责,这在意外考试悖论中比在瞥视悖论中更清楚(也可参见第4.5节和第5.1节)。②

瞥视悖论依赖于KK原则的一种被掩盖的用法。学生们现在——在学期之初——知道:如果考试是在倒数第二天,那么他们现在就不知道它不是在最后一天。他们现在也知道它不是在最后一天。假如p是“考试将会在倒数第二天”,l是“考试将会在最后一天”。因此,这些假设可以被分别形式化为:K(p ⊃

① 参见Shaw1958以及Kaplan和Montague1960。Sorensen1988:298-310批评了这种自指诊断。

② Sorensen1988:292-295、324-327描述并批评了将意外考试悖论比作连锁悖论的企图。

NKNl)和 KNl。我们必须把学生们的推理与提出悖论的理论家的推理区别开。理论家对学生的推理进行了推理。理论家从前提 K(p⊃NKNl)和 KNl 推出了结论 KNp。那种推论据认为将一种关于学生们的知识在他们的演绎下的封闭性的假设运用到了他们所进行的某种推理之中。学生们的结论是 Np。但是,如果他们的前提是 p⊃NKNl 和 Nl,那么他们的结论就不是从他们的前提推出的,因为如果考试是在倒数第二天并且他们知道它不是在最后一天,他们的前提就为真,他们的结论就为假。要从条件前提 p⊃NKNl 推出 Np,他们需要另一个前提 KNl。但是理论家可以将封闭性原则运用于那种推理,用以推断:他们只有根据这个假设,即他们知道这些前提,特别是他们知道 KNl,才知道结论 Np。换句话说,理论家只能根据另一个前提 KKNl 才能得出 KNp 的结论。但是理论家最初的前提只有 KNl。KK 原则的一个实例是沟通这种空隙所必需的。相应的实例是每个反向归纳步骤所必需的。因此,如果 KK 原则由于第 5 章所解释的理由是完全不适当的,那么瞥视悖论就被解决了。

那种对瞥视悖论的诊断能推广到意外考试悖论吗?意外考试悖论中的论证可以被重构成使用了 KK 原则;但它不必如此。① 认真的分析表明,理论家真正需要的是这个假设:学生们在学期的第一天早上知道他们在第二天早上会知道……他们在倒数第二天早上会知道他们在最后一天早上会知道老师的通知为真。类似的知识迭代需要这些命题,即学生们将继续保持合理性(推导并知道他们所知的东西的相关结果),并且在考试前的每天早上都记得(知道)到那时为止还没有考试。瞥视悖论也可以用向学生们归属了同样多的知识迭代的前提来重构,但

① Harrison 1969 与 McLelland 与 Chihara1975 提出对 KK 原则的非议是对意外考试悖论的一种处理方法。这受到了 Sorensen1988:312-320 的批评。

是,所有前提涉及的都是现在的知识,这是为了取代 KK 原则。这些悖论之间的主要区别是:在意外考试悖论中,每次知识迭代都包含了认知立场上的变化,而瞥视悖论(就像 KK 原则一样)包含了一种固定的认知立场。幸运的是,第 5.3 节中对 KK 原则的基本异议表明了这两种知识迭代的归属何以很容易会失败。知识算子的迭代,通过一个由需要误差余地所导致的侵蚀过程迟早会导致错误。这在知识算子指称不同的认知立场时同样适用。倘若真是如此,它的适应就更加有力:关于将来知识的知识通常没有关于现在知识的知识准确,因此需要更大的误差余地。当认知立场变化时,同样的观点在其他方面也适用:我通常对你的知识比对自己的知识知道得要少。尽管第 5.5 节揭示了在误差余地被迭代时侵蚀过程中的一些出乎意料的复杂性,但一般的观点仍然是:实现多重的知识迭代比通常所承认的要难得多。由于瞥视悖论和意外考试悖论的论证都提出了隐藏的多重迭代知识的假设,因此第 5.3 节的诊断对这两者都适用。

这种诊断通过了这种测试:应当允许学生们知道老师的通知为真。由于知识算子不会自动迭代,因此认为学生们在学期之初就知道会有一次意外的考试,是前后一致的。如果它前后不一致,那么如果一个人忽视了学生们在学期之初所知道的东西与他们后来所知道的东西之间的区别,它仍会前后不一致:但可以证明它在后一种情形下是前后一致的。这种结果可以用各种方式来强化(参见附录 2)。这强化了前面的观点,即认知立场上的变化不是问题的实质,这个问题可以提出并解决,即使不言自明的是:学生不会失去任何知识,或者如果这个论证的表述只是相对于他们在学期之初所知道的东西,就像在#4 中那样。由于除了老师的通知为假的情形之外,学生们有不止一个误差余地,因此他们能够知道老师的通知为真,但是他们处于这些情形的有限多的余地之内,因此他们能够具有的知识迭代的数量是有限的。

有的人可能反驳说,学生们可以被理想到这一点,他们在这里不需要误差余地。从形式上说,“学生们知道”能被看成是:以KK原则所采取的这种方式,从一套固定的假设进行的可证明性算子。然而,这个悖论在那种理想化形式下会失去很多意义。在日常的情形下,学生们知道会有一次意外的考试,而且这是在遇到一个关于它的不可能性的明显证明时必须解释的东西。在理想化的情形下——在其中KK原则成立,就没有这样的假设,即学生能够知道有一次意外的考试,因此就没有什么需要解释。瞥视悖论在如下假设之下同样会消失:学生们有极好的视力。尽管即使在KK论题成立时,认知立场上的变化有时也会使学生们知道将有一次意外的考试,但这在#1—#4中不适用,而且它可能不会使他们在##1—##4和###1—###4中能具有知识这一点显而易见。

学生们的知识方面的误差余地是意外考试悖论的一部分寓意,而不是干扰性的噪声。对此的一些证据是:直觉材料不是全有或全无,而是一个程度问题。多数人只是受到了单日(one-day)形式的悖论的迷惑,“今天将有一次考试并且你不知道它”。涉及的天数越多,学生们能知道老师的通知的真就越清楚。我们解释这个结果可以通过假定:现实的学生和理想化的学生之间的小小的差别,被它清晰可见之前的每个推理步骤夸大了。那种差别就是误差余地。

意外考试悖论和决策论中的很多悖论是密切相关的。[①] 最著名的就是迭代的囚徒困境。假定两个自主体的公共知识是:他们是有理性的,他们遇到了成千上万的囚徒困境。传统的博

---

① Sorensen1988:333-370讨论了很多例子。Rubinstein1998:165-174简要介绍了经济学文献中的一些尝试性解决办法。也可参见Bovens1997。

弈论通过一个反向归纳论证"证明":他们根本不会合作,因为在 i 轮时合作是合理的,仅当那时没有这种公共知识:i 轮——在这种情况下合作是合理的——之后就没有合作的机会了。缺陷支配着合作,除非后者使将来的合作更有可能。极其不现实的结果是:通常有理性的游戏者很可能只在最后几轮中合作。尽管这些悖论在这里不作详细的分析,但它们似乎都可按照现在的方法来处理。在每种情形中,这个论证都假定了与关于自主体的理性的公共知识相类似的东西:他们是有理性的,都知道他们是有理性的,都知道他们两人都知道这一点,他们两人知道他们两个知道他们两人知道这一点,如此等等。标准的博弈论反向归纳论证,对于每一轮博弈都会使用另一个关于这种知识的迭代。但是我们所能设想的任何游戏者都具有远非完全准确的认知能力,并且只有在他们留有误差余地时才知道。通常的侵蚀在关于"两人都知道"的有限多的迭代之后有望持续到错误出现之前。真正的自主体通常没有关于他们的理性的严格的公共知识。他们的知识的不准确性使理性的游戏者通常能在迭代的囚徒困境中进行合作。①

6.2 有条件的意外考试悖论

意外考试悖论和迭代的囚徒困境在结构上有些不同。学生们的论证假定:某一天会有一次考试;如果他们不假定这一点,意外考试就很容易能在最后一天举行。迭代的囚徒困境中的反向归纳论证无需作出相应的假设:游戏者在某一轮会合作。本

---

① 也可参见 Bicchieri1989 和 1992、Bacharach1992a 和 1992b 以及 Rubinstein1989。Pettit 与 sugden1989 否认了游戏者关于他们的理性的公共知识,但不是基于现在的理由;他们的处理办法和 Jackson 对意外考试悖论的研究有关。

节的目的是将这个存在假设从意外考试悖论中取消，并且随之将尝试性解决办法——它认为这个假设是必须的——取消。①

首先考虑马古先生。第5.1节的论证的存在假设是：这棵树是某英尺高。然而，这个假设对于论证是可有可无的。假如马古先生看不见这棵树，他听见伐木工人正在工作。这棵树正处于被锯倒的危险之中。他不知道它是否还存在。如果它不存在了，就可以把每个这种形式即"这棵树是i英尺高"的命题都看做完全错误的。马古先生仍然知道：如果这棵树是i+1英尺高，那么他就不知道事实并不是：这棵树是i英尺高。此外，他知道事实并不是：这棵树是0英尺高，因为他知道如果它还存在，它就比那高得多。假定KK原则和背景假设，第5.1节中的归纳论证仍然"证明"：对于任何数i来说，马古先生知道事实并不是：这棵树是i英尺高，特别是他知道事实并不是：这棵树是666英尺高。这是荒谬的。实际上，这棵树仍然存在并且是666英尺高。这个存在假设是不相干的。

现在考虑#1，瞥视悖论。假如人们知道老师在日历上把所有考试日期和她家庭成员的生日都画上了圈。学生们不知道他们窥视的圆圈圈定的是考试日期还是生日。如前所述，他们的瞥视足以看到一个而且只有一个日期被画了圈，并且它不是非常临近期末，但不能将日期限定在比那更窄的范围内。他们现在仍然知道：对于所有的i来说，如果离期末i+1天有一次考试，那么他们现在就不知道离期末i天将不会有考试。他们的推理和前面一样，得出的结论是：将不会有考试。这是荒谬的，因为我们可以规定：实际上日历上的圆圈确实是指一次不是非常临近期末的考试。这个存在假设和瞥视悖论是无关的。

---

① Sorensen1988：328-343a将他对意外考试悖论的分析复杂化了，目的是将这种分析推广到没有一个存在假设的决策论悖论。如果没有这样一种假设，他就没有这种形式的意外考试悖论本身。

类似的评论适用于这一类的其他悖论。只要将存在假设从###4即意外考试悖论中取消就够了。如果学生们在考试那天早上知道:若有一次考试,它就会在那一天,那么我们将这次考试称为有条件地预料到的(conditionally expected)。老师宣布的就是:没有有条件地预料到的考试。学生们由此论证说:根本不会有考试。如果到最后一天早上还没有考试,学生们那时当然知道如果有考试,它就会在那一天。为了简单起见,我们可以假定每学期最多举行一次考试;这个假设可以从这个论证的更严格的表述中取消。因此,最后一天考试是有条件地预料到的,因此它将不会发生。学生们在倒数第二天早上会知道这一点,因此如果到那时还没有考试,他们那时就知道:如果有考试,它就会在那一天。因此,倒数第二天考试是有条件地预料到的,因此它不会发生。如此等等。学生们得出的结论是:不会有考试。这是荒谬的,因为我们可能规定:实际上,在学期结束前的某个时间,会有一次不能有条件地预料到的考试。

意外考试悖论不依赖于存在假设。毫无疑问,没有这个假设,它就是一个更有力的悖论。最初的论证实际上是对如下假定的一种归谬(相对于背景假设):学生们在第一天早上知道他们在第二天早上知道……他们在最后一天早上知道将有一次意外的考试。认为这个论证证成了将不会有一次考试的确信,是明显不合理的。新的论证用这个假设,即学生们在第一天早上知道他们在第二天早上知道……他们在最后一天早上知道不会有能有条件地预料到的考试,来证明根本不会有考试。这和假设并不矛盾;如果没有考试,老师的通知就无法实现。如果老师以及学生的记忆和理性很可靠,他们为什么不应当认为这个论证证成了不会有考试的确信呢?这样回答是不够的,即提醒学生:如果(例如)在倒数第三天有一次考试,那么他们在第一天早上就不知道他们在第二天早上知道……他们在最后一天早上知道不会有能有条件地预料到的考试。那么他们为什么不应当认为这个论证证成了这种确信，即那个条件的前提为假呢？同样，如果我根据我记得和他谈过话而相信我叔祖父是在我出生后很久才去世的，那么，这样回答就是很不够的，即提醒我：如果他在我出生前就去世了，那么我就不会记得和他谈过话。

这一点也可以从学生们的视角看到。在最初的版本中，没有考试的日子一天天流逝，这会逐渐破坏学生们对相信老师的通知的证成。在新的版本中不会这样。看起来越来越可能的是不会有考试：但是对于老师的通知的实现来说，这是越来越可能的一种方式。随着没有考试的日子一天天流逝，学生们在相信老师的通知方面似乎仍然得到了证成。

例如，考虑学生们在倒数第二天早上的情形，到那时为止还没有考试。老师的通知现在就还原成了："明天不会有能有条件地预料到的考试，并且今天不会有能有条件地预料到的考试"。由于明天的任何考试都将是有条件地预料到的，这是由于不足道的理由：即考试不可能在学期结束之后举行，因此第一个合取支可以归结为："明天不会有考试。"一旦学生们知道：若有考试，就会在今天，这在这些情形下就是他们知道明天不会考试，那么今天考试是能有条件地预料到的；因此，第二个合取支可简化为："要么今天不会考试，要么我们不知道明天不会考试。"在这些情况下，学生知道老师的通知为真，当且仅当他们知道：

> (!)明天不会考试，并且要么今天不会考试，要么我们不知道明天不会考试。

用符号表示，(!)具有这种形式：p∃(q%NKp)。假定学生们知道(!)。因此他们就知道它的第一个合取支；他们知道明天不会考试。此外，(!)的第二个合取支为真；要么今天不会考试，要么他们不知道明天不会考试。根据析取三段论,今天就不会考试。因此,如果今天有一次考试,学生们就不知道(!),从而不知道老师的通知为真。然而,(!)不是内在地不可知的。它是从简单的合取式"明天不会考试并且今天不会考试"逻辑地推出的。在认知逻辑 KT 中(参见附录 2),K(p∃(q%NKp))衍推 p∃q 并且是由 K(p∃q)所衍推的;(!)可被称为一个偶然的盲点(contingent blindspot),或者一个偶然的摩尔命题。如果学生们知道这个合取式:"明天不会考试并且今天不会考试",那么他们就知道(!),从而知道老师的通知为真。对这些学生来说,认为他们自己以这种方式——根据这种方式,对他们来说,认为他们在最初的意外考试悖论的最后一天早上知道:"今天会考试并且我们不知道今天会考试",是不合逻辑的——知道(!),不是不合逻辑的。

假如这位很可靠的老师宣布:在一个双日(two-day)"学期"之初"不会有能有条件地预料到的考试",实际上这个学期没有考试。这样认为是非常融贯的:学生们在学期之初知道他们知道这个通知为真,知道他们知道(!),并且从而知道不会考试。只要没有考试,在学期的天数和知识迭代的数量增加时也不会带来任何不融贯。变得更不合理的只是:要排除其非空的真值,学生们对通知的真需要更多的知识迭代。这就是误差余地原则所预言的侵蚀效应。

再考虑马古先生。这里,这种新的论证形式证明:如果马古先生对(C)、对(1_i)的例子以及对树高的某个上限(假定树继续存在)有充分的知识迭代,那么这棵树就不存在并且他知道它不存在。但是,即使它不存在,马古先生只反思他的视力和高度判断力的限度,也不可能知道它不存在。因此,在这些情况下,他对那些命题不可能有很多知识迭代。在这种情形下,树的不存在和在他知道它存在时一样不能使他得到知识迭代。这是因为他的知识源不依赖于树的继续存在。相反,在意外考试悖论中,学生们的知识源是决定是否考试的老师:如果由于她的可靠性而不考试,那么学生们就能得到更多的知识迭代。这种区别与这种假设即误差余地原则控制着这两种情形,是完全相容的。

第 7 章　敏感性

7.1　预　览

第 4 章和第 5 章的论证把知识和安全性联系了起来。如果一个人知道，他在类似的情形下就不容易出错。在这种意义上，一个人的信念是安全地为真的(safely true)。也有一个对真理的反事实的敏感性概念，其最简单的版本要求：如果命题为假，人就不会相信它。敏感性并不衍推安全性。如果 p 不容易为假，那么一个人就不容易错误地相信 p；但是这与这种反事实条件是一致的：如果 p 为假，这个人仍会(或可能)相信 p。乍一看，这种反事实条件看起来像是否认一个人知道 p 的理由。我们因而可能推测："一个人知道 p"衍推了"如果 p 为假，这个人就不相信 p"；沿着类似路线可以作出各种更复杂的推测。这样一来，我们可能想知道：敏感性是否应当补充或者替代安全性作为知识的一个必要条件。本章认为不应当如此。

这个假说，即知识衍推简单的敏感性，有怀疑论的结果。我相信没有恶魔在骗我相信没有恶魔。如果一个恶魔在骗我相信没有恶魔，我仍会相信：没有恶魔在骗我相信没有恶魔。根据敏感性假说，我不知道没有恶魔在骗我相信没有恶魔。否认这些怀疑论结果是不诚实吗？由于它们允许这个一般原则——知识需要敏感性——来解释很多人在不加限定地主张他们知道他们不处于怀疑论情景中时的不情愿，因此它们就确证了这个原则了吗？

对这个故事进行简化：很有名的是，罗伯特·诺齐克曾经将"如果p为假，S就不相信p"作为一种关于"S知道p"的合取分析的一个合取支，从而坚持这种衍推（Nozick 1981：167-288）。一些问题困扰着他的解释。在最近很巧妙的研究中，基思·德罗塞对知识归属与这些反事实条件之间的实用主义关系作出了论证（DeRose 1995、1996）。困扰诺齐克的一些问题被证明也同样困扰着德罗塞。

本章将考察从这些反事实的知识条件得出有限的怀疑论结论的尝试。要为那些尝试提供最好的机会，我们必须把它们与陈述"S知道p"的充分必要条件的计划区分开。连带着为知识提供充分条件的尝试导致了这样的条件：它们不是个别地必要的。就现在的目的来说，重要的只是这个更审慎的主张：反事实条件对于知识是必要的。如第3.1节所指出的，这并不蕴涵着知识是可分析的。讨论的一个结果是：敏感性条件必须以一种方式——这种方式破坏了从敏感性要求所进行的怀疑论论证——为固定的信念保留现实的基础。

7.2　反事实的敏感性

考虑这个原则：

（1）必然的是，如果S知道p，那么如果p为假，S就不会相信p。

如果我们将反事实条件"如果q为真，r就为真"写成q□→

r,就能将(1)符号化为:$\Box(K_Sp\supset(Np\Box\!\!\rightarrow B_Sp))$。① 假如"S敏感地相信p"是对"S相信p,并且如果p为假,S就不相信p"的缩写。假如S知道p,仅当S相信p(如本章一直假定的),那么(1)就蕴涵着:S知道p,仅当S敏感地相信p。任何反事实条件都衍推了相应的物质条件(material conditional),因此,特别是$Np\Box\!\!\rightarrow B_Sp$衍推了$Np\Box\!\!\rightarrow B_Sp$。因此,"如果p为假,S就不相信p"和"p为假并且S相信p"是不一致的,因此,S敏感地相信p,仅当p不为假。假如p为真或为假,那么S敏感地相信p,仅当p为真。

最熟悉的反事实条件语义学是由大卫·刘易斯(1973)提出来的,根据这种语义学,$q\Box\!\!\rightarrow r$在可能世界w中为真,当且仅当要么q在任何可能世界中都不为真(空的情形),要么至少就一个可能世界x来说,q在x中为真并且r在所有这样的可能世界——它在相关方面至少和x一样接近于w——中为真。当q在赋值世界w中为假时,诺齐克接受了和这种解释相类似的解释。但是,当q在w中为真时,刘易斯的解释蕴涵了:$q\Box\!\!\rightarrow r$在w中为真,当且仅当r在w中为真,因为至少和w一样接近w的世界只有w本身;因此$q\exists r$衍推了$q\Box\!\!\rightarrow r$。诺齐克不可能接受刘易斯的那部分解释,因为诺齐克的知识分析包括了第四个合取支(除了真、信念以及假与不信的反事实联系之外),它是这种形式:"如果p为真,S就相信p。"(Nozick 1981:176)刘易斯的解释认为,在真值条件和信念条件出现时,那个合取支就是多余的。为了否定一些针对其分析的潜在反例,诺齐克对第四个合取支作出了不同的解释;它在世界w——p在其中为真——中的真,要求S不仅在w中相信p,而且在所有与w接近的世

① 为了简单起见,这种说明遵循了常见的不对p这个命题和p为真这个命题之间进行区别的不太严谨的实践。在这种语境下,它是无害的。

界——p在其中为真——中为真。根据这种对刘易斯的解释的相应修改，如果q在w中为真，那么q□→r在w中为真，当且仅当r在每个与w接近的世界——q在其中为真——中为真。这个接近性概念不是刘易斯的对应概念；它更像第5.3节所讨论的概念。实际上，根据诺齐克的反事实条件语义学，一个人表达安全性——避免接近的世界中的假信念——是通过对(1)中的反事实条件进行质位互换："如果S相信p，p就为真"。假如S确实相信p，那么诺齐克式语义学使该反事实条件为真，当且仅当p在所有接近的世界——S在其中相信p——中都为真。那个反事实条件不等价于未进行质位互换的版本，因为B_Sp□→p能够为真并且Np□→NB_Sp能够为假，如果p在每个接近的世界中为真但S在最近（但不是接近）的世界——p在其中为假——中相信p。同样，Np□→NB_Sp能够为真并且B_Sp□→p能够为假，如果S在一些接近但非最接近的世界——p在其中为假——中相信p。欧内斯特·索莎论证了：与"安全性"条件B_Sp□→p类似的条件是知识的一个条件(Sosa 1996、2000)。沿着这些推理，一种更复杂的解释会把"S相信p"限定于这个条件下以排除这些情形：在其中S根据一个与S在这种情形下——S在其中据认为知道p——相信p所依据的基础相当不同的基础而相信p。当然，第5章的接近性解释本身并不包含这种反常的反事实解释；它在这个问题上是中立的，因为它可以用其他词语表达。然而，我们现在关心的是诺齐克最初的反事实条件Np□→NB_Sp，因为那是和接近性条件区别最大的反事实条件。

(1)的一种稍有变化的形式在同一精神下说："S知道p"和相反的反事实条件"如果p为假，S就会相信p"是不相容的。它相当于用相反的反事实条件的否定式替换(1)中的反事实条件；用符号表示是：□(K_Sp ⊃ N(Np□→B_Sp))。如果"可能"

(might)是双重的“将会”(would),那么,这就相当于这种主张:必然的是,如果S知道p,那么如果p为假,S可能就不相信p。根据刘易斯的语义学和诺齐克对它的修改,相反的反事实条件$Np\Box\!\!\rightarrow B_Sp$和$Np\Box\!\!\rightarrow NB_Sp$在同一世界中都为假,如果S在有些但非所有p在其中为假的最接近的世界中相信p。在这些情形下,S满足了知道的“可能”条件(“might”condition)但不满足(1)中最初的“将会”条件(“would”condition)。因此,$Np\Box\!\!\rightarrow B_Sp$和$Np\Box\!\!\rightarrow NB_Sp$不是完全接合的;它们几乎是互相排斥的,因为它们在同一世界中都为真,仅当p是一个必然真理。在那种情形下,S无意义地(vacuously)满足了(1)中的知道的“将会”条件,但肯定不满足“可能”条件。因此,如果有不可能的前提的反事实条件无意义地为真,那么这种不受限制的根据即“S知道p”和“如果p为假,S就相信p”是不相容的,就会有这个荒谬的结果:知道必然真理是不可能的。在那个方面,(1)中最初的“将会”条件更吸引人。无论如何,“将会”条件和“可能”条件之间的区别对随后的大多数讨论并不重要。

在反事实条件语义学中诉诸可能世界是有争议的。然而,刘易斯的语义学或诺齐克对它的修改常常在下面使用,因为它为讨论施加了一条有用的纪律,并且它报告了那些支持知识的反事实条件的人的思考。如果另一种反事实条件语义学更受欢迎,下述论证可能就要作相应修改。

7.3 反事实条件与怀疑论

假定好情形(good case)是一个普通的情形,事物在其中呈现为它们实际的样子,而坏情形(bad case)是一个怀疑论场景,一个人在其中错误地认为自己处于好情形中。在好情形中,一个人真信他不是在坏情形中。在坏情形中,一个人错误地相信他不是在坏情形中。因此，在好情形中，这个人不是敏感地相信他不是在坏情形中，因为如果那个信念为假，他就是在坏情形中并且仍然有那个信念。假定(1)，在好情形中一个人不知道他不是在坏情形中。此时，我们不知道我们不是在一个怀疑论场景中。

这个结果不依赖于任何具体的反事实条件理论。我们可以对坏情形作出很好的个体化，好得足以决定一个人在其中所相信的东西，以至于必然的是：一个人处于坏情形中，仅当这个人相信他不是在坏情形中。这样一来，反事实条件"如果一个人在坏情形中，他就不会相信他在坏情形中"的前提在形而上学上就是可能的，但它不能和结论并存。根据任何合理的解释——包括刘易斯和诺齐克的解释——一个反事实条件严格地蕴涵：如果前提是可能的，它就能和结论并存；用符号表示是：$\Box((q \Box\!\!\rightarrow r) \supset (\Diamond q \supset \Diamond(q \exists r)))$。根据所有这些解释，反事实条件"如果一个人在坏情形中，他就不会相信他在坏情形中"因而就为假。

如果一个人知道他从其所知道的东西中推出的是哪一个，那么根据(1)，他在好情形下也不知道任何这样的命题p——他从p推出他不在坏情形下，因为如果他知道p，他因而就会知道他不在坏情形下，而根据(1)，这是他不可能知道的。即使一个人在好情形下敏感地相信p，这一点也成立；问题就是：一个人不敏感地相信p的一个结果。如果我不是在打字，我就是在打电话并且我不会相信我在打字；但从这个命题即我在打字，我推出了：我不是一个错误地相信我在打字的缸中之脑。如果我是一个错误地相信我在打字的缸中之脑，我就不会相信我是这样的一个脑。根据(1)，我不知道我不是一个错误地相信我在打字的缸中之脑；如果我的知识封闭于我的推理之下，那么我就不知道我在打字。通过将(1)的结果作为一个必要条件嵌入知识分析——根据这种分析,封闭性原则是错误的,[①]诺齐克挽救了知道我在打字这种可能性,但没有挽救这种可能性:知道我不是一个错误地相信我在打字的缸中之脑。但是接受(1)会使一个人既不承诺诺齐克的分析也不承诺非封闭性;怀疑论者可以前后一致地接受(1),同时坚持封闭性并反对这种分析。接受(1)会使一个人承诺一种重要的怀疑论。接受具有封闭性的(1)会使一个人承诺一种重大的(massive)怀疑论。因此,(1)会使一个人承诺非封闭性与无节制的怀疑论的析取。

德罗塞有一种更难捉摸的观点,根据它,(1)不是普遍为真的。他接受了一个封闭原则,并认为很多具有“S 知道 p”这种形式的话语在普通语境下都表达了真理。然而,他认为,这些话语为正确运用“知道”设定了很高的语境标准,高得足以证实(1)的相应例子。大致而言,“S 知道 p”在某个语境下为真,仅当一个人避免在与该语境相关的世界中错误地相信 p;当那个句子得到考虑时,p 在其中为假的最接近的世界常常是语境相关的(就像比它们更接近于最初的世界的世界那样)。根据德罗塞的观点,封闭性在语境之内成立但不在语境之间成立。一旦“知道自己处在坏情形下”这个谓词起作用了,坏情形就是语境相关的,正确运用“知道”的标准会相应提高,并且“S 知道 p”这种形式的句子——它们在普通语境下被说出时表达的是真命题——现在表达了不同的假命题。

德罗塞和诺齐克两人的解释的分歧在于话语的真值,例如,你在谈我时说:“他知道他在打字”,这时怀疑论的可能性已经被提高到了在你的话语语境下是相关的。对德罗塞来说,你说错了,因为根据与你的话语语境相关的标准,我的认知地位还不够

---

① 也可参见 Dretske 1970。对 Nozick 的相关讨论,参见 Luper-Foy 1987、其中的参考文献以及 Peacocke 1986:127-152。

好。对诺齐克来说，你的话语为真，因为我符合他的知识标准，并且提高怀疑论的可能性不会改变那些标准；$Np\Box\rightarrow NB_Sp$ 能够为真，即使 $Np\exists B_Sp$ 在有些语境相关的可能世界中为真，只要它们不是 Np 在其中为真的最接近的世界。例如，“如果我不在打字，我就不会相信我在打字”可能为真，即使在某种语境相关的怀疑论可能性下我错误地相信我在打字，因为在更接近的可能世界——在其中我不在打字——中，我相信我在打电话而不是在打字。

根据一种介于诺齐克和德罗塞之间的观点，类似于(1)的原则是普通为真的，但反事实条件的真，要求它的结果在所有语境相关的世界——前提在其中为真——中为真。因为根据关于反事实条件本身的语境主义解释，在一个语境 c 下被说出时和在参照一个世界 w 进行评价时，$q\Box\rightarrow r$ 同样为真，当且仅当 $\Box(p_c\supset(q\supset r))$ 在 w 中为真，这里，p_c 在所有并且仅仅和 c 相关的世界中为真。这种观点使 $q\Box\rightarrow r$ 在任何给定的语境下都等价于它的质位互换命题 $Nr\Box\rightarrow Nq$，尽管说出那些反事实条件的语境效果当然是不同的。特别是，根据关于反事实条件的语境主义观点，诺齐克的反事实条件 $Np\Box\rightarrow NB_Sp$，在任何给定的语境下都逻辑地但非实用主义地等价于安全性条件 $B_Sp\Box\rightarrow p$。①

7.4　方　法

诺齐克本人给出了(1)的一个反例：

> 一位祖母在孙子探望她时看见他很健康；但是如果他病了或去世了，别人会告诉这位祖母他孙子健康，以免她伤心。然而这并不意味着在她看见他时，她不知道他健康(或至少可以走动)。(1981:179)

① Wright 1983 批评 Nozick 忽略了反事实条件中的语境依赖性。

这位祖母在坏情形下的信念——她孙子健康——的假,与她在好情形下的知识——他健康——是一致的,因为她在这两种情形下不是根据相同的方法相信他健康的。在好情形下,她的信念是根据知觉,而在坏情形下是根据证言。

在答复时,诺齐克根据这个技术概念,即借助一种方法知道(knowing via a method)(或者相信的方式)对他的分析进行了修改。我们可以借助方法 M 得到知道的一个假定的必要条件,这个条件之于诺齐克对那个概念的分析,就像(1)之于他最初的知识分析:

(2)必然的是,如果 S 借助方法 M 知道 p,那么如果 p 为假并且 S 用 M 来得到一个关于是否 p 的信念,S 借助 M 就不会相信 p。

如果孙子不健康,而祖母用视觉检查方法来得到一个关于他是否健康的信念,那么她借助那种方法就不会相信他健康。我们应该注意:对诺齐克来说,当一个人借助不止一种方法相信 p 时,借助某种或另一种方法知道 p 对于绝对知道 p 是不充分的。

诺齐克有时写道:方法似乎相当通用。但倘若如此,那么(2)就为假。改写戈德曼(1976:779)的一个例子。当我在光照好的情况下看见附近的一条达克斯狗时,我可能知道我看见了一条狗。在这些情况下,如果我不是看见一条狗,我可能是看见了一匹狼,并且我错误地相信自己看见了一条狗。我将狼误当成狗的倾向与我将达克斯狗识别为狗的能力是一致的,尽管它可能会质疑我将阿尔萨斯牧羊犬识别为狗的能力。假如 p 是这个命题:我看见了一条狗。在这两种情形下,我借助同一种通用的方法相信 p;我是根据看、在相同距离和相同的光照条件下作出判断的。如果那就是方法 M,那么(2)就为假。

我们能根据我的视觉证据方面的具体差别来区别这些方法

吗——就像戈德曼在处理知觉知识时实际所做的那样？诺齐克有时敏锐地提到了个体化的方法，例如，在他提出将从具体命题 q 进行的推理作为一种方法时（1981：189）。假定 E 是祖母的特殊证据，M 是根据 E 进行判断的方法。在某种可能情形中，她孙子在她用 M 来判断他是否健康时是不健康的吗？如果不是，那么用 M 来判断他是否健康就保证了他是健康的，这可能是因为使用 M 衍推了把 E 作为一个人的一部分证据，E 是这个人的一部分证据，仅当它的构成命题为真，并且那些构成命题衍推了她孙子健康。根据这种观点，如果她孙子病了，并且为了让她高兴，给她看的是和她孙子面貌酷似的人，那么 E 就不是她证据的一部分，尽管她不知道这些区别（参见第 8 章和第 9 章）。这不是诺齐克希望对方法进行个体化的方法：

> 如果所使用的方法要在虚拟语气中承担适当角色，它就必须被规定成具有某种普遍性。这种普遍性是由这个人所注意到的区别设定的；这些方法是被内部个体化的。（1981：233）

如诺齐克对 M 所进行的个体化，在某个可能情形下，在祖母用 M 判断他是否健康时，孙子不健康。在那种情形下，她很可能会相信他健康，因为她是在根据和她实际具有的相同的内部证据进行判断的。因此，（2）中的反事实条件为假，并且（2）仍把祖母算作不知道她孙子健康，这与促使诺齐克求助于方法的直觉是相反的。

将第二个合取支从（2）中的反事实条件的前提中删除，我们就能避免这种反直觉的结果：①

> （3）必然的是，如果 S 借助方法 M 知道 p，那么如果 p

① Luper-Foy 1984 对这种修改有相关的论证。

为假，S 借助 M 就不会相信 p。

那么，根据大多数反事实条件理论，(2) 衍推 (3)，但 (3) 并不衍推 (2)。① 因为 (3) 和祖母借助基于内部个体化的知觉证据的判断方法知道她孙子健康是一致的。在这些情况下，如果他不健康，她的证据和 E 就有可以辨认的区别。在戈德曼的案例中同样如此：(3) 和我借助基于内部个体化的知觉证据的判断方法知道我看见了一条狗是一致的。

---

① (2) 和 (3) 中的反事实条件分别是这些形式：(q∃(r%s))*→Nr 和 q*→Nr。将一个反事实条件的前提和结果在其中都为真的世界称为反事实条件的正情形 (positive case)，将一个前提在其中为真而结果为假的世界称为负情形 (nagative case)。一般来说，我们应当预料到：反事实条件在其中为真的世界集合会随其正情形而增加，随其负情形而减少。更准确地说，我们应当预料到：如果反事实条件 C 的每个正情形都是反事实条件 C* 的正情形，而 C* 的每个负情形都是 C 的负情形，那么，C* 在每个 C 在其中为真的世界中都为真。刘易斯的语义学满足了这种限制，因为它规定：一个反事实条件在 w 中为真，当且仅当要么它没有负情形，要么对于至少一个正情形 x 来说，没有一个负情形至少和 x 一样接近 w。由于 (q∃(r%s))∃ Nr 衍推 q→Nr，所以，(q∃(r%s))*→Nr 的每个正情形都是 q*→Nr 的正情形；由于 q∃r 衍推 (q∃(r%s))∃r，所以，q*→Nr 的每个负情形就都是 (q∃(r%s))*→Nr 的负情形。因此，根据刘易斯的和其他符合上述限制的语义学，(q∃(r%s))*→Nr 衍推 q*→Nr，而 (2) 衍推 (3)。根据对刘易斯语义学的诺齐克式修改，这些问题是不太易懂的。因为假如：在 w 中，p 为假，并且 S 不是用 M 来得到关于是否 p 的信念；在与 w 最接近的世界 x——p 在其中为假——中，并且 S 是用 M 来得到关于是否 p 的信念，因此 S 不是借助 M 相信 p；在另一个与 M 接近 (但不像 x 那样接近) 的世界 y 中，p 为假并且 S 借助 M 确实相信 p。那么，(2) 中的反事实条件的前提在 w 中就为假，因此我们可以根据刘易斯的方法来评价那里的反事实条件，结果就是：它由于 x 而在 w 中为真；但是 (3) 中的反事实条件的前提在 w 中为真，因此，根据诺齐克式的修改，由于 y 而在 w 中为假。因此，根据所设想的对刘易斯语义学的修改，这种反事实条件并不满足上述限制。这可能是作进一步修改以使这种语义学与这种限制相一致的原因。它不会造成很多实践的区别，因为这种差异只出现在 p 在其中为假的世界中；由于借助方法 M 而知道是事实性的，因此 S 在这些世界上无论如何都不能借助 M 而知道 p，因此反事实条件中的不同并不蕴涵：如果 (2) 为真，(3) 就可能为假。

有时S借助M并不知道p,并且(2)中的反事实条件为假,而(3)中的为真,因此,(2)而非(3)可能解释了为什么S不是借助M而知道。例如,我通过看不能把Tweedledee和Tweedledum区别开*。我经常看见他们。当我看见其中之一时,我相信在附近的是Tweedledum。当我两个都看不到时,我既不会形成Tweedledum在附近的信念,也不会形成他不在附近的信念。甚至在我借助看的方法真信Tweedledum在附近时,我也不能借助那个方法知道他在附近。假如在这种时候,如果Tweedledum不在,Tweedlede就会在。由于用每种方式我都不能形成信念,因此(3)中的反事实条件对于替换"p"的"Tweedledum在附近"就为真。相反,(2)中的反事实条件就为假,因为如果Tweedledum不在附近并且我根据看以某种方式形成了一个信念,那么结果就是:通过看见Tweedlede,我错误地相信Tweedledum在附近。当然,这些情形并未证明(3)为假,而只是证明它不能解释知道的每一次失败。我们不是这样评价(3):它是在假定的知识的充分必要条件中所使用的一个候选者,就像诺齐克所追求的那样。

和(1)不同,(3)不会自动地产生怀疑论结果。一切都取决于方法的个体化。假如在好情形下一个人借助M相信他不是在坏情形下。那么(3)禁止借助M使这个真信念构成这个人不在坏情形中的知识,仅当这个人在坏情形下借助M相信他不是在坏情形下。例如,如果一个人的信念——他不是在坏情形下——在好情形下而非坏情形下是从看到这个人的身体推出来的,那么为什么那不应当构成所用方法的区别呢?诺齐克等人会反驳说:这种区别不算区别,因为它是主体不了解的。但是,远非显而易见的是:外部个体化的方法是主体所不了解的。反

* 特威德尔迪(Tweedledee)和特威德尔德姆(Tweedledum)是英国Lewis Carroll的小说《镜中世界》中的一对兄弟,现在通常指难以区分的两个人或难以区别的两件事物。——译者注

怀疑论者坚持认为,一个人在好情形下确实知道他看到了他的身体,即使他在坏情形下错误地相信他看见了他的身体。在从(3)推出怀疑论结论时,认为一个人在好情形下不知道他看见了他的身体,是回避问题的实质。要承担其辩证的目的,可通达性主张应当是:方法 M 必须是这样个性化的,以至于在每个可能情形下(不只是每个一个人在其中借助 M 而知道的情形),一个人都能够知道他是否在使用 M。但是第 4 章的论证表明,所有个体化原则都不能产生那个结果。不管方法是怎样个体化的,一个人并不总能够知道他是否在使用 M。

如果方法是内部个体化的,以至于一个人是否在使用方法 M 是随附于其大脑物理状态的,那么(3)的确会有一些怀疑论结果。但是一个人为什么应当按照那些人的意见接受(3)呢?方法的内部个体化看起来是划分不当的(gerrymandered),它恰好为我们对外部世界知识的要求造成了麻烦。此外,当方法是内部个体化的时,(3)在有些例子中是不合理的。我通过看通常就知道这里有一座高山,这似乎和这个假设是相容的:如果这里没有高山,那么一系列古怪的情景就会出现,它们是我幻觉到一座恰好具有这种外观的高山的结果。我们可以认为,这种类型的幻觉只会出现在和现实世界很不相似的世界中,并且产生它的机制是现实世界中所没有的。就通过看而知道了很多其他关于我现在的环境的东西——包括这里有一座冰山——而言,我实际上满足了(3);我的视力实际上工作完全正常,并且我有相信它工作正常的所有一般的理由。要阻止(3)的无保证的结果,即我不知道这里有一座高山,一个人必须从外部而非从内部对方法进行个体化。① 接下来的两章提出了关于方法和证据的

① 和诺奇克相关的外部的方法个体化,参见 Luper-Foy 1984 和 Shatz 1987。对(3)的其他批评,参见 Vogel 1987。

外部个体化的论证。

7.5　语境主义的敏感性

德罗塞避免了内在主义的不当划分。他对诺齐克的祖母例证的回应没有诉诸内部个体化的方法。

德罗塞首先提出,强调信念形成方法的相似性,在我们用以评价反事实条件件的可能世界之间的总体相似性测量标准中的重要地位,我们就可能支持诺齐克例证中的未修改的(1)。在决定如果 p 为假,什么会为真时,我们关注这些世界:是 S 在其中是借助相同的方法而相信的(1995:20-21)。祖母知道她孙子健康;如果他病了,她就不会相信他健康,因为她能看到他不健康。一个人或许也想这样分析反事实地幻觉的高山的例子,即认为其中没有幻觉也没有高山的世界,比其中有幻觉而无高山的世界,更类似于其中有高山而无幻觉的现实世界,因为引进一种极不寻常的因果机制对于信念形成方法意义重大。因此,“如果这里没有高山,我就不会相信这里有高山”可能肯定为真。但是具有这种相似性关系不大可能对戈德曼的狗的例子有所帮助。如果看见孙子健康和看见他病了构成了很相似的信念形成方法,那么为什么看见一条达克斯狗和看见一匹狼就不会呢?

德罗塞不是主张,强调相似性关系能处理每一个例子。例如,如果 p 是这个命题:我没有错误地相信我有手,那么不管使用了什么合理的相似性关系,(1)中的反事实条件件都为假。如果我错误地相信我有手,我就会相信我有手,并且相信这个逻辑结果:我没有错误地相信我有手。然而,从直觉上看,这个例子几乎威胁不到我的知识,即我没有错误地相信我有手;(1)在这个例子中是错误的。对我的如下知识同样如此:我不是一条总在不正确地想它有手的聪明狗(1995:22)。

德罗塞对(1)作出了一个大致的限定:

> 如果不解释我们何以会错误地相信我们认为我们知道的东西,我们就不会……判断我们自己对 p 无知,这里,Np 蕴涵着我们认为自己知道为假的事情。因此,我错误地相信我有手蕴涵着我没有手。由于我确实认为自己知道我有手(这个信念不是不敏感的),而且由于上述楷体印刷的命题并未解释我在我有手方面何以会错误,因此我将判断:我确实知道那个命题为假。(1995:23;符号被修改了)

这一段表明:如果 p 为假,我们认为自己知道为假的 Np 的结果("我没有手"),就是被错误地相信为假的,而且 Np 并未对原因作出解释。从第三人称观点看,我们可能判断 S 在这些情形下知道 p,仅当 S 相信 p,这至少部分是因为 Np 具有我们认为 S 知道为假的结果。如果 S 仅根据不同的、糟糕的理由而相信 p,那么 S 就不知道 p。提到 S 相信所依据的理由是通向诺齐克的方法的一个步骤,但它还远远不足以阻止这种解释的一部分怀疑论结果。否定这个命题,即我不是一个受到诱导而认为自己有手的缸中之脑,确实解释了我何以可能错误地相信我有手,因为那个怀疑论情景有很多细节需要解释。①

上述德罗塞的解释不够全面。例如,假定 α 是这种情形:我在爬山并且我自己看起来是在爬山;在我看来事物是其实际

① 引文认为,我们可以认为我关于我有手的信念是敏感的,我关于我没有错误地相信我有手的信念在相同语境下是不敏感的。这蕴涵了反事实条件在固定语境下的非传递性:"如果我错误地相信我有手,我就没有手"和"如果我没有手,我就不会相信我有手"为真,但"如果我错误地相信我有手,我就不会相信我有手"为假。语境主义的反事实条件理论寻求避开这种组合;参见 Wright 1983。

的样子。在β情形中,我是一个缸中之脑,但在我看起来事物一般就像它们在α中那样。如果我在β中,我应当相信我不是在β中。如果p是这个命题:我不是在β中,那么我就不是敏感地相信p。然而,在我现在的情形下,我知道我不是在β中,因为我既不是在α中也不是在β中;在我看起来事物根本不是像它们在β中那样。在我看起来自己是坐在办公室的电脑屏幕前。在我看起来自己是在爬山,就像我在β中那样。[①] 不管我处于什么情况下,我都不能敏感地相信p。因此(1)为假。此外,当我在β中时,我的错误信念就和在其他怀疑论情景中的一样可以解释,而这个例子没有涉及我在α中或在现实情形中的错误信念。因此,这个例子根本不涉及未解释的错误信念,这和引文中的表面的看法是相反的。

对德罗塞的建议稍作修改确实能处理这个例子。假定q是这个命题:在我看来自己不是在爬山。所以q衍推p(即我不是在β中),因此Np衍推Nq。如果我在β中,那么在我看起来自己就是在爬山。我认为自己知道q;这就是一个关于在我起来事物是什么样子的信念,而且在任何相关的情形下我都不会弄错q。我敏感地相信q,因为如果在我看起来自己是在爬山,我就不会相信在我看起来自己不是在爬山。此外,我在β中没有错误地相信q;我真信Nq。因此,Np并未解释我何以能错误地相信q。因此,人们可以这样修改德罗塞的建议:在我们判断(1)为假时,我们这样做是因为S敏感地相信一个衍推p的命题q,而且Np并未解释S何以错误地相信q。假如如果p为假,Np未解释当一个人不相信p时他何以错误地相信p,那么当S确实敏感地相信p时,p本身就是这样的一个命题q。因此,我

① Stephen Schiffer对我是一个BIV′的怀疑论假说提出了一个类似的问题,这就像一个缸中之脑一样——除了缺乏听觉之外(1996:331)。

们可以这样修改(1):

> (4)必然的是,如果S知道p,那么对于某个命题q来说:q衍推p,S敏感地相信q,并且Np没有解释S何以错误地相信q。

可以作进一步的修改。我们可能要求:S相信p是因为S相信q。我们或许使q与p之间的联系比衍推更宽松。下面的讨论将不依赖于这些细节。用(4)替换(1)的语境主义动机是:在我们评价“S知道p”时,我们不必考虑S在其中错误地相信q的情形,因为我们对S何以能这样做没有语境相关的解释。另外,这段引文提出了和(4)相反的东西,由于德罗塞说的是这样的情况:在那里“[我们]没有……判断我们自己对p无知”,但我们现在关心的不是知识的充分条件。当然,语境主义者的兴趣不在于(4)是一个普遍原则,而在于(4)是一种形式的例证——它在“S知道p”的相应例子中被说出时倾向于成真。

(4)何以能处理戈德曼的狗的例子呢?明显的建议是:尽管我关于我看见一条狗的信念是不敏感的,但它是从一个敏感的信念——我看见一条达斯克狗——推出来的。这个假说,即我没有看见一条狗,并未解释我何以错误地相信我看见了一条达斯克狗。这个建议提出的问题是:即使我确实有中间的信念,即我看见一条达斯克狗,但为什么它应当是敏感的呢?可能我倾向于将另一个品种相似的狗误当成了达斯克狗;除了把狗误当成达斯克狗之外,我根本不会出错。然而,在我看见一条达斯克狗时,我仍知道我看见了一条狗。知识似乎和这种普遍存在的轻微不敏感性是相容的。我们可以用另外一个例子确认这种怀疑。

我倾向于有些低估我所看见的距离。在我看见一段21米的距离时,我判断它不到20米,尽管在我看见一段23米的距离时,我不会判断它不到 20 米。这可能意味着:在我看见一段 19 米的距离并正确地判断它不到 20 米时,我并不知道它不到 20 米。这当然并不意味着:当我看见一段 1 米的距离并正确地判断它不到 20 米时,我不知道它不到 20 米。一段 1 米的距离和一段 21 米的距离在我看起来是很不相同的。在被给予了一段距离时,我在回答"它不到 20 米吗?"这个问题时的不可靠性,并不蕴涵在给予其他距离时我回答这个问题的不可靠性。假如船舷上的记号处于吃水线以上 1 米,在这种情形下,即如果它在吃水线以上不低于 20 米的地方,那么它就可能在吃水线以上不到 20 米的地方。① 我是通过看来判断记号是否在吃水线以上不到 20 米的地方。假定 p 是这个命题:记号在吃水线以上不到 20 米的地方。如果 p 为假,我仍可能相信 p。我不敏感地相信 p。我确实仍能知道 p,因为我相信 p 证据,与如果 p 为假我相信它所根据的证据,是极不相同的。根据(4),我必定敏感地相信一个衍推 p 的命题 q,这里 Np 并未解释我何以能错误地相信 q。什么是 q 呢? 一个明显的候选者是这个命题:记号在吃水线以上不到 2 米的地方。因为那衍推了它在吃水线以上不到 20 米的地方;这个假设,即记号在吃水线以上不低于 20 米的地方,并未解释我何以错误地相信它在吃水线以上不到 2 米的地方。但是,即使我不是从任何与这个命题——记号在吃水线以上不到 2 米的地方——相似的东西推出 p 的,我仍能知道 p;p 可能是我对以米来衡量的距离所具有的唯一命题。即使我确实相信记号在吃水线以上不到 2 米的地方,那个信念也可能是不敏感的。我有一种普遍低估距离的倾向;如果记号在吃水线以上不低于 2 米的地方,它可能只是在其上 2 米多一点的地方,那么我

① "可能"反事实条件在这里是作为对立的"将会"反事实条件的否定形式。如果敏感性被弱化到只要求"如果 p 为假,S 就会相信 p"为假,我们就可以设置这样的情形:如果这段距离不小于 20 米,它就会小于 21 米。

仍判断它在吃水线以上不到2米的地方。即便如此,我也能够知道它在吃水线以上不到20米的地方。换言之,我可以从这些前提——这段距离看起来是L,并且只有小于20米的距离有L——推出p。但我是敏感地相信后一个前提吗?很可能不是如此。如果比20米稍长的距离有L,我就将会或可能仍相信只有小于20米的距离有L。但我仍知道这个记号在吃水线以上不到20米的地方。因此,(4)容易受一种与知识相容的普遍而轻微的不敏感性的影响。附录3给出了一个形式模型,用以证明这种微弱的系统的不准确性何以能使一个人几乎完全不敏感。

一种不同的建议是:考虑信念度(degree of belief)。这种观点是:如果记号在吃水线以上略超过20米的地方,我仍会相信它在吃水线以上不到20米的地方,尽管与我在这段距离只有1米时相信这一点相比要更不自信。但是如果我不是那样又如何呢?假如一旦我在一个界限情形下形成了一个信念,我就会坚持它;可能一个雄性机制使我在这个情形下所感觉到强烈自信比在界限情形下感觉到的更大。可惜的是,尽管可能如此,但在这段距离是1米时,它不会使我不知道它不到20米。信念在程度上是全有或全无的动物可能具有这些知识。

不管这种不准确性多少小,如果是非零的话,这个问题都会产生。即使我错误地相信不到n米的距离只比多于n米的距离少1毫米,但是,当——如果这段距离更大——它小于1毫米多时,那个信念仍是不敏感的。

自然,个别例子不会否定这个假设:大多数普通的情形都符合(4),甚或符合(1)。德罗塞谨慎地避免提出诸如无例外规则(exceptionless generalizations)这样的原则;语境依赖性是一种难以控制的现象。然而,他并未将难以处理的情形作为在统计学上不重要的而排除;他接受了解释它们的责任,就像他愿意用类似于(4)的东西来取代(1)所表明的那样。还相当不清楚的是：在一个反事实框架内，如果不诉诸被很好地个体化的方法——就像在(2)或(3)中那样——如何来解释(4)的这些反例。[1] 0

7.6　敏感性与宽内容

用类似于条件(4)的条件来解释怀疑论的吸引力，遇到了另外一个问题，它来自于内容的外部个体化。

希拉里·普特南(1981)彻底否认了缸中之脑会错误地相信它不是一个缸中之脑，他论证说：它缺乏提及脑和缸所必需的这种与大脑和缸的因果联系。如果我是一个缸中之脑，我可能会认为"我不是一个缸中之脑"，但并不因此而表达了这个命题：我不是一个缸中之脑。如果一个人在坏情形下缺乏掌握这个命题——他不是在坏情形下——的因果或概念之源，那么每当这个人相信他不是在坏情形下时，他就会既真又敏感地这样相信。

普特南对怀疑论的处理看起来不够全面。如果我只是最近才被放进缸中(envatted)，我和我以前的环境所保持的因果联系足以表述这个命题：我没有被放进缸中(Smith1984，Wright1992a:86;DeRose1995:1)。然而，更受限制的内容外在论形式威胁着任何从(4)得出怀疑论结果的尝试。

假定坏情形是一个适当的怀疑论场景，在其中，内容外在论不会阻止我理解我的困境。假定p是这个命题：我不是在坏情形下。那么，在坏情形下，我理解了p；我错误地相信p。因此，在相应的好情形下——在其中，事物就像它们在坏情形中所表

① (4)和这种关于信念度的建议都是以Keith DeRose所提出的建议为基础的，尽管他不对目前这些表述的细节负责。

现出来那样——我真地但不敏感地相信 p。(4)蕴涵我不知道 p 吗? 在好情形下,我可能敏感地相信一个我由之推出 p 的命题 q,而内容外在论可能阻止我在坏情形下理解 p。例如,假定 q 是这个命题:我看见这支钢笔;q 衍推 p。在坏情形下,我看不到这支钢笔并且我和它没有任何——不管多少间接的——联系。我不是在思考这支钢笔,即使我是在思考一般的钢笔,并且可能是在思考一个特别的钢笔意象(pen-image)。尽管我知道"我看见这支钢笔"这些词语的语言学意义,但我不能理解这个命题:我看见这支钢笔。在这个语境下它不是由那个句子表达。由于在 p 为假时我不能相信 q,因此 Np 就没有解释我何以能错误地相信 q。在好情形下,我敏感地相信我看见这支钢笔。如果我没有看见它,我可能会处于别的某个普通情景下并且不相信我看见了它。即使如果 q 为假我将会或可能处于坏情形下,但我仍不相信 q;这里具有这种相似性关系不会有助于德罗塞。在好情形下,我推断:由于我看见这支钢笔,因此我不是处于坏情形下,并且我相信我不是处于坏情形下。在坏情形下,我仍具有"我看见这支钢笔"这个前提标记(premise token),并且经过了一个表面上类似于演绎的过程,但我的前提标记没有内容。因此,(4)中的结果对于"p"和"q"的具体值来说为真。尽管(4)蕴涵了"我知道我不在坏情形下"终究为真,但这是语境主义解释认为要否证的这种知识主张的典范。语境主义者对语境主义的论证,是通过引证它解释怀疑论的吸引力的能力,因为它预言了许多怀疑论话语的真。那些预言是从(1)推出的;它们不是从(4)推出的。实际上,如果内容外在论和(4)的逆命题被补充到这种理论中,相反的预言是可以推出来的。

诺齐克处理这个例子,可能是通过坚持认为,我在这两种情形下相信 p 是借助于同一种内部个体化的方法 M,不管我是否理解了 q。因此,在好情形下,尽管我借助 M 真相信 p,但如果 p

为假,我借助 M 仍会相信 p;根据(3),甚至我在好情形下也不知道 p。但是那个怀疑论结果依赖于一个对方法进行个体化的原则,在第 7.3 节中会看到这个原则是有问题的。

德罗塞处理这个问题,能通过修改(4)以谈论准命题而非命题吗——这里准命题除了是被窄地个体化的之外和命题类似?那样说比做容易,因为我们需要被告知对准命题进行个体化的是哪条窄标准;哪些内部区别和思考同一个准命题是一致的?此外,诉诸准命题看起来特别值得怀疑。它需要某种独立的动机,如果它不是一种纯粹的装扮(4)以支持怀疑论者的装置的话。这种向内在主义思想模式的回归,看起来和德罗塞的解释在其他情况下的外在主义精神是相违背的。下一章的论证将进一步削弱那些思想模式。无论如何,我们必须记住:(4)仍被第 7.5 节中关于知识与系统的、细微的不敏感性相结合的例子否定了。

第8章　怀疑论

8.1 计　划

理性的思想者都尊重他们的证据。如果正确理解的话,这是一种老生常谈。但除非知道证据是什么,否则人怎么能尊重他的证据呢? 因此,理性的思想者必定不知道他们的证据是什么吗? 倘若如此,那么对于理性的主体来说,这个条件即一个人有如此这般的证据,就应当是足道的,也是透明的。但是假如第4.3节的反透明性论证成立,这何以可能呢?

这个假设即理性的思想者知道(或者能够知道)他们的证据是什么,具有怀疑论论证的含义。非怀疑论者要求:在怀疑论论证中,好情形与坏情形之间有一种特殊的不对称性(第8.2节)。怀疑论者破坏这种不对称性,是说主体在这两种情形下具有完全相同的证据,但这种主张不是明显的(第8.3节)。我们可以从这个前提,即理性的思想者知道他们的证据是什么,得出这个结论:他们的证据在这两种情形下是相同的(第8.4节)。这个结论会迫使一个人接受一个现象的证据概念(第8.5节)。但是这个前提,即理性的思想者知道他们的证据是什么,由一个类似的论证导致了一个明显错误的结论(第8.6节)。这是第4.3节和第5.1节的论证的另一个变种。理性的思想者并非总能够知道他们的证据是什么;他们并非总能够知道理性对他的要求是什么(第 8.7 节)。这些结论可以推广到这些怀疑论论证——在这些论证中,怀疑论者并不主张好情形与坏情形之间的证据的同一性(第 8.8 节)。一个结果是:怀疑论论证可能因假定的知识过多而错误;通过向怀疑论者牺牲掉一些自我知识,我们对世界会得到更多知识。

8.2 怀疑论与认知可通达性的非对称性

为了简单起见,我们可以把怀疑论者看成普通人,而无需尝试跟踪这种变化无常的怀疑论论证。怀疑论是一种根据其症状(如对无知的过度断定)进行个体化的疾病;因此,我们不应该认为它只能以一种方式产生。现在的目标是确认一种主要的产生方式,而非彻底消除这种疾病。

为了论证,让我们假定:第 2.2 节和第 3.2 节所讨论的内容外在论的限制与理解怀疑论方案(scenarios)中的相关命题是一致的。一个最近被装入缸内的脑仍能思考外部世界。甚至对这个脑来说,这个假设在被运用于由知觉指示词所表达的命题时也是成问题的(也可参见第 7.6 节)。例如,假如我看见了一片云并想那片云是乌云。一个在云出现前被装入缸中的脑——在某种意义上具有与我的经验难以区别的经验——没有思考那片云是乌云,尽管它可能思考"那片云是乌云"这些词语,并且它不能够知道它并不会因此而表达一个关于某片云是乌云的单称命题。不太极端的怀疑论方案——涉及纯粹的幻觉之类的东西——也会出现类似的问题。为了论证,我们可以——可能过于慷慨地——假定,怀疑论者有某种方式可以吸收内容外在论的这些含义。

怀疑论者将好情形与坏情形进行了对比。在好情形下,事物的表现一般和它们通常的表现一样,并且它实际上就是那样子;一个人相信某个命题 p(例如,他有手),并且 p 为真;根据通常的标准,这个人知道 p。在坏情形下,事物的表现一般仍和它们通常的表现一样,但它实际上是另外的样子;一个人仍相信 p,但 p 为假;根据任何标准,这个人就不知道 p,因为只有真命题被知道。就外在论所允许的而言,事物在好情形和坏情形下呈现给人的样子完全相同。怀疑论者认为,由于一个人在坏情形下错误地相信 p,因此他在好情形下就不知道 p(即使 p 为真)。我们先不问怀疑论者为什么应当认为一种情形下的假信念排除了另一情形下的知识,我们先考虑坏情形。

无可争议的是,如果一个人在坏情形下,那么他就不知道他不是在好情形下。即使一个人悲观地相信他不是在好情形下,他的真信念也不构成知识;他没有理由认为这些表象在那个方面是误导的。更一般地说,和他在坏情形下所知道的一切相一致的是:他在好情形下。因为即使一个人在坏情形下相信一些真命题——它们衍推了(与这些表象相反)他不是在好情形下,那些真信念也并非都构成了知识。坏情形的一部分坏就在于这个人不可能知道他的情形究竟有多坏。

对于怀疑论者来说,这两种情形是对称的:正如一个人处于好情形下和他在坏情形下所知道的一切是一致的一样,一个人处于坏情形下和他在好情形下所知道的一切也是一致的。这个人只是不能说出他处于哪种情形下。对怀疑论者的对手来说,这两种情形不是对称的:尽管一个人处于好情形下和他在坏情形下所知道的一切是一致的,但他处于坏情形下和他在好情形下所知道的一切是不一致的。就处于好情形下来说,根据怀疑论者的对手,一个人知道 p(例如,他有手),并且也知道(根据对坏情形的描述)如果他处于坏情形下,p 就为假。这三个命题不是全部一致的:

(a)一个人处于坏情形下。

(b)如果一个人处于坏情形下，那么 p 就为假。

(c)p。

那个论证并不是认为，一个人知道哪个是他所知道的东西的逻辑结果，因为反怀疑论者的结论只是：一个人处于坏情形下和他在好情形下所知道的东西是不一致的，而不是：一个人在好情形下知道他不是在坏情形下。尽管反怀疑论者可能认为，这个人在好情形下也知道他不是在坏情形下，但这种非对称性并不要求进一步的知识主张。

我们可以用认知逻辑的术语来陈述这种非对称性(也可参见第 10.4 节)。情形 β 被认为是从情形 α 可认知通达的(epistemically accessible)，当且仅当一个人在 α 中所知道的一切在 β 中都为真。那么，根据反怀疑论者，尽管好情形是从坏情形可认知通达的，但坏情形是不能从好情形认知通达的。

处理由索引表达式的宽内容提出的问题可能需要一些改进。当在任何α情形中说出时，“这个情形得到”这个句子表达了一种在 α 而非在其他情形下为真的内容。也许一个人在 α 中无需知道与 α 相关的一切就能知道该内容；我们可能承认除 α 之外的情形都可从 α 认知通达，因为“这个情形得到”表达了它们中的(不同的)真内容。这种复杂情况并不影响后面的主要论证。

众所周知，认知可通达性的非对称性产生了模态逻辑中的认知版本的“布鲁沃斯克”论题——即这个原则：如果 p 为假，那么一个人就知道他不知道 p($Np \supset KNKp$；“K”指“一个人知道”)——的反例，从而产生了认知版本的 S_5 论题——即这个原则：如果一个人不知道 p，那么他就知道他不知道 p($NKp \supset KNKp$)——的反例。后一个原则衍推前一个原则，因为知识是事实性的(Kp⊃K 成立)。与认知的 S_4(KK 原则)相似,认知的 S_5 体现了一种透明性主张。但是认知的 S_5 原则在非怀疑论假设上的失败第 1.2 节已经指出来了,它不依赖于一般的反透明性论证。因为在坏情形下,p 为假并且一个人不知道 p,但是这个人不知道他不知道 p。如果一个人在坏情形下知道他不知道 p,那么,根据怀疑论者的对手,这个人在好情形下和他在坏情形下所知道的一切就是不一致的,因为这三个命题不完全一致:

(d)一个人在好情形下。

(e)如果一个人在好情形下,那么他就知道 p。

(f)一个人不知道 p。

根据怀疑论者的对手,一个人根据对好情形的描述以及他对这种描述符合他知道 p 的条件的评价,甚至在坏情形下也知道(e)。不知道他不知道,这是坏情形的特征。尽管怀疑论者试图论证,这两种情形之间所假定的非对称性最终是不稳定的,但至少没有直接的不融贯性。①

一种常见的忽略这种认知非对称性的方法是说:这两种情形是难以分辨的。当然,如果 x 难以与 y 相分辨,那么 y 就难以与 x 相分辨。但是甚至不可分辨性也体现了一种隐藏的非对称性。因为当它们表现为一种方式而非另一种方式时,一个人也许能在 x 与 y 之间作出分辨(Williamson 1990a:14-20)。一个情形能有两种相关的表现方式。当一个人处于一种情形下时,他可以使它索引性地呈现给自己,就像"我现在的情形"那样。换言之,不管一个人是否处于一个情形下,他都能使它描述性地

---

① 关于与怀疑论有关的认识的非对称性,参见 Williams 1978:310-313,但是 Williams 只相信在死亡、吸毒、睡觉等导致主体不能理性地思维时的非对称性。Humberstone 1988 对非对称性的障碍有详细的讨论。关于认知非对称性的其他资源,参见第 10.4 节和附录 5。

呈现给自己，例如，使好情形呈现为“好情形”，使坏情形呈现为“坏情形”。由于我们有两种情形，并且我们对它们中的每个都有两种呈现方式，因此我们在表 1 中就有四种可能性要考虑。

表 1　情形的呈现

可能性	好情形的呈现	坏情形的呈现
II	索引性的：“我的情形”	索引性的：“我的情形”
ID	索引性的：“我的情形”	描述性的：“坏情形”
DI	描述性的：“好情形”	索引性的：“我的情形”
DD	描述性的：“好情形”	描述性的：“坏情形”

可能性 II 不会产生，因为一种情形可以被索引性地呈现为“我现在的情形”，仅当一个人处于这种情形中；由于一个人不能同时既处于好情形中又处于坏情形中，因此他就不会遇到在它们——每个都索引性地呈现为“我现在的情形”——之间作出辨别的任务。DD 区别是不足道的，因为一个人只需对它们——呈现为“好情形”和呈现为“坏情形”——之间作出概念的辨别，无需揭示一个人处于哪种情形中。有意思的可能性是 ID 和 DI。怀疑论者和反怀疑论者都同意：一个人在坏情形下不能将坏情形——被索引性地呈现为“我现在的情形”——与好情形——被描述性地呈现为“好情形”——相区别。因此，无可非议的是：这些情形是不可分辨的 DI。问题是：它们是不是不可分辨的 DI。不可分辨性在如下意义上是对称的：如果呈现于 M 模式之下的 x，无法与呈现于 N 模式之下的 y 相区别，那么呈现于 N 模式之下的 y，就难以与呈现于 M 模式之下的 x 相区别，但显然不能推出：呈现于 N 模式之下的 x，无法与呈现于 M 模式之下的 y 相区别。DI 不可分辨性并不蕴涵 ID 不可分辨性。反怀疑论者主张，一个人在好情形下能够将好情形——索引性地呈现为“我现在的情形”——与坏情形——描述性地呈现为“坏

情形”——相区别，因为那就是要在好情形下知道他不是在坏情形下。怀疑论者主张，一个人不可能作出那种辨别，但是，由于那事实上是主张一个人在好情形下不可能知道他不是在坏情形下，因此 ID 不可分辨性就相当于怀疑论者的结论。怀疑论者不能不回避问题实质地将它作为一个前提。

在这个论证的更复杂版本中，怀疑论者可能假定了这样一个主体，他的情形随着时间在好情形与坏情形之间摇摆。这个主体实际上不能在好情形——索引性地呈现为“我现在的情形”——与坏情形——索引性地呈现为“5 分钟前我的情形”——之间作出分辨，从而也没有相关的知识。由此不能推出：即使一个人的情形实际上不是在摇摆或有摇摆的风险，他也没有那种知识。换言之，怀疑论者可能更喜欢诉诸现象的同一性而非不可分辨性。因此，这个摇摆例子并没有达到怀疑论者的目的。在下面的论证过程中会看出来诉诸于此最终是无用的。

8.3 证据在好情形与坏情形中的区别

怀疑论者通常坚持认为：一个人在两种情形下具有完全相同的证据。因此，由于一个人在坏情形下根据那种证据而相信 p，因此，根据他在好情形下所具有的证据而相信 p，对于 p 的真是不充分的。如果怀疑论承认，一个人在两种情形下有不同的证据，那么坏情形下的假信念对于好情形下的知识，就是一个远非紧迫的威胁：根据坏证据而错误地相信 p 的可能性，和根据好证据而知道 p 的可能性是完全相容的。关于外部世界的怀疑论，比关于自己感觉的怀疑论有更强的直觉力量，因为我们通常不会认为，关于自己感觉的信念是以对它们的真不充分的证据为基础的。

怀疑论者不能只规定一个人在好情形和坏情形下有相同的证据。因为证据概念能服务于怀疑论者的目的,仅当它与别的认知概念——如知识概念——有足道的关系。有些(但非所有)关于证据的外在论者认为,那些关系在这两种情形之间强加了证据的不同。如果怀疑论者打算规定:坏情形是这样的情形,即一个人错误地相信 p,但所具有的证据和他在这种情形——根据外在主义标准,他知道 p——下的证据相同,那么,那些外在主义者就会反驳说:倘若如此定义,坏情形就是不可能的,怀疑论论证并不会起作用。相反,怀疑论者应当用不太有争议的术语来定义坏情形,以至于它的可能性会得到赞成,然后论证这种论点:一个人在坏情形下和好情形下具有相同的证据。很多当代非怀疑论者都接受了怀疑论者总体论证中的那个观点。他们承认,在我们有经验知识时,我们根据完全相同的证据可能会对相同的命题具有错误的信念。很多人认为,至少在有些语境下,坏情形在某种意义上和好情形中的知识归属是不相干的。① 就现在的目的而言,重要的就是这种主张:一个人在两种情形下有相同的证据。那种主张如何能得到支持呢?

一个自然的论证是通过归谬法。假如一个人在两种情形下有不同的证据。那么这个人在坏情形下能推出他不是在好情形下,因为这个人的证据不是他在好情形下会有的证据。但是,甚至怀疑论者的对手也同意:一个人处于好情形下和他在坏情形下所知的一切是一致的。因此,这个人在两种情形下具有相同的证据。

这个论证认为,一个人在坏情形下知道他的证据是什么,否则他就没有进行演绎的前提。那么,这个人即使在坏情形下也肯定是有理性的;有时误导的证据会使错误的信念合理。因此,

---

① Lewis1996 给出了一种这类新解释,证据的相同在解释中起着核心的作用。McDowell 1982 否认这些证据是相同的。对于其他相关的方法,一般可参见 Gold1976、Dretske1981b 和 Cohen1988。

假如有这种假设:理性的思想者能够知道他们的证据是什么,一个人就能知道他的证据是什么。诉诸那个假设绝不限于怀疑论者;毕竟,它说的是理性的思想者能够知道某种东西。所提到的这种观点就是:理性要求一个人尊重他的证据,而这是在一个人不知道它是什么时无望做到的。

8.4 证据同一性的论证

让我们详细分析证据同一性的论证。为了简单起见,我们可以关注这样的情形:一个人有理性,拥有所有相关的概念,并且正在反思他的证据及其含意;一个人在认知上很主动,主动得足以知道他对其证据能够知道的一切。如果怀疑论者能证明,在这些条件下,这个人的证据在两种情形下是相同的,那么反怀疑论者持如下看法将无所收获:当这个人在认知上不太主动时,证据会有所不同。

我们从如下前提开始:一个人知道他的证据是什么。“证据”在这里以及各处都指一个人的证据总体。知道一个人的证据是什么就是:在相关意义上,这个人必须比仅仅把它看成“我的证据”做得更好。要能够尊重其证据,这个人必须以一种更清晰、更本质的方式确认证据的具体内容。这个人不一定将这种确认压缩成一条知识。内容可以由一组适当的属性来说明,对于其中的每种属性,这个人都知道他的证据处于关于该属性的某种权威说明之下。我们替怀疑论者假定:对每个适当的属性都可以给出唯一一种权威的说明。为了论证,让我们承认:这样一种权威的概念可以详细地处理。我们也可以认为,如果一个属性是适当的,它的补集(complement)也是适当的。因此第一个前提就是:

(1)就任何适当的属性π来说,在任何情形下,一个人的证据具有π,他都知道他的证据具有π。

如果我们想把(1)和论证的其他部分推广到这些情形——即一个人有理性,拥有所有相关的概念,并且现在正在反思他的证据及其涵义——之外,那么我们就能用“能够知道”替换“知道”。一个人可能想知道:(1)是否造成了无限后退,如理查德·富莫顿(2000)所提出的那样。如果每当π算作一种适当的属性,知道具有π都算作一种适当的属性,那么它就会导致无限后退,但是(1)的支持者不应当承认那个假设。适当的属性是内在于一个人的证据内容的;知道有这样一种属性本身不一定内在于证据内容。

第一个前提涉及的是一个人的自身情形的第一人称知识,而第二个前提涉及的是来自于另一个人内部的关于一个人自身情形的第三人称知识。要使这个论证有效,一个人在坏情形下就必须知道:若他处于好情形下,他的证据会是什么,这里,好情形是被描述地呈现的。我们可以非常公正地认为,“好情形”和“坏情形”这些词语是对下述描述的简写:对于每个适当的属性来说,如果一个人的证据在一种情形下具有一种适当的属性,那么它是用这种情形的描述说明的;如果一个人的证据缺乏一种适当的属性也同样如此。由于怀疑论者仍坚持认为,如果一个人处于某种情形下,不管他对这样的情况有多少信息,它也不能使他明白他处于哪种情形下。我们可能认为,一个人可以指称这些适当的属性,因为那已经蕴涵在(1)中了:如果一个人的证据有适当的属性π,那么他就知道他的证据有π,并因此能指称π;如果他的证据没有π,那么它就有适当的互补(complementary)属性非π,因此这个人就知道它有非π,因此他能指称非π,从而他能指称π。因此,只解析其关于“好情形”的描述性概念,一个人在坏情形下,对于他在好情形下的证据的适当属性,就能得到不足道的概念知识:

(2)就任何适当的属性π来说,如果一个人在好情形下的证据没有π,那么他在坏情形下就知道他在好情形下的证据没有π。

第三个前提清楚地表达了这个人在坏情形下的困境的恶劣程度。从这些前提——一个人在坏情形下知道其中每个前提,这个人不能推出他不是在好情形下。

(3)一个人处于好情形下和他在坏情形下所知道的东西是一致的。

那么将“π”限定于适当的属性中,并假定:

(4)一个人在坏情形下的证据有π。

再假定——作为归谬法的一个假设:

(5)一个人在好情形下的证据没有π。

前提(2)和(5)衍推了:

(6)一个人在坏情形下知道他在好情形下的证据没有π。

前提(1)和(4)衍推了:

(7)一个人在坏情形下知道他的证据有π。

从“他在好情形下的证据没有π”和“他的证据有π”,这个人可以推出“他不是在好情形下”。根据(6)和(7),这个人在坏情形下知道那个演绎的每个前提;因此:

(8)一个人处于好情形下和他在坏情形下所知道的东西是不一致的。

那么,(8)——它依赖于假设(1)、(2)、(4)和(5)——和(3)就

是矛盾的。因此,根据假设(1)—(4),我们可以根据归谬法否定(5):

(9)一个人在好情形下的证据有π。

我们可以根据假设(4)对(9)进行条件化:

(10)如果一个人在坏情形下的证据有π,那么他在好情形下的证据就有π。

这里,(10)依赖于假设(1)—(3)。由于适当的属性据认为被封闭于补集之下,因此我们可以用"非π"替换"π"来概括(1)—(10)的论证,就产生了:

(11)如果一个人在坏情形下的证据有非π,那么他在好情形下的证据就有非π。

对(11)进行质位互换就产生了(10)的逆命题。因此,在(10)和(11)中的"π"上进行推广,我们就有了:

(12)一个人在好情形下的证据和他在坏情形下的证据有相同的适当属性。

结论(12)依赖于假设(1)、(2)和(3)。它可以被重述成这种主张:一个人的证据在好情形下和坏情形下是相同的,这里,证据是根据适当的属性进行个体化的。如果和这个论证相似的论证,不是怀疑者和其他人认为一个人在这两种情形下具有相同证据的理由,那么就根本不清楚理由是什么。

8.5　现象的证据概念

一个人在好情形下和坏情形下有相同的证据,这对证据的本质是一种严格的限制。它和这种观点是不一致的:证据是由真命题——就像通常作为科学理论的证据而提出的命题一样——构成的。例如,这种好情形——我看到刻度盘显示为0.407——相当于这种坏情形:刻度盘不是显示为0.407,而我的幻觉是0.407,并且刻度盘显示为0.407和所知的一切是一致的。由于这个命题,即刻度盘显示为0.407,在坏情形下为假,因此它在坏情形下就不是证据。如果我的证据在两种情形下是相同的,那么,刻度盘显示为0.407,在好情形下也不是证据。根据类似的理由,(12)不会使我的证据包括部分地根据与环境的关系进行个体化的知觉状态。不管我的认知环境多么有利,我具有的证据只和我在相应的怀疑论方案——不管多少远、多么古怪——中所具有的一样多。视网膜刺激和大脑状态是再好不过的证据了,否则它们在一些怀疑论方案中就也会有不可知的区别。因此(12)将证据推向了纯粹现象的证据。

我们不应当认为自己完全不依赖于(12)就能理解现象概念。相反,现象可能被认为是由那些条件构成的,不管这些条件是什么,每当有理性的主体处于这些条件下时,他们都能知道自己处于它们之下。人们可能认为,这些条件是由现在的记忆经验条件和现在的知觉经验条件构成的(Lewis1996:553)。这些条件的存在据认为保证了这个论证:理性要求人尊重他的证据,而且除非人能够知道他的证据是什么,否则这就不能要求他尊重什么。①

① Fumerton2000提出了另外一种现象概念,它随附于直接亲知的关系之上。很可能,直接亲知某种东西就是亲知它但不是通过亲知别的东西。但是这样一来,要证明我在好的情形下不可能直接亲知某种东西(如我的手)——我在坏的情形下不能直接亲知它,我们就没有一个合理的论证。Fumerton的一些评论也预设了:一个人总能够知道的现象概念和一个人不会弄错的现象概念是等价的。这些概念并不是明显等价的。我可能能够知道p却错误地相信Np,因为我的上师告诉我的是Np。如果一个人可以有矛盾的信念,那么我就甚至能知道p却自我欺骗地相信Np。

(12)的论证不易受到下列两者之间区别的影响：一个是与好情形相关的选项，另一个是与好情形不相关的选项，因为这个论证根本没有假定坏情形与好情形的相关性。它没有使用这种怀疑论主张：一个人处于坏情形下和他在好情形下所知道的东西是一致的；它只使用了这个没有异议的主张(3)：一个人处于好情形下和他在坏情形下所知道的东西是一致的。尽管那可能会假定好情形与坏情形在某种意义上的相关性，但那个假设是无可非议的，因为好情形就是这种情形：即一个人相信自己处于其中，并且若他在坏情形下，那么在他自己看起来是处于其中的情形。即使一个人在好情形下适当地忽视了坏情形，但(12)的论证仍证明（根据其前提）：一个人在好情形下的证据不可能超过他在坏情形下的证据。

相关的选项与不相关的选项之间的区别会为怀疑论者的另一主张——坏情形下的假信念排除了好情形下的知识——造成麻烦吗？可能在情形 β 中，根据某些证据错误地相信 p 会排除在情形 α 中根据相同的证据知道 p，仅当 β 是 α 的一个相关的选项，这里的“相关的”意指：坏情形不是好情形的一个相关的选项。尽管那不是现在的问题，但这里不难感觉到对怀疑论者的同情。如果一个人的证据对于其信念的真是不充分的，那么，在这种意义上：他可能根据很相同的总体证据错误地相信 p，他似乎至多在“知道”的一种引申的、弱化的意义上知道 p。我们可以将它与这种更强健的意义进行比较：一个人知道证据本身，如果证据可以被命题性地设想的话。但是所有这些问题都预设了：一个人的证据在好情形下和坏情形下实际上是相同的。(12)的论证的说服力如何？特别是，对其关键前提(1)的证成的说服力如何？

8.6 证据的同一性与连锁论证

建构一个从(1)到一个明显错误的结论的类似论证,我们就能摧毁(12)的论证,特别是其关键前提(1)。不管证据的本质是什么,理性的思想者并非总知道他们的证据是什么。这个论证利用了人的辨别力的一般限度。它是第4.3节的反透明性论证的一种运用,它通过一些修改澄清了它与第8.4节所提出的论证的关系。这个论证证明:一个人的证据有适当的属性π这个条件不是透明的;这个条件即使在这个人不能够知道它得到时也能得到。

假如$t_0,t_1,t_2,\cdots\cdots,t_n$是一长串间隔为1毫秒的时间。设想一个人的经验非常缓慢地从t_0变为t_n;例如,一个人看到太阳缓缓升起。这个人不知道准确的时间。他在这个过程开始时的证据(漆黑一片)与在结束时的证据(阳光灿烂)是截然不同的。他的证据的一些适当的属性是不同的;为了这个论证的目的,这些适当的属性是否穷尽了这个人的证据内容并不重要。我们可以假定适当属性的补集本身就是一种适当的属性,但论证的目的无需那个假设也能实现。对于$0\leqslant i\leqslant n$,假如"a_i"是对一个人在t_i时所处情形的描述的简写;这种描述以计时的词语说明了时间t_i,并列出了这个人的证据在那时所具有的适当属性以及它那时不具有的适当属性。至于怀疑论者最初的论证,我们可以假定这个人能够指称这些适当的属性,因为这就蕴涵在(1)中。因此,一个人在一种情形下对他在另一情形下的证据的适当属性,可以具有不足道的概念知识,这只通过解析他对后一种情形的描述性概念就行;特别是:

(2_i)就任何适当的属性π来说,如果一个人在α_{i-1}中的证据没有π,那么他在α_i中就知道他在α_{i-1}中的证据没有π。

(2_i)的证成和上述(2)的证成完全相同。

那么,考虑这种对一个人在1毫秒前实际所处情形的描述。根据这个人的有限辨别力,他不知道这些命题:他能从它们演绎出该描述不能运用于他自身的情形:

(3_i)一个人处于 α_{i-1} 中和他在 α_i 中所知道的东西是一致的。

由于本章的目的只要求这样一个例子:(1)在其中有错误的结果,因此任何读者,如果幸运得能对自己的状态作出完美的分辨,就应当考虑现在的作者这个不太幸运的例子,作者经常处于像(3_i)那样的困境中。在这些情形下,(3_i)明显的,大致而言就像:明显的是,我在看一棵仅 i-1 毫米高的树,和我实际上在看远处一棵 i 毫米高的树时我通过看所知道的东西是一致的。从我基于看所知道的前提到结论:我不是在看一棵仅 i-1 毫米高的树,是无望建立一个有效演绎的,更别说建立一个我在某种程度上不能够进行的演绎了。同样,从我在 α_i 中所知道的前提到结论:我不是在 α_{i-1} 中,也无望建立一个有效的演绎,更别说建立一个我在某种程度上不能够从事的演绎了。

这个论证的进行和前面一样。将"π"限定于适当的属性,并假定:

(4_i)一个人在 α_i 中的证据有π。

进一步假定——作为归谬法的一个假设:

(5_i)一个人在 α_{i-1} 中的证据没有π。

前提(2_i)和(5_i)衍推了:

(6_i)一个人在 α_i 中知道他在 α_{i-1} 中的证据没有π。

前提(1)和(4_i)衍推了：

(7_i)一个人在α_i中知道他的证据有π。

从"一个人在α_{i-1}中的证据没有π"和"一个人的证据有π"，这个人能推出："他不在α_{i-1}中"。根据(6_i)和(7_i)，一个人在α_i中知道那个演绎的每个前提；因此：

(8_i)一个人在α_{i-1}中和他在α_i中所知道的东西是一致的。

那么(8_i)——它依赖于假设(1)、(2_i)、(4_i)和(5_i)——就和(3_i)相矛盾。因此，根据假设(1)和(2_i)—(4_i)，我们通过归谬法就能否定(5_i)：

(9_i)一个人在α_{i-1}中的证据有π。

我们可以根据假设(4_i)对(9_i)进行条件化：

(10_i)如果一个人在α_i中的证据有π，那么他在α_{i-1}中的证据就有π。

这里，(10_i)依赖于假设(1)、(2_i)和(3_i)。由于适当的属性据认为被限定于补集之下，因此我们可以用"非-π"代替"π"来概括(1)—(10_i)的论证，就产生了：

(11_i)如果一个人在α_i中的证据有非π，那么他在α_{i-1}中的证据就有非π。

对(11_i)进行质位互换就产生了(12_i)的逆命题。因此，对(10_i)和(11_i)中的"π"进行推广，我们就有了：

(12_i)一个人在α_{i-1}中的证据和他在α_i中的证据有相同的适当属性。

命题(12_i)依赖于假设(1)、(2_i)和(3_i)。但是在(12_i)中情形之间的关系是传递性的；如果一个人在情形 β 中的证据和他在情形 γ 中的证据有相同的适当属性，而他在情形 γ 中的证据和他在情形 δ 中的证据有相同的适当属性，那么他在 β 中的证据和他在 δ 中的证据就有相同的适当属性，因为所讨论的就是来自于一个固定集合的所有属性的绝对同一性(exact sameness)。尽管(3_i)只主张：α_{i-1} 和 α_i 是不可分辨的，而且不可分辨性是一种非传递性关系，但我们已经从它和其他前提演绎出了证据的绝对同一性在适当方面的传递性关系。因此，(12_1)，……，(12_n)共同产生了：

> (13)一个人在 α_0 中的证据和他在 α_n 中的证据有相同的适当属性。

结论(13)依赖于假设(1)、(2_1)、……、(2_n)，(3_1)、……、(3_n)。但(13)显然是错误的。这个人在此过程结束时的证据和开始时的证据是截然不同的；它在其很多适当的属性方面是不同的。由于(2_1)，……，(2_n)，(3_1)，……，(3_n)为真——根据给出的理由，因此(1)就为假。

即使我们放弃这个假设，即适当属性的补集本身就是适当的属性，我们仍会有关于(10_i)的论证，从而根据传递性得出这样的结论：如果一个人在 α_n 中的证据有一种适当的属性，那么他在 α_0 中的证据就也有那种属性。这显然也是错误的。一个人并非总知道其证据的适当属性；他也并非总知道其证据是什么。

对于这种异议，即这种论证会被它与连锁悖论的明显的相似性摧毁，答复和第 4.5 节中的完全一样，这里不再赘述。总之，当所争论的模糊词语被廓清时，连锁悖论中的论证就有一个明显为假的前提；而这里它并非如此。

福莫顿(2000)指出,连锁论证表明:(1)可能在很小的程度上会失败;它没有表明:(1)可能在很大程度上会失败,就像据认为发生在坏情形下的那样。然而,一个人在坏情形下的证据和他在好情形下的证据可能看起来完全相似,这不是因为它几乎是完全相似的,而是因为它极其贫乏,以至于这个人对其贫乏情况缺乏证据。此外,主张一个人总能够知道他的证据究竟是什么,通常的理由并不会自然地演变成如下主张的理由:一个人总能够知道他的证据大概是什么。我们经常能够知道我们的证据大概是什么;我们的立场有时应当比这更坏——就像在坏情形下那样,是不足为奇的。①

8.7 理性的非透明性

反对(1)的论证不依赖于任何具体的证据理论。关于证据的关键假设就是:它的适当属性可以在一系列情形的两端之间变化,正如若我们是从经验学习它们所必定的那样。不管证据是什么,一个人并不总能够知道他有什么证据。因此,撤到如下这种后退的(fallback)主张会一无所获:一个人总知道(或能够知道)他的证据看起来是什么。因为在前面的论证中,我们可以用"一个人的证据看起来有[没有]π"替换"一个人的证据有[没有]π"这些词。在这种修改之下,(1)表达了这种后退的主张,(2_1)、……、(2_n)能以和前面同样的方式得到证成,(3_1)、……、(3_n)不会改变,而(13)仍是绝对不合理的,因此,这

① 罗素仿效庞加莱用感觉中的不可分辨性的非传递性来论证我们感觉材料中知觉不到的区别(Russell 1993:148,初版于 1914)。A.J.Ayer 反驳说,只有可适用于感觉材料的绝对相似性(exact resemblance)概念才等价于物质的东西之间表面的绝对相似性,这种关系可能是非传递性的。(1940:132-134)。那种反驳并没有为抵制本章的这些论证提供基础。

个论证也否定了这种后退的主张。一个人并不总知道他的证据看起来是什么。

如果现象被看成是由主体的那些条件构成的，不管它们是什么，每当主体得到它们时，它们都可以为主体所了解，从而满足了类似于证据的必要条件(1)的条件，这样一来，这种现象就是空的。逐渐取消每个不能为主体所了解的特征，我们就会具有越来越接近现象的经验核心的错觉，但是，就像这一系列开区间(0,1)、(0,1/2)、(0,1/4)，……，一样，这一系列的趋近汇聚成了空集。

我们使适宜性(appropriateness)相对于情形就能对(1)作出限定。这种被限定的(1)的变种会主张：对于任何情形 α 和任何适宜于 α 的属性π来说，如果一个人在 α 中的证据有π，那么他在 α 中就知道他的证据有π。那么，我们就不再对(13)进行论证，因为被限定的(12_i)中的"适宜的"对于 i 的不同值会有不同的相对化(relativization)。但是，关于好情形和坏情形中的证据同一性的论证就失败了，因为尽管我们可以证明，一个人在好情形下的证据和他在坏情形下的证据有相同的适宜于坏情形的属性，但我们不能证明，一个人在好情形下的证据和他在坏情形下的证据有相同的适宜于好情形的属性。毫无疑问，我们不能证明：一个人总能够知道证据的哪些属性适宜于他自身。所假定的这种相对化对于现在的策略是有利的。

问题仍然是：如果有理性的思想者不知道证据是什么，他们何以能尊重他们的证据？如果理性要求一个人尊重他的证据，那么不尊重他的证据就是非理性的。但是，当一个人不能够知道他没有尊重他的证据时，不尊重他的证据何以能是非理性的呢？更一般地说，当一个人不能够知道他在做φ(one is φing)时，做φ何以能是非理性的呢？

标准的理性概念依赖于认知行动的目标和方法之间的区

别。根据那个概念,真理是目标。我们不能直接得到真理;在我们不知道什么为真时,我们不可能遵守“真相信!”这条规则。因此,我们必须使用得到真理的方法。理性就是一种方法。我们可以遵守理性的规则,因为我们总能够知道它们的要求是什么。如果第8.6节的论证是正确的,那么这幅理性的图画就是错误的。正如一个人不能总知道他的证据是什么一样,一个人也不能总知道理性对他的要求是什么。就像证据一样,理性的要求在难以分辨的情景之间可能是不同的。理性可能是用其所有尽力而为的问题(doing the best one can with what one has),但是一个人不可能总知道他有什么,或者他是否用其所有尽力而为了。如果某种东西是一种方法,仅当一个人总能够知道他是否遵守这种方法,那么就没有从经验进行学习的方法。但这种标准太苛刻了,难以有用。在下述语境中我们可以将某种东西作为一种方法,一个人通常能够知道他是否遵守这种方法,即使他在其他语境中通常不能够知道他是否遵守它。在那个意义上,在这些语境下,即一个人在其中通常能够知道什么为真,我们甚至可以将真信作为一种方法:例如,当在正常条件下形成关于一个人周围环境中的中等大小的对象的空间布局的信念时。在更困难的语境下,真信会成为目标,我们会依靠合理地相信的方法。理性变成了通向真理道路上的一个子目标。那并不要求一个人总能够知道理性对他的要求是什么;它只要求当一个人不知道真理的要求时,通常知道理性的要求。这里对于摧毁那种要求什么也没有说。在更成问题的语境下,悖论会对我们的这些理性标准提出质疑,我们仍会进一步依靠我们能发现的可行方法。认知是不可救药的机会主义的。

有一种操作认识论的实用主义的、主观的贝叶斯计划,它只利用了其应用总能为自主体所了解的概念。本章的论证暗示了这个计划注定要失败。

与证据有关的不确定性不会产生无限后退:关于……的证据的证据。要充分反思一个人的证据,这个人可能需要关于其证据的证据,为了充分地反思后一种证据,他可能需要关于它的证据,如此等等。但是,这种后退只是潜在的和无害的。我们实际上不可能实现无限多层次的充分反思;进一步反思至多能使我们实现有限多的进一步的阶段。一个人在某个阶段必须依赖于对证据的非反思的因果敏感性(参见第9.3节)。

一个人可以对一个因素因果地敏感,却不能够具有它的准确知识,就像在一个人通过独立的知觉对他环境中对象之间的距离因果地敏感那样。一个人能对其证据的适宜属性因果地敏感,却不能够准确地知道它们。因果敏感性不一定绝对真实。很差的认知环境甚至可能包含对一个人的证据的因果敏感性的障碍。怀疑论论证中的坏情形可能就是一个相关的情形。一个人的认知环境可能如此糟糕,以至于他不能够知道他的证据与好情形相比是多么地贫乏。我们对这两种情形之间任何证据方面的区别的因果敏感性都没有证明:它们之间在证据方面就没有区别。

还没有证明好情形和坏情形在证据方面确实不同。那需要一个正面的证据解释,第9章和第10章将提出这种解释。它们支持这种观点:一个人的全部证据(不只是他关于p的证据)就是他的全部知识,根据这种观点,这个假设,即一个人在这两种情形下有相同的证据总体,就相当于怀疑论者的结论。因为既然——无可非议地——一个人在坏情形下不知道p,那么p就不是他在坏情形下的全部证据的一部分,从而也不是他在好情形下的全部证据的一部分;在好情形下也是如此,因此这个人不会知道p。因此,怀疑论者——他认为一个人的全部证据是相同的——就是以假定为前提来反对接受那种证据观的非怀疑论者。当然,本章的论证并不认为一个人的全部证据和他的全部知识是相等的;相反,它为这种相等奠定了基础。①

就现在的目的而言,重要的是:证据的同一性还没有建立起来,它的一个主要的论证最后将依赖于一个错误的前提。就怀疑论者所证明的来说,一个人具有的证据在好情形下比在坏情形下要多,并且前者中的知识不会受后者中的错误信念的威胁。

这个问题并不限于怀疑论者。它也影响了那些非怀疑论者,他们认为,我们在好情形下知道 p,即使我们在有些情形下——我们在其中具有的证据和在好情形下的相同——错误地相信 p,因为那些坏情形是不相关的(至少在这个语境下)。这些理论家没有取消这个假设,即一个人知道 p,仅当他在任何相关的或不相关的情形下根据相同的证据都根本不会错误地相信 p。那个假设并不衍推怀疑论。

语境主义者可能争辩说,"证据"的外延会随话语的语境而增减,就像他们认为"知识"外延会如此那样。但是这样一来,他们就不能把"相同的证据"作为一个固定的标准,据以来衡量相关性标准中的语境变化;"一个人知道 p"据认为当坏情形是不相关的时,在好情形下算作真;但是如果(在这种语境下说)坏情形在像证据这样的非实用主义方面也不同于好情形,那么为什么要借助像相关性这样的实用主义方面呢?

8.8 无需证据同一性的怀疑论

有时怀疑论论证中的好情形和坏情形具有的结构与迄今所考虑的都不同。关于 p 的怀疑论不总需要这样一种坏情形——

① 这种相等承认两种情形——在其中,如果不知道 p,一个人可证成地相信 p,在一种情形下是真信,在另一种情形下是假信——之间证据的同一性。Fumerton 2000 在这种印象下,即它构成了这种相等的一个难题,描述了这样一种情形。

一个人在其中错误地相信 p——的(形而上学的)可能性。假定 p 是一个数学真理,因而是一个必然真理。因此,一个人在其中错误地相信 p 的情形都是不可能的;然而他仍能怀疑 p,这是通过怀疑使他相信 p 的方法的可靠性。毕竟,某个非常相信某枚硬币的人,在硬币正面朝上时可能决定相信 p,而在硬币背面朝上时可能决定相信 Np;如果他相信 p 是因为硬币正面朝上,那么他就不知道 p,但他不可能错误地相信 p。他的信念不能成为知识,因为他借以得到知识的方法可能同样容易导致对一个不同命题的错误信念(也可参见第 4.4 节)。他在坏情形下的证据包括这个命题:硬币背面朝上,因而它是和他在好情形下的证据不同的。即使在关于 p 的假信念是可能的时,这个人在坏情形下的证据——它推动了关于 p 的怀疑论——也不一定和好情形下的相同。不连贯的梦感觉起来是连贯的;因此,一个人可能怀疑他现在的经验的连贯性,尽管它感觉起来并且实际上是连贯的。由于一个人的经验在好情形下是连贯的,在坏情形下是不连贯的,因此他的证据在这两种情形之间很可能是不同的。怀疑论者不必主张:在某个可能情形下,一个人的经验是不连贯的,他具有的证据和他实际具有的相同,因为那简直就相当于武断地断定:这个人的实际经验是不连贯的。相反,怀疑的焦点是这个人借以得到他的经验是连贯的这个信念的方法。

第 8.2-8.7 节中对怀疑论的讨论能推广到这些例子吗?人们可能不这样认为。“方法”已经代替“证据”成了关键词,并且它们似乎具有重要的不同:我们主张一个人总能够知道他的证据是什么,比主张一个人总能够知道他所使用的方法是什么的愿望要强烈得多。怀疑论者愿意承认:我们的信念可能有难以了解的、无意识的原因,他们认为,就我们所知,这些原因对于它们所导致的信念是否为真是很不敏感的。如果我们实际使用的是不能产生假信念的方法会如何呢?怀疑论者会指出这样的情形：我们只是看起来在使用那种方法，并且我们最后的信念为假。这些情形据认为否证了我们的知识主张。对于怀疑论者来说，这些方法——我们信念的认知地位依赖于它们的可靠性——是根据表象被个体化的；这些情形——它们看起来和关于一个人的方法的实际情形相同——中所得到的信念的假，构成了这个人的实际可见的方法的不可靠性。

实际上，怀疑论者区别了一个人借以产生信念的过程和一个人用以得到信念的规则。过程处于亚人（subpersonal）层次，而规则处于人的（personal）层次。一个人能以某种方式对他的规则负责，却不可能以这种方式对过程负责。一个人的理性依赖于他所使用的规则而非他身上发生的过程。人通常不能够知道导致其信念的过程是什么，但我们倾向于认为，他总能够知道他用以得到信念的规则是什么。因为如果一个人不能够知道他所使用的规则是什么，并且他的理性依赖于其规则的合理性，那么怎么能要求这个人是有理性的呢？这种要求，即一个人总能够知道他所使用的规则是什么，迫使我们现象地个体化这些规则，正如相应的关于证据的认知要求迫使我们现象地个体化证据一样。如果一个规则是被非现象地个体化的，那么一个人可能表面上看是在使用它而实际上并非如此；在这种情形下，这个人就不能够知道他不是在使用那个规则。类似于（1）—（12）的论证的结论是：一个人在好情形下和在坏情形下使用了相同的规则。根据怀疑论者，对于知识来说，重要的是规则的可靠性而非过程的可靠性，因此，一个人在坏情形下的假信念，会使他在好情形下的规则成为不可靠的，从而会损害好情形下的知识。

怀疑论者的规则概念失败了。根据与（1）—（13）相似的论证［经由（2_i）—（12_i）］，只有不足道的规则符合认知要求。因为一系列难以分辨的差别将一个人使用了某条规则的情形与他使用了一条非常不同的规则的情形联系了起来。例如，一个人最初由于理由 R 而相信 p，但未重视理由 R*；逐渐地这个人会不大重视 R 而更重视 R*，直到最后他会由于理由 R* 而相信 p，却不重视理由 R 了。R 与 R* 在种类上如此不同，以至于由于理由 R 而相信与由于理由 R* 而相信就相当于使用了不同规则。与第 8.6 节中的论证很相似的论证否定了这个假设，即在每种情形下，一个人都能够知道他所使用的规则是什么。即使在怀疑论者不承认好情形和坏情形之间证据的同一性时，基础的辩证法也是相同的。

如果我们将过多的自我知识归属给处于坏认知环境中的主体，我们就会陷入怀疑论，因为好情形与坏情形之间知识的不对称性，要求自我知识的不对称性。一旦我们放松我们对自我知识的主张，我们就会强化对外部世界知识的主张。怀疑论论证在依赖于免除一个内部的表象世界时就会失败，因为它们依赖于把表象误认为就是它们表现出现的样子。无情的怀疑论者不同意免除。如果怀疑论者必须认为：我们根本不知道事物在我们看起来是什么样子，我们仍应当支持怀疑论最终正确这种内心的怀疑吗？

第9章 证 据

9.1 知识作为证成的信念

传统认为,哲学的主要问题包括知识的本质问题。但是,近几十年来,知识问题似乎已经被证成问题边缘化了。因此,根据克瑞斯宾·赖特:

> 知识实际上并不是认识论—**怀疑论**探究名副其实的关注中心……我们能够容忍这种让步:严格说来,我们并不知道我们相信自己知道的一些东西,只要我们能够记住这个思想:我们在接受它们时是被完全证成的。(1991:88;粗体为赖特所加)

同样,约翰·伊尔曼认为,知识的解释与科学哲学是不相干的,因为在科学哲学中,"主要关注的几乎不是一个科学家是否'知道'某种理论为真,而是她在相信它时是否得到了证成"(1993:37)。①

---

① Earman是在讨论外在主义的知识解释,但是所引证的评论显然也适用于内在主义的解释。Earman的另一个观点——"由于科学是一项共同体的事业,因此科学上相关的证成形式仅仅是那些可以陈述并易于接受公众审查的证成形式"——可能与外在主义解释最相关。也可参见Craig1990b:272。对于相反的观点,即关于知识的怀疑论衍推了关于理性和证成的怀疑论,参见Unger 1975:197-249。

盖梯尔1963年曾证明:证成的真信念对于知识是不充分的,因此知识对证成的真信念是不必要的,那么人们自然会问:如果你能有证成的真信念,为什么还要操心知识呢?①

第3章的论证表明,如果一个人倾向于对未来的证据作出合理的反应,那么他将来的前途在他现在有知识时,就比他现在有纯粹的证成的真信念时要好。但是即使我们把知识与证成的真信念的比较限制于它们现在为一个人所做的事情上,在对知识不重要的情形中仍然有一个缺陷。为了论证,假如知识现在很重要,仅当它在某种程度上对现在的信念证成至关重要。②尽管人们已经证明,被证成的(what is justified)不一定就是知识,即使在它为真时,也没有证明用于证成的(what justifies)不一定是知识。这种证成关系只有一端是和知识有区别的。假定知识并且只有知识证成了信念。也就是说,在任何可能的情形中,一个人相信一个命题p,那个信念——若真如此的话,就是由这个人所知道的命题q_1,……,q_n(通常不同于p)证成的。根据那个假设,如果证成的信念是认识论—怀疑论探究和科学哲学的核心,那么它也是知识的核心。现在进一步假设:证成信念的是证据(这个假设在第9.8节中作了简要讨论)。那么,刚才提出的这个假设就相当于这个原则:知识而且只有知识构成了证据。本章支持该原则;对于处于任何可能情形下的每个个体的或群体的S来说,它将S的证据等同于S的知识。将这个等式称为E=K。③

① Kaplan 1985沿着类似路线进行了论证。

② Wright说的是证成的接受而非信念;尽管Earman说的是信念,但有些科学哲学家把它与接受进行了比较,认为后者是对科学理论的一种更合适的态度。这种区别在这里并不重要。

③ 这个原则是在Williamson1994b:245-247陈述的并被应用于模糊性问题。

“知识”照例被理解为命题知识。群体的情形是必需的:科学依赖于公共的证据,它既不是每个科学家的证据的并集也不是交集。我们归属这种知识,可以通过说 p 在群体 S 中是已知的,或者说我们知道 p,这并不同于说:有些人、很多人、大多数人或我们所有人都知道 p。

所提出的这种解释将知识概念运用于对证据和证成概念的一部分说明之中。因此,在有些人看来,它似乎使事情前后倒置了。因为尽管知识不只是证成的真信念,但很多哲学家仍期望在更复杂的知道概念解释中使用诸如证据和证成这样的概念;那么用后者来解释前者就是循环的。有些人宁愿使用不同种类的概念,如因果关系或可靠性,来解释知道概念;但是甚至他们也很可能认为知道概念本身就需要如此多的解释,以至于它的前理论运用没有解释价值。

那种解释顺序在本书中已经被颠倒过来了。知道概念是认识论探究的根本的、首要的工具。第 1 章拒绝了根据信念的证成来理解知识的纲领。这就使我们可以自由地尝试这个根据知识来理解信念的证成的实验。当然,知道概念是模糊的;证成的这个概念也是模糊的。

对于仍同情正统的解释顺序的人来说,可以提出一些更平和的观点。E=K 这个等式可能为真却不是先验可知的。作为在形而上学上可能的情形中的一条普遍规则,如果它确实为真,它就必然为真(根据 S_4 原则:一个必然真理是绝对必然的);但是我们不可能认为,必然真理是先验可知的。E=K 在任何可能情形中都等同于知识和证据这些概念的外延;这就足以使它成为一个提供信息的(informative)论题。E=K 单独不会等同于这些概念本身;它也不能被解读成为证据概念或者知识概念提供了一种分析,或者被解读为使一个概念在任何意义都优先于另一个概念。当然,在为 E=K 提供一种彻底的先验论证时(就像下面的那些)，一个人自己至少承诺了它的先验合理性；在最适合这些论证的情况下，它们会为 E=K 提供一种先验知识。但是即使这些概念是先验地等价的，也不能推出一个概念优先于另一个概念。

更明确地说，我们可能推测：标准的证成解释不能令人信服地处理传统的证成后退问题——是什么证成了证成者？——因为它们不允许自己使用知识概念。E=K 暗示了一种非常温和的功能主义，根据它，一个人的所有知识都能作为其所有证成的信念之基础。可能我们只有通过将某种东西看成知识，才能理解它如何能为信念奠定基础。

9.2 证据总体

对一个主体 S 来说，e 何时是假说 h 的证据？似乎需要两个条件。首先，e 应当说是支持 h 的。其次，e 应当有某种可信的地位。至少作为一种最接近的情况，我们可以用概率论术语来设计第一个条件：e 应当提高 h 的概率。也就是说，h 以 e 为条件的概率应当比 h 的无条件概率高；用符号表示就是：$P(h|e)>P(h)$。条件概率 $P(h|e)$ 被定义为：当 $P(e)\neq 0$ 时 $P(h|e)/P(h)$ 的比率，否则它就无法定义。因此，条件 $P(h|e)>P(h)$ 得到，当且仅当 $P(h\exists e)>P(h)P(e)$。P 是哪一种概率？它不是先验的，因为 e 是否提高 h 的概率可能取决于背景信息。例如，这个命题即约翰属于某个俱乐部，相对于这种背景信息：它是一个单身俱乐部，可能提高了约翰是单身汉的概率，但相对于这种背景信息：这个俱乐部是一个伴侣俱乐部，这个命题则会降低它的概率。然而，e 本身不应当成为背景信息的一部分，因为那会为 P(e)赋值 1，在这种情形下，$P(h|e)$ 和 $P(h)$ 就相等，e 就不会成为任何东西的证据。我们在下一章之前先不详细说明 P 的本

质。那么,在 $P(h \mid e)>P(h)$ 的意义上,e 可能提高了 h 的概率,即使 S 知道 e 为假或者不知道 e 是否为真;但这样一来,对 S 来说,e 就不是 h 的证据。这就是我们需要第二个条件——e 应当具有可信的地位——的原因。一种自然的观点是:S 有一个证据总体(body of evidence),以便在评价假说时使用;那些证据应当包括 e。概率分布 P 是由 S 的一些但非全部证据报告的。因此,我们可以陈述一个简单的示意性建议:

EV 对 S 来说,e 是 h 的证据,当且仅当 S 的证据包括 e,并且 $P(h \mid e)>P(h)$。

EV 的一个结果是:e 是 h 的证据,仅当 e 是它自身的证据。由于如果 $P(h \mid e)>P(h)$,那么 P(e)就既非 0[否则 $P(h \mid e)$ 就是定义不明的]也非 1[否则 $P(h \mid e)=P(h)$]。因此,$P(e|e)$ 是用值 1 恰当地定义的,这个值比 P(e)大,因此,根据用"e"替换"h"的 EV,e 就是 e 的证据。但是,任何东西成为它自身的证据,这不是循环的吗? 因此,批评者认为,一个人的证据不是由一组固定的命题构成的;要么它依赖于所评价的假说,这里,所有命题都不属于和它自身的评价相对应的证据,要么它不是由命题构成的。

批评者无权不作论证就认为,将 e 归类于它自身的证据会包含任何有害的循环性。当然,EV 不会使具有 e 的证据非常容易,因为对 S 来说,e 是它自身的证据,仅当 S 的证据包括 e。根据 E=K,这要求 S 知道 e,这可能是不容易的。这种结果,即 e 是它自身的证据,可能和形式系统中标准的概率定义的结果——每个公理都有一个单线的(one-line)证明,它是由这个公理本身构成的——一样无害。当然,如果某个人问:"h 的证据是什么?"他就不能指望引用 h 自身,但理由可能是:它在会话中是不适当的,而不是这样做是错误的。在回答"谁和玛丽住同一间房?"这个问题时,引用玛丽本人在会话中是不适当的;然而,玛丽真和玛丽住同一间房(Grice 1989)。"h 的证据是什么?”这个问题经常是对 h 及相关命题的认知地位的一种挑战。在有些语境下,这种挑战是局部的,被限制于以某种方式派生于 h 的命题。在有些语境下,这种挑战是整体的,扩展到了所有与 h 同类的命题。在回答这个问题时,一个人不能指望引用受挑战的命题,因为它们作为证据的地位已经受到了挑战。因此,当“e 的证据是什么?”这个问题意欲成为对 e 的认知地位的一种挑战时,一个人在回答时就不能指望引用 e。

将“证据”看成是一个语境敏感的术语,我们能认为这一主张即 e 是它自身的证据是错误的,而非是在会话中不适当的吗?这种观点就是:“e 的证据是什么?”这个问题——意欲成为一种挑战——创造了一个语境,在其中 e 处于“S 的证据”的外延之外。但那似乎太极端了。例如,假如医生问你:“你感觉到一种刺痛感吗?”,你回答:“没有。”如果你被问到:“你对这个命题——你没有感觉到一种刺痛感——的证据是什么?”,你可能会不知所措,因为这个问题似乎期待关于这个命题的某种进一步的证据,而你对这种进一步的证据可能是茫然无知的。然而,在我们根据你的证据来评价你的这种主张即你没有感到一种刺痛感的地位时,我们不会把那个命题排除于你的证据之外。它的存在证成了你的主张。这不是否认:“证据”的外延会随语境而稍有变化,它可能相当于“知识”外延中(根据第 1.4 节,因而,很可能也是“心理状态”的外延中)微小的语境变化。这种观点就是:挑战 e 本身不足以将 e 从“证据”的外延中排除。

一种怀疑论战略是利用这些挑战命题的辩证结果。如果一个人根本无权依赖受到挑战的东西,他很快就会所剩无几。例如,怀疑论者可能挑战这种信念:存在好的理由,然后指责任何为它提供好理由的尝试都是以假定为前提的。我们应当质疑怀疑论者对这种挑战力的依赖。怀疑论者不加批判地依赖于辩证参与(dialectical engagement)的规则——它们发展到了服务于更实际的目的,却没有怀疑这些规则对于怀疑论所提出的极端问题的适宜性。如果挑战某种东西会因而使之成为辩证地不可用的,那么如果无限制地使用的话,挑战力可能会阻止而非帮助追求真理。我们反对将证据问题与辩证的适当性(dialectical propriety)问题过于紧密地联系起来,就能保留 EV。

EV 关注的是证据关系(the evidence-for relation),就像大多数关于证据的讨论那样。[①] 本章关注其他问题。它关注的是证据关系的第一个相关项 e 的本质,而不是 e 与第二种相关项 h 的关系。EV 是否需要修改将置之不论;现在的目标是研究它的成分"S 的证据包括 e"。第 10 章提出了一种证据概率理论来解决证据与其支持对象的关系。

为什么什么算证据很重要?考虑这个观点:一个人应当使其对一个命题的信念与其关于这个信念的证据相称。一个人对这个命题具有多少证据取决于他的证据是什么。更准确地说,反对卡尔纳普所称的全部证据要求(the requirement of totle evidence)需要一种证据理论:

> [在]将归纳逻辑运用于某种知识情形时,可得到的全部证据都必须被看成是决定确证程度的一个基础。(1950:211;比较 Hempel 1965:63-67)

如果算作证据的东西过多或过少,那么归纳原则将会被误用。根据全部证据要求,不同证据理论之间的争论不只是言语上的;它们包括在哪些归纳的结论有根据方面的分歧。根据知识所提出的关于全部证据要求的公式支持 E=K,它将可得到的全部证据等同于可得到的全部知识。例如,皮尔士写道:

---

① 有代表性的选集——例如,Achinstein 1983——中的论文大体上关注的是证据关系问题,而丢掉了与其第一个相关项有关的问题。

> 如果不考虑我所具有的(或者,至少我所想到的)和这个问题有关的所有知识,我就不能作出一个有效的概率推理。(1932:461)

卡尔纳普本人将证据描述为(观察的)知识。假如E=K,最初的观点就有点像:一个人应当使其对一个命题的信念与这个信念从其知识中所得到的支持相称。

可得到的全部证据必定不是EV中的概率分布P的一部分,否则该证据就没有一部分能确证任何假说。一般来说,全部证据绝对不能被看成是决定该证据的个别一条e提高假说h的确证程度的基础,因为如果e是可得到的全部证据的一部分,那么h的确证——它处于现在能得到的全部证据得到之前——也就是相关的。这是一种形式的旧证据问题(Glymour 1980:85-93, Earman 1992:119-135, Howson 和 Urbach 1993:403-408, Maher 1996),它将在下一章讨论。但那不会损害这种观点:现在能得到的全部证据必须被看成决定h现在在非比较意义上被确证的程度的基础。

在评价理论不能由资料充分决定的论题时,证据理论也起着一种作用,因为所考虑的资料就是现实的或潜在的证据。如果算作证据的东西过多或过少,那么决定不足(undertermination)的标准就设得太高或太低。E=K蕴涵了:这种相关的决定不足论题必定会把所有可知的事实都算成资料。尽管这个条件不会自动地使任何关于决定不足的论证成为循环论证,但它是不容易满足的。例如,考虑这个决定不足论题:理论事实不随附于证据事实:两个可能世界可能在前者方面不同而在后者方面没有不同。①

① 比较Earman 1993:21中关于各种经验的不可区别性(indistinguishability)的有用分类中的EI_3。

一个人只证明理论事实不随附于这些事实——它们在某种意义上是可观察的,并不可能建立这种主张;他还必须证明:它们不是随附于所有可知的事实。这个空隙会由这个论证填补:可知的事实随附于可观察的事实,因为这样一来,根据随附性的传递性,任何不能随附于可观察事实的东西也不能随附于可知的事实。但是,任何这类论证在反对这种观点即至少有些理论事实是可知的时,会有以假定为前提的风险。

9.3 证据的通道

第8章论证了:我们并非总能够知道我们的证据是什么。因此,不可能指望证据理论提供这样一种决策程序:它使我们在实践中总能决定我们的证据是否包括某一项。一般来说,一种哲学的概念理论不要求提供这样一种决策程序:它使我们在实践中总能决定它是否适用于某一项。人们可能期望,证据概念在这方面是特殊的,因为如果一个人的证据是否包括某种东西是有问题的,那么他就需要证据来决定他的证据是否包括这种东西,这样就会出现无限后退。因此,下列两种看法是有吸引力的:一种是一个人的证据是否包括任何给定项目是不成问题的,另一种是合适的证据理论必须解释它何以会如此不成问题。然而,根据第8章的论证,所有正确的证据理论都不可能有那种结果。E=K这个等式当然不会,但是由于那不能将它与其他证据理论区别开,因此这并不构成对E=K的异议。用明显的符号来说,E=K等于Ep和Kp。证据的透明性会使Ep等价于KEp。假如E=K,这就相当于使Kp等价于KKp。但是,我们在第5.1节中看到,Kp并不衍推KKp。本节根据E=K这个等式考察了我们通向我们的证据的有限通道。

就在实践中决定我们是否知道一个命题p来说,并没有不可错的诀窍。有时我们合理地相信自己知道 p，而实际上我们此时并不知道 p，因为 p 为假。有名望的权威人士断定亨利五世死于 1422 年；我没有理由怀疑他们，并且我根据证言合理地相信自己知道亨利五世死于 1422 年。但是亨利五世死于 1422 年，不是不可想象的，某个精心设计的阴谋要对现在和事实相反的证据负责。假如 E = K，如果我确实知道亨利五世死于 1422 年，那么我的全部证据就包括这个命题：亨利五世死于 1422 年；但是如果亨利五世死于 1423 年，那么我的信念，即我的全部证据包括那个命题，就是错误的——我的全部证据只包括这个命题：有名望的权威人士断定亨利五世死于 1422 年。至少在这种意义上：它蕴涵着一个人的证据不随附于其内在物理状态，E = K 是一种外在主义的证据理论。但是，如果知道是一种心理状态，如第 1 章所论证的，那么一个人的证据就确实随附于其心理状态。

E = K 如何避免所扬言的这种证据的后退呢？如果对命题 p 的基于证据的信念，必须总是以对一个关于 p 的证据的命题的基于证据的信念为前提，那么这种后退就会出现。我们可以区分“基于证据”的两种涵义。把一个人对 p 的信念称为明显基于证据（explicitly evidence-based），如果它受之前关于 p 的证据的信念的影响。明显基于证据的信念在科学中比在日常生活中更常见。把一个人对 p 的信念称为暗中基于证据（implicitly evidence-based），如果它对 p 的证据具有适当的因果敏感性。一个信念既可以明显地也可以暗中地以证据为基础。那么，对 p 的明显基于证据的信念并不总是以对一个关于 p 的证据的命题的明显基于证据的信念为前提；这和 E = K 以及大多数其他证据理论是一致的。一个明显基于证据的信念受之前的一个对关于 p 的证据的命题的信念状态的影响，如果后一种信念至少不是暗中基于证据，有些事情就会出错；但是它不一定明显地以证据为基础。因此,明显基于证据的信念不存在后退。如果对p的暗中基于证据的信念总是以对一个关于p的证据的命题的暗中基于证据的信念为前提,那么就会有一种不同的后退。但是,对p的信念对于p的证据的因果敏感性,不一定是以关于p的证据的其他信念为中介的。不一定有这样的信念。

如果我们易于误认p的证据,那么对p的信念何以能是暗中以证据为基础的呢?如果真正的证据不同于貌似的(apparent)证据,那么这个信念就不会对后者而非前者因果敏感吗?但是,如第8.7节所指出的,我们也易于误认貌似的证据。因果敏感性不一定完全真实。在信念的力量和证据的力量之间可能有一种非偶然的大致的相称性,即使有时会发生曲解。

明显基于证据的信念也会出现类似问题。一个人在不知道他的证据究竟是什么时,如何能遵守这个规则:“使你对p的信念与你关于p的证据相称?”假如E=K,这个规则就变成了:“使你对p的信念与p从你的知识中得到的支持相称”:但是一个人不是最多能遵守这个规则吗:“使你对p的信念与p从你所相信的你的知识中得到的支持相称?”考虑一个类比。我们可以遵守这个规则:“使你的声音与房间的大小相称。”这不是因为我们不会弄错房间的大小。我们有时会犯错误;但由此不能推出:我们真的是在遵守这个规则:“使你的声音与你所相信的房间的大小相称。”毕竟,知道一个人对房间的大小具有什么信念常常是非常困难的;我们会弄错我们关于这些信念的信念。一个人相信p,这不是一个透明的条件。一般来说,如果我们关于X的信念的可错性提出了一个问题,那么它的解决就不会是通过转向我们关于我们关于X的信念的信念,因为它们也是可错的。但是可错性在这里并没有提出一个问题。在遵守一个规则时犯错并不是遵守了一个不同的规则。规则是行动正确性的标准,而不是一种行为的描述。要应用这个规则:“使你的声音与房间大小相称”,一个人需要关于房间大小的信念,但是这些信念不一定为真——尽管如果它们为假,这个人的运用就是错误的。同样,要应用这个规则:“使你对 p 的信念与 p 从你的知识中得到的支持相称”,一个人必须具有关于 p 从他的知识中得到了多少支持的信念,从而具有关于他的知识的信念,但那些信念不一定为真——尽管如果它们为假,这个人的运用就是错误的。

如果我们关于我们的知识的信念绝对是不可靠的,那么所有这些都不会起安慰作用。怀疑论者说:那些信念没有理性的基础,但是他们对我们其他的大多数信念也这样说。我们已经发现,他们这样说的理由并不充分。尽管对于决定我们是否知道 p,我们没有不可错的程序,但在实践中我们经常能够知道我们是否知道 p。

我们用以决定我们是否知道 p 的方式,不就是我们用以决定我们是否相信我们知道 p 的方式。如果我想要检验我现在是否真的知道亨利五世死于 1422 年,回到我的信息源就是相关的;如果我只是想检验我现在是否真的相信我知道他死于 1422 年,那样做就是不相关的。

如第 8 章所指出的,可选的证据理论在试图使证据成为我们能错误识别的东西时,曲解了这个概念。很典型的是,它们内化了(interiorize)证据:证据变成了一个人现在的经验,一个人现在的信念度,或者诸如此类的东西。那些尝试是笛卡尔主义认识论离奇的遗迹。关于自己心灵的现在内容的知识既不是没有问题的,也不是优先于其他事物的知识的。我现在正经验多少蓝色色调,或者我相信火星上曾经有生命的程度,对我来说不是显而易见的。如果一个人的证据局限于他自己心灵的内容,它就不能起它在科学中实际所起的作用。太阳比地球大这个命题的证据不只是我现在的经验或信念度。如果这些证据得到扩展,以包括其他人的经验或信念度,或者我过去的经验或信念度,那么我对它的确认是可错的,就会更加明显。无论如何,那似乎不是正确的扩展;更合理的是:一种科学理论的证据是这种在科学杂志上发表的东西。如果证据与此类似,那么我们对它的确认就显然是可错的。

9.4 一个论证

对 E=K 的一种图式论证是:

所有证据都是命题的。

所有命题证据都是知识。

所有知识都是证据。

所有而且只有知识是证据。

这个论证显然是有效的,但它的前提是有争议的。它的目标只是将有争议的结论划分为容易处理的部分;第 9.5 节、第 9.6 节和第 9.7 节分别辩护这三个前提。由于这里的"知识"意谓命题知识,因此每个前提都是从结论推出的;所以,结论等价于前提的合取式。

一个人的证据是命题的,当且仅当它是一组命题。命题是命题态度的对象,如知识和信念;它们可以为真或为假;它们能够相对于语境由"that"从句表达。就现在的目的来说,我们不需要一种发达的命题理论。如果证据是命题的,我们用"that"从句就能指称证据:我关于房子是空的这个结论的证据是:它是安静的、晚上没亮灯、无人接电话、……

9.5 证据作为命题的

为什么所有证据都应当是命题的？它不是根据一种关于"证据"的宽解释。在法庭上，一把血迹斑斑的刀就是证据。人们自然会说：我感冒的证据包括各种感觉。有些哲学家将"证据"这个术语运用于非命题的知觉状态；蒯因将它限制于感觉接受器的刺激（1969：75）。"所有证据都是命题的"如何能不仅仅规定"证据"这个词的一种技术用法呢？

任意地描述一个词的日常用法与任意地规定一种新用法不是唯一的选择。我们可以选择证据这个日常概念核心的理论功能，并问什么满足了它们。这里寻求的就是这种战略。下述论证证实了这种熟悉的主张：只有命题能成为信念的理由（例如，Unger 1975：204-206 和 Davidson 1986；对立的观点，Moser 1989：47-125 和 Millar 1991）。它也提出了另外一个结论：一个人掌握了作为其证据的命题；他能思考它们。

考虑趋向最好解释的推理（Harman 1965，Lipton 1991）。我们在假说之间进行选择经常是问：其中的哪个会对我们的证据作出最好的解释——其中的哪个（若为真）能比另一个（若为真）更好地解释这些证据。化石证据使我们能这样回答有关陆地生命的问题。即使趋向最好解释的推理并非在所有理论语境下都合理，但就现在的目的来说，重要的是：在证据确实能使我们回答一个问题之处，它这样做的一种核心方式是根据趋向其最好解释的推理。因此，证据就是假说解释的这种东西。但是假说解释的这种东西是命题的。因此，证据是命题的。

假说解释的这类东西是命题的。趋向最好解释的推理关注原因解释（why-explanations），它可以表达成这种形式："——因为……"，它是不合语法的，除非陈述句、"that"的补语填补了这两个省略号。我们不能只解释阿尔巴尼亚,因为"阿尔巴尼亚因为……"是劣构的(ill-formed)。我们有时能理解"解释阿尔巴尼亚!"的命令,但是只有在语境允许我们将它解释成一个命令——即解释阿尔巴尼亚为什么存在或者为什么有某种独特的特征——时才行。"why"后面跟的是一个陈述句,表达要解释的命题——阿尔巴尼亚存在,或者它有独特的特征。如果要解释的是与另一种东西相比较的一种东西,也没有什么重要的区别(Lipton 1991:75-98)。例如,我可能寻求解释为什么 1995 年科索沃而非波斯尼亚是和平的。所讨论的证据是这些命题:1995 年科索沃是和平的,而波斯尼亚则不是。对于事件也同样如此:"解释第一次世界大战!"是命令一个人解释它为什么发生或者有某种独特的特征。再者,在这种意义上,即我感冒了这个假设会对我喉咙里为什么有那种感觉作出最好的解释,我喉咙里的这种感觉就是我感冒了这个结论的证据。要解释的证据是:我喉咙里有那个感觉——不只是我喉咙里有一种感觉。甚至在法庭上,血迹斑斑的刀提供了证据,是因为起诉人和辩护人对于刀上为什么血迹斑斑或者它怎样为被告所拥有提供了竞争的假设;证据性命题是:刀上血迹斑斑或它为被告所拥有。刀就是无穷多的这类命题的一个来源。

一个人可以用一个假设来解释为什么 A,仅当他掌握命题 A。因此,只有一个人所掌握的命题,才能在他其趋向最好解释的推理中起证据作用。根据这个标准,只有一个人掌握的命题才能算其证据的一部分。

同样的观点也适用于明显的概率推理。如果这种推理能被同化于趋向最好解释的推理,或者反之亦然,那是再好不过了。根据证据 e,对两个假设 h 和 h* 的条件概率——$P(h|e)$ 和 $P(h*|e)$——进行比较的最好方式,经常是根据 h 和 h* 计算 e 的逆概率:$P(e|h)$ 和 $P(e|h*)$。例如,一个包里装有 10 个

红球或黑球；我们希望估算其中有多少红球；我们在提取证据时，只允许一次抽样取一个球，记下它的颜色并把它放回去。比较关于红球数量的假设的概率，一种好方法是根据那些假设计算 e 在样本中实际出现的概率（比如，红球15次，黑球5次）。使用那些概率的一种方法是：根据 e[P(h | e)>P(h* | e)]，把 h 看做比 h* 更有可能，当且仅当 h 比 h* 更会使 e 可能[P(e | h)>P(e | h*)]。贝叶斯主义者认为，这种方法包含了向 h 和 h* 归属相同的先验概率[P(h)=P(h*)]；他们认为，向这些假设归属不同的先验概率是同样合理的——可能反映了解释优点，如简单性和精确性方面的区别。考虑到这些情形，根据 h 的先验概率，它们的一般规则认为，e 的概率高于 h 的概率；因此，P(h | e)>P(h* | e)，当且仅当 P(h)P(e | h)>P(h*)P(e | h*)，这里，P(e)、P(h)和 P(h*)都是非零的。就现在的目的来说，贝叶斯主义者在这里是否有权引入先验概率并不重要。要害是：假说与证据的这些概率主义比较，取决于证据与假说的概率。但是具有概率的是命题；概率就是概率为……（the probability that……）至少在“概率”与信念的证据地位有关时——就像现在这样——是这样；如果我们强调的是一个事件的这种概率关系，我们就意谓它出现的概率。① 我们最初可能认为，在 P(x|y)中，只有 x 必须是一个命题，但 P(x|y)和 P(y|x)之间的关系意味着 y 也必须是一个命题；给予概率的必定也接受概率。此外，这些概率——作为对由证据保证的信念度的测量——是

---

① 客观概率——在如下意义上，即在自然界中是独立于我们的信念而被决定的——在这里是无关的。我们有时也说我们的属性、概念或谓词条件对另一个属性、概念或谓词条件的概率——例如，吸烟导致肺癌的概率——但与这个论证相关的概率是假说的概率，它和属性、概念和谓词不同，它有真值。某个人得了肺癌是他吸烟的证据；未被归属的得肺癌的属性本身不是任何东西的证据。

无用的,除非主体掌握了 x 和 y。

更简单的证据运用也要求它成为命题。特别是,我们的证据有时由于与有些假说不一致而排除了它们。例如,这个假说——只有男性有静脉曲张——和很多医学证据是不一致的。但只有命题能在相关意义上不一致。如果证据 e 在该意义上和假说 h 不一致,那么从 e 演绎出 Nh 就必定是可能的;一个演绎的前提是命题。此外,从 e 演绎出 Nh 的主体必定掌握了 e。

只有我们掌握的命题能发挥趋向最好解释的推理、概率主义确证和排除假设的核心证据功能。非命题的项目能通过发挥别的核心证据功能而算作证据吗?例如,它们可能是其输出为信念的非推理过程的输入。但是假定我们是在这样的假设之间进行选择,根据它们能对我们的证据作出最好的解释,或者它们根据我们的证据是最可能的,或者它们不能被我们的证据排除。这个论证迄今证明:只有命题证据是和我们的选择直接相关的。此外,当以那些方式在假说之间进行选择时,我们只能使用我们掌握的命题。在那些方面,我们掌握的任何不同于命题的证据都很重要。尽管证据除上面考虑的那些功能之外还有别的核心功能,但真正的证据对于发挥上面所考虑的功能至关重要,不管它对其他的什么东西是至关重要的。当然,对非命题证据的辩护并不是以对它在那些方面的重要性的评价为基础的。由于只有我们掌握的命题对于所需的这种是至关重要的,因此只有我们所掌握的命题是我们的证据。

现在对该结论已经给出了一个正面的例证。然而,知觉证据经常被看成一种非命题证据。上述考虑在某种程度上不能公正地对待它吗?本节余下的部分将反驳对如下观点的异议:我们的知觉证据是由我们掌握的命题构成的。

经验提供了证据;它们不是由命题构成的。所有这些都显而易见。但提供某物不同于由它所构成。问题是:经验提供证据，是否只是通过将证据的地位授予命题。根据那种观点，如果和 E=K 一致，假说 h 的证据就是由命题 e_1，……，e_n构成的，它们对一个人算作证据，只是因为这个人在经受一种知觉经验 ε。作为一个有限的情形，h 可能是 e_i。有威胁性的选项是：ε 自身可能是 h 的证据，而无需 e_1，……，e_n这样的中介。这两种观点都允许 ε 有非命题、非概念的内容，但只有后者允许内容直接发挥证据的功能。

如果知觉证据是由命题构成的，它们是哪些命题？考虑一个例子。我想通过其形状而识别一座山。我可以看到它是尖顶的；它是尖顶的，这可能是我相信它不是本·尼维斯山的一部分证据。然而，它是尖顶的这个命题并不是着手穷尽我现在的知觉证据。用词语对这座山的描述，似乎都不能捕捉到我关于其不规则形状的视觉经验的丰富性。但由此不能推出我的证据是非命题的。如果我想传递我的证据，我可能指着说："它是那种形状。"①当然，"它是那种形状"这个句子类型的纯语言学意义不能传递我的证据，因为它在特殊的话语语境下是独立于"那种形状"的指称的。只有在适当的语境下使用这个句子，我才能表达有待裁决的命题。我的语言符号"那种形状"仍表达了该命题的一个成分，即使你若没有一种复杂的视觉经验——它具有一种与这个命题的构成结构极不相同的结构——就不能掌握该成分。这座山是那种形状这个命题是偶然的；它本可能是另一种形状。这个命题也是后验所知的；我不是先验地知道我

① 关于这样一种建议，参见 McDowell 1994：56-59。它在这里不是用来否定知觉经验具有非概念的内容（参见 Peacocke 1992：84）。Christensen 1992：545 在贝叶斯主义语境下讨论了这些信念，他问：它们是否能"在这种意义上——对于它们实现其预期的证据作用是必要的——与其他信念相联系"。这些联系不是纯句法的，但 50 年来的确证理论都证明了确证不是纯句法的问题。

没有包括这个轮廓后面的另一座山的山顶。但在通常的环境中,我能够知道这座山是那种形状,并且在“那种形状”不是指称一种极其具体的形状时,更加掌握这个命题:它是那种形状。当然,我不能看见这座山究竟是什么形状;我只能大致看到它显现给我的轮廓,而看不到后面的东西。那种形状必定是不具体的,它足以能为我的知识——这座山是那种形状——提供一种第5章那种意义上的适当的误差余地。[1] 这种知识,即这座山是那种形状,可以在其他语境下得到;你也可以得到它,我们可以将它留在记忆中。除形状之外的属性在那些方面是相似的。

在不利的环境中,一个人不能获得知觉知识,这可能是因为事物不是它们所显现的样子。一个人不知道事物是那种样子,E=K 排除了这个命题:它们是作为证据的。然而,一个人仍有知觉证据,即使它所支持的命题为假。真命题可以使一个假命题成为可能,就像当某个人被巧妙地诬告了一种她对之无辜的罪行时那样。如果在错觉的情形下,知觉证据是由真命题构成的,那么它们是什么呢?明显的回答是这个命题,即事物显现为那种样子。这座山显现为那种形状。当然,除非一个人有理由怀疑环境是不利的,否则他就不可能考虑这个谨慎的命题:事物显现为那种样子;一个人只能考虑这个不受限制的命题:它们真是那种样子。但由此不能推出:一个人不知道事物显现为那种样子,因为这个人知道很多命题却无需考虑它们。当一个人走路时,他一般知道他在走路,却无需考虑这个命题。知道是一种状态,而不是一种活动。在此意义上,一个人无需考虑就能知道事物显现为某种样子。在我错误地相信环境有利时,我错误地相信我正在获得关于环境的知觉知识,从而错误地相信我的证

① 这种不具体性使现在这种建议更接近于 McDowell 1994:170-171 的建议而非 Peacocke1992:83-84 的建议。

据包括了那些被相信知道的命题。但我们在识别我们的证据方面的可错性不是新事情,我实际的证据可能证成了我关于我的证据的错误信念。

要掌握这个命题:事物显现为某种样子,根据这个假设,即一个句子的重要的语义成分表达了由整个句子所表达的命题成分,一个人必须掌握显现这种属性。尽管一个人对显现这种属性的掌握可能是难以言表的,但他必定对表象与实在之间的区别有些认识。例如,他在适当的环境下应当愿意放弃这个信念:事物是那种样子,却保留这个信念:它们显现为那种样子。在缺乏这些倾向时,归属这个有限制的信念,即事物显现为那种样子,而非这个不受限制的信念,即它们是那种样子,就是不合理的。可能有些年幼的小孩和动物具有信念和知觉经验却甚至不能暗中掌握表象这种属性。假如这样一种低等的动物被给予了一种药——它导致了这种幻觉性的表象:前面有食物;结果,它逐渐错误地相信前面有食物。它对该信念有什么证据吗?根据E=K,它的证据不可能是:事物显现为某种样子,因为它不可能掌握那个命题。可能它知道这种情况和前面有食物的情况相似,这里,相似性(likeness)属性既涵盖了表象方面的相似性,又涵盖了其他种类的无关紧要的相似性,以至于掌握相似性属性不要求掌握显现这种属性。如果这种动物不曾知道这种情况和前面有食物的情况相似,那么我们就可以合理地否定它具有前面有食物的知觉证据。它认识不到它的知觉经验的特征——这些特征如果被认识到,会为它提供证据。我们能将前面有食物这个命题作为证据,但这种低等动物不能。尽管这种幻觉性表象导致了一个信念,但那种因果关系不是一种证据关系。

很低等的生物没有掌握属性或命题,没有信念或知识。人们有时甚至认为——不很合理——任何缺乏表象与实在之间区别的生物都处于这种困境之中。低等生物没有证据,因为它们没有信念度,而信念度是证据证成的东西。

S 只能将 S 掌握的命题作为证据。由于 S 能把 S 的证据作为证据,因此只有 S 掌握的命题是 S 的证据。还未论证的是:那些命题是由于被知道而算作证据的。

9.6 命题证据作为知识

为什么所有命题证据都应当是知识?这个论题是:如果 S 的证据包括一个命题 e,那么 S 知道 e。如果我不知道这座山是那个样子,那么它是那个样子就不是我的一部分证据。就像在上一节中那样,这种论证是从证据的功能开始的。[1] 确实,这个论题是从那里所引用的证据在趋向最好解释的推理、概率论推理和排除假设中的作用寻求支持的。在我们偏爱假说 h 而非假说 h * 是因为 h 比 h * 更好地解释了我们的证据 e 时,我们通常认为 e 是已知的;如果我们不知道 e,为什么 h 解释 e 的能力应当为我们确证了 h 呢?除非我们知道 e,否则同样难以看出为什么 h 与 e 的概率应当规定我们对 h 的信念度。再者,h 和 e 之间的不相容性不会排除 h,除非 e 是已知的。但更仔细地考虑这个问题是稳妥的。

假如从一个包里拿球并取而代之。为了避免与现在关于未来的陈述的真值相关的问题,假设另外的某个人已经完成了那种取球;我在电影上看到它们。对于一个适当的数 n 来说,会产生下述情况。我看到拿出了 1 到 n 个球;每次都是红的(产生了一个红球)。我还没有看到拿 n+1 个。我作概率论推理并形成了一个证成的信念:拿的 n+1 个也是红的。我的信念事实上为

① 对于这些语言学论证:如果 S 的理由或证成是 e,那么 S 知道 e,参见 Unger1975:206-214。也可参见 Hyman1999。

真。但我不知道拿 n+1 个球是红色的。考虑两个错误的假说:

h:拿的 1 到 n 个球是红色的;拿的 n+1 个是黑色的。

h*:拿的 1 个是黑色的;拿的 2 到 n+1 个是红色的。

人们自然会说:h 和我的证据是一致的,h*是不一致的。特别是,它和我的证据——拿的 n+1 个是黑色的——是一致的;它和我的证据——拿的 1 个是黑色的——是不一致的。因此我的证据不包括这个命题:拿的 n+1 个是红色的。为什么不呢?毕竟,根据假说,我有一个证成的真信念:它是红色的。明显的回答是:我不知道拿的 n+1 个是红色的;证据的未被满足的必要条件是知识。另一种回答是:我没有观察到拿的 n+1 个是红色的。这对于本节的目标(尽管不是对于下一节的目标)同样好,因为观察 e 的真,只有通过让我知道 e 才能把 e 包括在我的证据中。如果我观察到 e 的真,然后将它忘得一干二净,我的证据就不再包括 e。很难看出证据如何能以这种方式——如果它不必为人所知,我们想要它成为的方式——对假设进行区别。

如果证据只要求证成的真信念或某种别的达不到知识的好认知地位,那么一些关键的证据就可能导致了一种链式反应。我们所知的证据证成了对各种真假说的信念;它们也算证据,因此这个更大的证据集会证成对更多真假说的信念,它反过来也算是进一步的证据……结果就和我们现在的证据概念非常不同了。

命题证据是知识,这衍推了命题证据为真。这在直觉上是合理的;如果一个人的证据包含错误(falsehoods),它就会排除一些真理,这是由于它和这些真理不一致。一个人的证据可能使有些真理不可能,但它不应当把所有真理都彻底排除。尽管我们可以把假命题看成证据,但由此不能推出:它们是证据。真命题都不与我的证据不一致,尽管我可能认为它是一致的。如果 e 是 h 的证据,那么 e 就为真。当然没有这样的看法:如果 e 是 h 的证据,那么 h 为真。例如,地是湿的是昨晚下雨的证据,仅当地是湿的——即使昨晚没有下雨。如果 e 不为真,那么至多有一个反事实条件会成立:如果 e 为真,e 就是 h 的证据。[1] 如果可信但撒谎的证人说:谋杀发生时被告在睡觉,那么证人说他那时在睡觉就是被告无辜的一部分证据。他那时在睡觉不是他无辜的一部分证据,因为它与他那时没有睡觉是一致的。对立的观点——一个假命题可以通过一个十足的真理的表象而变成证据——从这个假设(在第 8 章和第 9.3 节中处理)获得了它的大多数吸引力:我们必定有一种不可错的识别我们证据的方式。

一旦人们承认所有命题证据都为真——从而根据前一节,所有证据都由真命题构成——使我们的信念适合于证据就有一种明显的意义。它是使它们适应于真理的一种方式。尽管真证据仍能支持假结论,但它倾向于支持真理。"使你的信念和你的证据相称"这条原理不止要求人的信念系统的纯粹内部的融贯;它这样要求是因为证据必须为真。即使一个内部融贯的信念系统不可能完全为假,但具有某种内部融贯程度的某个信念系统与证据的相称可能更好或更坏,这取决于证据是什么。但证据同样不是一种完全外在的标准,如果它是已知的话。

这一主张即命题证据是知识的另一个结果是:命题证据是所相信的——至少如果知识衍推信念的话,这是这里所承认的(参见第 1.5 节)。知觉的情形似乎表明:命题证据不总是被相

① Stampe1987:337 采取了一种类似的理由(reasons)观。Millar1991:65 说:我们通常认为证据是由事实构成的;这也是我们通常对知识对象的看法。如果事实和真命题区别开了,那么本章的论证就能作相应的调整,但事实的个体化必须与知识和证据的个体化相协调。很可能,这个事实即长庚星很明亮就是这个事实:启明星很明亮。也可参见第 1.5 节。

信。与上一节相一致,一条知觉证据是——例如——一个命题 e:事物是那个样子。根据 E=K,我的证据包括 e,因为我知道事物是那个样子。但是,批评者可能指出:那追溯得还不够远;我的证据包括 e,因为事物是那个样子在知觉上是向我透明的,不管我是否相信它们是那个样子。即使我确实相信 e,我的证据在我相信它之前也包括 e;根据批评者,我逐渐地相信它,因为它在知觉上是透明的。如果"A 在知觉上是透明的"衍推"A",那么批评者的观点就承认证据性命题总为真;它否认的是:它们总被相信,从而它们总被知道。

如果我的证据包括一个命题 e,那么根据第 9.5 节,我就掌握了 e。因此,如果我不相信 e,我的问题就不是概念的无能(conceptual incapacity)。可能我只是没有时间形成这种信念;可能我怀疑——基于或好或坏的理由——我是错觉的受害者。我们可以问批评者:就我的证据包括 e 来说,我是否必须至少能够知道 e? 倘若如此,那么批评者的观点就不是和 E=K 截然不同的。假如 E=K,我实际拥有的证据就是由我所知道的命题构成的,但也有一些我所拥有的证据是由我能够知道的命题构成的。批评者认为我的证据是我潜在拥有的证据,而不只是我实际拥有的证据。为了弄清楚那种观点与 E=K 之间的区别,假设我能够知道 p_1,……,p_n这些命题中的任何一个,却不能够知道所有这些命题;我能同时注意的事物的数量有一个限度。假如我实际上知道 p_1,不知道 p_2,……,p_n。根据 E=K,我的证据只包括 p_1;根据批评者,它包括 p_1,……,p_n。假定 q 是一个命题,它根据所有的 p_1,……,p_n是很有可能的,但根据它们的任何适当的子集,它是极不可能的;我的其他证据和 q 是不相干的。根据 E=K,q 根据我的证据是极不可能的。根据批评者,q 根据我的证据是极其可能的。E=K 给予了更合理的裁决,因为 q 的高概率依赖于一个证据集合,我没有通向整个集合的通道。

如果批评者承认:即使在我不能够知道 e 时我的证据也包括 e,那么这种与 E=K 的比较就会更彻底。例如,天在下雪在知觉上是向我透明的;我不是产生了幻觉;但由于我知道我已经吃了一种药,它有 50%的可能会使我产生幻觉,那么我就不能够知道天在下雪。根据激进的批评者,我的证据却包括天在下雪这个命题,因为天在下雪在知觉上是向我透明的;因此我的证据与这些假说即我正在产生幻觉和天没有下雪不一致,但是就我能够知道的而言,该假设是真的。根据 E=K,我的证据至多包括这个命题:天看上去在下雪。确实,如果我使我的信念与我的证据相称,我就不会取消这种假说:我正在产生幻觉并且天没有下雪。E=K 给予了更好的裁决。知觉的情形没有证明:我们有时不相信我们的证据。

一个真理不会只是由于被相信或甚至由于被证成地相信而变成证据,就像上述关于这个命题的例子所示:拿的 n+1 个是红色的。缺乏知识的东西都不会这样。但知识就够了吗?

9.7 知识作为证据

任何对算作证据的东西的限制都应当是由证据的功能有力推动的。根据第 9.5 和 9.6 节,一个人的证据只包括他知道的命题。如果在评价一个假说时,一个人知道某种和它的真有关的东西 e,那么 e 不应当成为他的一部分证据吗?不这样做不就违背总体证据条件了吗?本节考察了对证据的其他限制进行证成的尝试,发现它们都不合适。

一个人的知识是由一些缠绕在一起的证据关联结合在一起的。例如,我的知识——亨利五世死于 1422 年——在证据上和我的知识——很多书都说他死于 1422 年——联系在一起。在这种意义上,即所知的一个命题是其他已知命题的一个逻辑结果,一个人的很多知识都是多余的。可能我知道的每个命题在该意义上都是多余的。如果所有知识都是证据,这种证据的关联和多余就是内在于一个人的证据的。这种多余本身是无害的;它不会使证据支持错误的假说。这里关心的实际上是:如果一个人的所有知识都被看做是一个证据总体,它内部的证据关联就会被删除,从而这种解释会否证我们的知识的本质。

另一种考虑可能是:证据要成为不言而喻的,它就是由在认识上自足的信息包(nuggets of information)构成的。这是一幅不合理的原子主义证据图画,但它构成了一种挑战:要求解释在一个证据总体内部何以能有证据关联。第 9.2 节为这种解释提供了基础。根据 EV,在 e 对一个人来说是假说 h 的证据时,这个人的证据就包括 e,e 提高了 h 的概率,这要求 e 基于相关的分布概率要小于 1。因此,EV 也允许一个人的证据中的一个命题以一种足道的方式成为另一个命题的证据。内部的证据关联未被取消。

如果所有知识都是证据,那么第 9.2 节中的 EV 就确实有这种效应:使一个人的知识内部的证据关联成为对称的。因为 $P(p|q)>P(p)$,当且仅当 $P(p \exists q)>P(p)P(q)$;由于后一个条件在 p 和 q 上是对称的,因此 $P(p|q)>P(p)$,当且仅当 $P(q|p)>P(q)$。因此,假如 S 的证据既包括 p 也包括 q,那么 p 对于 S 来说是 q 的证据,当且仅当根据 EV,q 对于 S 来说是 p 的证据。因此,假如一个人知道 p 和 q,并且所有知识都是证据,那么 EV 就蕴涵了:如果 p 对一个人来说是 q 的证据,那么 q 对这个人来说就是 p 的证据。我们修改 EV 就能避免这个结果。例如,我们可以规定:e 对 S 来说是 h 的证据,仅当 S 对 e 的信念实质上不依赖于从 h 进行的推理。但可能更清楚的是:保留 EV 不作修改,并说 e 对 S 来说是 h 的独立的证据,仅当 S 对 e 的信念实质上不依赖于从 h 进行的推理。由于这种讨论的焦点不是证据

关系，我们将不进一步探究这些选择。

这种主张，即所有知识都是证据，遇到了另一种异议。我们所知的东西中很少（若有的话）是无可质疑的。因此，如果所有知识都是证据，那么我们的很多证据就是可疑的。我们对靠不住的证据的观念会感到不自在。这就是古老的笛卡尔主义偏见即只有不可动摇的基础是证据吗？这种担心不能如此轻易地被消除。它在贝叶斯主义语境下采取了一种特别清晰的形式。容纳新证据 e 的标准方式是对它进行条件化。一个命题的新的无条件概率是其以 e 为条件的旧概率（这里 e 的旧概率非零）；$P_{新}(h)=P_{旧}(h|e)$。特别是，$P_{新}(e)=P_{旧}(e|e)=1$。这些概率分布应当与上述 EV 中的 P 区别开，因为 $P_{旧}$ 和 $P_{新}$ 据认为都容纳了一个人在相关时间的所有证据；而人们观察到 P 必定只容纳了一个人的证据的适当部分。那么如果 h 的旧概率是 1，它的新概率就也是 1；因为如果 $P_{旧}(h)=1$，那么 $P_{旧}(h \exists e)=P_{旧}(e)$。由于 e 的新概率是 1，它的概率在任何其他命题的条件化之下仍为 1。因此，一旦一个命题是作为证据被条件化的，它就获得了概率 1，并保持这个概率，不管其他证据被条件化成什么。但是我们的多数知识都没有这样的地位。进一步的证据可能有损于它。①

这里是一个例子。我恰好将一个红球和一个黑球放进一个空包，并将通过交换来取球。假定 h 是这个命题：我将一个黑球放进包中，e 是这个命题：前 10000 次拿的都是红球。根据知觉和记忆的标准组合我知道 h，因为我刚才在将球放到包里时看见它是黑色的。然而，如果在拿了 10000 次之后我学会了 e，我将不再知道 h，因为我那时具有的证据会使我在某种程度上混淆球的颜色也成为可能。当然，我现在所知道的为真，因此根本

① Jeffrey 用条件化来避免这个问题在第 10.2 节受到了批评。

不会被发现为假,但由此不能推出:将来不会有反对它的误导性证据。我现在的知识和 e 是一致的;根据简单的假设,基于我现在的证据,e 有 $1/2^{10000}$ 的概率。如果我随后学会了 e,根据那种将来的证据,h 的概率就小于 1。但是如果对随后证据的条件化会给予 h 小于 1 的概率,那么 h 现在的概率就会小于 1,因此,h 就不是我现在的一部分证据。问题是一般的:如果正概率的将来的误导性证据能损害我的知识:我将一个黑球放进包里,它就能损害我现在的大多数知识。看起来 h 似乎应当算我现在的一部分证据,从而会获得概率 1,仅当不管发生什么事情,h 对我来说必定是将来的一个合理信念。很少有命题能通过这种测试。确实,甚至 e 也通不过,因为后来的证据会使我合理地相信:我记错了前 10000 次拿的结果;一些目击者坚持认为我记错了;但由于关于 e 的不确定性不会使 h 确定,因此它不会把 h 恢复为证据。根据这条论证路线,要么我知道得很少,要么我们的知识中是证据的非常少。

根据所提出的测试,即其概率随后不应当小于 1,什么经验命题有资格作为证据?人们可能认为,最好的候选者是关于现在的命题——在传统中,是关于主体现在的心理状态的命题。由于这种测试要求证据在时间流逝时保持不变,因此一个关于现在的命题要成为证据,就必须在它所关于的时间过去很久之后仍保持不变。但是即使我今天能绝对地肯定:我似乎看见了一个蓝色的斑点,我明天也不能绝对地肯定:我今天似乎看见了一个蓝色的斑点;我的记忆不会确定无疑。它只是使这个问题对于个别的命题更加严重,以至于"我似乎看见一个蓝色的斑点"这个现在时态的句子,在不同时间表达了相同的命题,因为即使这个命题是确定的,并且因而现在为真,它将来也会为假并因而是不确定的。根据所提出的测试,很难看出什么经验命题有资格作为证据。因此从经验进行学习的可能性就受到了威胁。

这种模型认为,概率只是随着对新证据的条件化而变化的。这就是认为证据在时间过程中可以增加但不会减少。这种假设在实践中显然是错误的,因为我们有时会遗忘。但是即使这个模型被运用于大象——不会遗忘的理想化的主体,这个假设即证据不可能丧失也是不合理的。根据任何合理的证据理论,一个现在算证据的经验命题随后会丧失其作为证据的地位却没有任何遗忘,如果将来的证据对它作了充分的质疑的话。假如E=K,这种过程就是知识的破坏过程。下一章在一个宽泛的贝叶斯主义框架内提出了一种更自由的模型,在这种模型中证据可以获得也可以丧失。如果今天的证据明天就不是证据,它明天的概率就可能小于1。这种要求——现在的证据的概率在将来不应当小于1——只是极受限制的更新模型的一种人为产物。

一个人对相同的结构可能有一个模型,根据这种模型,只有关于现在的知识或观察知识能算是证据。① 但是,一旦人们认识到证据不必符合不寻常的确定性标准,这些对证据的限制看起来就是特别的。尽管关于现在的知识或观察知识比一些其他种类的知识更容易得到,但是在我们得到它们时,那不是反对将其他种类的知识看成证据的理由。例如,我们关于一个数学推断的证据可能是由数学知识构成的。如果我们相信我们知道p,我们就倾向于以我们使用证据的方式使用p。如果我们的信

---

① 对Maher来说,"E是证据,当且仅当E是直接由经验而知的"(1996:158;他将"直接地"相对于一组命题,160—161)。根据他的观点,如果我知道e(例如,一种物质s放入水中时就溶解),并且演绎h(例如,s是可溶的),由此逐渐地知道h,那么e而非h对我来说就是证据(1996:158)。根据现在的观点,e和h对我来说都是证据,但h不是e的独立证据,因为在这些环境中,我是根据从h进行的推理而相信e的。如果某个人现在告诉我s是盐,那么h就可能变成e的独立证据。

念为真,我们就有权那样使用 p。p 是哪一种命题并不重要;如奥斯汀所说:"任何种类的陈述都能陈述任何其他种类的证据,如果这些条件合适的话(1962:116)。"所有知识都是证据。

9.8　非实用主义的证成

那么,现在这种关于 E=K 的情形就完成了。如果证据是证成信念的东西,那么知识就是证成信念的东西。但是,所有证成的信念都是由证据证成的吗?经验本身或实践的效用不能证成信念呢?为什么如果不被任何东西证成,信念有时就不能被证成呢?

实用主义的信念证成不一定是根据证据。在没有任何证据的情况下,某个人相信他的孩子不知何故在空难中幸存了,并且某一天会回到她身边。唯有这个信念支持着她活下去;如果没有它,她就会自杀。总之,她有这个信念可能是件好事,在那种意义上这个信念就被证成了。但这不是这种"证成的"的意义:证成的信念看起来具有认识论内部的边缘化知识。除了由证据证成之外,信念能在认识论上被证成吗?认知证成的目标在某种意义上——应当承认这是很难定义的——是真理,在这种意义上,实用主义的证成并非如此。还远非清楚的是:任何信念都是在指向真理的(truth-derected)意义上被证成的,而不是被证据证成的。否则那时证据似乎就被想象得过于狭窄了,因为这样一来,证据看起来就太缺乏了,难以证成实际上被证成的所有信念。但是如果我们知道的某种东西可以成为确定一个证成链的证据,就像 E=K 所蕴涵的,那么证据对于所有指向真理的证成就似乎真的是充足的。一个在认识论上证成的信念——它缺乏知识——必定是由某种东西在认识论上证成的;任何证成它的东西都是证据。根据 E=K,一个在认识论上证成的信念——

它不缺乏知识——本身就是证据。如果我们的目标是真理,我们就应当使我们的信念与证据相称。

E=K 支持指向真理的证成与靠证据的证成(justification by evidence),以及从而与靠知识的证成的合理等式。根据这种观点,如果指向真理的证成是认识论的核心,知识就也是认识论的核心。

我们可以提出一些更激进的观点。信念的目标不只是真理;它的目标也是知识。它越能为知识证成,它与知识本身就越接近。如果证据和知识相同,那么一个信念越是由证据证成,它离它的目标就越近。下面两章将有助于那些建议的实现。

第10章　证据概率

10.1　模糊的概率

在为我们的理论提供证据时,我们作为证据引用的命题本身是不确定的。概率主义证据理论在同化那个明显的事实时是出了名的困难,如第9.7节所指出的。本章将这个事实嵌入了概率主义证据理论中。对不确定性的分析自然会导致一种简单的高阶概率理论。第一步是关注相关的概率概念。

假如有一种科学假说h,我们可以明智地问:根据现在的证据,h有多大可能?我们是在问支持或反对这种假说的证据有多少,而不是在问h为真有什么客观的物理机会(chance)或频率。所提出的一条自然规律根据现在的证据可能是极不可能的,即使其为真的客观机会是1。这和这种明显的观点是非常一致的:与h有关的证据可能包括关于客观的机会或频率的证据。同样,在问根据现在的证据h有多大可能时,我们不是在询问任何人对h的实际信念度。现在的证据可能强烈地反对h,即使所有人都非理性地确定了h。我们将用信任度(credences)来指称信念度;例如,一个人对这个命题——普通硬币正面朝向的概率一般是1/2——的先验信任度;因此信任度不是第4.4

节所讨论的完全信念程度。

根据我们的证据,h 的概率是这种信任度——它是具有我们的证据的完全理性的存在者给予 h 的——吗? 那种建议更接近于所预期的东西,但还不够接近。它会失败,就像反事实分析通常会失败一样,这是因为它忽视了分析对象之真值的条件前提的副作用(Shope 1978)。例如,说这个假说,即不存在完全理性的存在者,根据我们的证据是非常可能的,并不是说具有我们的证据的完全理性的存在者会非常确信:不存在完全理性的存在者。为了更仔细地提出这种观点,假定 p 是一个逻辑真理(由一个逻辑为真的句子表达的命题),以至于在这个不完美的世界上,根据我们的证据非常可能的是:没有人会高度信任 p。存在这样的逻辑真理,尽管就这个情形的本质来说,我们不能确信我们已经确认了一个例子。就我们所知,它们包括这个命题:哥德巴赫猜想是一阶皮亚诺算术的一个定理(被适当地形式化)。当然,根据我们的证据不是非常可能的是:没有人曾高度信任这个命题,即哥德巴赫猜想是一阶皮亚诺算术的一个定理;如果愿意的话,我们通过设想好的证据证明核大战将终结所有的智慧生命,就能使这个例子永恒。假定 h 是这种假说:没有人高度信任 p。根据假设,h 根据我们的证据是非常可能的。根据所讨论的观点,具有我们的证据的完全理性的存在者因此会高度信任 p。由于 p 是一个逻辑真理,因此 h 就逻辑地等价于合取式 p∃h;由于完全理性的存在者同样会信任逻辑等价的假说,因此它会高度信任 p∃h。但那是荒谬的,因为 p∃h 是这种摩尔悖论形式:“A 并且没有人高度信任命题 A”;因此高度信任 p∃h 就是自我拆台和非理性的。一个人只有在非理性地对合取式比对其每个合取支具有更高的信任度时,才能高度信任那种形式的一个真命题。因此,根据我们的证据,一个假说的概率并不总和具有我们的证据的完全理性的存在者对它的信任相一致。

很可能,一个完全理性的存在者必定会高度信任 p,必定会对这样做有所觉察,会给予 h 从而给予 p∃h 更小的信任度;但这样一来,它关于其自身状态的证据就不同于我们的证据。倘若如此,这个关于具有我们的证据的完全理性的存在者的假说就是不可能的。不存在像具有我们的证据的完全理性的存在者对某个命题的这种信任度的东西。人们可能认为,主观贝叶斯主义的完全理性概念衍推了关于一个人自己的信任度的完全准确性(Milne 1991)。

因此,我们不能把决策论作为证据概率的一种向导。例如,假如任何其信任度具有分布 P 的人都易受荷兰赌——一种复杂的赌局,不管结果如何他们都会输钱——的影响。由此可以推出:如果一个完全理性的存在者不易受荷兰赌的影响,完全理性的存在者的信任度没有分布 P,但得到这个结论是错误的:我们证据的概率不会有分布 P,因为那些概率不一定和完全理性的存在者假设的信任度相一致。可能只有不是完全理性的存在者能完全具有我们的证据,这些证据包括我们关于自己的证据。根据一个人证据的概率,分配信任的非理性可能只是反映了他有限的理性,就像在他的证据中所反映的那样。但是通过将证据概率限制于证据集——它们可能是完全理性的存在者拥有的全部证据——来作出反应是愚蠢的。那在很大程度上会使利益概念成为无用的;我们研究的是我们证据的概率。

就所说的而言,任何具有信任度——它们不满足主观贝叶斯主义限制——的自主体可能理所当然会遇到理性的批判。这特别适用于自主体关于其证据概率的信念。但是它也同样适用于自主体关于客观物理机会的信念或任何别的东西。正如它没有蕴涵关于客观物理机会的任何具体东西一样,它也没有蕴涵关于证据概率的任何具体东西。

那么,什么是证据的概率?我们应当抵制一些要求或一种操作定义;这些要求在科学哲学中和在科学自身中一样有破坏性。要求数学家给出一个准确的“集合”定义,就会完全破坏集合理论。有时最好的策略是奋勇前行并用一种模糊但有力的概念进行理论化。一个人最初的直觉理解最终会变得精确,但很少能达到用准确的理论术语表达一个定义的程度。这里从事的就是这种策略。讨论将假定一个初始概率分布 P。P 并不代表实际的或假设的信任度。相反,在研究之前,P 测量了像假说的直觉合理性之类的东西;这个直觉合理性概念的外延在不同语境之间会有变化。P 将被认为满足了概率演算的一个标准的公理集:$P(p)$是适合于每个命题 p 的一个非负实数;每当 p 是一个逻辑真理,$P(p)=1$;每当 p 和 q 不一致,$P(p\%q)=P(p)+P(q)$。如果 $P(q)>0$,那么 p 以 q 为条件的概率 $P(p|q)$就被定义为:$P(p\exists q)/P(q)$。$P(p)$被认为是为所有命题定义的;标准的异议,即主体可能没有考虑 p,与非主观的概率 P 是不相干的。但 P 不被认为是可作句法定义的。卡尔纳普的归纳逻辑纲领将逐渐被抛弃。绿(green)和绿蓝(grue)的区别不是一种形式的区别。

考虑一个类比。可能性(possibility)概念是模糊的,不能被句法地定义。但那并不表明它是虚假的。实际上,它是必不可少的。此外,我们知道对它的一些清晰的结构性限制:例如,一个析取式是可能的,当且仅当至少它的析取支之一是可能的。现在的建议是:概率和可能性的处境相同,并且不会因为那而更坏。

根据这里所辩护的观点,假说 h 基于全部证据 e 的概率是 $P(h|e)$。最后一章将解释命题 e 何时构成了一个人的全部证据。对于一个假说来说,证据做得最好的是衍推它[因此,$P(h|e)=1$];证据做得最差的是和它不一致[因此,$P(h|e)=0$]。在

这些极端之间,初始概率分布提供了一些连续的中间情形,在这些情形中证据多少接近于需要或排除这个假说。

这些公理衍推了:逻辑等价的命题基于给定的证据具有相同的概率。理由不是:一个完全理性的存在者会对它们具有相同的信任度,因为我们已经指出了,这些存在者与证据概率是不相干的。这些公理不是理想化,在现实世界上为假。相反,它们表明我们选择研究的是哪一类东西。我们正在使用一个概率概念,它(就像不相容性概念一样)对逻辑等价命题之间的区别不敏感。因此,我们在失去一些描述细节的同时获得了数学的力量和简单性(例如,在数学认识论中):这是一种熟悉的交易。

对证据概率的先验分布的描述是非常模糊的。如果那似乎使它在主观贝叶斯主义信任度方面不利,它能根据一致的打赌行为更准确地定义,那么准确性方面的比较在认识论的运用中就会消失。假定一个有限的证据集 e,几乎所有后验分布都是通过对 e 的贝叶斯主义更新而从一个很反常的先验分布中得到的。通过更新证据"清除"先验之间的区别只"在这个限度内"适用;它们没有告诉我们,我们现在在何处(Earman1992:137-161 有一种详细的讨论)。对特定认识论问题的成功的贝叶斯主义处置(例如,Hempel 的乌鸦悖论)认为,主体具有"合理的"先验分布。如果一个先验分布符合我们关于假说的内在合理性直觉,我们就判断它是合理的。这和影响现在的方法的是同一种模糊性,只是隐藏得更好一些。

贝叶斯主义的一个优势是:根据关于所有合理的先验分布的假设,概率演算的数学结构使它可以阐明其他方法所遗漏的区别,对认识论问题提供一种在性质上很细致的分析。这种优势是主观贝叶斯主义和客观贝叶斯主义的共性,因为它依赖于概率演算的结构。根据现在的方法——它可以被看成一种客观贝叶斯主义形式——概率理论的公理体现了实质的主张，就像集合论的公理那样。例如，对实数的概率限制将概率递变的数量限制于闭联集的基数。正如集合论公理改进了我们对集合的理解却不会还原为隐含的“集合”定义一样，概率论公理也会改进我们对证据概率的理解却不会还原为隐含的“证据概率”的定义。

上述评论不是意欲抑制所有对初始概率分布的怀疑。它们的目标是：证成试探性地规定这种分布的程序，这是为了看出它在发展一种证据概率理论中发挥什么作用。这就是本章的焦点。①

10.2 不确定的证据

假如证据概率的确是以人的证据为条件的概率。那么，不足道的是，证据本身就有证据概率 1。每当它被定义时，$P(e|e)=1$。这要求证据是绝对确定的吗？倘若如此，证据概率如何能与非笛卡尔主义认识论相符合呢？第 9.7 节对这个问题作了初步讨论。现在让我更深入地考虑它。

第 9.5 节辩护了这种假设：证据是命题的。由于本章的方法将证据概率同一于以证据为条件的概率，因此它无论如何都会将证据看成命题的。$P(h|e)=P(h \exists e)/P(e)$；这个等式仅当证据 e 是命题的时才说得通。因此，我们不能通过否认证据是命题的而避免将证据概率 1 归属给这个证据，因为这样一来证据概率就得不到定义。

我们应当怀疑证据概率 1 与绝对确定性之间的联系。对于

① 将不打算探究文献中的非叶斯主义证据概率理论。参见例如 Kyburg1974 和 Plantinga1993。

主观贝叶斯主义者来说，概率1是概率最高的信念度，它很可能是绝对的确定性。如果一个人对p的信任度是1，他就应当愿意接受这样一场赌局：根据它，如果p为真他就赢一便士，如果p为假，他就会被折磨致死。很少有命题能通过那个测试。复杂的逻辑真理确实通不过，即使这些概率公理归属给它们的概率是1。但是，由于证据概率不是实际的或反事实的信任度，那么证据概率1为什么应当衍推绝对的确定性呢？

概率1和确定性之间有进一步的联系。关于从经验学习的贝叶斯主义解释赋予概率1一种重要意义，它不依赖于概率与实际的或反事实的信任度的任何同一关系。假如在某个场合获得的新证据是e。根据对这个简单情形的标准贝叶斯主义解释，概率应当根据对e的条件化进行更新。P被更新的无条件概率是它之前以e为条件的概率：

BCOND $P_{新}(p)=P_{旧}(p\varpi e)=P_{旧}(p\exists e)/P_{旧}(e)$　$[P_{旧}(e)\neq 0]$

我们可以将BCOND解释成一种关于证据概率的主张。注意：$P_{旧}$不是绝对的先验概率P，而是根据先于e获得的所有证据的概率。再假定——如贝叶斯主义者经常做的那样——条件化是概率所经历的唯一更新形式。根据BCOND，$P_{新}(e)=1$。当$P_{新}$是根据对更加新的证据f的条件化被更新为P_{vnew}时，每当对f的条件化被定义，$P_{vnew}(e)=P_{新}(e|f)=P_{新}(e\exists f)/P_{新}(f)=1$。因此，e在所有进一步的条件化过程中的概率仍保持为1。由于不能期望有其他的更新形式，因此e将保持概率1。一旦一个命题已经成为证据，它的地位就和之后的证据一样好；概率1是一生的承诺。根据这种更新模型，在一个命题变成证据时，它就得到了一个在认识论上优越的特征——它随后是不可能失去的。这是如何可能的？任何从经验学习的命题原则上的确能

在认识论上被进一步的经验破坏。

什么命题能得到那种无懈可击的认知地位？科学将这样的命题看成证据，如“被注射了药的老鼠 13/20 会在 24 小时内死掉”；一个人第二天可能发现一位心存不满的实验室技术人员用活老鼠替换了死老鼠。笛卡尔主义策略是寻找关于人自己当下的心理状态的命题中的确定性（“我似乎看见一只死老鼠”；“我当前关于 13/20 老鼠死掉的信念度是 0.97”）。可以论证的是，我们甚至会弄错我们自己当下的心理状态（参见第 4 章和第 8 章）。但是即使那种观点被放弃了，并且据认为我们对于我们所处的心理状态是不可错的，但我们后来对它并不会仍是不可错的。不管我今天对我现在用“我似乎看见了一只死老鼠”这个句子所表达的命题的确定性如何，我明天对同一个命题可能是不确定的，那时这个命题是用“我昨天似乎看见了一只死老鼠”这个句子表达的。我可能想知道我是真记得似乎看见了一只死老鼠，还是只想像了一只死老鼠。可能“我似乎看见了一只死老鼠”（我今天说的）和“我昨天似乎看见了一只死老鼠”（我明天说的）并没有表达完全相同的命题。但是如果我明天能思考由“我似乎看见了一只死老鼠”（我今天说的）所表达的命题，那么该命题对我来说就可能变得不确定了。如果我甚至第二天也不能思考它，那么问题会更糟，因为我不能保留我的证据。我们对于自己过去的心理状态无疑是可错的。我们对于别人的心理状态同样是可错的。你可以怀疑我自己是否似乎看见了一只死老鼠。即使我告诉你我自己似乎看见了一只死老鼠，你也可能怀疑我是否在撒谎。然而，科学依赖于可在主体之间使用的证据。甚至贝叶斯主义认识论学家也认为证据是可在主体之间使用的。例如，考虑这些论证：先验概率分布之间的个别差异最后都被对累积的证据的条件化“清除”了。他们通常认为，不同个体是对相同证据的条件化。如果我们从不同的先验概率出发,并且我对关于我的心理状态的证据进行条件化,你对关于你的心理状态的证据进行条件化,那么我们的后验概率就不一定一致。

在有些情形下,可以证明:尽管我们的证据不同,但我们的信念将几乎总是彼此一致的,因为它们几乎总会聚于真。例如,如果一个包里装有 10 个红球或黑球,我们依次拿出一个球并替换,每次观察我们自己的拿球而非别人的拿球,以及对这些结果的条件化,我们关于每种颜色的球的数量的后验概率几乎都会聚于相同的值,即使我们的先验概率极其不同,只要我们都向所有这 11 种可能性归属了非零的先验概率。但是甚至这也认为我们的证据是由关于拿球的结果的真命题构成的,而不是由关于我们的心理状态的命题构成的。根据主观贝叶斯主义观点,那种假设来自何处呢?

这种观点可以推广。将一种特殊的权威归属给 t 时 S 对 p 的信念,通常就能使命题 p 对于 t 时的主体 S 是确定的。但是这样一来,其他主体或其他时间对 p 的信念就特别缺乏权威,因为它被 S 在 t 时的信念超过了。例如,就目击者对一事件的报告具有一种特殊的地位来说,非目击者的报告就容易被它们推翻。因此,很难看出任何经验的命题何以能具有跨时间的和主体间的确定性——这是条件化解释对证据的要求。

标准的反应是将贝叶斯主义条件化推广到杰弗里条件化(概率运动学)。就一个命题 p 来说,在对 e 的贝叶斯主义条件化中[$0<P_{旧}(e)<1$]:

$$(\text{i})\ P_{旧}(p)=P_{旧}(e)P_{旧}(p|e)+P_{旧}(Ne)P_{旧}(p|Ne)$$

$$(\text{ii})\ P_{新}(p)=P_{新}(e)P_{旧}(p|e)+P_{新}(Ne)P_{旧}(p|Ne)$$

就 BCOND 来说,$P_{新}(e)$ 和 $P_{新}(Ne)$ 在(ii)中的权重分别是

1和0。以e为条件的概率不变[$P_{新}(p|e)=P_{旧}(p|e)$]。改变的是它们在决定无条件概率时的权重;它已经从$P_{旧}(e)$提高到了1。但是当经验使e更可能却没有使之确定时,杰弗里条件化就允许我们保留(ii)[(i)是自动的]并使$P_{新}(e)$比$P_{旧}(e)$更大却没有使之为1。这提高了以e为条件的概率,却牺牲了以Ne为条件的概率,但为两者都提供了某种权重。更一般地说,经验使我们在各种可能性之间重新分配概率,同时使以那些可能性为条件的概率保持不变。假定$\{e_1,\cdots\cdots,e_n\}$是一种划分(也就是说,作为一个逻辑问题,在这个集合中只有一个命题为真;为了数学的简单性,无穷划分被忽略了),以至于对于每个$i(1\leqslant i\leqslant n)$来说,$P_{旧}(e_i)>0$。那么,根据与$\{e_1,\cdots\cdots,e_n\}$有关的杰弗里条件化,$P_{新}$来自于$P_{旧}$,当且仅当每个命题p都满足:

$$\text{JCOND}\quad P_{新}(p)=\Sigma_{1\leqslant i\leqslant n}P_{新}(e_i)P_{旧}(p|e_i)$$

贝叶斯主义条件化就是这种特殊情形,这里,$\{e_1,\cdots\cdots,e_n\}=\{e,Ne\}$,$P_{新}(e)=1$。

杰弗里条件化不能将概率降低于1。如果$P_{旧}(p)=1$,那么根据JCOND,$P_{新}(p)=1$。这种思想实际上是:在一个人从经验进行学习时,经验命题不一定能得到概率1。相反,根据本章的方法,证据必须有证据概率1,并且如果证据概率发生变化,有些经验命题就必定是证据。现在这种方法应当修改以允许杰弗里条件化吗?

根据杰弗里条件化对证据概率的更新,很难和任何恰当的认识论结合在一起,因为我们没有实质地回答这个问题:新的权重$P_{新}(e_i)$应当是什么?毫无疑问,如果运用了很好的划分,那么根据JCOND,任何概率分布$P_{新}$就都是任何概率分布$P_{旧}$的结果,只要每当$P_{旧}(p)=1$并且相关的命题集合是有限的,$P_{新}$

(p)= 1。① 可以论证,这同样适用于 BCOND。② 但是对这个认识论问题——“BCOND 的哪些例子更新了证据概率?”——有一种简略的回答:e 在其中是一个人的新证据的例子。尽管这种回答会直接产生另一个问题:“一个人的证据是什么?”,但它仍有所发展,因为它作了理论的分工,使认识论和科学哲学的其他研究——如第9章——能为贝叶斯主义提供它的证据理论。

---

① 证明:假定关于利益的命题是 p_1,……,p_m。对它们的 2^m 种可能的真值分配中每一个都对应于 p_i 或 Np 的一个合取,这里 $1 \leqslant i \leqslant n$。这 2^m 种合取构成了一个划分。可能对于某个这样的合取 g 来说,$P_{旧}(g) = 0$;用一个合取 f——以至于 $P_{旧}(f) > 0$——分离每个这样的 g,就构成了一个划分 $\{e_1, \cdots\cdots, e_n\}$,以至于就 $1 \leqslant i \leqslant n$ 来说,$P_{旧}(e_i) > 0$。每个 e_i 都等价于一个析取 $f_i \% g_i$,这里 $P_{旧}(f_i) > 0$,$P_{旧}(g_i) = 0$,并且 f_i 要么衍推 p_j,要么衍推 $Np_j(1 \leqslant j \leqslant n)$。由于 $P_{旧}(g_i) = 0$,因此,标准的推理证明:$P_{旧}(e_i \equiv f_i) = 1$,因此,$P_{旧}(p_j | e_i) = P_{旧}(p_j | f_i)$。所以 $P_{旧}(p_j | e_i)$ 就是 1 或 0,这取决于 f_i 衍推 p_j 还是 Np_j。那么假如对于每个命题 q 来说,如果 $P_{旧}(q) = 1$,那么 $P_{新}(q) = 1$。那么 $P_{新}(g_i) = 0$,并且类似的推理证明:如果 $P_{新}(e_i) > 0$,那么 $P_{新}(p_j | e_i)$ 就是 1 或 0,这取决于 f_i 衍推 p_j 还是 Np_j。因此,如果 $P_{新}(e_i) \neq 0$,那么 $P_{新}(p_j | e_i) = P_{旧}(p_j | e_i)(1 \leqslant i \leqslant n)$。由此,用 p 替换任何 p_j,JCOND 就是一个通常的推论。

② 它取决于一个人是否能采用比由关于利益的命题所作出的更好的区别。如果不能,就只能区别两种可能性,那么贝叶斯主义条件化就不能将 $P_{旧}$ 变为 $P_{新}$,这里 $0 < P_{旧}(p) < P_{新}(p) < 1$,因为被条件化的命题要么不影响要么取消一种可能性,在这种情形下,所有概率都是 0 或 1。如果可以采用更好的区别,每当 $P_{旧}(p) = 1$,$P_{新}(p) = 1$,并且关于利益的命题集是有限的,那么根据 BCOND,$P_{新}$ 就会从 $P_{旧}$ 的外延变成一个新的划分。因为假如 $\{e_1, \cdots\cdots, e_n\}$ 是一个划分,以至于 $P_{旧}$ 和 $P_{新}$ 只是根据与 e_i 析取等值的命题定义的。由于只要 $P_{旧}(p) = 0$,$P_{新}(p) = 0$,就有一个实数 $c > 0$,以至于就所有的 p——对它们来说这些概率被定义了——来说,$cP_{新}(p) \leqslant P_{旧}(p)$。采用一个新命题 f,将 e_i 划分为 $e_i \exists f$ 和 $e_i \exists Nf$。为这个改进的划分确定一种概率分布 P_* 是通过:$P_*(e_i \exists f) = cP_{新}(e_i)$;$P_*(e_i \exists Nf) = P_{旧}(e_i) - cP_{新}(e_i)$。因此只要这些概率被定义了,$P_*(p \exists f) = cP_{新}(p)$,$P_*(p \exists Nf) = P_{旧}(p) - cP_{新}(p)$,并且 $P_*(p) = P_{旧}(p)$;因此 P_* 扩展了 $P_{旧}$。那么 $P_*(p | f) = P_*(p \exists f) / (P_*(f) = cP_{新}(p) / c = P_{新}(p)$。所以,根据 BCOND,只要 $P_{新}$ 被定义了,$P_{新}$ 就来自于 P_*。也可参见 Diaconis 和 Zabell(1982)。

对于类似的问题“JCOND 的哪些例子更新了证据概率?”,是难以作出这种简单回答的。杰弗里条件化不是关于构成证据的命题的条件化。此外,P(e_i)这些权重对背景知识极其敏感。当我借助烛光看见一件衣服时,它是绿色的这种新概率取决于我此前关于它的颜色的知识、我视力的可靠性以及光照条件。分离 JCOND 的证据输入的努力还没有取得成功(参见 Jeffrey 1975,Field 1978,Garber 1980 和 Christensen 1992)。杰弗里条件化似乎不允许这种表达——它使认识论和科学哲学其他领域的研究为它提供一种权重适宜性标准。如果没有这种标准,基于杰弗里条件化的解释就没有多少认识论的卓见。

杰弗里通过强调知觉经验的非自觉性(involuntariness)回避了这个规范性问题。他否认感觉经验提供了信念的理由:它是一种纯粹的原因,并且不会因此而更糟[Jeffrey(1983):184-185]。然而,即使是非自觉的信念也能产生规范性问题。当看见黑猫使一个迷信的人相信灾难就要降临时,根据他的证据,灾难就要降临是不可能的。尽管多数知觉信念都是非自觉的,但杰弗里本人愿意根据规范(norm)来判断它们,因为他把贝叶斯主义看成一种规范性理论,而不是一种描述性理论(Jeffrey 1983:166-167)。

杰弗里条件化的部分理由可能也依赖于一种贫乏的命题理论。杰弗里的动机性例子包括光照条件不好情况下的颜色视觉;他认为,“能用英语表达”的命题都不能“传达准确的经验性质”(1983:165)。独立于语境的英语句子的确都不能传达准确的经验性质。还很不清楚的是:在给定语境下,具有知觉指示词的英语句子(例如,“它看起来像那”)都不能表达一个命题——它传达了准确的经验性质,其意义是:对它的贝叶斯主义条件化会捕捉到经验的证据结果(参见 Christensen 1992,但也可参见第 9.5 节)。

关于证据确定性的问题产生于两种主张的结合：

命题性(PROPOSITIONALITY)一个命题的证据概率是其以证据命题为条件的概率。

单调性(MONOTONICITY)一旦一个命题有证据概率1,它之后就保持这种概率。

由于命题性衍推:证据命题具有证据概率1,根据单调性,这蕴涵着它们之后具有那种在认识论上不合理的地位。基于杰弗里条件化的解释保留了单调性却反对命题性;然而,它们不会产生一种非空的证据概率解释。一种更有前途的战略是保留命题性而反对单调性。它是这里所追求的战略。此后将假定命题性。

BCOND 和 JCOND 都允许命题获得概率1,但不允许失去它。它们在过去和将来之间是不对称的。因此,一个模型——根据它,所有更新都是根据杰弗里或贝叶斯主义条件化——体现了这个经验假设:在单调性的意义上,证据是累积性的。这个假设在很多情形下是错误的。贝叶斯主义者忘记了遗忘。我抛起一个硬币,看见它正面朝上落地,将它放回口袋就睡觉了;在我醒来时我已经忘记了它落地后的情况。在我看见它落地时正面朝上时,命题 e,即它落地时正面朝上,是我的一部分证据;e 根据我的证据具有概率1。在我醒来时,e 根据我的证据很可能有概率1/2。所有贝叶斯主义或杰弗里条件化的序列都不能产生我的证据概率中的这种变化。然而我不是非理性的。我尽力记住抛硬币的结果,甚至打算把它写下来,但我找不到钢笔,并且睡意难以抗拒。遗忘不是非理性的;它只是不幸。单调性有时是一种有用的理想化;它不是理性的本质中固有的。

失去信息具有一种决定论的影响。在我睡觉前,我确定在我醒来时我将忘记硬币落地时的情况(我总是忘记那种事情)。

我现在乐意接受一场赌局:如果硬币正面朝上落地我就赢£ 1,否则就输£ 10。明天我将乐意接受这样一场赌局:如果硬币正面朝上落地我将输£ 5,否则就赢£ 6。如果我打了这两场赌,那么不管硬币如何落地我都将输£ 4。我现在知道我面对这种历时性的荷兰赌是不堪一击的,但我能做什么呢?通过拒绝第一场赌局而回避它就要失去£ 1(比较 Skyrms 1993)。①

一个命题即使在我不会忘记什么这种通常的意义上,对于我也可能失去证据的地位。回想第 9.7 节的例子。我看见一个红球和一个黑球被放进了另一个空包中,我被问及在前 10000 次替换地取球时每次拿出一个红球的概率。我回答说:"$1/2^{10000}$。"我的部分证据是命题 e:一个黑球被放进了包里;我的计算依赖于它。那么假如在前 10000 次拿时,每次都是一个红球被拿出来,这是我的证据不能事先排除的一种巧合,因为它的证据概率是非零的。但是在我看见它发生时,我将开始合理地怀疑 e;我将错误地怀疑这个球只是由于光照的幻觉而看起来是黑色的。因此 e 将不再构成我的一部分证据。传统主义主张,即后一种怀疑的可能性表明 e 不是我的一部分证据,预设了一种站不住脚的笛卡尔主义认识论。

根据对更新的标准贝叶斯主义解释,过去证据现在的踪迹只是在现在的概率中。没有为证据保留单独的记录,一个命题可能被取消了这种记录。但是一种证据概率理论能保留单独的

---

① 遗忘的情形表明:甚至关于主体的理性的强有力的假设也不会阻止 Van Fraasen1984 中的反思原则的所有反例。Talbott 1991 有一个遗忘的例子;根据 Van Fraassen1995:22,对它的处理不能合理地推广到现在的情形。进一步的讨论,参见 Skyrms1987, Christensen1991 和 1996, Green 和 Hitchcock1994, Castell1996 以及 Hild1997。Isaac Levi 在其 1967 和别的很多著作中都反对单一性。

证据踪迹，并仍保留很多贝叶斯主义框架。① 假定 P 是先验概率分布，e_w是一个人在情形 α 中的所有旧证据和新证据的合取，对一个人来说，$P_\alpha(p)$是命题 p 在 α 中的证据概率。这种建议是：P_α是根据 e_α对 P 的条件化：

ECOND　$P_\alpha(p)=P(p|e_\alpha)=P(p \exists e_\alpha)/P(e_\alpha)$　$[P(e_\alpha)>0]$

ECOND 形式化了命题性。它使单调性失败了，因为如果一个人忘记了 t 与后来一个时刻 t＊之间的某种东西，他在 t 和 t＊时分别处于情形 α 和 α＊中，那么 $e_{\alpha *}$ 就不一定衍推 e_α，因此，可能 $P_{\alpha *}(e_\alpha)<1$，即使 $P_\alpha(e_\alpha)=1$。因此，一个命题可以将概率降低于 1。在此意义上，证据不一定是确定的。

当 α 和 α＊之间没有证据丧失时，$e_{\alpha *}$ 就等价于 $e_\alpha \exists f$，这里，f 是在那期间得到的新证据的合取，而且 ECOND 蕴涵着 $P_{\alpha *}$来自于根据新证据 f 对 P_α的条件化。从形式上看，对于任何命题 p 来说：

$$P_{\alpha *}(p)=P(p \exists e_\alpha \exists f)/P(e_\alpha \exists f)=(P(p \exists e_\alpha \exists f)/P(e_\alpha))/(P(e_\alpha \exists f)/P(e_\alpha))=P_\alpha(p \exists f)/P_\alpha(f)=P_\alpha(p|f)$$

在证据是累积性的时，BCOND 就是 ECOND 的特例。因此，贝叶斯条件化在需要时可以重新获得。

分布 P 是在概念上而非时间上优先的；对于某个主体在某

① 比较 Skyrms1983 中的日记概念。Skyrms 的讨论关注记忆存储问题，但记住哪些命题是证据不比记住每个命题的一个概率更差。当然，保留一个信念常常是合理的，即使是在这个人已经忘记了他过去关于它的证据时。在有些情形下，信念本身已经获得了证据的地位（参见第 10.3 节）；在有些情形下，一个人只有它的间接证据（例如，一个人似乎记得 p 并且在这些事情上通常是正确的）。但是甚至那些信念是 t 时的证据概率，也仅当一个人 t 时的证据支持它们。更多关于避免混乱的讨论，参见 Harman 1986。

个时刻所处的任何情形 α,它都不一定与 P_α一致,因为 P 不是信任度的分布,而且主体在每个时刻都可能有足道的证据。这种方法附带的一个优势是:它有助于旧证据问题(Glymour1980:85-93,Earman1992:119-135,Howson 和 Urbach1993:403-408以及 Maher1996)。有人可能会说:e 确证 h,当且仅当 h 以 e 为条件的概率比 h 的无条件概率要高(比较第 9.2 节的 EV)。如果 e 是证据的一部分,那么它的概率就是 1,并且条件概率是相同的;然而旧证据有时确实确证了假说。有时候人们会求助于过去的概率或反事实情景——在其中证据不包括 e,但它们产生了异常的结果,因为这些情景中的证据可能被不相干的因素扭曲了。

例证:一个硬币被抛 10 次。假定 h 是这种假说:它每次都以同样的方式落地。h 的初始概率是 $1/2^9$。目击者 A 说:"我看见抛的前 6 次;它每次都正面朝上落地。"那时目击者 B 说:"我看见抛的后 4 次,它每次都背面朝上落地";假定 e 是这个命题:B 说了这些话。我们没有理由怀疑 A 和 B;如果他们都说了事实,那么 h 就为假。但是 B 的陈述会使 A 无效;他承认他在撒谎,他没有相关的知识。如果 B 没有作出他的陈述,A 就不会收回他的话,并且也没有理由怀疑他在撒谎。因此,在最近的过去或反事实情景中——在其中 e 是我们的一部分证据,h 以 e 为条件的证据概率就低于 h 的无条件证据概率。然而,在我们现在的情况下,e 确定确证了 h,因为由于我们仍没有理由怀疑 B,h 基于我们的证据的概率就大约是 $1/2^6$。一旦我们有先验概率分布 P,我们就能说:$P(h|e)>P(h)$。如果我们愿意,通过要求 $P(h|ef)>P(h|f)$,我们就能使确证相对于背景信息 f,但这不会证成使之遭受我们曾经或会具有的这些证据的异常情况。当然,这些评价是概略的,但至少一般形式的解决办法并不会采用不相关的含意,这是确认一种具有过去的或反事实信任度的概

率的结果。

10.3　证据与知识

哪些命题是我们的证据？如果没有一种实质的证据概念，概率主义认识论就是空洞的；实践中，它认为理所当然会有这样一个概念，而无需它自己提供。

不同的证据概念和ECOND是相容的。第9章支持这种简单而自然的建议：一个人的证据就是他的知识总体。更准确地说，一个人在情形α中的全部证据e_{α}是他在α中所知道的所有命题的合取（E=K）。① 这里，"一个人"（one）可能指称一个个体或一个群体。由于证据能失去概率1，因此知识可由后来的证据否定，这不是对E=K的反驳。在我看见黑球被放进包里时，这个命题，即黑球被放进包里，就变成了我的一部分证据，因为我知道一个黑球被放进了包里。当我已经看见前10000次拿球时每次拿出的都是红球时，那么进一步的证据就会破坏我的知识：一个黑球被放进了包里，而且之前知道的命题就不再是我的一部分证据。由于只有真命题被知道，因此证据完全是由真命题构成的，但一个真命题可以怀疑另一个真命题。

主观贝叶斯主义者可能将一个人的证据同一于他的信念（被理解为关于主观概率1的命题）而非同一于他的知识（E=B）。假如E=B，那么一个人通过控制自己进入一个关于合适命题的确定性状态，就能为他中意的理论编造证据——例如，他刚才看见他的上师完成了一个奇迹。这没有捕获到这种命令的精神：使一个人的信念与其证据相称。

---

① 严格的证据观由于不允许把关于主体被更新的信念状态的命题算作新证据的一部分，因此能提出不必要的条件化问题；这可能解释了Howson1996和Castell1996中所讨论的情形。

对 E=K 的正面论证在这里不复述了。本章剩下的部分将把 E=K 与 ECOND 的合取发展成一种证据概率理论,采取的是这种方式:它至少指出它们是彼此融贯的。知识概念有时被看成一种来自于石器时代思维的残存物,为了严肃的20世纪认识论的目的,要被概率主义概念取代。那种观点认为,概率主义概念并不依赖于知识概念。如果 E=K 和 ECOND 为真,该假设就为假。知识和证据概率概念是互补的;它们都不能取代对方。

这种理论最初的一些令人吃惊的结果来自于这种观点:我们不总能够知道我们是否知道某种东西。根据 E=K,我们不总能够知道某种东西是否是我们的一部分证据。让我们简要复述这样的语境:这个结果在其中是独立地合理的。某种东西是否是我们证据的一部分,不只是取决于我们是否相信它是我们证据的一部分。p 是我们证据的一部分,这是一个足道的条件;可以论证,足道的条件都不是这样的:只要它得到,一个人就能够知道它得到(参见第4章和第8章)。但是如果我们不是总能够知道某种东西是否是我们证据的一部分,我们如何能使用证据呢?我们有时将不能够知道一个命题基于我们的证据的概率。这样一来,我们如何遵守"使你对一个命题的信念与它基于你的证据的概率相称"这个规则呢?

如前面各章所注意的,有一种反复出现的倾向认为:我们能遵守一个规则,仅当我们是否遵守它,总是向我们认知透明的。根据这种观点,如果我们有时不能够知道在 C 时我们是否在做 ϕ,那么我们就不能遵守"在 C 时做 ϕ"的规则;我们至多能遵守这个规则:"在你看来是 C 时做在你看来是 ϕ 的事情"。例如,我们不能遵守"在水沸腾时加盐"这个规则,因为我们不总能够知道某种东西是否真的是盐、水或沸腾;我们至多能遵守这个规则:"在你看起来是水——在你看起来沸腾了——时,做在你看起来是加盐的事情"。我们甚至能遵守这个修改的规则吗?某事在我们看来是如此这般的,这本身是一个足道的条件。但是我们能遵守这个规则:“在水沸腾时加盐”,即使我们在这样做时偶尔会出错。我们经常知道这个条件是否得到,这就够了。遵守一个足道的规则,不是一个完全透明的条件。我们使用关于我们信念的证据的规则,是因为它们经常不比关于我们信念的真的规则更模糊;完全的透明性既不可能也不必要。

正如我们能遵守“水沸腾时加盐”的规则一样,我们也能遵守这个规则:“使你对一个命题的信念与它基于你的证据的概率相称”。尽管对于我们的证据是什么以及一个基于它的命题的可能性如何,我们有时会合理地出错或不确定,但是我们常常完全知道两者都能遵守这个规则。它比遵守“相信一个命题,如果它为真”更容易,但不是轻而易举的。正如水沸腾时加盐不等价于在水沸腾时尽最大理性来加盐一样,使一个人对一个命题的信念与它基于他的证据的概率相称,也不等价于尽最大理性来使一个人对一个命题的信念与它基于他的证据的概率相称。一个规则的内容不可能被还原为在努力遵守它时理性地做的事情。证据概率不是理性的信任度。

接下来的任务是为 E = K 与 ECOND 的结合提出一种形式框架,这是通过从认知逻辑中抽出一些思想。① 在这个框架内,证据概率的认知透明性的失败将得到一种形式分析。

10.4　认知的可通达性

为了让大家熟悉,我们可以说观念(notional)世界而非情形(cases)。为了便于讨论主体间的知识,我们不把一个世界想像

① 将模态逻辑技术运用于认识论问题的先驱是 Hintikka1962,但这里提出的这些假设不同于 Hintikka 的。有关模态逻辑背景的好文本是 Hughes 和 Cresswell1996。

成是以一个主体和一个时间为中心的。相反，我们是通过我们对世界之间的通达性关系的选择而暗中规定了认知观点（如下如述）。我们假设了一组相互排斥又完全接合的世界。在某种运用中，世界只需在相关方面是具体的。在如下意义上：这些世界能真的得到，我们不必认为所有世界都是形而上学可能的。一个关于所有世界的集合被假定了。在每个世界上相关的命题为真或为假，并且都被封闭于真值函项的组合之下。我们认为，对于每个世界集合来说，有些命题在这个集合的每个世界中都为真，而在其他每个世界中为假。

假定P，就像第10.1节中那样，是一个先验概率分布。P据认为满足了根据世界所陈述的概率演算公理。因此，每当p在每个世界都为真，那么P(p)=1；每当p和q在所有世界上都不为真，那么P(p%q)=P(p)+P(q)。因此，如果p和q在完全相同的世界上为真，那么P(p)=P(q)。[1] 对于任何世界集合来说，某个命题恰好在这个集合的世界中为真，并且所有这些命题都是等概率的；因此向命题归属概率导致了唯一一种向世界集合的概率归属。相反，向世界集合的概率归属导致了唯一一种向命题的概率归属。

命题在世界上是已知的或未知的；关于一个人所知命题的命题在世界上为真或为假。这种解释并没有假定任何关于知识的普遍原则，除了：一个命题在任何它在其中是已知的世界上为真。特别是，它将不假定逻辑的全能（omniscience）；如果p和q在完全相同的世界上为真，那么一个人就可能知道p而不知道q。相对于一个主体S和一个时间t，世界x是从世界w可认知

① 如果p和q在完全相同的世界上为真，那么在任何世界上都不会是p和Nq都为真，因此根据公理1=P(p%Nq)=P(p)+P(Nq)，p%Nq在所有世界上都为真。根据相同的推理，1=P(q)+P(Nq)。所以，P(p)=1-P(Nq)=P(q)。

通达的(epistemically accessible)(简称“可通达的”),当且仅当 t 时 S 在 w 中所知道的每个命题在 x 中都为真。一个世界是可通达的,如果——就一个人所知——他处于其中。由于知识蕴涵真理,因此每个世界都是它自身可通达的。命题 p 和命题 q_1,……,q_n 相一致,当且仅当所有 p 和 q_1,……,q_n 在某个世界上都为真;因此,在世界 w 上,p 和一个人所知道的东西相一致,当且仅当 p 在某个可从 w 通达的世界上为真(比较:关于可能性算子◇的标准的可能世界语义学)。同样,p 从 q_1,……,q_n 推出,当且仅当 p 在每个 q_1,……,q_n 在其中都为真的世界中都为真;因此,在世界 w 中,p 从一个人所知道的东西中推出,当且仅当 p 在每个可从 w 通达的世界中都为真(比较:关于必然性算子□的标准的可能世界语义学)。不足道的是:如果一个人知道一个命题,那么它就是从他所知道的东西推出来的,但相反的情况不成立,因为他不一定知道从他所知道的东西中推出的是哪一个。

那么,假定 ECOND 和 E=K;在所有世界中,证据概率都是以一个人的证据为条件的概率,而一个人的证据就是他所知道的东西。相对于处于 t 时的一个主体 S,对于任何世界 w,e_w 是 t 时 S 在 w 中的证据的合取。根据 E=K,e_w 在所有而且只在可从 w 通达的世界中为真。对一个人来说,P_w 是证据概率在 w 中的分布。ECOND 说:P_w 来自于对 e_w 的适当先验分布 P 的条件化。

当这个世界集合数不胜数时,对 P 的另一个自然的限制是:它是有规则的(regular),其意义是:P(p)= 0,仅当 p 在所有世界上都不为真:这种概率分布不会预先排除任何世界。在有多得数不胜数的世界时,所有概率分布都不是有规则的(这里不考虑无穷小的概率)。最自然的先验分布是这些:对它们来说,有有限多的 n 个世界,并且每当 p 仅在 m 个世界中为真,P(p)= m/n,但 P 中的这种一致性将不被假定。由于知道衍推真理,因此 e_w 在 w 中就总为真。因此,当 P 是有规则的时,对于每个 w 来说,$P(e_w)>0$,因此,以 e_w 为条件的概率就被很好地定义了,ECOND 定义了各个地方的证据概率。规则性(regularity)也衍推了:p 的证据概率为 1,仅当 p 是从一个人的证据推出来的,因为如果 p 在某个 e_w 在其中为真的世界上为假,那么 $P(Np \exists e_w)>0$,因此 $P_w(p)<1$。规则性同样衍推了:p 从一个人所知道的东西推出,当且仅当 p 的证据概率为 1,还衍推了:p 和一个人所知道的东西相一致,当且仅当 p 的证据概率是非零的。

关于证据概率的命题本身在世界上是为真或为假的。例如,这个命题——p 比不根据这种证据更有可能——在 w 中为真,当且仅当 $P_w(p)>1/2$。因此,关于证据概率的命题本身具有概率。①

按照可能世界语义学,可通达性的条件相当于知识的条件,这反过来就有证据概率的含意。例如,可通达性是传递性的,当且仅当对于每个世界中的每个命题 p 来说,如果 p 是从一个人所知道的东西推出来的,那么,p 是从一个人所知道的东西推出来的,这本身就是从一个人所知道的东西中推出来的(比较:模态逻辑中的 S_4 定理 $\Box p \supset \Box\Box p$)。后一个条件是从著名的"KK"原则,即当一个人知道 p 时,他就知道他知道 p,推出来的;它稍弱一些,但没有弱得足以为真,即使对于所有理性的主体来说(参见第 5 章)。对于一个有规则的概率分布来说,传递性相当于这个条件:在 p 有证据概率 1 时,这个命题即 p 有证据概率 1,这本身就有证据概率 1。

可通达性是对称性的,当且仅当对于每个世界中的每个命

---

① 关于高阶概率的有意思的讨论,参见 Skyrms1980 和 Gaifman1988。他们的主观主义将一些复杂因素引入了他们的解释。例如,Gaifman 处理高阶概率要求自主体的概率与一个假设的专家的概率相区别。从现在的观点看,这些复杂因素是不必要的。

题p来说,如果p为真,那么p与一个人所知道的东西相一致,这是从一个人所知道的东西推出来的(比较:布鲁沃斯克定理p ⊃□◇p)。对于一种有规则的概率分布来说,对称性就相当于这个条件:当p为真时,这个命题即p具有非零的证据概率,这本身就有证据概率1。有充分的理由怀疑可通达性是对称性的。假定x是一个世界,在其中一个人有普通的知觉知识:从包里拿出来的球是黑色的。在某个世界w中,从包里拿出来的球是红色的,但反常的光照条件使它看起来是黑色的,并且这个人所知道的一切都和这个假设——他处于x中——相一致。因此,x是从w可通达的,因为这个人在w中所知道的每个命题在x中都为真;但w是从x不能通达的,因为这个命题——从包里拿出来的球是黑色的,这是这个人在x中所知道的——在w为假。假定p是这个命题:从包里拿出来的球是红色的。在w中,p为真,但p和一个人所知道的东西相一致,这不是从他所知道的东西推出来的,因为他所知道的和这个假设即他知道Np相一致(相关问题,参见第8.2节和Humberstone 1988)。根据一种有规则的概率分布,这个命题,即p有非零的证据概率,在w中的证据概率在这种情形下就小于1。

这些例子依赖于更差的笛卡尔主义的知识和证据标准;贝叶斯主义认识论必须学会容忍这些标准。此外,即使在错误信念没有争议时,对称性的失败也可能来自于加工的限制(也可参见Shin和Williamson 1994)。举一个拙劣的例子。设想一个生物,它知道所有记录于其记忆中的命题;为了简单起见,我们可以假定:在那里记录假命题在物理上是不可能的。不幸的是,将命题从记忆传送到这个生物的中央处理器花费的时间是没有限度的。伞菌实际上对这种生物是有毒的,但它没有记忆任何与这个事实相关的命题。它想知道:它是否知道伞菌不是有毒的。它搜索相关的记忆。在任何时候,它都没有收到相关的记忆,但就它所知,那只是因为传送程序很慢,在某个时刻,这种记忆即伞菌不是有毒将被传送,在这种情形下它将始终知道它们不是有毒的。它在现实世界 w 中所知道的一切在世界 x——它在其中知道伞菌不是有毒的——中都为真;因此 x 是从 w 可通达的。但 w 是从 x 不能通达的,因为它在 x 中所知道的某种东西(伞菌不是有毒的)在 w 中为假。尽管这个命题,即伞菌是有毒的,在 w 中为真,但 p 和它所知道的东西相一致,这本身不是从它所知道的东西推出来的。

认知逻辑和概率理论被恰当地联系了起来,因为 w 中的后验概率来自于对可从 w 认知通达的世界集合的条件化。这种思想在通常将认知逻辑运用于决策论和博弈论中的公共知识时已经变得很熟悉了(参见例如 Fudenberg 和 Tirole1991:541-572)。和通常一样,这个命题,即 p 是公共知识,被分析为关于 p、这个命题即每个人都知道 p、每个人都知道每个人都知道 p,等等的无限的合取。因此,对公共知识的分析需要一种知识解释。类似于上述框架的东西被使用了,同时对每个自主体 S 还有一个单独的可通达性关系 R_s,但有一种公共的先验概率分布;不同自主体在相同世界上能具有不同的后验概率,因为他们具有不同的对之进行条件化的可通达的世界集合。“S 知道 p”(K_sp)在这种可通达性关系 R_s 方面被赋予了这种语义学:“p 是从一个人所知道的东西推出来的”;因此,知识被看做是封闭于逻辑结果之下的(比较现在的解释)。此外,在决策论中,可通达性对于每个自主体来说通常要求成为一种等价关系(反身性的以及对称性的和传递性的)。根据这种模型,自主体将这个世界集合划分为一组既相互排斥又全部接合的集合。在 w 中,这个自主体知道在每个世界都为真的命题属于与 w 相同的划分的成员。非正式地说,设想每个世界都向这个自主体呈现了一种特殊的表象,这个自主体只知道所有这些表象;因此,一个世界可从另一个世界认知通达，当且仅当它们有完全相同的表象，这就是等价关系。相应的知识的命题逻辑是模态系统 S_5，用□替换 K_s；人们可以使之公理化，这是通过将所有真值函项的重言式和如下形式的公式看成公理：$K_s(A \supset B) \supset (K_sA \supset K_sB)$，$K_sA \supset A$，以及 $NK_sA \supset K_sNK_sA$，将肯定前件律和认识论化(epistemization)看成是推理的规则(如果 A 是一个定理，K_sA 就也是)。根据与这些相当的假设而证明的一个最早的结果是奥曼的"[不]赞成异议"([no] agreeing to disagree)定理：对两个自主体来说，当 p 的后验概率是公共知识时，它们就是同一的(Aumann1976；这个证明严重地依赖于关于公共先验概率的假设)。

更早的例子将有些隐含在知识的划分模型(partitional model)中的理想化揭露了出来。特别是，根据这个无可争议的原则：知识蕴涵真理($K_sA \supset A$)，可通达性的对称性的反例以及布鲁沃斯克图式 $NA \supset K_sNK_sA$ 的反例，都同样是 S_5 图式 $NK_sA \supset K_sNK_sA$ 的反例。在将像奥曼这样的结果推广到更弱的知识假设方面已经取得了一些进展(Bacharach 1985，Geanakoplos 1989，1992，1994，Samet 1990，Shin1990，Basu1996)。人们可以论证：即使在假定了逻辑的全能时，知识的命题逻辑也不是 S_5 而是模态系统 KT(又称为 T)，一个人可以通过从上述公理化中删除公理图式 $NK_sA \supset K_sNK_sA$，而对它进行公理化(Williamson1994b：270-5)。KT 关于知识所假定的，除了逻辑的全能之外，就是：知识蕴涵真理。当将 K_sA 解读成"A 是从一个人所知道的东西推出来的"，而非解读成"一个人知道 A"(这里的这个人是 S)时，逻辑的全能对于 K_s 就会变成可靠的，无论 S 有什么逻辑的不完善之处。

10.5　一个简单模型

研究它在一个小例子中的一些结果，我们就能对现在这种高阶概率解释有一种更直观的感觉。在这样做时，我们可以将它与第5章的误差余地解释结合起来。

根据一个简洁的误差余地原则，S在世界w中知道p，仅当p在每个在相关方面（它们将取决于特殊的情形）都非常接近于w的世界上都为真。在最简单的模型中，那个条件对于知道p既是必要的又是充分的：Kp在w中为真，当且仅当p在所有和w接近的世界上为真（为了简单起见，我们删掉了下标的“S”）。让我们引进一个算子B，这里B_p意指：p根据S的证据是非常可能的。根据现在的证据解释，那么我们就可以说：在这个模型中，B_p在w中为真，当且仅当p在大多数和w接近的世界上为真。当然，这只是一种非常近似的情况，因为有些和w接近的世界可能被归属了比其他世界更高的概率，而“大多数”对于无限集合是有问题的；但是我们可以将所要求的这种概率分布作为我们关于“大多数”的理解的一部分。结果就是一种概率主义的误差余地原则。尽管任何由最初的误差余地原则定义的算子都自动是事实性的，因为每个世界都和它自身接近，但B一般不是事实性的，因为包括了大多数和w接近的世界的集合不一定包括w自身。一个假命题根据一个人的证据可能是非常可能的；有些证据是误导的。在替换事实性原则$K_p \supset p$时，一个人只能期待更弱的一致性原则$B_p \supset NBNp$；两个分离的集合不可能每个都包括了大多数和w接近的世界。矛盾命题根据一个人的证据不能都是非常可能的。

为了清晰起见，我们可以这样设想我们的小模型的世界：它们构成了一个二维的无限网格。为了方便起见，每个世界都可

以同一于一个“点”，即一个坐标$\langle x,y\rangle$，这里的x和y是任意整数。同样为了方便起见，我们可以将命题同一于点的集合；一个命题在一个点为真，当且仅当后者属于前者。让我们计算接近于$\langle x,y\rangle$的点的数量，即从它可以通达的点的数量，就像它在网格上的一个步骤内的点数一样：$\langle x,y\rangle$本身，$\langle x+1,y\rangle$，$\langle x-1,y\rangle$，$\langle x,y+1\rangle$和$\langle x,y-1\rangle$。所有世界都被看成是等概率的。假定我们将这五个点中的多数看成是处于一个集合中，当且仅当至少有四个在一个集合中。因此，命题B_p在一个世界$\langle x,y\rangle$中为真，当且仅当$\{\langle u,v\rangle:|x-u|+|y-v|\leqslant 1\}\cap p$至少有四个元素，而$K_p$在$\langle x,y\rangle$中为真，当且仅当$\{\langle u,v\rangle:|x-u|+|y-v|\leqslant 1\}\cap p$有五个元素。我们可以把B解读成“至少80%的可能是”(It is at least 80 per cent probable that)，“可能的”是在证据上理解的。

作为一个例子，假定p是这个命题：$\{\langle 0,1\rangle,\langle 1,0\rangle,\langle 1,2\rangle,\langle 2,1\rangle\}$。至少与p的四个元素接近的点只有$\langle 1,1\rangle$，因此$B_p$是$\{\langle 1,1\rangle\}$。没有一个点与$B_p$的至少四个元素接近，因此$BB_p$是空集$\{\}$。所以，$\langle 1,1\rangle$是这样一个点，在这里p为假但至少有80%的可能，但是，p至少有80%的可能，这只有20%的可能。这阐明了事实性原则与BB原则的同时失效：如果p至少有80%的可能，那么至少有80%可能的是：p至少有80%的可能。在这个模型中更一般地说，B会遭受典型的误差余地原则的侵蚀效应。例如，如果p是任意的有限集合，那么$B^k p$(k是根据p对B的迭代)对于某个自然数k来说就是空的。①

① 证明：$Bp=\{\langle x,y\rangle:\{\langle u,v\rangle:|x-u|+|y-v|\leqslant 1\}\cap p$至少有4个元素$\}$。如果p是有限的，那么对于每个$\langle a,b\rangle$和自然数k来说，$p\subseteq\{\langle x,y\rangle:|x-a|+|y-b|<k\}$。那么，如果$k-1\leqslant|x-a|+|y-b|$，那么$\langle x,y\rangle\notin Bp$：例如，如果$a\leqslant x$并且$b\leqslant y$，那么$k\leqslant|x+1-a|+|y-b|$并且$k\leqslant|x-a|+|y+1-b|$，因此$\langle x+1,y\rangle\notin p$并且$\langle x,y+1\rangle\notin p$，因此$\{\langle u,v\rangle:|x-u|+|y-v|\leqslant 1\}\cap p$就至多有3个元素。因此，$Bp\subseteq\{\langle x,y\rangle:|x-a|+|y-b|<k-1$。通过归纳，$B^k p=\{\}$。

如所要求的,Bp 在这个模型中衍推了 NBNp。如我们也应当期望的,封闭性原则,即如果 p_1,……,p_n逻辑地衍推 q,那么 Bp_1,……,Bp_n就逻辑地衍推 Bq,在 $n \leqslant 1$ 时就成立,否则就不成立。例如,如果 p_1是$\{\langle 0,1\rangle,\langle 1,0\rangle,\langle 1,2\rangle,\langle 2,1\rangle\}$,而 p_2是$\{\langle 1,0\rangle,\langle 1,1\rangle,\langle 1,2\rangle,\langle 2,1\rangle\}$,那么,$Bp_1$和 Bp_2就都是$\{\langle 1,1\rangle\}$,但 $p_1 \exists p_2$是 p_1和 p_2的交集$\{\langle 1,0\rangle,\langle 1,2\rangle,\langle 2,1\rangle\}$;由于这只有 3 个元素,所以 $B(p_1 \exists p_2)$就是空集$\{\}$。p_1和 p_2中的每个在$\langle 1,1\rangle$都有 80%的可能,但它们的合取只有 60%的可能。相反,K 在这个模型中满足了对应的多前提推理的封闭性原则。

在这个模型中,严格的误差余地与概率主义的误差余地有另外一个比较:K 满足了布鲁沃斯克原则:$p \supset KNKNp$,因为接近性是对称性的,但 B 不满足对应的原则 $p \supset BNBNp$。例如,如果 p 是$\{\langle 1,1\rangle\}$,那么 NBNp 就是空集$\{\}$,因此,BNBNp 就是空集$\{\}$。

对现在这种证据概率理论的解释现在就完成了,有些读者可能希望跳过本章余下的部分。然而,偏离第 10.4 节末尾所勾画的划分模型会产生一种现象,它似乎威胁了所提出的知识与概率的结合。下一节的目标就是理解那种现象。

10.6 一种费解的现象

自相矛盾的现象可以这样解释。只有三个世界:w_1、w_2和 x。如图 3 中所示,x 可从每个世界通达;w_1和 w_2中的每个都只能从它自身通达。因此,可通达性是反身性的和传递性的,但不是对称性的。为了简单起见,主体将被看成是逻辑全能的;自相矛盾的现象不依赖于知识在成为演绎封闭上的失败。由于能从 x 通达的世界只有 x 本身,因此,如果一个人处于 x 中,那么他就知道他处于 x 中。由于可从 w_i通达的世界是 x 和 w_i,因此,如

果一个人处于 w_i 中，那么这个人就知道他处于 w_i 或 x 中，但他不知道是哪一个；就这个人所知，他知道他处于 x 中。在 w_i 中，尽管一个人不处于 x 中，因此他不知道他处于 x 中，但他不知道他不知道他处于 x 中。这就是关于知识的布鲁沃斯克公理和 S_5 公理在非对称模型中的失败。

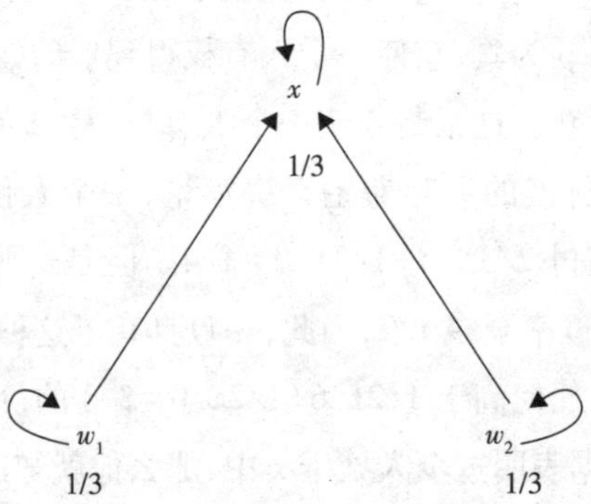

图 3

先验概率分布是一致的；每个世界都有 1/3 的先验概率。假定 p 是这个命题：一个人处于 w_1 或 w_2 中。p 的先验概率是 2/3。如果一个人处于 x 中，那么 p 在所有可通达的世界中就为假，因此它的后验概率为 0。如果一个人处于 w_i 中，那么 p 只在这两个可通达的世界之一中为真，因此它的后验概率是 1/2。因此，一个人预先就知道 p 的后验概率将要么是 0 要么是 1/2，因此在任何情况下都低于它的初始概率。① 但是，如果一个人

① 这里的"预先知道"（know in advance）可能只是意指"先验地知道"（know a priori）。如第 10.2 节所解释的，先验概率不一定是更早的某个时间 t_0 时的证据概率。但是如果初始概率是一个人在 t_0 时的证据概率，这个例子就会更生动。根据这种解读，这个图并没有解释一个人在 t_0 时的世界；它被限制于一个人后来相关时间的世界。这个问题即使在"先验"概率不是 ECOND 中的绝对先验概率时也会产生，因为这种更新可以被看成 BCOND 的一个例子，这在形式上是 ECOND 的一个特例。

预先知道:当证据出现时,p 根据这种证据的概率将从 2/3 降至至多 1/2,那么所知的未来证据的那个特征为什么不能通过将 p 的先验概率降至至多 1/2 而预料到?后验概率确实是比先验概率更好的向导,因为;它们是以更多的证据为基础的(比较 Shin1989 和 1992 以及 Geanakoplos1989、1992 和 1994)。

金钱泵(money pump)论证会使这个问题更生动。考虑一张奖券。如果 p 为真,它使一个人有权得到£ 6,如果 p 为假,它会使他一无所获。这张奖券使一个人有权得到£ 6 的初始概率是 2/3。根据标准的贝叶斯主义决策论,一个人预先应当愿意为这张奖券支付 2/3£ 6+1/3£ 0=£ 4。但是这张奖券使他得到£ 6 的后验概率至多 1/2,因此,一旦具有了这种证据,这个人就应当愿意以任何高于 1/2£ 6+1/2£ 0=£ 3 的价钱出售奖券。确实,如果证据表明这个人处于 x 中,那么他就知道这张奖券一文不值。一位老手在证据出现前显然能以£ 4 的价钱卖出很多这样的奖券,随后以£ 3 的价钱收购而获利。我保留一个金钱泵,即使我在每次交易时都获得一点利润。此外,一个人预先知道所有这些。在这种概率归属中没有非理性的东西吗?

第 10.1 节的理由是要否认:决策论论证对证据概率有直接的影响。当(如上所述)这些概率并非全属于同一时间时,这些论证特别可疑(例如,参见 Christensen1991)。然而,金钱泵论证为产生这个问题提供了一个直观框架。为了简单起见,假定这些世界构成了一个有限集合 W。将概率的承担者看成 W 的子集会很方便。就 $w \in W$ 来说,假如 R(w)是 w 与之具有可通达关系 R 的世界集合。由于 e_w 恰好在 R(w)中的世界上为真,因此,根据 ECOND ($X \subseteq W$),X 在 w 中的后验概率 $P_w(X)$就是 $P(X|R(w))$。证据概率随机变量 $P_w(X)$的预期 $E(P_w(X))$因此就是 $\Sigma_{w \in W}P(\{w\})P(X|R(w))$。先验概率与预期的后验概率的同一性就是:

$$\text{EXP} \quad P(X) = \Sigma_{w \in W}P(\{w\})P(X|R(w))$$

考虑一张奖券,它在一个人的世界处于X中时会使这个人有权得到£ n,否则将一无所获。假如在证据出现前,一个人以其那时预期的(货币)价值买了这张奖券;在证据出现后,这个人以其在后来那个时候的预期价值出售了那张奖券。这个人在这两次交易时的预期利润或损失是什么?买价是P(X)£ n。预期的售价是X的预期的后验概率乘以£ n。在上述例子中,p的先验概率是2/3;其预期的后验概率是1/3(0)+2/3(1/2)=1/3;预期的利润是1/3£ 6-2/3£ 6,损失是£ 2。因此,如果EXP的左边比其右边更小或更大,那么这个人在两次交易时的预期收益将分别是正的或负的。由于W-X的先验概率和预期的后验概率分别是1减去X的先验概率和预期的后验概率,因此与X相关的这两次交易的预期收益就蕴涵着对应的和W-X相关的交易中的预期损失。因此,除非EXP成立,这些交易就会使一个人成为关于某个命题的金钱泵(相关的讨论,参见Goldstein1983,Van Fraassen1984和Skyrms1987)。

对这种奇怪的情况的一种回应是否认它能够产生。根据这种观点,金钱泵论证表明,就任意的$X \subseteq W$来说,具有认知可通达性关系R的一个世界集合的概率分布P不能违反EXP;图3没有描绘一种真正的可能性。可以证明,假如一个有限集合W上有一种关系R,那么,EXP对于W上的每个有规则的概率分布P以及$X \subseteq W$都成立,当且仅当R是W上的一种等价关系(附录4,命题5)。在知识的划分模型中,预期的后验概率总和先验概率一致;任何对划分性(partitionality)的偏离都会使它们在一种适当的概率分布方面有差异。①

① 划分性也与一种形式的首要原则(Principal Principle)或米勒原则等价:对于每个实数c、$X \subseteq W$以及W的有规则的概率分布P来说,$P(X|\{w \in W: P(X|R(w)) = c\})$,以至于条件概率被定义了(附录4,命题6)。Skyrms1980考察了这些原则与概率运动学的关系。

尽管将R解释成知识的一种可通达性关系会自动地要求R成为反身性的，但是，在这个意义上：即x可从w通达，当且仅当主体在w中理性地相信的一切在x中都为真，一个人只使R成为非反身性的并将它解释成（比如说）理性信念的一种可通达性关系，并不能摆脱这个结果。只要W的每个元素和W的至少一个元素——不一定是它自身——具有R：换句话说，只要R是序列的（serial），上述结果就成立。理性信念的可通达性关系只有在（如果有的话）理性信念不一致时才是非序列的。在那种情形下，R(w)有时是空的，因此预期的后验概率没有得到很好的定义。如果R是序列的，R(w)就总是非空的；假定规则性，那么预期的后验概率就得到了很好的定义。如果可通达性关系是序列的但不是反身性的，那么，预期的后验概率在适当的概率分布方面就不同于先验概率。

如果认知的可通达性必须是一种等价关系，那么EXP就总能成立。但是划分性的反例没有失去力量。当然，现实的例子涉及的认知状况比上面所说的复杂得多。然而，我们详细地充实上述关于世界w_1、w_2和x的例子，就能开始理解非划分性底下的结构（mechanics）。

一种等生物监控周围的温度是通过两个探测器。天不冷时，第一个探测器启动并使天不冷的信息被存储；否则第一个探测器不启动。天不热时，第二个探测器启动并使天不热的信息被存储；否则第二个探测器不启动。相关的三个（局部的）世界是w_1（天热）、w_2（天冷）和x（天既不热也不冷）。在w_1中，只有天不冷的信息被存储了。在w_2中，只有天不热的信息被存储了。在x中，天不热的信息和天不冷的信息都被存储了。不幸的是，这种生物没有能力探究：已存储的是什么，也没有能力探测：一条特殊的信息未被存储。因此，在w_1中，它不能探测：天不热的信息未被存储，从而不能推断天热。同样它在w_2中不能推断天冷。由于它根本不存储错误的信息，因此我们可以合理地认为它只知道存储的信息。因此，可从 w_1 认知通达的世界是 w_1 和 x；可从 w_2 通达的世界是 w_2 和 x；可从 x 通达的世界只有 x 自身。假定这三个世界预先是等概率的，并且也被这种生物看做是等概率的。那么这种认知状况就完全是图 3 所描绘的那样。如果我们愿意，我们可以详细描述这个故事，以将重要的逻辑和自我反思能力赋予这种生物（详细情况参见附录 5）。

最初向这三个世界归属相等的概率不合理吗？别的某种初始归属会更好吗？假定 P 是一种有规则的先验概率分布，它与预期的后验概率的相应分布相一致。因此，特别是：

$$P(\{x\})=\Sigma_{y\in W}P(\{y\})P(\{x\}|R(y))$$

根据这个图，对于所有 $y\in W$ 来说，$X\in R(y)$，因此，$P(\{x\}|R(y))=P(\{x\})/P(R(y))$。通过根据 $P(\{x\})$ 进行的划分就给出了：

$$1=\Sigma_{y\in W}P(\{y\})/P(R(y))$$

但是 $R(x)=(x)$，因此 $P(\{x\})/P(R(x))=1$，因此：

$$0=(\{w_1\})/P(R(w_1))+P(\{w_2\})/P(R(w_2))$$

因此，$P(\{w_1\})=P(\{w_2\})=0$。这与所假定的 P 的规则性是矛盾的。只有 W 上的一种不规则的先验分布和相应的预期的后验分布相一致。特别是，这个证明表明：要么 $P(\{x\})=0$，在这种情形下 $P(\{x\}|R(x))$ 未被定义，要么 $P(\{w_1\})=P(\{w_2\})=0$。这种生物只有预先排除这三个世界中的一些才能使它的先验概率与其预期的后验概率相一致。但那是非常不合理的；其中的每个都是一种在认知上现实的可能性。这种一致的先验分布不应受到指责。一个人必须学会容忍先验概率与预

期的后验概率之间的不同:但是如何容忍呢?

首先考虑金钱泵论证。如上所述,它认为:一旦证据出现,自主体就能演算出相关的预期,这要求它知道后验概率。那就是可通达性关系的结构所排除的。在这个三世界模型中,可以预先确定:天热时,天热的后验概率是1/2,否则为0。因此,如果——在天热时——这种生物知道天热的后验概率是1/2,那么它就能推断天热;但这样一来,天热的后验概率就是1而非1/2。为了简单起见,关于概率和行动的句子从这种生物的语言中删除了;增加它们会使这个论证复杂但不会破坏它,只要这种生物没有比以前更多的经验证据。因此,天热时,这种生物不可能知道基于其证据的天热的概率。它不知道决策论演算的前提。即使如此,基于其证据的概率在其决策中仍起着一种因果作用,因此它的证据是作为它存储的信息而被物理地实现的。因此,能在天热时作出的决策,在天不热时就不能作出。

这种生物能通过观察它自己的行动而发现天热吗?一旦它已经行动了,它就处于一个不同的世界中;它的行动甚至能改变温度。可能它能明白天那时(was)热,但那不蕴涵:在它行动前,它能具有这种现在时态的知识。在行动执行前,它能以某种方式内省它的行动意向吗?有时候,我们在执行行动前不知道我们是否打算以某种方式行动;假定在这种生物不知道它将行动的概率时,也与此类似。

如果我们认为,先验概率应当使它们自己与未来获得知识之后的预期概率相一致,那么我们就会将现在的一种优越地位归属给未来知道的概率。为什么我们应当将今天的一种优越地位给予我明天知道的属性呢?一个原因是:我明天将知道的一切都为真。因此,如果我今天知道我明天将知道p,那么我今天就能推断p。相反,如果我今天合理地相信我明天将合理地相信p,那么我今天就不能推断p;就我今天合理相信的而言,明天的合理信念将是以误导的证据为基础的。[1] 但这并没有理由将一种地位——它比我赋予任何别的衍推真的(truth-entailing)属性的更优越——赋予我明天知道的属性。

考虑一个类比。一个骰子将被掷出。在掷出时,从 1 到 6 的每个自然数都有相同的先验概率(1/6)。恰好有 5 个命题被刻在石头上:

e_1 1 将不被掷出。

e_2 2 将不被掷出。

e_3 3 将不被掷出。

e_4 4 将不被掷出。

e_5 5 将不被掷出。

刻在石头上的命题已知是随机选择的;某个命题刻在那里并不会使它更可能为真。假如一个命题是一个刻下的真理(inscribed truth),当且仅当它为真并且被刻在石头上。假后验(pseudo-posterior)概率是对所有刻下的真理的合取进行条件化的结果。假定 p 是这个命题:6 将被掷出。p 的先验概率是 1/6。如果 1 被掷出,那么刻下的真理就是 e_2、e_3、e_4和 e_5,因此,p 的假后验概率是 1/2。根据相似的推理,如果 1 和 5 之间的任意数被掷出,p 的假后验概率就是 1/2。如果 6 被掷出,那么所有刻下的命题就是刻下的真理,p 的假后验概率就是 1。因此,p 的假后验概率必定比其先验概率高。它的预期的假后验概率是 (5/6)1/2+(1/6)1=7/12。假后验概率相对于先验概率能得到更好的了解,因此根据定义,它们来自于根据真的和相关的信息对后者的条件化。所有这些都是预先知道的。因此,我们应当

① 第 10.2 节对遗忘的讨论回答了与 Van Fraassen1984 和 1995 中的论证相反的论证。

修改我们的先验概率以使它们与我们预期的假后验概率相一致吗？我们无论如何都没有理由认为，6比任何其他数更有可能掷出。刻下的命题体现了一种对6的偏见。这种偏见可能同样容易针对另外一个数，这完全独立于掷骰子的结果。

寓意：想要使一个人的概率与他关于根据具有某种属性的真理而对它们进行条件化的结果所知道的东西相一致，一般是错误的。这种错误的一个例证是：想使我们的概率与我们所知道的根据我们将来会知道的真理对它们进行条件化的结果相一致。尽管我们可能会遇到不一致，但想通过改变我们现在的信念来避开这种苦难是不合理的。从我们现在的观点看，我们将来知识的非划分的结构是偏见之源，它实际上类似于遗忘，但在其操作方面更难以捉摸。当然，我们明天可能知道得更多，因此不尊重新知识将是愚蠢的。但是我们不能预先利用这些新知识。在我们得到它时，我们必须跨过那座桥，沉着地接受我们不幸的认知状况的结果。生活是艰难的。

第 11 章 断 定

11.1 断定的规则

我们表达和交流知识是通过作出断定。这本身并不构成知道与断定之间的一种特殊关系,因为在信念够不上知识时,我们通过作出断定仍能表达和交流我们的信念。毫无疑问,断定是判断的外在类似物,它之于信念就像行动之于状态。然而,如果本章的论证正确,知道和断定之间就有一种特殊的关系。通过类推,在知道和判断或相信之间也有一种特殊的关系。这种关系是一种规范性关系。

断定被称颂为真的、提供信息的(informative)、相关的、真诚的、有保证的、措辞得当的或文雅的。它们被批评为假的、未提供信息的、不相关的、不真诚的、无保证的、措辞不当的或粗俗的。有时它们应受这些称赞或批评。如果一个行动的执行应受称赞或批评的任何方面是该行为的规范,那么,断定的言语行为就有很多规范。几乎任何行为都有。跳得远或勇敢可能应受称赞;跳得近或胆怯可能应受批评。但人们自然会认为,有些规范比其他规范与断定本质的联系比与跳的本质的联系更密切。例如,一个人可能认为,某个明知断定了一个错误的人因此已经违反了断定规则,就像他违反了一个游戏规则一样;他已经撒谎了。根据这种观点,言语行为——和游戏类似,但不同于跳的行为——是由规则构成的。因此,并非所有断定规范都是相同的。诸如相关性、措辞恰当和文雅等规范是更一般的认知或社会规范在具体断定行为上的运用。可能,提供信息的规范来自于一般的合作规范与断定——作为信息的一个来源——的本质之间的一种更复杂的相互作用。但是,根据这种观点,并非所有断定规范都派生于更一般的规范,否则就没有什么能将它与其他言语行为区别开了。

本章的目标是确认断定的构成规则,这是通过与游戏规则的类比来考虑的。断定具有这些规则,绝不是一目了然的;或许,断定与表面的样子(it seems)相比更像一种自然现象。发现的一种方法是:为了看出假说会引向何处以及它解释了什么,假定它有这些规则。这就是这里要做的。当然,假说不是完全清楚的,但我们对构成规则至少有一个大致的概念,在我们详细阐述这个假说时我们能对它作出改进。尽管这里不打算定义"规则",但有些对构成规则的评论将聚焦于这种讨论。

构成规则不是约定(convention)。如果一个人必须ϕ是一个约定,那么他必须ϕ就是偶然的;约定是任意的,它们可以由另一些约定取代。相反,如果一个人必须ϕ是一个构成规则,那么这个人必须ϕ就是必然的。更准确地说,一个规则将被算作构成了一个行为,仅当它对该行为是本质性的:这个规则必然支配着这个行为的所有执行。这理想化了游戏的情形,因为,在"游戏"的一般意义上,像网球这样的游戏,在时间过程中会逐渐改变规则却不会丧失同一性;规则的构成作用是由因果连续性的构成作用限定的。同样,在"语言"的一般意义上,像英语这样的自然语言,在时间过程中会逐渐改变规则却不会丧失同一性。然而,在"语言"的技术意义上——语言哲学已经取得了丰硕成果——语言的语义、句法和语音规则对它是本质性的(Lewis 1975)。"语言"更丰富的一般意义不必引入复杂因素。那么,语言学约定和随后语言改变的可能性在不同地点可以被容纳于这种理论:一个人群——它在某个时间具有说一种语言 L 的约定——后来可能变成了说一种不同语言 L* 的约定,这是由稍有不同的规则构成的。同样,在"言语行为"现在的技术意义上,言语行为的规则对它是本质性的。一个人群——它在某个时间有用某种装置执行一种言语行为 A 的约定——后来可能变成了用那种装置执行一种不同的言语行为 A* 的约定,这是由稍有不同的规则支配的。"游戏"能得到一种类似的意义。今后,"规则"将意指构成规则。

假定一种游戏 G,人们可能问:"G 的规则是什么?"假如有一种回答,一个人可以问更有野心的问题:"对一个人群来说,玩一种有那些规则的游戏的非循环的充分必要条件是什么?"称职的非哲学裁判知道对前一问题的回答,但不知道对后一个问题的回答。假如有一种语言 L,人们可能问:"L 的规则是什么?"假如有一种回答,人们可能问:"对一个人群来说,说一种有那些规则的语言的非循环的充分必要条件是什么?"假如有一种言语行为 A,一个人可以问:"A 的规则是什么?"假如有一种回答,一个人可以问:"对一个人群来说,执行一个有那些规则的言语行为的非循环的充分必要条件是什么?"本章问的是前一个关于断定的问题而不是后一个。不能完全忽视后一个问题,因为断定首先是作为我们所执行的一种言语行为而呈现给我们的,它的规则不是明显的;为检验这个假说:某个规则是一个断定规则,我们需要对一个人群执行有该规则的言语行为的条件有所了解,否则我们就不能说出我们是否满足了那些条件。幸运的是,对于这些目的,我们并不需要详尽地回答第二个问题。我们的任务类似于第一次陈述我们所玩的一种传统游戏的规则;那不要求一种详尽的游戏哲学。

构成规则不会列出执行这种构成行为的必要条件。当一个人违反了游戏规则时,他并不因此而不玩那种游戏了。当一个人违反了一种语言规则时,他并不因此而不说那种语言了;不合语法地说英语也是说英语。同样,很可能对一个言语行为来说:当一个人违反了断定规则时,他并不因此而不能作出一个断定。一个人受到批评,恰好是因为他执行了一个行为——这个规则构成了这种行为。违反游戏、语言或言语行为的规则甚至可能是很常见的。然而,某种对——既在自己身上又在别人身上——遵守规则与违反它之间的区别的敏感性很可能是玩这种游戏的一个必要条件。这里将不承担阐明这种敏感性之本质的重任。

构成规则的规范性不是道德的或目的论的规范性。这种批评——一个人违反了一个言语行为的规则——与其说是一种道德批评,不如说是这种批评:这个人违反了游戏或语言规则。尽管某个明知断定了一个错误的人会招致道德批评,这可能是因为他辜负了听众或者使他们产生了假信念,但这些缺陷只是由于断定的特定本质才成为了可能,这本身不是由道德规范构成的。游戏中的欺骗同样不是一种道德中立的行为,但它只是由于构成了游戏的非道德规则才成为可能的。这种批评——一个人违反了一个机构的构成规则——也不是这种批评:他使用它的方式与它的目标不相容,无论这个目标是外在的还是内在的。考虑一种游戏,它可能有这种内在的目标:比对手得分更多,有这种外在的目标:训练运动员或娱乐观众。违反这些规则既能服务于内在的目标也能服务于外在的目标。相反,松松垮垮的比赛会送分给对手、令观众厌烦并且不能训练运动员,却不违反规则。在由这些规则构成的实践内部,它们的权威性并不要求道德的或目的论考虑的支持。

断定的规则是什么?一种简单而引人注目的建议是:它只有一个规则。在C是一个命题属性之处,这个规则说:

(C规则)一个人必须:断定p仅当p有C。

用祈使句说：断定p，仅当p有C。如这里所使用的，“必须”表达了构成规则的强制性特征。这个规则被解析为：“一个人必须((断定p)仅当p有C)。”“仅当p有C”处于“一个人必须”的领域之内，但处于“断定”的领域之外。这个规则无条件地禁止这种组合：当p没有C时一个人断定p。这种组合是可能的，否则禁止它就没有意义。p有C这个条件可能涉及潜在断定的内容(p)、语境特征(例如，说话者和时间)或者两者都涉及。C规则构成了这种言语行为：必然地，断定是一个言语行为A——其唯一的规则是“一个人必须：执行具有内容p的A，仅当p有C”。此外，所设想的这种解释认为C规则是个体化的：必然地，断定是唯一的言语行为A——其唯一的规则是C规则。在掌握了断定的言语行为时，一个人隐含地掌握了C规则，这是在任何这种意义上说的：一个人在掌握了一种游戏或语言时，隐含地掌握了游戏或语言规则。如所指出的，这要求对自身或他人遵守这个规则与违反它之间的区别的某种敏感性。断定的所有别的规范都是C规则和不专门针对断定的考虑相结合的结果。如果一个断定满足了这个规则，那么无论它违反了什么派生的规范，它在一种显著的意义上就是正确的。① 把这种解释称为C解释，任何这种形式的解释都是简单的。

更复杂的断定解释是可以想象的。有些规则使有些断定成为强制性的；安静满足了C规则。可能有几个断定规则。可能一个也没有。断定可能是完全地或部分地由一个规范或一些规范——它们的规范性不是似规则的——构成的。这种规范可能本质上是可以比较的：掌握这种言语行为将包含掌握一个尺度，

① 相反，达米特的断定正确性概念是无差别的：“在说一件事是无意义的时说它而不是说在那些环境中更常见的某事，可能是误导的，如果它促使听众持有一种不存在的意义；因此在这种一般的意义上它也是不正确的。”(1991:168)

根据它,断定相对于彼此能被评价地更好或更差,但不能掌握一个"足够好"的断定的限度——这可能有待持有特殊目的的个别说话者来判断。换言之,断定可能只是由非规范性特征构成的。然而,一种简单的断定解释会在理论上满足,如果它有效的话。本章支持一种简单解释,而不考察更复杂的解释。

属性 C 所起作用的一个明显的候选者是内容的真:

(真理规则)一个人必须:断定 p 仅当 p 为真。

真理规则禁止错误的断定。它经常被违反,但很多规则都是如此。真理解释——一种简单的基于真理规则的断定解释——将其他规范解释成真理规则与非专门针对断定的考虑相结合的结果。特别是,它将认知规范解释成真理的证据的规范:满足这些次要(secondary)规范就是具有一个人满足首要(primary)规范的证据。格赖斯在其关于对话规则的解释中以这种口吻描述了性质范畴:超级原理"尽力对为真的原理作出你的贡献"导致了两个更具体的原理:"不要说你相信为假的东西"和"不要说你对之没有充分证据的东西"(Grice 1989:27)。

与真不同,属性 C 所起作用的其他候选者对断定者的认知环境是敏感的。在"保证"的一种粗略的意义上,满足了这个条件的说话者将会被描述为有保证断定 p。根据这些观点,这个规则就变成了:

(保证规则)一个人必须:断定 p 仅当他有保证断定 p。

保证规则禁止无保证的断定。对于任何合理的保证概念来说,一个只以侥幸猜测为基础的真断定将满足真理规则却不满足保证规则。即便如此,各种形式的保证规则也能被嵌入关于断定的极不相同的简单解释中。根据一种解释,一个断定的内容就是有保证作出它的条件,或者可能是那个条件和有保证作出其他结构相关的断定的条件,例如断定的否定式的条件。这种解释将真还原为来自于保证的某种抽象,并从保证规则派生了真的规范。这种解释可被称为反实在论的,但这个术语同样能适用于真在其中根本不起作用的内容解释。

保证规则也能嵌入一种不同的解释,根据这种解释,有保证断定 p 就相当于知道 p。那么保证规则就采取了这种形式:

(知识规则)一个人必须:断定 p 仅当他知道 p。

违反知识规则甚至比违反真理规则更普遍,但很多规则都是这样。知识解释——一种简单的基于知识规则的断定解释——将真的规范解释成知识规则的一个纯粹的推论:满足前者是满足后者的一个必要但非充分的条件。如果一个人知道 p,那么 p 就为真。然而,这种解释绝不限制真优于保证;更不用说它会使前者成为来自后者的一个抽象。知道 *p* 不是在概念上优先于 p。[1] 这种解释可以被称为实在论的。假如知识、信念、证据和真之间有合理的关系,那么知识解释就解释了格赖斯的两个关于性质的更具体的原理——"不要说你相信为假的东西"和"不要说你对之没有充分证据的东西"——以及超级原理"尽力对为真的原理作出你的贡献"的正确之处。[2]

本章辩护了这种知识解释。这种解释大致可概括为这句口

① 知识解释本身并不保证实在论。"有保证的可断定性"这个术语可追溯到杜威,他借助实用主义的知识概念,将一种反实在论与有保证的可断定性和知识的同一性结合了起来(1938:7、143)。

② 在 Gazdar1979:46-48 中,这一点是被修改的性质原理——"只说你知道的东西"——情形的核心(如果这里的"说"可以被解读为"断定"的话)。注意:格赖斯的真诚原理要求某个断定 p 的人不相信 Np,不(如可能期望的)相信 p。但如果一个人断定 p 却不知道 p,那么他在一种似乎蔑视对话规则的意义上是不真诚的。相反,如果知道 p 却不能使我自己排除掉我所认识到的对 Np 的非理性信念,那么我可能就恰当地断定 p,这是和格赖斯的原理但不是和更明显的真诚条件相反的。

号:“只有知识保证断定。”这里所用的“保证”是一个专门术语,表示那种证据属性(如果有的话)——它在关于断定的正确的简单解释中起着属性C的作用。这种用法不一定与日常英语中“保证”的用法完全一致。不可否认,错误的断定有时在日常的意义上即它们有时是合理的得到了保证;这种主张实际上是:这些断定的合理性可以被解释为知识规则与不专门针对断定的认知考虑相结合的结果。尽管如此,如果这种解释是正确的,那么日常的说话者就隐含地对知识规则敏感,因为他们在掌握断定时必定已经隐含地掌握了它。只是他们不一定用“保证”这个词来表示那个规范。知识解释的很多证据都来自于日常的断定实践。

11.2 真理解释

在某种意义上,断定真的东西是好的,断定假的东西是坏的。这是由真理解释——简单的以真理规则为基础的断定解释——表达的思想吗?本节认为,这种解释是不正确的,它的缺陷使知识解释更可取。

对真理解释的一种怀疑是:断定不是唯一以真理为目标的言语行为。对于很多言语行为A——它们与断定以及彼此之间在规范性方面不同——来说,执行具有真内容的A在某种意义上是好的,而执行具有假内容的A是坏的。根据定义,真理解释衍推了:真理规则是在进行个体化,换句话说,断定是唯一的言语行为A——其唯一的规则是:“执行具有内容p的A,仅当p为真。”在这种意义上,真理解释主张:断定与真的目标的联系比与任何别的言语行为都密切。但是,在偏爱所有别的那些言语行为时,将这种特权(privilege)归属给断定是找不到根据的。

例如,有一种推测p的言语行为,它的证据规范比断定的证据规范更宽松。尽管在某种意义上推测真的东西是好的,推测假的东西是坏的,但当p只是比不根据一个人的证据更有可能时,推测p而非断定p是完全可以接受的。在英语中,一个人作为插入语使用“我推测”这些词就能执行这种言语行为,如在“P,我推测”中(比较Slote 1979:182-187关于“我相信”的插入性用法)。同样,有一种宣誓p的言语行为,它的证据规范比断定的更严格。不仅在某种意义上宣誓真的东西是好的,宣誓假的东西是坏的,而且宣誓p可以接受,仅当一个人对p的不寻常的确定性具有根据,它们比断定p所要求的更多。在英语中,一个人将“我宣誓”这些词作为插入语就可以执行这种言语行为,如在“P,我宣誓”中。这里重要的不是“推测”和“宣誓”的日常用法,而是所描述的这种言语行为的可能性。毫无疑问,有一整套可能的言语行为,它们在其证据规范方面是不同的,但在某种意义上都以真理为目标。试图通过增加关于违反真理规则的严重后果的规则而对这些言语行为进行区别并支持真理规则,是不同于这种简单解释的结构的;它们也不能对付下面对真理解释的一种异议。断定为什么应当是它们中唯一的这种言语行为A呢——其唯一的规则是:“执行具有内容p的A,仅当p为真”,如真理解释所要求的?

人们可能认为,尽管断定某事并不总宣誓它,但宣誓某事总是在断定它。宣誓是一种庄重的断定p的方式。这不会推翻这个论证。推测p不是断定p的方式。断定所要求的证据标准仍处于推测和宣誓所要求的那些证据标准之间。问题仍是:那个中间的标准与真理的目标的联系比所有别的标准更紧密吗?

以证据规则为基础的简单的断定解释不会遇到这种困难。它们相当于关于推测和宣誓的以证据规则——它们要求的分别比断定规则要多或少——为基础的简单解释。这些言语行为因而是彼此不同的。

尽管上述对真理解释的怀疑表明(没有证明):断定的规则是证据的,但它没有指出一种适当的证据标准。现在将提出一种对真理解释的更有力的异议。它确实阐明了适当的证据标准。

断定显然有某种证据规范。基于充分的证据作出一个断定比没有这样的根据作出一个断定要好。现在假定真理解释,这是为了最终的归谬。那么,这个证据规则就是从真理规则派生而来的。一个人对他的断定应当具有证据,因为它们应当为真。

所提出的这种派生很简单。它的核心是从如下前提进行的一种推理:一个人必须断定某事,仅当它对这个结论为真:一个人应当断定它,仅当他具有它为真的证据。一旦一个断定为真的证据就是该断定的证据,那么真理解释就蕴涵着:一个人不应当作出他没有证据的断定。背后的原则是相当普遍的;它不限于断定。这个原则可以陈述为一个图式,用圆括号表示范围:

(1)如果一个人必须(ϕ仅当 p 为真),那么这个人应当(ϕ仅当他有 p 为真的证据)。

从"必须"到"应当"的转换,代表着从一个规则所禁止的东西到它提供理由不做什么的转换。例如,在人还没死时,就千万不能把他们埋葬,那么在没有他们已死的证据时就不应当把他们埋葬。在没有某个人已死的证据时将他埋葬最起码是不合法的,即使他实际上已经死了。所提出的这种对证据规范的解释用"断定 p"替换了(1)中的"ϕ"。显然,(1)中的字母在不违背其精神的条件下有很大的改变空间。

根据对(1)的一种宽容的解读,所要求的 p 的证据权重会随着当 p 为假时做ϕ的恶劣程度而变化。一个人应当更小心避免杀人而不是避免冒犯他们,如果风险的概率相同的话。问题是:如果这样解读的话,(1)是否能根据我们归属给作出一个不真的断定的恶劣程度,来解释我们要求说话者对其断定具有的证据权重。前者和后者相称吗?

对抽奖的考虑指出了一种否定的回答。假定你在一次大规模的抽奖中买了一张奖券。只有一张奖券会中奖。虽然奖券已经抽了,但结果还未公布。实际上,你的奖券不会中奖,但我对那个结果并无内部消息。根据纯粹的概率主义理由,即你的奖券只是很多中的一张,我直率地向你断定“你的奖券不会中奖”,却没有告诉你我的理由。从直觉上看,我的理由对于那种完全不合格的断定是相当不充分的,尽管一个人通过增加抽奖中的奖券数量,能建构这个例子以使它根据我的证据的概率任意地高——低于1。当你后来发现我断定的纯粹概率主义理由时,你仍会感到有些不满。我给你的印象是自己作出这种直率的断定具有一种权威性,而实际上我并没有。我是在欺骗。①

以一种特殊的诙谐口吻说“[别吹牛——]你的奖券不会中奖”是可以接受的,但这种口吻表明说话者无意作出一种直率的断定。在设想的这个例子中,我没有利用那个口吻。

我断定中的错误能借助于(1)的某种版本来解释吗?这种解释必定是:作出一个不真实的断定是如此地糟糕,以至于一个人甚至片刻也不应当冒那样做的风险。这是合理的吗?我们可能把诚实和追求真理看成是非常严肃的事情,但由此不能推出:我们必须把每个不真实的断定都看成一种严重的过失;如果我们追求真理,我们将不会有很大的成就。当我们发现:我们无意间在某个偶然的问题上断定了错误的东西时,我们多数人所感觉到的罪责和我们在无意中踩了别人的脚时一样少。在现在的

① Dudman1992 用这一点反驳了这个论题:一个条件的可断定性是随着其结果根据其前提的条件概率而变化的。Lowe1995:44 遵从 Dudman;比较 Edgington1995:287。例如,我无权向你断定:“如果我的奖券不会中奖,那么你的奖券就不会中奖”,尽管以前提为条件的结果的概率非常高。

情形下,假定我们之间的公共知识是:抽奖的结果几分钟内将公布,你不太关心你的奖券是否中奖。因此,我冒险强加给你的我的断定为假的严重后果——但实际上不是强加的,因为我的断定实际上为真——大致相当于具有一个关于你不太关心的问题的假信念(如果你相信我的断定)。一般来说,我们不应当把这个事实,即我的一个行为包含着百万分之一的将不太好的后果强加给你的风险,看成是受到批评的原因。然而你有权坚持认为:我断定"你的奖券不会中奖"是极其错误的,因为我没有那样做的权威。这种对我的批评不是来自于(1)中所体现的考虑。对不真实(untruth)的概率或后果的评价甚至和这种批评不相干。这种观点就是:在作出断定时,我超越了我证据的权威性。在其他情形下,在这里,若真出现不真实的话,它在其后果中会更不可能或不会更差,说话者无疑会由于那些理由而受到进一步的批评,但它们不应当回避这种可能性,即批评说话者只是超越了他们证据的权威性。

真理解释的辩护者能借助于格赖斯的对话规则来解释我断定的错误吗?这种思想是:我的断定是误导的,因为你——我说话的对象——有权认为我作出这个断定的理由显然不是你能了解的,因此你有权认为我对抽奖的结果有内部消息。根据你显然已经了解的理由作出断定,可能被认为是违反了关于性质的一个原理:"不要对提供多于所要求的信息作出你的贡献"(Grice1989:26)。然而,如果那种格赖斯观点是关于我的断定的异议,那么这种异议就能推广到情形(a),在这种情形下我断定:"你的奖券几乎肯定不会中奖",这种异议不能推广到情形(b),在这种情形下我断定:"你的奖券不会中奖"但(与前一些情形不同)不是明显的是:你知道除了你自己的奖券之外多少奖券卖出去了。因此在情形(a)中,类似的格赖斯式的推理表明:你有权认为我作出我的断定的理由显然不是你能了解的,因此你有权认为我对于抽奖结果有内部消息——例如,有证据表明:几乎可以确定抽奖已经受到操纵,以便对别的某个人有利。在情形(b)中,我断定的理由——卖出奖券的数量——显然不是你能了解的,因此关于那个结果的假设——它是这个论证认为你有权提出的——为真,这种格赖斯式的异议就失效了。然而,实际上,这个问题以相反的方式表达为由格赖斯式解释所预言的东西。它不能推广到情形(a),在这种情形下这样说我的断定是最坏的:它是陈腐的和刻薄的。这个问题确实扩展到了情形(b),在这种情形下你对我断定的纯概率主义理由仍有权感到不满。概率主义证据只保证了一种断定:某种东西是可能的。

格赖斯式解释的另一个问题是:我明确地去除所认为的对话的言下之意,就应当能消除这种关于我的断定的异议。我实际上不能。我和我断定这种普通情况"你的奖券不会中奖"一样,没有证据权威来断定"你的奖券不会中奖,但我并不意欲暗示我有内部消息"。这里的这些批评不是批评格赖斯关于对话的言外之意的理论本身,而只是批评对它的一种过分热情的运用。

对真理解释的一种不同的辩护借助于这种观点:对于每张奖券来说,我断定它不会中奖有相似的根据。如果我作出了所有那些断定,我将断定错误的东西。但是假定真理规则,这如何解释作出这些断定中的任何一种错在何处呢?考虑一个类比。我面前有一大堆巧克力。我知道其中只有一块被污染了并且会使我得病;唉,我不能把它们区分开。我有吃巧克力的强烈愿望。我可以相当合理地只吃一块,因此它几乎可以确定没有被污染,尽管对于每块巧克力来说,我吃它都同样有理由,而且如果我吃了所有这些巧克力,我就会吃受污染的那块,我生病将是多因决定的(overdetermined)。合理的可普及性(universalizability)原则都不蕴涵:在这些情况下,吃一块巧克力的理由就是吃所有巧克力的理由;它最多蕴涵:在这些情况下,吃一块巧克力的理由就是吃任何别的巧克力的理由。真理解释没有为排除这种可能性——对于每个这样的断定,"t不会中奖"都有充足的证据,但对于它们的合取式则没有——提供资源。如果每个合取支都为真,那么合取式当然也为真,但由此不能自动地推出:关于真理的充足证据也同样如此。尽管这个原则——有权断定每个合取支蕴涵着有权断定合取式——可能是独立地合理的,但真理解释不能解释它。

对于抽奖的情形不重要的是:每张奖券都应当有相同的中奖机会。考虑一场不同的抽奖,其中每张奖券都被赋予了一个与其中奖概率相称的为公众所知的权重,你的奖券的权重比别人的稍低。我仍无权断定你的奖券不会中奖,尽管我现在关于它不会中奖的证据比任何其他奖券的更好。换言之,这场抽奖甚至可能是没有中奖奖券的抽奖(DeRose1996)。

人们最后可能主张:如果我没有保证断定"你的奖券不会中奖",那么我们就没有保证作出我们大多数的普通断定,因为它们中很少是非常确定的。当然,可以推出:只有根据这个反怀疑论的前提,即我们确实有保证作出我们的大多数普通断定,我才有保证。这种主张就是认为:其他断定解释都不能在"你的奖券不会中奖"与我们的大多数普通断定之间作出区别。这种假设需要检验;它在下一节将被否定。无论如何,根据任何理由,概率主义基础对于断定通常被认为是不充分的。

真理解释没有解释它承诺要解释的东西:断定的证据规范。因此它应当被否定。真正以真理规则为基础的言语行为更像说的行为;一个人可以说些什么却无需断定它,例如在猜测一个测验的答案时(Unger 1975:267 把这种观点归功于 Harman)。断定本身似乎是由一个非派生的证据规则支配的,我在抽奖情形中的断定违反了它;我是在欺骗。

一种可能的解释是:断定的规则就是知识的规则;一个人肯定不能断定p,除非他知道p。在抽奖的情形中,根据我的证据的本质,在直觉上很明显的是:我不知道你的奖券不会中奖。①因此,我的断定违反了断定规则。毕竟,对你来说,表达这种批评——我对我的断定没有证据的权威——的自然方式是说:"但你不知道我的奖券不会中奖。"这个论证将在下一节提出。

11.3 知识解释

一个人可能没有断定一个关于抽奖的命题的证据权威,尽管根据他的证据这个命题的概率非常高。现在将论证:这种基础的现象对于关于任何主题的断定都是普遍的。

假定p是一个命题,它的真值是一个专家所知道的,但你对它没有证据。这个专家控制着一场抽奖。有一百万张奖券,你有其中之一。然而,她没有公布中奖奖券的数量;她只是给每个参与者一片纸。如果你的奖券中奖了,{p,Np}这个数对的真实数字会写在你的纸片上;如果你的奖券没中奖,这个数对的错误数字就写在那里。无疑安排就是这样。你不能够和其他参与者磋商。假定Np最终写在了你的纸片上。根据你的证据,你的奖券中奖并且Np为真的概率是百万分之一,你的奖券不中奖并且Np为假的概率是百万分之999999。因此,如果你断定p,那么根据你的证据,你的断定为真的概率就是百万分之

① 在论证外在主义知识观时,Armstrong否认我们在抽奖情形下有知识(1973:185-188);在从Armstrong的论证对一种内在主义知识观进行辩护时,BonJour承认没有知识但对它提出了一种内在主义解释(1985:56)。也可参见Harman1968,Dretske1981a:99-102,Craig1990a:98-103,DeRose1996和Lewis1996。

999999。然而,从直觉上看,你无权完全断定 p。这种直觉是能得到支持的。根据你的证据,你当然能断定与 p 相联系的双重条件和"我的奖券不会中奖";根据假设,它是无疑的。如果你断定 p,你因此就确实能分离并断定"我的奖券不会中奖"。但你无权断定那,因为你唯一的证据是:你的奖券是一百万张中的一张。Np 而非 p 被写在你的纸片上,这什么也没告诉你,因为你没有支持或反对那些命题的独立证据。因此你无权断定 p,即使它根据你的证据有百万分之 999999 的概率。

在上述例子中,p 可能是任何你碰巧对之没有证据的断定。的确,即使你有倾向于支持 Np 的概率主义证据,抽奖中的奖券数量也能被弄得如此之大,以至于你从这次抽奖得到的 p 的概率主义证据将压倒你的其他反对 p 的证据。因此,这个论证表明:对于几乎任何一个命题来说,根据一个人的证据的非常高的概率并不蕴涵可断定性。没有为这个论证所涵盖的命题是那些一个人必定对之具有独立的非概率主义证据的命题,例如,"我存在":但它们不是在一个纯粹的概率主义基础上的断定的合理候选者。明显的寓意是:一个人只根据一个命题的概率(低于 1)根本没有保证断定它。在最初的抽奖情形中,重要的不是断定的主题,而是作出断定的概率主义基础。

说低于 1 的概率都不能保证断定,不是说只有知识保证断定。有些非演绎形式的推理有时据认为非概率主义地保证了断定却未提供知识;一个例子是趋向最好解释的推理。很难看出趋向最好解释的推理如何能产生用数字表示的概率,但是即使它确实导致了低于 1 的高概率结论,它也不会由于这样做而保证断定。隐含的意思是:一个人可能有保证断定一个趋向最好解释的推理的结论,但他没有保证断定一个概率相同的命题——其高概率有不同的基础;趋向最好解释的推理不能提供你的奖券不会中奖的概率主义证据。这种观点是一致的,但它合理吗？如果一个人根据其证据有保证断定一个概率低于1的命题，那么在某个抽奖情形中，他根据其证据就没有保证断定一个概率更高的命题——可能是同一个命题。

可以合理地假定：如果根据一个人的证据，p比q更不可能，并且一个人有保证断定p，那么这个人就有保证断定q。根据我们关于抽奖的直觉，可以推出：一个人根据其证据根本没有保证作出概率低于1的断定。这个结论可能看起来是一个怀疑论结论，甚至是一种归谬法。因为很容易认为我们日常的经验断定几乎都是概率低于1的（例如，Edgington1995：287）。但是所讨论的是哪种概率呢？如果是客观概率，那么这个问题就只影响关于未来的断定，因为只有它们具有1或0之外的客观概率。但是客观概率太客观了，难以保证断定：对于两个过去时态的断定——它们的客观概率是1，我对其中之一具有完美的证据而对另一个却没有任何证据。同样，主观概率（信念度）太主观的，难以保证断定：只从我的无根据的确信——我是拿破仑，我得不到断定我是拿破仑的保证，即使我的确信是如此武断，以至于这个断定有主观概率1。如果任何概率都保证了断定，那么它就是根据一个人的证据的概率。

一个人的证据是什么？第9章和第10章所辩护的简单回答可以为知识解释利用：一个人的证据就是他知道的东西。假定这个并非完全没有异议的前提：一个人的证据就是由断定规则允许他完全断定的那些命题构成的，我们可以另外从对断定的知识解释来论证它。在前面讨论断定的证据时没有假定知识与证据的等同。就现在的目的来说，如果它被认为是澄清了先验概念而非只是阐明它，这并不重要，因为不管是哪种情况，结果都是一个站得住脚的证据概念。如果对知识的条件没有作出实质性的假设，这种观点就会使这成为不足道的：如果一个人知道p，那么根据这个人的证据，p的概率就是1。这并不蕴涵：没有什么发现能动摇这个人对 p 的信心,因为发现能破坏知识。它也不蕴涵:一个人在实践中对 p 可以设一个生命对一便士的赌局;那种测试没有定义有用的概率概念(假定 p 是一种比较复杂的重言式)。根据一个人的证据,概率 1 的标准和知识的标准一样不苛刻。

人们可能也担心,在抽奖的情形中否定知识具有怀疑论的含意,因为我们所有的经验知识实际上都有一个概率主义的基础。例如,我们的知觉过程会遇到随机的错误。然而,一个人必须把"基础"这个词的因果意义与证据意义区别开。环境与我们关于它的知觉信念之间的因果联系无疑是概率主义的,但由此不能推出那些信念依赖于概率主义的证据。根据上述的证据观,当它们构成知识时,它们就是我们证据的一部分。此外,它们可能构成了知识,这只是因为知觉是知道的一种方式;那符合知识作为证据的角色(参见第 1.4 节)。我当然没有知觉到你的奖券不会中奖。没有这样的有效论证,即从否定抽奖情形中的知识到否定知觉的和其他情形中的知识——在这些情形中我们通常认为自己知道。知识规则为断定的概率主义基础的不充分性提供的解释比这些解释——根据它们,并非知识保证断定——所提供的更好。

会话模式确证了知识解释。① 考虑对一个断定,即"你是怎

---

① Unger1975:250-265 和 Slote1979 整理了很多相关的证据。Unger 和 Slote 所辩护的论题是:在断定 p 时,一个人把自己作为知道 p 的代表;也见 DeRose1991:598-605。这些作者很少谈到一般的表征概念,本章几乎没有使用它。知识解释将 Unger-Slote 论题归于更一般的原则之下。在做权威性所要求的事情时(例如,发出命令),一个人将自己作为具有做它的权威性的代表。要有断定 p 的(认知的)权威性,就要知道 p。接下来就是 Unger-Slote 论题。Lloyd Humberstone 指出,Max Black 可能创造了这种关于代表自己的言论:"为了正确地使用英语,一个人必须学会:以某种声调正确地念'牡蛎是可食的'这个句子,就是代表他自己知道或相信或至少不是不相信所说的东西。(写一张支票就代表一个人自己在银行里有兑现支票的钱"(Black1952:31)。G.E.Moore 提出了一种相关的主张:"肯定地断定 p,你暗示了——尽管你没有断定——你知道 p。"(1962:277;也见 1912:125)

么知道的?"这个问题的一种标准的反应。这个问题预设了它有一个答案,预设了你确定知道答案。如果不只是知识保证了断定,那么使这个预设合理的是什么?"你在哪里读到那?"这个问题在回应一个断定时通常是不合适的,因为某个断定 p 的人通常不承诺在某个地方读到了 p。但是,"你是怎么知道的?"通常是合适的。当然,在提问者和断定者显然都知道后者是怎么知道的时,问"你是怎么知道的?"是愚蠢的,例如,在某个人已经说了"我想回家"时。提问者并不总相信这个问题的预设,因为它有时(并非总是)意欲成为对这个断定的挑战。然而,它是一种潜在的(implicit)挑战:提问者礼貌地承认断定者确实知道 p,并且只是问他是如何知道的,他可能怀疑这个问题没有答案。如果不仅知识保证了断定,那么没有答案并不蕴涵着没有保证;这个问题为什么应当构成一种潜在的挑战?这个假设即只有知识保证了断定会使这个现象更说得通。

对断定的一种不太标准但更具挑衅性的反应是这个问题:"你知道那吗?"根据这个假设即只有知识保证了断定,它的挑衅性很容易理解,因为这样一来所质疑的就是断定者对该断定的保证。根据这个假设即不只是知识保证了断定,这个问题的挑衅性就很难理解了,因为断定者可能诚实地回答"不知道",但对这种断定仍有保证。

一个相关的论证是从一种形式的摩尔悖论开始的,它用"知道"替换了"相信"(Moore1962:277;Unger1975:256-260;Jones1991)。任何这种形式即"A 并且我不知道 A"的断定都有错误,尽管这些断定若作出常常是真的。根据这个假设即只有知识保证了断定,错误是很容易理解的。因为这样一来,有保证断定"A 并且我不知道 A"这个合取式就是知道 A 并且他不知道 A。但是一个人不可能既知道 A 又不知道 A。一个人知道这个合取式,仅当他知道每个合取支,因此他知道 A(第一个合取支);然而一个人知道这个合取式,仅当它为真,因此仅当每个合取支为真,因此仅当这个人不知道 A(第二个合取支);于是这个假设——一个人知道这个合取式:A 并且他不知道 A——就产生了矛盾。假如只有知识保证了断定,一个人因此就没有保证断定"A 并且我不知道 A"。① 相比而言,这个假设——不只是知识保证了断定——使理解那种形式的断定的错误变得很困难了。一个人经常有 A 的好证据却确实知道他不知道 A;在这些情形下,这个人对于 A 并且他不知道 A 这个合取式就有够不上知识的好证据。如果够不上知识的好证据保证了断定,他就有保证断定"A 并且我不知道 A";但是他实际上没有。例如,对于这个合取式即你的奖券不会中奖并且我不知道你的奖券不会中奖,我有极好的证据。如果这些证据保证了断定,我应当有保证断定"你的奖券不会中奖并且我不知道你的奖券不会中奖"。

假如知道衍推相信,一种类似的解释就揭示了任何这种更熟悉的摩尔式断定——"A 并且我不相信 A"——错在何处,因为一个人知道第一个合取支,仅当第二个合取支为假(Sorensen1988:15-56 对沿着类似路线的摩尔悖论有一种更一般的解释)。

自然,这些论证只适用于个别语境内部的关于合取的话语。如果知识的语境标准是在关于第一个合取支的话语和关于第二个合取支的话语之间产生的,那么这种断定可能是可以接受的。它在个别语境中的不可接受性仍必须作出解释。

知识甚至不是断定的一种可取消的含意(Slote1979:179)。因为如果这种含意可以取消,那么第二个合取支"我不知道 A"就

---

① Hintikka 根据其认知的不可辩护性对这些断定之缺陷的解释认为,断定在他的意义上应当在认知上是可以辩护的(1962:78-102)。那个假设没有合理的动机,除非只有知识保证了断定。关于这种论证的更多论述,参见第 12 章。

会取消它，并且断定这个合取就是可以接受的；但它是不可接受的。

人们可能担心这些论证会证明过多。毕竟，甚至这个断定即“A 并且我不能确定 A”也有错误。那不是表明只有多过知识的东西才保证了断定吗？这里起作用的似乎是不愿意承认语境地设定的知识和确定性标准是有差异的。很多人不是很愿意说：“她知道 A，但她不能确定 A。”然而，我们在某种程度上可以实现这样一种分离，这样一来，可断定性就是和知识而不是和最可能的确定性标准相伴随的。例如，一个人可能有保证断定：“A 并且根据笛卡尔的标准我不能绝对确定 A”，这里提到笛卡尔是要使那些标准区别于现在的语境。再者，通过问“你何以能如此确定 A?”来对“A”这个断定作出反应，常常是不合适的。“如此”这个词标志着引用了格外高的确定性标准。根据一般的标准，你可能有保证断定 A，即使你可能不会如此确定 A。

公认的知识、断定与确定性之间的联系含有一种明显的怀疑论威胁（Unger1975 中有详细阐述）。一种反应是允许认知标准上的语境变化：实际上，“知道”在不同语境下会表达不同的内容，这是意义的变化或不变的索引意义的结果（DeRose1995 和 Lewis1996 是新近的例证）。倘若如此，“断定”就将相应地表达不同的内容。然而，这些内容将有足够的共性，适合于一起讨论，就像语境主义认识论中的标准一样。现在的解释允许这些语境的变化，但是，如第 7、8 和 9 章所论证的，它可以抵制这种让步：怀疑论论证创造了一个语境，怀疑论话语在其中表达了真理。①

① 对于既适用于“知道”又适用于“断定”的一种语境主义形式，参见 Hambourger1987。然而，Hambourger 所声称的关于断定“A”和“我知道 A”的证据标准的同一性在这里必须被抛弃，因为我可能知道 A 却不知道我知道 A（参见第 5 章）。他的主张会使“A”和“我知道我知道我知道……A”能共同断定。

已经出现的很多证据表明,我们日常的语言实践承认知识规则。有些现象却可能被引证为反证(counter-evidence)。下一节将考虑这些异议。

11.4　对知识解释的异议与答复

假信念经常是合理的,这是一种老生常谈。第 9 章和第 10 章的证据解释承认:根据一个人的证据,假命题是非常有可能的,尽管这个人的证据本身为真。证据可能是误导的。当一个人合理但错误地相信 p 时,断定 p 不是合理的吗——尽管他不知道 p? 倘若如此,什么会变成这种主张,即只有知识保证了断定?

根据有些观点,有时相信 p 是合理的,尽管一个人知道他不知道 p。例如,我相信我明天不会被汽车撞到是合理的,尽管我知道我不知道我明天不会被汽车撞到(Slote1979:180;我没有被限制于床上,在丛林中迷路或诸如此类的东西)。这些情形不会威胁这个假设:只有知识保证了断定,因为它们是这样的情形:从直觉上看,断定在其中没有保证。我坦率地断定我明天将不会被汽车撞到,是愚蠢的;它会招致这样的异议:“你不知道那。”如在抽奖的情形中一样,我应当只断定:我明天将被汽车撞到是非常不可能的。这些情形支持这个假设:只有知识保证了断定。

然而,合理的是:当下相信 p 支持断定 p 就像内部支持外部一样。倘若如此,断定的知识规则就相当于这个规范:一个人应当相信 p,仅当他知道 p(也见第 1.5 节)。假定那个规范,在一个人知道他不知道 p 时相信 p 就不是合理的。如果一个人知道他所知道的只是:p 是非常可能的,那么对他来说可合理相信的就只有:p 是非常可能的。例如,我不应当相信我的奖券不会中奖。在这种意义上,完全的信念要求的不只是由赌率所决定的一种高主观概率(参见第4.4节)。根据断定与信念之间的类比,断定的知识规则不是相当于合理信念与知识的同一关系(比较 Wright 1996:935)。这个规则使知识成为允许的断定条件,而不是合理的断定条件。一个人可能合理地做不允许的事情,因为他合理但错误地相信它是允许的。特别是,一个人可能合理地断定 p,尽管他不知道 p,因为根据他的证据,他知道 p 是非常可能的。在相同的情况下,一个人可能合理但不被允许相信 p 却不知道 p。这种可能性与证据和知识的等同是一致的。①

一个人有时知道他不知道 p,但情况紧急时要求他无论如何都要断定 p。我大喊"这是你坐的火车",我知道我不知道它是,因为它可能是并且你只有片刻能赶上它。这些情形并没有表明:知识规则不是断定规则。它们只表明它能被其他不专门针对断定的规范推翻。其他的规范没有给我断定 p 的保证,因为有这种保证就是要满足断定的规则。同样,当我说一门外语时,情况紧急时可能要求我不合语法地说话,因为解决我想表达的东西的正确语法形式会使我费时过多;不能由此推出:我的话

① 我们可以用世界 w_0,……,w_n 模拟认知逻辑中的可能性(第10.4节),这里的所有世界都可从 w_0 认知通达,只有 w_1 可从 w_i 通达($1 \leqslant i \leqslant n$),先验概率分布是一致的,并且 p 在除 w_0 之外的所有世界中都为真。那么 Kp 在所有除 w_0 的世界中也为真。由于所有世界都能从 w_0 通达,因此一个人在 w_0 中的证据(他所知道的东西)就在所有世界中为真,因此根据他的证据 Kp 在 w_0 中的概率就是它的先验概率,即 $n/(n+1)$。因此,尽管 p 和 Kp 在 w_0 中为假,但根据这个人的证据,对于适当大的 n 来说,两者都有与1任意接近的概率。这些例子的一个必要条件是 S_5 原则 NKp→KNKp 的无效,因为那个原则根据这个人的证据,在 Kp 为假时会给予它概率 0。S_5 原则的无效对于这些关于适当概率分布的例子也是充分的,因为它意味着 Kp 在有些可从 Kp 在其中为假的世界通达的世界中为真;这些分布可以得到重视以支持那些世界。

语在那种语境下满足了语法规则。

在其他情形下，一个人合理但错误地相信 p，并且不能够知道他不知道 p(也见第 8.2 节)。一个人不能把他的实际环境与他知道 p 的环境区别开。例如，现在是冬天，看起来外面似乎真的在下雪，但实际上那种白色的东西不是雪，而是电影剧务在那里弄的泡沫，而我对它的存在一无所知。我不知道外面有雪，因为外面没有雪，但对我来说，不仅相信外面有雪而且相信我知道外面有雪，是相当合理的；对我来说，它显然是一个普通的知觉知识的情形。因此，对我来说，断定外面有雪确实是合理的。

这种情形和知识解释非常一致。的确，如果我有权假定知识保证了断定，那么，由于我相信我知道外面有雪是合理的，因此我相信我有保证断定外面有雪就是合理的。如果我相信我有保证断定外面有雪是合理的，那么，如果其他条件相同，我断定外面有雪就是合理的。因此，知识解释能解释断定的合理性。然而，假如我相信我有保证断定 p 是合理的，由此不能推出我确实有保证断定 p。“保证”这个术语已经为断定规则 C 中的属性 C 保留了。断定可能还有其他证据规范，它们或许会从知识规则和不专门针对断定的考虑派生出来。在一个人合理地相信他知道 p 时，断定 p 的合理性就完全是以那种方式派生出来的。

一个人可能认为知识规则给出了一个说话者具有作出一个断定的权威性的条件。因此，断定 p 却不知道 p 就是做某种没有权威性的事情，就像给某个人发出一个命令却没有那样做的权威性一样。因此，典型的权威性标准在断定的言语行为中起着一种构成作用，就像它们在其他机构中所做的那样。有保证断定 p 与合理地相信自己有这样的保证之间的区别，变成了下列两者之间区别的一个特例：有权威性做某事与合理地相信自己有那种权威性。某个不知道 p 的人没有断定 p 的权威性，因此不能通过断定 p 将那种权威性传递给我，不管他给我的这种印象——他已经那样做了——多么合理。尽管在一些特殊情形下,某个人通过听某个不知道 p 的人断定 p 而逐渐地知道 p (Lackey1999),但听者逐渐知道 p 的正常程序要求说者也知道 p。

将保证同化于权威性在一个方面是误导的。权威性,即使是理智的权威性,通常也会超出一个领域;它不限于个别的命题。在现在的意义上,证言可以给予一个人断定 p 的权威性,即使他令人惋惜地不知道相邻的问题,关于相邻问题的知识不会给予一个人断定 p 的权威性,如果他碰巧弄错了那一点的话。

我们不总能够知道我们是否知道 p(第 5 章和第 8 章)。因此,知识解释蕴涵了我们不总能够知道我们是否有保证断定 p。我们易于出错也易于对保证无知,就像我们对几乎所有别的东西那样(第 4 章)。这种关于有保证的可断定性的观点与它在反实在论的意义理论——句子的可断定条件概念对它是关键性的——中的处理形成了鲜明对比。这些理论通常认为,一个人在知道他是否有保证断定 p 方面毫无困难,如果离开了知识解释,就有理由怀疑可能存在反实在论理论所假定的这种规范(第 4. 8 节和第 8 章)。①

---

① Brandom1983 中有相关的关于这种断定解释的困难,在那里,一种核心的规范性作用是由一个证成概念承担的,人们声称:“一个证成就是任何共同体所认为的整体(one)——它的成员让断定者所形成的一切”(644),知识是“恰当证成的真信念”的问题(647)。这个共同体在判断真信念何时是知识方面既不是全能的也不是不可错的。一般的问题会注意到一种对认识上理想的反事实条件的诉诸。Brandom 在回应挑战时对表达一个人的断定的推理证成能力的强调(641—642),似乎也高估了有保证的断定与恭维话(smooth tongue)之间的联系。关于他的解释,也见 Brandom1994,根据这种解释,“断定……具有要求知识的重要意义”(1994:202)。然而,Brandom 的知识概念——具有一种混合的义务论地位——(证成的真信念之类的东西)和第 1 章的解释是不一致的。他的探究能对抽奖的情形作出正确的预测,也不是清楚的。

知识解释似乎蕴涵着:说话者在断定一个命题之前总应当尽最大努力证实它。因此,各种各样的情况——在其中说话者未作出这种努力——似乎威胁了知识解释:考虑一场活跃的学术研讨或闲谈。要裁定说话者在这些情况下没有作出真正的断定,就会使这种解释成为不足道的。在自然语言中,陈述句的默认用法是作出断定,所讨论的这些情况还没有特殊到足以取消默认用法的地步。相反,这种观点是:知识解释并未蕴涵不知道 p 而断定 p 是可怕的罪行。我们在违反我们所玩的一种游戏的规则方面经常是很宽松的。如果最无法容忍的和最严重的违反要受到处罚,其他的违反可能没多少害处。在有些运动中,人们认为有些规则多数时间都被违反了。同样,日常会话中的很多话语,即使根据说话者本人的习语标准在句法上也是劣构的,例如,中间句中有意或无意的指向变化。违反规则在书写中比在言语中更严重;这也适用于断定规则。在断定唾手可得时,这不是因为知识规则不再起作用,而是因为违反这个规则无关痛痒。

在运用一个规则时放松要求不是要用一个不同的规则取代它。即使在一场活跃的研讨或闲谈中,知识规则也不会让位于合理信念规则。例如,即使在闲谈中,只根据其高概率就断定"琼斯先生在上周的抽奖中又一无所获",也是在欺骗。同样,如果我在满屋的人中无意中听取一位逻辑专家说:"他上一篇论文对重要定理的证明有一个缺陷刚刚被发现。"这时,99%的可能是:他正在对之进行论证的人是 X 教授,那么我可能形成了一个合理的信念:X 教授上一篇论文对重要定理的证明有一个缺陷刚刚被发现了,但即使是在一场活跃的研讨中,我这样回答某个人——他将对我的观点的异议建立在那个定理的基础之上——也是欺骗,即通过——无资格地——断定:"那个定理的证明中有一个缺陷被发现了。"这些断定是不能接受的,因为说话者知道他缺乏必需的知识,尽管他有一个合理的信念。当我在运用规则方面放松要求时,每当我们不确信我们不知道 p,我们就感到有权断定 p。我们仍努力遵守这个规则,但我们没有尽很大努力。

在争论中,在我们不期望使我们的对话者相信 p 时,我们经常愿意断定 p。然而,知道 p 和不能使别人相信 p 是非常一致的。知识经常依赖于好的判断,说话者可能有比听众更好的判断,多数说话者对他们自己的判断的评价比他们所知的他们的听众的评价要高。

有些人只是在他们不能提供令人信服的理由时才使用"我断定……"这样的短语;隐含的比较是与"我能证明……"等的比较。基于刚刚给出的理由,他们不承认他们不知道。对一个人在说"我断定 A"这个句法上的陈述句时的所作所为的最简单分析是:这个人是通过断定他断定 A 而断定 A 的——就像在说"我承诺ϕ"时,一个人是通过断定他承诺ϕ而承诺ϕ的(Lemmon1962;Hedenius1963;Heal1974;Lewis1983:224,选自 Lewis1970;Ginet1979;关于一种不同但相关的观点,见 Recanati1987:169-175)。根据那种观点,一个人显然知道他断定 A,因此在断定他断定 A 时是有保证的。这可能有助于将注意力从这个更可疑的问题转移开:一个人在断定 A 时有保证吗?一个人回避这个问题,是通过使其听众的注意力集中于不太有争议的断定。

11.5 BK 解释和 RBK 解释

我依据充分的证据可能相信你的奖券不会中奖;我在断定它不会中奖时是没有保证的。我依据充分的证据可能相信我明天不会被汽车撞到;我在断定我明天不会被汽车撞到时是没有保证的。信念和基于充分证据的信念都不能保证断定。然而,人们可能仍认为有些错误的断定在这种技术意义上是有保证的:它们遵守了断定的规则。沿着这些路线的一个建议是:断定的规则是:

(BK 规则)一个人必须:断定 p 仅当他相信他知道 p。

(Thijsse 即出,引用了来自于 Lenzen1980 的类似观点)。一个人相信自己知道的东西不一定为真。BK 解释能解释这些现象吗?

BK 解释能够解释很多作为知识解释的证据而使用的会话现象,这是通过使后者的解释适合于它自己的运用。例如,我可以从事这种证明:它表明我不可能知道 A 并且我不知道 A 这个合取式,因此应当克制自己相信:我既知道 A 又不知道 A。如果我这样克制了,那么"A 并且我不知道 A"的断定就违反了 BK 规则。同样,如果我通过我的断定承诺相信我知道,那么"你是怎么知道的?"这个挑战就是明显相关的。

BK 解释的一个问题是:我关于我知道 p 的信念可能和任何别的信念一样不合理。BK 解释对修改的摩尔式句子的分析依赖于这个假设:如果"B"是不一致的,那么"我相信 B"就是不一致的,这对于在逻辑上非理性的主体是无效的。假如我有一个不合理的信念:我知道 G.E.摩尔是连续作案的杀人恶魔。根据 BK 解释,我的断定,即"G.E.摩尔是一个连续作案的杀人恶魔",满足了断定规则。它的假和它的不合理的基础都不构成对 BK 规则的违反。到目前为止,这个断定本身没有什么错误。断定者有很多错误,因为我有一个完全不合理的信念,但那是另一个问题。尽管我只表达一个不合理的信念就已经遵守了 BK 规则,但 BK 解释没有资源来解释为什么那是断定本身的错误。BK 解释的辩护者不能否认:我们将断定的错误与断定者的错误区别开了。如果我被问到:"你真有这个信念即 G.E.摩尔是一个连续作案的杀人恶魔吗?”(一个关于我而非G.E.摩尔的问题)那么,在这些情景下,我应当回答“是”,这就是断定我有这个信念:G.E.摩尔是一个连续作案的杀人恶魔;这个断定本身非常合适,尽管它的合适依赖于我的不合理信念:G.E.摩尔是一个连续作案的杀人恶魔。错误显然发生在断定者身上而不是断定中。由于BK解释不能解释我为什么把这个断定,即“G.E.摩尔是一个连续作案的杀人恶魔”,而不仅仅是它的断定者看成是错误,因此它应当被抛弃。相比而言,知识解释在解释这个断定的错误方面没有困难,因为这个断定违反了知识规则。

根据对BK解释的一种明显的修改,断定的规则就是:

(RBK规则)一个人必须:断定p仅当他合理地相信他知道p。

增加的这个合理性条件既改进了对修改的摩尔式句子的分析,又消除了上述反直觉结果。然而,RBK解释并非完美无瑕。一个问题是涉及合取式的断定。考虑一个复杂的悖论,在其中矛盾是从数量众多的前提p_1,……,p_n中推出来的。对每个数i来说,p_i在直觉上似乎显而易见;确实,我们知道p_i在直觉上似乎显而易见。即使再三思考,我们也不能确定哪个前提是矛盾的起因。再假定不止一个前提为假是不可能的;每个前提似乎都有和其他前提极不相同的基础,以至于它的假不可能影响它们。那么,对每个数i来说,我们很容易就能合理地相信我们自己知道p_i。因此根据RBK解释,对每个i来说,我们都有保证断定p_i。然而,我们知道p_1,……,p_i的合取式为假,因为它衍推了一个矛盾;因此相信我们自己知道这个合取式就不是合理的,因此,根据RBK解释,我们没有保证断定它。断定的保证不会封闭于合取之下。RBK解释的这个结果会让人不安,但不是明显荒谬的。①

RBK 解释和 BK 解释分享了一个更简单的问题;这类似于后者的不合理性问题的假。假如我合理地相信自己知道外面有雪;实际上外面没雪。根据 BK 解释和 RBK 解释,我"外面有雪"的断定满足了断定规则。然而我的断定是有错误的;BK 解释和 RBK 解释都没有蕴涵错误。它们能承认我的信念——我知道外面有雪——有错误,因为它为假,但那是另一个问题。BK 解释和 RBK 解释没有资源来解释我为什么认为错误的是错误的断定本身而不只是断定者。

对 BK 解释和 RBK 解释的另一种异议,一种明显的方法论异议是:它们没有基于知识规则的解释简单。如果后者被否定了,接受它们可能就是合理的,但后者没有被否定。证明的责任要由 BK 解释和 RBK 解释承担。毕竟,当我断定 p 时,如果不要求我知道 p,那么,我是否合理地相信自己知道 p,为什么应当是重要的? 当然,真理解释甚至比知识解释还简单,因此证明的责任要由反对前者的后者承担;但它已经被免除责任了。

对 RBK 解释的最后一种异议是:它使某个没有断定 p 的权威的人太容易把那种权威传递给别人了。因为即使一个人知道 Np,他能产生非常有误导性的表象,以使别人合理但错误地相信他们自己知道 p。从直觉上看,这种把戏只传递了断定 p 的权威的表象而不是现实;根据 RBK 解释,它传递了真正的权威。如果增加给 RBK 规则一个真理要求("一个人必须:断定 p 仅当他合理并且真信他知道 p"),那么它终究会要求知识。一个人

① 可以论证,知识规则也不会将断定的保证保留于合取之下,因为一个人可能知道某些命题却不接受它们的合取。然而,与这个文本中的相比较,这是封闭性的一个无关紧要的失败,它甚至在主体已经仔细地考虑了这个合取时也保持不变。

却应当接受更简单的知识解释。

基于信念的断定解释的一个可能的动机(由 Thijsse 所暗示)是这种观念:保证断定的应当是断定者的心理状态。根据一种常见的观点,相信自己知道 p 与合理地相信自己知道 p 都是心理状态,但知道 p 不是。然而,第 1 章论证了知道 p 是一种心理状态,是一种外在主义的心理状态。的确,那种观念与这种观念——假是断定本身的错误,以至于断定 p 的保证衍推了 p——的结合蕴涵了:断定 p 的保证是一种衍推 p 的心理状态。知道 p 是这种状态的最佳候选者。根据一种更内在主义的心理状态观,这个问题会变得更紧迫:断定的保证为什么应当是断定者的一种心理状态?一个不恰当的回答是:一个人总能说出他是否处于某种心理状态中。实际上他不能。可能很难说出一个人对他知道 p 的自信是否高得足以认为他相信自己知道 p,甚至更难说出它是否合理得足以认为他是合理地相信自己知道 p(第 4 章)。接受一种基于信念的断定解释并没有充分的理由。的确,我们对错误断定的态度是被任何简单的解释——根据它,断定的保证并不衍推真理——错误地表达了。

11.6　数学的断定

断定规则在更正规的情况下更容易确认,数学为它提供了一些最好的例证。数学中的可断定性还有另外的重要意义:建立可断定性条件的意义理论的种种尝试已经把关于数学的直觉主义的证明条件解释作为一个典范了。因此,要考虑的是数学中的断定。将要论证的是:数学的情形比通常所认为的更有代表性。

在数学中,有保证的断定与无保证的断定之间的区别是很大的。将这些命题——它们对于职业数学家是公理——看做有单线的(one-line)证明。那么,大致而言,一个人在数学中有保证断定 p,当且仅当他有一个 p 的证明。根据知识解释,之所以如此,是因为——大致而言——他在数学中知道 p,当且仅当他有一个 p 的证明。在一个人遵循这种证明并保留了它特别是它的结论的一些记忆时,他就有一个 p 的证明。那些只是大致的近似,但就有保证断定 p 不同于有 p 的证明来说,知道 p 同样如此。相反,就知道 p 不同于有 p 的证明而言,有保证断定 p 同样如此。有保证断定 p 和知道 p 并不是彼此有别的;知道解释被确证了。

刚才所用的"证明"这个词的这种非正式的意义是初等数学中常用的,在初等数学中只有真理有证明;职业数学家——他说已经证明了 A——不会对是否 A 不作回答。这个概念不是相对于一个任意的形式系统的;倘若相对,它就会失去与(非相对的)可断定性的关系。这些公理具有单线的证明,这是由于它们在数学实践中的地位,而非由于它们在特殊形式系统中的位置。下面将在这种非形式的意义上使用"证明"。

首先考虑公认的情形,在其中一个人有保证作出一个数学断定,但却没有一个证明。在最简单的情形下,一个人根据证言知道有一个 p 的证明:但这样一来他根据证言就知道 p 并因而满足了知识规则。在更罕见的情形下,一个数学命题的非演绎的证据可能强得足以保证它的断定(Steiner 1975:93-108)。然而,这种双重条件仍是合理的:证据强得足以保证断定 p,当且仅当它强得足以使一个人知道 p。知识解释不承认:一个人能有保证断定 p 却没有一个 p 的证明,这是由于他有理由支持一个错误的信念,即他有一个 p 的证明,或者支持一个错误的信念,即有这样一个证明。在一个人有这样一个信念时,根据知识解释,他至多会错误地相信他有保证断定 p。即使专业数学家搞了个恶作剧,错误地告诉你 p 已经得到了证明,你也不会地得到了断定 p 的保证(如果你得到了,这个玩笑就根本不可笑)。[①]你只得到了你有这样的保证的误导性证据。尽管你关于你有保证的信念是合理的,但那不会使之成真。所讨论的合理性可以被解释为是派生于知识规则的。你合理地相信自己知道 p,因此你有理由相信你有保证断定 p。关于这个问题的这个观点是可以独立辩护的。证言是一种特殊的保证之源,因为一个说话者可以将一种保证传递给另一说话者。由于专业数学家自己没有断定 p 的保证,因此他们就没有什么保证能传递给你。

现在考虑公认的情形:一个人对一个数学命题有一个证明但没有保证断定这个命题。这些情形的可能性有时被否定了,这是基于笛卡尔的理由:真正的证明是向主体透明的。这种否定没有公正地对待许多实际证明的复杂性。确定所提出的一个证明是否真实,数学共同体要付出几个月的努力。当我有一个真正的证明时,专业数学家可能错误地告诉我:它包含一个错误。他们就所认为的这种错误会给我一种复杂的解释,他们会用专业知识蒙蔽我。我可以想起其他的场合,在那里我基于大致相似的理由所相信的证明实际上最终是错误的。在这些情形下,我断定 p 就不合理,因为我相信我有保证断定 p,是不合理的。由此不能直接推出:我没有保证断定 p。一个人可能有权威做某事,即使在他相信他有那种权威是不合理的时候。知识解释所蕴涵的就是:我不再有保证断定,当且仅当我不再知道。那个双重条件仍是合理的。如果我知道 p,我因此就有保证断定 p。相反,没有理由期望我拥有一个 p 的证明,不依赖于让我知道 p,就会给我断定 p 的保证。对我来说,这个双重条件要成立,有两种更合理的方式,即既失去知识又失去断定的保证:在

① 关于数学知识的社会特征的讨论,参见 Kitcher1983,特别是 55—56 和 89—91。这种特征是否会使它成为先验的,是另外一个问题。

这种意义上:知识的表象不会削弱无知,无知的表象削弱了知识。但是,即使我既有知识又有断定的保证,知识解释仍是成立的。

剩下的是这样的情形:一个人有一个 p 的证明,当且仅当他有保证断定 p。它们仍不太可能威胁所假定的知道 p 与有保证断定 p 之间的等价关系。

数学断定有多么不典型?证明常常被认为以一种不能适用于多数或所有经验断定的方式保证了它们。据认为,证明是结论性的,而经验的保证则不是。然而,这种对比的本质是不清楚的。无疑,新信息不可能使一个证明成为非证明。但是这个问题不是:证明是否继续成为证明,而是:它们是否继续保证断定。将一种有保证断定 p 的方式定义为可否定的(defeasible),仅当一个人能以那种方式有保证断定 p 并且因此仅由于获得了新证据就不再有保证断定 p。一种有保证断定 p 的方式是不可否定的,仅当它不是可否定的。多数有保证作出经验断定的方式都是可否定的,但上述关于数学知识的社会特征的考虑表明:甚至掌握一个数学命题的证明,也是一种可否定的有保证断定它的方式。一个人由于掌握了一个数学命题的证明就能有保证断定它,并且仅由于获得了关于专业数学家的话语的新证据——而不是忘记了什么——就不再有保证断定它。倘若如此,数学命题在可否定性方面就不是不同于经验命题的。

不可否定性概念不应当与事实性概念相混淆。一种有保证断定 p 的方式是事实性的,仅当以那种方式有保证断定 p 的一个必要条件是 p 为真。掌握一个数学命题的证明,是有保证断定它的一种事实性方式:掌握 p 的一个证明的一个必要条件是 p 为真。事实性并不衍推不可否定性。知道 p 总是有保证断定 p 的一种事实性方式;它几乎不会成为一种不可否定的方式。新证据几乎总能削弱旧知识(有保证断定一个人存在,可能有一种不可否定的方式）。根据知识解释，有保证断定某事的任何方式都是事实性的。因此，数学命题在事实性方面也不会和经验命题不同。①

不可否定性本身并不衍推事实性。如果断定 p 的保证就是相信 p 的好理由，那么 6000 年前创造的宇宙的居民——他们具有每个已经存在了几百万年的表象——断定他们不是 6000 年前创造的宇宙的居民（具有每个已经存在了几百万年的表象）就可能有一种不可否定的非事实性保证。本章所辩护的这种解释保证了独立于不可否定性的事实性。

根据本节的证明，在这种意义上，即它可以平稳地推广于数学之外的实践中，数学实践和知识解释是一致的。

11.7　断定的目的

知识规则是一个构成规则；它不是一种约定。但这个规则可能是和约定相联系的。假如一种语言£ 向某个领域的每个句子类型 s 都归属了一个命题£（s）。那么，在特殊的共同体中，一个约定可能就是：人在正常语境下应当说 s，仅当他知道

① 不可否定性和事实性之间的区别在选自达米特的这个引文中被混为了一谈："在我们第一次学习语言时，我们只是最有利的情形下被教会了作出断定，即在这个情况下：说话者中可以认识到陈述为真。观察打算只说出真断定句的惯例的一种方法当然是只在最有利的情况下说它们；但对于绝大多数的陈述形式来说，这根本不是我们所做的。有些陈述形式——例如将来时态的那些陈述——根本不是在结论性地确立了它们的真的情况下说出的；对于其他陈述形式来说，我们最初只是在这些情形下学会说它们的，我们后来是在我们最终犯错的情形下学会说它们的。"（1981：355）似乎可以认为：（i）认识到一个真理要求结论性地确立它，（ii）一般的标准允许我们断定其真还未得到结论性地确立的命题。如果"结论性地"意指不可否定性，那么（i）就为假。如果"结论性地"意指事实地，我们就没有理由接受（ii）。关于标准和可否定性，也见 McDowell1982 和 Wright1993。

£(s)。£ 中的这个博学性(knowledgeableness)约定甚至可能是使£ 成为该共同体的语言的一部分原因。£ 中的这个约定是£ 中的真实性(truthfulness)约定的一种明显的变种,大卫·刘易斯用它定义了是什么使£ 成为一个共同体的语言:"要在£ 中真实就要以某种方式行动:努力不说任何在£ 中不为真的句子£ 。因此,就要避免说任何句子£ ,除非一个人相信它在£ 中为真"(1983:167,引自 Lewis1970)。当然,解释是什么使£ 成为一个共同体的语言,在某种程度上必须考虑在£ 中执行言语行为比作出断定更高的概率(Lewis1983:172)。因此,从真实性约定向博学性约定的转换也反映在解释的方法论中。合适的宽容原则将高度评价这些解释——根据它们,说话者倾向于断定他们所知道的东西,而不是高度评价这些解释——根据它们,说话者倾向于断定为真的东西,或者甚至是他们相信为合理的东西。

问知识规则为什么就是断定规则,是没有意义的。它不可能是另外的情况。然而,问为什么我们的全部技能中有像断定这样的言语行为是有意义的。否则我们就不可能有一个断定吗?无疑我们需要一种像断定一样的言语行为,用以交流信念,但我们使用一种言语行为——其规则不大要求知识——就不能这样做吗?它可能必须承认:证言和推理能使我们根据旧实例说出新实例,就像它们对断定那样。但是,知识规则不是赞同该可能性的唯一规则;真理规则是另一个规则。①

---

① Brandom1983 和 1994 对证言和推理在断定的社会实践中的作用给出了一种有意思的解释。Craig1990a 打算根据对这种实践的需要来解释知识概念,但知识解释不是一个直接的结果。

一种明显的回答是:我们需要断定来传递知识。① 在正常环境中,在听众知道说话者断定p时,说话者不会以不可靠性等而闻名,因此,断定p的说话者会使听众能够知道p,当(且仅当)说话者知道p(有些限制,参见Lackey1999)。就现状来说,这种回答可能是正确的,但至少有两点需要解释。首先:为什么我们不能通过一种言语行为——其规则只要求(例如)真——传递知识?这种思想可能是:在成功的交流发生时,所传递的是在断定p中公开的东西,而断定中公开的是规则的满足,因此所传递的是规则的满足;因此,知识被传递,当且仅当它是规则所要求的。然而,相关的公开性(overtness)概念是很难确定的。如果满足规则的公开性使听众能够知道规则被满足了,那么,如果规则要求真理,听众就能够知道这个断定为真,而真理规则对于传递知识就终究是充分的。其次:人们会问:重要的为什么是知识的传递,而不是真信念或合理信念或别的某种认知态度的传递。

知识与行为(doing)之间的比较为另一条思想路线提供了线索。一个人可能认为知道p就是坚持相信p,(意向地)产生p就是坚持愿望p。如果一个人知道p,那么p为真;同样,如果一个人产生了p,那么p为真。但是即使p为真并且一个人相信p,也不能推出一个人知道p;同样,即使p为真并且一个人愿望p,也不能推出一个人产生了p。在每种情形下,内容与世界之间的适应是不充分的,因为它可能是“偶然的”。知道p和产生p都是保证p的方式;不同的是适应指向。如果一个人产生了p,他的行动(以依赖于环境的方式描述)就保证了p的真;同

① “在这种意义上,即它传递了关于断定主题的知识,语言的断定性用法的本质特征就在于它可用于交流。”(McDowell1980:128;比较Evans1982:310)。Recanati1987:183说:“我们的断定的一部分原型是:如果某个人断定p,他就知道p并且希望听众分享他的知识。”

样,如果一个人知道 p,他的心理状态(以依赖于环境的方式描述)就保证了 p 的真(参见第 1.4 节)。

如通常所理解的,服从命令包含着使某事发生;重要的不只是内容与世界之间的适应,而且是某个人对那种适应的责任。具有适当权威地发出一个命令,就是赋予了一项责任;服从命令就是解除那项责任。① 这一点更明显在表现在否定的命令中,在那里,所命令的东西本身不是一种意向行动。你大喊:"别动!"我想动,但发现自己瘫痪了。在某种意义上,我没有服从你的命令。尽管它的内容被履行了,但我没有保证它被履行了;我没有使它发生。知识解释拓展了命令与断定之间的类比。作出一个断定就是要赋予(对自己)保证其内容为真的责任;满足断定规则——由于具有所需的知识——就是要免除那项责任——由于认知地保证了内容的真。② 我们拥有这些言语行为和这个事实——我们使用了责任关系——一样不奇怪。

---

① 服从命令可能也要求命令与行为之间有一种适当的因果联系;如果我没听到要求停止的命令,但我不管怎样停止了,那么我就不是意向地服从命令。同样,如果我知道 p 并断定 p,但断定因果地独立于知道,那么这种断定就有错误。在某种意义上,在作出我的断定时,我没有完全遵守知识规则,但非常幸运,我没有违反它。

② 根据 Searle1969:66,一个断定 p"算是一种断定(undertaking),那意思是说 p 代表了一个实际的事态。"也见 Brandom 的解释(1994:199-206)。

第12章　结构的不可知性

12.1　菲奇的论证

上述各章所关注的知识的限度是外在于未知的命题的。一棵树可能至少有n英寸高，尽管没有人能够知道它至少有n英寸高，但对于这个命题，即这棵树至少有n英寸高，并没有内在不可知的东西。如果我的视觉分辨力更好，或者我有适当的测量工具，或者这棵树更高，那么我就应当能够知道它至少有n英寸高。这是强调这些外在限度实际上普遍存在。它们是我们认知生活的大致面貌。本章考察一些内在于未知命题的知识限度，即深藏于我们偶然的无知始终的必然限度。

数学和物理学揭示了我们知识的一些意外的限度，它们依赖于哥德尔不可判定性、复杂性考虑、我们可与之发生因果作用的宇宙部分的时空限度等。本章所讨论的限度比这些要平淡无奇得多。但它们也是完全内在于未知命题的，因为它们不依赖于我们偶然的计算的局限性或时空的偶然的因果结构。它们完全出于我们的无知。

对这些内在限度的论证是弗雷德里克·菲奇(1963)首次发表的，但他将它归功于他1945年提交但未发表的一篇论文的一位匿名审稿人。这个论证再次引起公众的讨论是由于比尔·

哈特和科林·麦金(1976),他们注意到它也是由于一位匿名审稿人(也见 Hart1979)。这个论证的要点是:如果某种东西是一个未知的(但可能是可知的)真理,那么,它是一个未知的真理,本身就是一个不可知的真理。每一点偶然的无知都相当于一点必然的无知。这个论证的核心在本书的好几个地方都用到了但未作太多讨论,例如在第 11.3 节,在论证断定的知识解释时运用了摩尔悖论。

这个论证有时被称作"不可知性悖论"(The Paradox of Unknowability),但它为什么应当被看成一个悖论是很不清楚的。这个结论,即存在不可知的真理,是对各种哲学理论的公然冒犯,但不是对常识的冒犯。如果那些理论的支持者(和反对者)长期忽视一个简单的反例,那是一种难堪,而不是一个悖论。本章主要关心菲奇论证的积极教训,而不是它否定哲学理论的用法,但这些运用的前景将时不时地进行讨论。

我们必须更详细地分析菲奇论证。假定强证实主义是这个极度夸张的论题:所有真理都是已知的;用符号表示:①

SVER $\forall p(p \supset Kp)$

假定弱证实主义是不太夸张的论题:在知道真理是可能的意义上,所有真理都是可知的:

WVER $\forall p(p \supset \Diamond Kp)$

显然,由于无论它能是什么,强证实主义都衍推弱证实主义。根据非常弱的假设,菲奇论证证明:弱证实主义衍推强证实主义。

---

① 这些非形式的解释不是和这些公式本身严格同义的,因为真理谓词是前者而非后者的一个成分。正规的论证是由这些公式给出的;这些解释承担了一种纯粹启发式的目的。纯粹主义者会注意到本章关于形式符号的非形式用法,有一些违背了准确性;它们的目的是简化说明。

在这个论证最初的陈述中，我们将把算子+和 K 分别解读为“可能是”(it is possible that)和“已知是”(it is known that)，却不进一步探究它们的意义。一旦这个论证被提出，我们就会问：我们必须如何理解那些使之有效的表达式。

要维持菲奇论证，我们首先要论证没有什么能已知是一个未知的真理。简而言之，如果某种东西已知是一个未知的真理，那么它就已知是一个真理；但是，同样地，如果它已知是一个未知的真理，那么它就是一个未知的真理，因而并非已知是一个真理。这个论证利用了两个关于知识的原则：它必然是事实性的；它必然对合取式分配。没有什么能是已知的却不为真：

$$\text{FACT} \ \forall p * (Kp \supset p)$$

如果一个合取式是已知的，那么它的合取支必定是已知的：

$$\text{DIST} \ \forall p \ \forall q * (K(p \exists q) \supset (Kp \exists Kq))$$

用 NKp 替换 FACT 中的 p，就给出了这种特殊的情形：

$$(1) \forall p * (KNKp \supset NKp)$$

用 NKp 替换 DIST 中的 q，就给出了这种特殊的情形：

$$(2) \forall p * (K(p \exists NKp) \supset (Kp \exists KNKp))$$

由于 $KNKp \supset NKp$ 和 $Kp \exists KNKp$ 不一致，并且根据命题逻辑中的推理，必然真理的结果本身是必然的，因此(1)和(2)就产生了：

$$(3) \forall p * NK(p \exists NKp)$$

由于必然真理是不可能为假的真理，因此(3)就等价于：

$$(4) \forall p N + K(p \exists NKp)$$

我们现在证明:(4)会使弱证实主义与强证实主义相矛盾。简而言之,与强证实主义相反,如果某种东西是一个未知的真理,那么根据(4),它是一个未知的真理,就是一个不可知的真理,这与弱证实主义是相反的。更准确地说,用 p∃NKp 替换 WVER 中的 p 就给出了这种特殊情形:

(5) ∀p((p∃NKp)⊃+K(p∃NKp))

假定(4),(5)就产生了:

(6) ∀pN(p∃NKp)

但是根据基本的推理,(6)等价于 SVER。因此“弱”证实主义和“强”证实主义一样强。

强证实主义显然是错误的。当然,(4)本身蕴涵了我们不可能知道任何一个命题——它是强证实主义的一个反例,因为这样一来,我们就应当能够知道它是一个未知的真理,而根据(4)我们不可能知道。但我们可以做逊色一点的事情:我们可以知道两个命题,其中之一是一个未知的真理;我们只是不知道是哪一个。例如,要么 1999 年 10 月 11 日中午(t 时)我办公室的书是偶数,要么不是。我数一数就能发现在 t 时书是不是偶数。但我不会数;任何别的人也不会数。作为一个偶然事实问题,没有人会知道我办公室的书在 t 时是否是偶数。因此,要么我办公室在 t 时的书是偶数,是一个未知的真理,要么我办公室的书在 t 时是奇数,是一个未知的真理。不管怎样,都有一个未知的真理;因此,强证实主义错误。那么,菲奇论证就证明:要么一个不可知的真理是:我办公室 t 时有偶数本书,是一个未知的真理;要么一个不可知的真理是:我办公室 t 时有奇数本书,是一个不可知的真理。不管是哪一种,都有一个不可知的真理;因此,弱证实主义错误。尽管强证实主义明显是错误的,弱证实主义不是明显错误的，但根据我们的假设，这两个论题是等价的。

我们可以从格雷的诗节建立类似的强证实主义的反例：

无数纯洁的珍珠恬然璀璨，
　　却散播在深不可测的海底；
无数娇艳的鲜花黯然绽放，
　　花香却空对着一片荒凉。

其中的每个都相当于弱证实主义的一个反例。非常一般地说，强证实主义的每个反例都相当于一个弱证实主义的反例。

我们应当如何理解菲奇论证中的算子+和 K 呢？命题+Kp 越弱，WVER 这个论题越弱，它的驳斥就越有意义。由于+Kp 的力量始终随着 Kp 的力量而增加，因此我们寻求的是能使论证有效的最弱的+和 K 解释。

就从(3)到(4)的步骤来说，+应当表达了一种可能性——它附加了这种由 * 表达的必然性；+等价于 N * N，而 * 等价于 N+N。就 FACT 和 DIST 来说，知识应当是事实性的并且对具有那种必然性的合取式分配。此外，就从(1)和(2)到(3)的步骤来说，那种必然性应当是由经典命题逻辑中的演绎保留的。这些要求几乎根本不能限制这种相关的必然性。知识是事实性的并且对合取式分配，可能不是一种纯粹的逻辑必然性，因为知识概念不是一种纯逻辑的概念。但仍可能将那些特征看成一个形而上学必然性的问题：不管情况如何，知识都仍是事实性的并且对合取式分配。因此，我们将+和 * 分别理解为“形而上学上可能的是”和“形而上学上必然的是”。

我们可以将 K 理解成“某个存在者在某时（过去、现在或将来）知道”。由于根据那种理解，这些人——他们相信实际上有一个有限的全能存在者——认为 SVER 为真，因此他们应当把“存在者”理解成是默认地由“有限的”修饰的。我们肯定不允许把“在某时”这个短语作为一个时态算子用在“that”之后的内容从句中;它只是约束了“知道”中的时间变量。因此,如果某个存在者在某个时间 t * 时知道 t 时下雨,K(天在下雨)被评价为在时间 t 时为真;在 t * 时关于 t * 时下雨的知识既不必要也不充分。这实际上是对“过去、现在或将来知道天在下雨”这个英语句子的一种自然的解读。根据别的解读,K(天在下雨)衍推“天过去、现在或将要下雨”,而不衍推“天正在下雨”本身;因此 FACT 是无效的。

根据这些理解,菲奇论证的结论就是:就某个真理 p 来说,无论事情如何,都不会有存在者知道 p。我们也可以用其他态度替换这种关于 K 的解释中的知识。任何必然的事实性态度——它必然对合取式分配——都是这样,但我们必须证实:SVER 根据新的解释是普遍不合理的。

例如,考虑 T-概念。一个人 T-设想 p,当且仅当 p 为真并且他设想(即掌握命题)p。根据定义,T-概念是事实性的。它必然对合取式分配,因为它的两个合取支都是这样;真的合取式有真的合取支,一个人在设想这个合取式时设想了这些合取支。菲奇论证因而证明:如果所有真理都是可 T-设想的,那么所有真理就都是被 T-设想的。但实际上并非所有真理都是被 T-设想的,因为并非所有真理都被设想了;有些根本不会被人掌握。自然,一个人不能设想一个真理的一个具体例子——这是没有人曾设想的。通过列出两个或更多的命题,以至于他知道清单中至少有一个命题是一个例子,一个人甚至不能做在知识的情形下能做的事情。因为在列出意欲的命题时,这个人会设想所有的命题。然而,存在根本未被设想的真理的例子,我们可以指出其中的一些存在的领域。例如,存在可设想的真理:没有人会设想 1999 年 10 月 11 日我办公室的状态。我们都有更好的事情要思考。根据推论,这个论证证明:存在关于我办公室那时的状态的真理,它是可以被设想的,但不可能既真又被设想。

这个论证能推广到非事实性态度吗?它将FACT仅用于从KNKp推出NKp,从而能应付事实性的那个受限制的子情况。例如,如果一个人将K解读成“合理相信的是”,他可能就主张:尽管有时相信一个假命题是合理的,但是如果合理相信的是:相信p是不合理的,那么相信p就是不合理的。如果合理相信的东西被封闭于合取式之下,该原则的一个反例就涉及:相信一个摩尔悖论式的合取式(p并且相信p是不合理的)是合理的。但是,这些原则对“合理地相信”的解释是非常敏感的。例如,第10.5节的例子表明:即使根据一个人的证据p至少有80%的可能,但根据他的证据至少也有80%可能的是:根据他的证据,p至少没有80%的可能。可能所必需的推理是根据“合理地相信”的其他解释进行的,根据这些解释,这个论证证明:有些真理不可能被合理地相信。由于我们主要关心知识,因此我们可以不解决这个问题。①

菲奇的反弱证实主义论证使用了经典逻辑。达米特关于弱证实主义(“反实在论”)的著名论证,使弱证实主义者拒斥经典逻辑以支持直觉主义逻辑或类似的东西。菲奇论证不是直觉有效的。特别是,从(6)到SVER的推理涉及从N(p∃NKp)到p⊃Kp的直觉无效的举动。因此,达米特的弱证实主义没有承认强证实主义,尽管对(6)的承诺可以被合理地认为已经够糟了。无论如何,用菲奇论证来反对达米特的弱证实主义不是简单的辩证法。幸运的是,第4.8节确认了达米特推理中的一个缺陷(可能还有别的缺陷),而达米特的反实

① 对运用菲奇式论证的进一步讨论,参见Daniels1988,Edgington1985,Kvanvig1995,MacIntosh1984,Mackie1980,Rescher1984,Routley1981,Sorensen1988,以及其中的参考文献。一个相关的论证,参见Plantinga1982。

在论无论如何都不是本书的主题。[①] 就现在的目的来说,我们无需论证就假定了经典逻辑的有效性。我们这里的目标,不是要在策略上胜过一个反实在论的对手,而是要从经典的出发点来考察知识的限度。下两节遇到了经典框架内部对菲奇论证的异议。最后一节讨论弱证实主义的修改形式,它们是设计来实现这个论证的。

12.2 对合取式分配

菲奇论证认为,知道合取支,对于知道合取式是必要的(DIST)。一旦 DIST 被放弃,余下的背景假设就不允许对弱证实主义的归谬,不允许从 FACT 和 WVER 到 SVER 的演绎。

通过出乎意料地重新解释 K,我们就能澄清 DIST 在菲奇论证中的作用。我们将一个新句子常量 c 引入这种语言,并考虑其中的可能世界模型,对于每个公式 A 来说,KA 被解释成:A∃(c%N+(A∃c))。所有别的算子都像通常那样看待。特别是,+A 在世界 w 中为真,当且仅当 A 在某个世界——w 在这个模态中与之有可通达性关系——中为真。FACT 在所有这些模态中的所有世界中都不足道地为真,因为 KA 被解释成:它似乎将 A 作为了一个合取支。WVER 在所有这些模型中的所有世界中也为真,只要:每当 A 为真,+A 就在一个世界中为真,这是我们通过使可通达性成为反身性就能保证的。因为假如 p 在世界 w 中为真。只有两个情形需要考虑。如果+(p∃c)在 w 中为真,那么 p∃c 在某个可从 w 通达的世界 x 中就为真,因此 p

① 在直觉主义逻辑语境下对菲奇论证的讨论,参见 Cozzo1994,Pagin1994,Percival1990,Tennant1997:245-279,Usberti1995:65-66、121-128,Williamson1982、1988、1992c、1994a、2000e,Wright1993:427-430,以及其中的参考文献。

∃(c%N+(p∃c))在 x 中为真，因此 Kp 就被解释为在 x 中为真，因此，+Kp 被解释为在 w 中为真。如果+(p∃c)在 w 中为假，那么，p∃(c%N+(p∃c))在 w 中就为真，那么 Kp 就被解释为在 w 中为真，因此，+Kp 就被解释为在 w 中为真，因为可通达性是反身性的。无论怎样，p⊃+Kp 都被解释为在 w 中为真，如 WVER 所要求的。但我们很容易建立这些 SVER 在其中无效的模型。例如，如果 p 在世界 w 中必然为真，而 c 在 w 中偶然为假，那么 Kp 就被解释为在 w 中为假。DIST 无效，是因为 K(p∃Nc)被解释为在 w 中为真。任何适合于+和 * ——分别是形而上学的可能性和形而上学的必然性——的解释的合理的模态逻辑都有这些模型。特别是，存在关于强模态逻辑 S5 的这些模型，它们用像这个论证中所使用的那些命题量词扩大了(参见 Fine1970 和 Kaplan1970)。因此，SVER 在命题量化的 S5 中甚至不能从 WVER 和 FACT 的必然关系中推出，更别说满足菲奇论证的这些弱得多的模态逻辑了。当然，我们能轻松地指出 K 的这种反常解释与预期的解释之间的区别。这种观点就是：FACT 本身提供了关于 K 的不充分信息，使我们能作出从 WVER 到 SVER 的联系。① 需要更多的东西，如 DIST。

有理由怀疑分配原则 DIST 吗？很多命题态度都对合取式分配。例如，在设想一个合取式时，一个人就设想了它的合取支；在断定一个合取式时，一个人很可能就断定了它的合取支。但并非所有态度都是分配的。我不相信这个合取式，即爱丁堡在苏格兰并且苏格兰在亚洲，因为我不相信后一个合取支，但我不会不相信前一个。然而，这个例子没有回答这种可能性：所有

① Williamson1990b 实际上证明了：在没有 DIST 时，SVER 能从 WVER 及其逆命题的必然关系中推导出来，这假定了 S4 是背景的模态逻辑但未假定更弱的背景模态逻辑 KT(但那里所考虑的系统没有命题量化)。

肯定的命题态度都对合取式分配，这里“肯定的”意义需要弄准确。①

如果一个肯定的命题态度至少被封闭于某些除逻辑等价之外的逻辑结果之下，我们就可以预料它被封闭于一种非常密切的逻辑结果之下，例如，从 p∃q 到 p 和到 q 的∃-消去推理（∃-elimination inference）。那么，要考察它是否对合取式分配，就要检验这个无效假说：它根本不满足任何一种演绎封闭性形式，或者至少不满足任何一种涉及逻辑不等价的公式之间的推理。这个无效假说反过来例示了一种关于理性限制命题态度的归属范围的自由观点（当然，它不是认为逻辑结果之下的封闭性对否定的命题态度——如不相信——甚至是一种合理的理想）。我们现在的兴趣在于特定的肯定的命题态度：知道。

罗伯特·斯托尔内克已经证明：对于这种主张，即知识和信念都封闭于逻辑结果之下，要作出的解释比预想的要多得多（1984:71-99 和 1999:241-273）。如果这种主张正确，那么 DIST 就更有理由成立。但是如果 DIST 依赖于知识的演绎封闭性，那么它的地位确实会动摇，因为斯托尔内克极有条件的考虑不会破坏最初的反封闭性情形的合理性。让我们保留这种常识的观念：在逻辑学和数学中，在我们证明 p 之前，我们无需知道 p 就能理解推测 p，尽管它实际上自始至终都是我们所知道的东西的逻辑结果。如果我们不知道我们所知道的东西的一切逻辑结果，那么我们甚至就不知道我们所知道的东西的所有明显的逻辑结果，因为我们的所知与我们的某种所作所为的联系，不是借助于命题链——它的每个元素都是其前提的一个明显

---

① 这种概括是由 Barwise 和 Perry1983:205 提出的。

的逻辑结果。① 因此,否定 DIST,不是要否定:一个合取式明显衍推它的合取支。我们的问题是:一个合取式与其合取支是否有某种更密切的关系——知识被封闭于其下,尽管不是被封闭于明显的逻辑结果之下。

与通常一样,我们假定知识衍推信念。那么,就能提出两种极不相同的公认的反例,来反驳知识对合取式分配的主张。假如一个人知道 p∃q 却不知道 p。那么他就相信 p∃q。一个人要么相信 p,要么不相信 p。如果他不相信 p,这本身就解释了他不知道 p。把这种情形称为不合理的。它也是对信念对合取式分配的原则的一个反例。另一方面,如果一个人相信 p,那么他的信念就为真,因为 p∃q 为真;他不知道 p 就得以别的某种方式来解释。把这种情形称为合理的。就相关的命题来说,它不会违反信念对合取式的分配律。

从形式上看,信念对合取式分配,对于知识对合取式分配既不必要也不充分。它不必要,是因为对合取支的信念可能是以某种方式从合取式的知识推出来的,但不是从对它的纯信念推出来的;没有注意到某些直接的结果可能会阻碍知识但不会阻碍信念。因此,知识可能是分配的,而信念并非如此。相反,信念的分配性,对于知识的分配性是不充分的,因为它排除了后一个原则的不合理的反例,但没有排除合理的反例。有合理的或不合理的反例吗?

罗伯特·诺齐克对知识的分析蕴涵着这种可能性:知识对

① 对比 Rescher1968:46-47,他提出:信念被封闭于明显的结果之下,因此对合取式分配;由于明显的推论关系不是传递性的,因此,他要求这个原则在一个论证中至多使用一次。但那会使这种推论关系本身成为非传递性的。如果有些论证是保持真值的(truth-preserving),那么将它们全部联系起来的结果就也会如此。也见 Hintikka1975。就信念而言,Brian Loar 认为:对合取式分配,可能是对功能主义信念归属的一种可疑的和近似的限制(1981:72)。

合取式分配有合理的反例。它没有蕴涵这种可能性:信念的分配性有反例。根据诺齐克,知识是追踪真理的(truth-tracking)信念。根据他的分析的简单版本,在方法使问题变复杂之前,一个人知道p,当且仅当:(1)p为真;(2)他相信p;(3)如果p为假,他就不相信p;(4)如果p为真但事情稍有不同,那么他就仍相信p。根据这种分析,对合取式的信念可能追踪真理,而对一个合取支的信念则不追踪真理,因为"[我们]使之满足其最易受攻击的合取支——如果这个合取式为假,它就会为假——就能满足条件3;由此不能推出:我们也满足了另一个合取支的条件3。"(1981:228)①诺齐克有时知道他在爱默生大厅并且不是飘浮在α半人马座上的爱默生大厅模拟器中,因为如果这个合取式为假,这是因为他是在某个非爱默生大厅这个更平常的地方,而不是因为他飘浮于α半人马座上的一个爱默生大厅模拟器中,这样他就不会相信这个合取式。然而,在那些时候,他不知道他不是飘浮在α半人马座上的一个爱默生大厅模拟器中,因为如果那个合取支为假,他仍会相信它。所有这些与信念在合取式中的分配性都非常一致——尽管如果一个人相信他知道p∃q,他不知道p并且他只相信他所知道的,那么他可能就努力地相信p∃q却不相信p。

我们在第7章看到了反对诺齐克的知识解释的理由,甚至在它由于参照了方法而被弄复杂的时候。然而,我们可以考虑

① Nozick1981:692 n.63 论证了:知识对合取式分配能使一个人从(ii)——知识封闭于已知的逻辑等价关系之下——推出(i),即知识封闭于已知的逻辑蕴涵之下。由于他接受(ii)而反对(i),因此那会给他另一个否定分配性的动机。然而,他的论证依赖于这个假设,即每当他知道他知道r衍推s,他就知道r和s∃(s⊃r)是逻辑等价的。这仅仅和这个假设一样合理:每当他知道r和s逻辑等价,他就知道r和s∃(s⊃r)逻辑等价。但是,通过迭代,这个假设就衍推:每当他知道r和s逻辑等价,他就知道r和(s∃(s⊃r))∃((s∃(s⊃r))⊃r)逻辑等价,如此反复以至无穷,这是不合理的。

一个假定的诺齐克的反例，它针对的是菲奇论证中所使用的DIST 的一个实例，用以决定这种情形有无任何独立的合理性。一个登山者在 12:03 到达山顶，但他很久以后才看手表；周围没有其他人。假定 p 是这个命题：他在 12:01 到 12:02 之间未到达山顶。他基于概率主义理由确信 p，但他和任何其他人都不知道 p。如果 p 为假，他仍会基于相同的概率主义理由相信 p。的确，他知道没有人知道 p。他真信 p∃NKp 这个合取式，而且他的信念追踪真理，因为 NKp 是更易受攻击的合取支。与更早一些到达山顶相比，他更早一点看表会更容易。如果 p∃NKp 为假，NKp 就为假，因此 Kp 就为真；这样他就会相信 Kp 而不相信 p∃NKp；因此条件 3 被满足了。此外，如果 p∃NKp 为真而事情稍有不同，那么他仍会相信 p∃NKp；因此条件 4 就被满足了。根据诺齐克的解释，K(p∃NKp)为真，而 Kp 为假。但这不是对知道合取式却不知道合取支的一个令人信服的例证，因为在直觉上，登山者相信 p 所根据的纯概率主义理由会阻止他知道 p∃NKp，就像阻止他知道 p 一样。这种直觉很普遍：在这些情形中，一个人对他关于一个合取式的真信念具有不充分的理由，仅当他对他关于至少一个合取支的真信念有不充分的理由。诺齐克的知识分析与分配原则之间的冲突是诺齐克的分析的问题，而不是分配的问题。

分配的不合理的反例又如何呢？我们很容易能有这样的情形：某个人在被询问时会同意一个合取式，而在只问到那一点时，他会不同意（并且不会同意）一个合取支。例如，在被问到“一座非罗马的城市曾经是意大利首都并且都灵从 1861 年到 1864 年是意大利首都，这为真吗？”时，某个人可能回答“是”，尽管他在被问到“一座非罗马的城市曾经是意大利首都，这为真吗？”时会回答“不是”。他可能忘记了都灵从 1861 年到 1864 年是意大利首都，需要提到它才能唤起他的记忆。如果在被问到 p 是否为真时，一种衷心同意的倾向对于相信 p 是充分的，并且在那些情况下衷心不同意的倾向和相信 p 不一致，那么我们就相信：一座非罗马的城市曾经是意大利首都并且都灵从 1861 年到 1864 年是意大利首都，尽管他不相信：一座非罗马的城市曾经是意大利首都。此外，他知道这个合取式，他是在学校从一位可靠的老师那里以通常的方式学习到它的。然而，他不知道这个合取支，因为他不相信它。但这种情形不是完全令人信服的，因为一个人的言语倾向是对信念的一种不充分的测试。可以论证，我们确实具有一个非当下的信念：一座非罗马的城市曾经是意大利首都，这有时是他意识不到的。就当下的信念来说，在他当下相信这个合取式时，他就当下相信这些合取支。

一个关于分配性的棘手的挑战间接来自于语义悖论与一些认知悖论之间的类比（Kaplan 和 Montague1960，Burge1978 和 1984，Koons1992）。这种悖论的一个例子是：我在 t 时只是说："我不是在表达 t 时的知识。"如果我在表达 t 时的知识，那么我就是在表达这种知识：我不在表达 t 时的知识；由于知识是事实性的，因此我不是在表达 t 时的知识。因此，假定这些情况，这种假定——我在表达 t 时的知识——就是自我否定的。因此，我不是在表达 t 时的知识。由于我在 t 时觉察到这种推理，我在 t 时就知道：我不是在表达 t 时的知识，因此在说："我不是在表达 t 时的知识"时，我终究表达了 t 时的知识。这是一个矛盾。这种推理显然与说谎者悖论非常相似。对这种错误已经提出了很多诊断。假如一个人同情对说谎者悖论的层级处理（hierarchical solution），根据这种处理，一个层级的每个层次 i 都相当于一个真理谓词"$真_i$"，在这里，某物为$真_i$，仅当在这个层级中的任何不低于 i 的层次 j 上，它不包含"$真_j$"的出现，并且无下标的"真"在日常语言中的合理出现，被解释为暗中索引了这个层级的一个层次。由于能证明这种方法阻止了说谎者悖论中的悖论推理，因此人们对认知悖论也能采取一种类似的方法。无下标的“知道”在日常语言中的合理出现，被解释为暗中索引了这个层级的一个层次。这样，我就能前后一贯地被描述为在 t 时知道$_{i+1}$（但不知道$_i$）：我不是在表达 t 时的知识$_i$。我们可以假设，对每个层次 i 来说，知识$_i$是事实的并且对合取式分配；当 FACT 和 DIST 中的 K 统一标出下标时，它们就成立。我们也可能假设，每当 $i \leqslant j$，知识$_i$就衍推知识$_j$；这个层级是累积性的。弱证实主义原则被解读为一个图式：$A \supset +KA$，在它的任何例子中，K 都被指派了比 A 中的任何下标稍高一点的下标。菲奇论证所需的这种特例中的结果就是这种形式：$(p \exists NK_i p) \supset +K_{i+1}(p \exists NK_i p)$。根据关于 K_{i+1} 的 FACT 和 DIST，我们可以推出 $(p \exists NK_i p) \supset +(K_{i+1} p \exists NK_i p)$，但由于 $K_{i+1} p \exists NK_i p$ 不是一个矛盾，我们就不能继续否定 $p \exists NK_i p$。因此，在我们指派给每次出现的 K 比它所适用的句子中的任何下标都稍高一点的下标时，最初 DIST 的一个例子 $K(A \exists B) \supset (KA \exists KB)$ 可能就失效了，这是因为如果 B 中有比 A 中更高的下标，那么 K 在 KA 中就会被指派一个比在 $K(A \exists B)$ 中更低的下标。这恰好是在 B 是 NKA 时所发生的，如在菲奇论证中那样。

当我们问 $K_{i+1} p \exists NK_i p$ 如何能为真时，这种层级方法就产生了一个难题。如果下标 i 出现在 p 中，回答会很容易，因为那样一来 K 要正确地运用于 p 就需要一个比 i 更高的下标。但在关键的情形中，没有这样的下标出现在 p 中。例如，p 可能说：10 月 11 日中午我办公室书的数量是偶数。在什么意义上这能在 i+1 层次而非 i 层次被知道？可能一种主张能在 i+1 层次而非 i 层次被知道，如果知道它的路线涉及关于知识$_i$的主张，尽管目标主张不涉及，但是如果所设计的这些情形对弱证实主义的辩护是关键的，这将是很奇怪的。它们无论如何都不支持一种以达米特的意义理论观——真理蕴涵权威证实的可能性——为基础的辩护,因为人们权威地证实一个合取式是通过权威地证实其合取支,权威地证实10月11日中午我办公室书的数量是偶数,就类似于数它们,而不是证实一个包括了关于知识$_i$的主张的间接论证步骤。因此 $K_{i+1}p \exists NK_ip$ 是一种不合理的组合。

对菲奇论证的层级异议遇到了另一个问题。我们似乎能掌握这种观念:p是完全未知的(totally unknown),在某种意义上,这衍推了:对于每个层次i来说,p都是未知的$_i$,但这并不衍推:p是不真实的。倘若如此,我们考虑这个命题即p是一个完全未知的真理,就能改写菲奇论证,因为对于任何层次i来说,那个命题不能被知道$_i$。自然,这种对层次的限制必须小心处理,但我们不应当让我们的谨慎遮蔽这种看法明显的可理解性:1999年10月11日我办公室书的数量是偶数,是一个完全未知的真理。尽管还完全不清楚如何解决这些认知悖论,但最不可能的是:合适的解决办法会涉及严格地足以阻止每种形式的菲奇论证的限制。①

我们能论证知识确实对合取式分配吗?它几乎与论证人们将一直从合取式推出合取支是不相干的,因为由于作出一种推理要花费时间,因此人们在完成这种推理之前仍可能违反分配性。如果合取式的知识导致了合取支的知识,而原因和结果不是同时的,那么对于一个中间时段来说,人们就知道合取式却不知道合取支;如果其他人都没有相关的知识,那个时段就是分配

① 关于层级方法的其他问题,参见Williamson1990b:311-312。Zemach 1987对DIST有一种不同的异议,但它依赖于他所称的关于Kp的涉实的解读,根据这种解读,它只要求命题p被知道为真,这可能是由某个人——他间接地指称了这个命题却不知道它的内容——知道的;在这个意义上,这个人能知道 $p \exists q$ 为真却不知道它是一个合取式。Zemach根据一个论证——它似乎利用了"知道"p"的内容"中的歧义性,即知道内容是什么与具有关于它是内容的知识之间的歧义性——反对对Kp的更自然的从言读法(1987:530)。

的一个反例。一个非常迟钝的共同体的成员可能花几秒钟才会注意到从某个合取式到它的一个合取支的衍推。此外,人们可以依赖的任何一种推理形式都不能毫无例外地进行。分心或暴毙总是容易干扰的。必需的前提根本不是:演绎推理是一种拓展知识的方式。相反,需要证明的是:关于合取式的知识也是关于其合取支的知识。

人们可能提出,一个人只有从其合取支推导出它才能知道一个合取式,推理的结果是知识,仅当这些输入是知识,以至于为了知道一个合取式,这个人必须也知道它的合取支。或许从前提 p 和 q 进行的推理,在某种意义是知道 p∃q 这个合取式的权威方式,因为∃的意义和∃-消去规则的有效性紧密相连。然而,也有其他知道 p∃q 的方式:从证言到合取式,或根据从前提(p∃q)∃r 和 Nr 进行的推理,等等。

即使如此,∃-消去也有一种相当特殊的地位。它的产生,可能是通过与同样权威的%引入推理(%-introduction inference)——从析取支 p 或从析取支 q 到析取式 p%q——的比较。尽管%引入的有效性与%的意义密切相关,但是,杰出的逻辑学家——他知道 p——可能缺乏掌握(理解)另一个析取支 q 的经验概念。由于知道一个命题包含着掌握它,而掌握一个复杂命题包含掌握它的构成成分,因此这位逻辑学家就不能够掌握 p%q,因此他不知道 p%q。相比而言,知道一个合取式的人就掌握了它的合取支,因为他们掌握了合取式。① 此外,他们掌握了它的组合(composition)的意义:他们掌握了这些合取支是合取式的结果。如果他们知道合取式,他们就掌握了它,而且在这样做时,掌握了它的合取支是它的结果。这种观念,即知道一个合

① Dretske(1970:1009)对这种主张——合取式的知识衍推了合取支的知识——的认可受到他将之与如下主张划为一类的威胁:析取支的知识衍推了析取式的知识。

取式构成了知道它的合取支,在这里没有什么障碍,正如在数学中,我们可能把一个合取式的证明算作其合取支的证明一样,因此如果 p∃q 得到了证明,那么 p 就被证明了,而不只是可证明的。

有的人基于独立而错误的理由,可能知道一个合取式却相信它的一个合取支。后一个信念并不构成知识。然而,这种情形不是刚才所说的东西的反例。因此有可能认为这个人对这个合取支有两个信念:一个是由合取式的知识(因而是合取式的信念)构成的;另一个依赖于这些错误的理由。前一个算知识;后一个不算。

我们没有充分确证的知识分析,能作为对知识对合取式分配这种主张的一种有效测试。的确,根据第 1 章所提出的解释,知识没有这种传统的分析。那种解释和分配原则是一致的但不衍推它。尽管 DIST 非常合理,而且关于它的异议都被证明是没有说服力的,但关于它的情形并不像我们希望的那样可以判决。因此,这样问是慎重的:我们是否能修改非奇论证,从而避免承诺分配。由于如果在任何合理的模态逻辑中(如命题量化的 S5)没有 DIST,那么 SVER 就不能从 WVER 和 FACT 推出来,因此我们要么必须强化前提,要么必须弱化结论。这两种战略看起来都有希望。

我们可以将弱证实主义强化为适当弱的证实主义,它被定义为这个原则:一个合取式为真,仅当两个合取支被知道是可能的:

MWVER ∀p ∀q((p∃q)⊃+(Kp∃Kq))

假定一个真的合取式,弱证实主义就衍推了:两个合取支可能都是已知的(+Kp∃+Kq);适当弱的证实主义会增加那些可能的共存性。很难推测:某个人对弱证实主义会具有什么论证——它不也是对适当弱的证实主义的论证。例如,达米特等人促成 WVER 是通过一种意义理论,这种理论的关键概念是取代真理的权威的证实。这种理论不是说:p∃q 为真,当且仅当 p 为真并且 q 为真,而是说:p∃q 被权威地证实,当且仅当 p 被权威地证实并且 q 被权威地证实。这样的证实主义者对 WVER 的论证,是基于意义理论的理由论证:真理衍推权威证实的可能性,这被想象成一种知识;但这样一来,由于权威的证实对合取式分配,那么一个合取式的真就衍推权威地证实每个合取支的可能性,就像 MWVER 中那样。那么,作为 MWVER 的一个特例,我们就有∀p((p∃NKp)⊃+(Kp∃KNKp));但是,FACT 和背景的模态逻辑产生了∀pN+(Kp∃KNKp),因此我们就能像以往那样推出 SVER。因此,适当弱的证实主义即使在没有 DIST 时也衍推极其强的证实主义。适当弱的证实主义是错误的。一个合取式可能为真,即使它的合取支不能全被知道。

换言之,我们可以将强证实主义弱化为适当强的证实主义,将它定义为这个原则:一个命题为真,仅当它是一个已知合取式的一个合取支:

MSVER ∀p(p⊃∃qK(p∃q))

即使在没有 DIST 时,我们也能从最初的弱证实主义推出适当强的证实主义。因为如果 p 被定义成完全未知的,当且仅当它不是任何已知合取式[p∃N∃qK(p∃q)]的一个合取支,那么 WVER 就衍推:p 是一个完全未知的真理,仅当能够知道 p 是一个完全未知的真理。但是,没有什么能被知道是一个完全未知的真理[∀pN+K(p∃N∃qK(p∃q))],因为必然的是:某种东西已知是一个完全未知的真理,仅当它不是完全未知的。因此,假定 WVER,就没有真理是完全未知的,这是一个等价于 MSVER 的原则。这种推理的正规版本使用了 FACT 和一个背景模态逻辑,但未使用DIST。那么,适当强的证实主义就几乎和强证实主义一样荒谬。例如,没有人会知道这样一个合取式:其合取支之一是:1999年10月11日中午我办公室中书的数量是偶数,没有人会知道这样一个合取式:其合取支之一是:那时我办公室中书的数量是奇数。由于这些关于书的数量的命题之一为真,所以其中之一就是一个完全未知的真理。因此,我们无需借助于DIST就能论证:甚至最初的弱证实主义也是错误的。

桃乐茜·埃金顿(个人通信)指出了另一种修改菲奇论证以避免承诺DIST的办法。他的论证仍能进行,如果我们将DIST弱化为它的结果:$\forall p \forall q(+K(p \exists q) \supset +(Kp \exists Kq))$。但是,如果不是DIST,什么会证成后者呢?如果这种思想是:某个知道这个合取式的人能推出这些合取支,那么它的自然的表达式至多是:$\forall p \forall q *(K(p \exists q) \supset +(Kp \exists Kq))$,这产生了$\forall p \forall q(+K(p \exists q) \supset ++(Kp \exists Kq))$及其特例$\forall p(+K(p \exists NKp) \supset ++(Kp \exists KNKp))$,这根据的是最初的论证中所使用的弱模态逻辑原则:必然性封闭于逻辑结果之下,可能性是双重的必然性(the dual of necessity)。如果我们用$**$替换$*$稍微强化FACT,就能用相同的模态逻辑原则推出$\forall pN++(Kp \exists KNKp)$,那么这个论证就像以前一样将WVER衰减为SVER。尽管埃金顿对DIST的弱化合理地处理了这样的分配——在其中一个人有时注意不到他知识的结果——的不合理反例,但它几乎不能处理合理的反例,在这些反例中,一个人已经推出了合取支却由于其他的某种理由不知道它们。之前对菲奇论证的修改对这些情形作出了更相关的回应。

附录6在更正规的语境下讨论了之前对菲奇论证的修改。就现在的目的来说,结论就是:拒绝分配原则不会改变全部哲学立场。它不是证实主义者的出路。

12.3　对句子位置的量化

如第 12.1 节所述，菲奇论证包含了用命题变量 p 和 q 量化句子位置。当(1)从 FACT 推出，(2)从 DIST 推出时，复杂公式 NKp 在模态算子□范围内被普遍量化的命题变量替换了。这些替换看起来可能是有问题的。

考虑一个公认的类比：从"就每个自然数 n 来说，n 是行星的数量不是必然的"到"行星的数量是行星的数量，不是必然的"的推理，它显然包含了用"行星的数量"这个限定摹状词替换普遍量化的变量 n。让我们将窄范围(narrow scope)归属给所有限定摹状词，以至于这个前提为真，当且仅当就每个自然数 n 来说，在某个可能世界中没有正好 n 个行星。因此，前提肯定为真，因为有多少行星是巧合。但结论为假，因为每个可能世界上的行星都正好和实际的行星一样多。因此，这个推理是无效的。一个常见的诊断是："行星的数量"这个限定摹状词不是一个严格指示词；就不同的可能世界来说它指示了不同的数量。那么得出的寓意就是：普遍例示的规则不允许在模态算子的范围内用非严格指示词替换变量。由于变量是被严格地解释的，因此，如果普遍例示有效，任何替换它们的东西也必须是被严格解释的。

我们可能期望一种相应的限制应用于适合句子位置内部的量词的普遍例示规则。那么，NKp 能被菲奇论证中的命题变量替换，仅当 NKp 在任何适合于句子的意义上都算是一个严格指示词。对于 NKp 是否满足这样一种限制，还没有作出检验。这已经被视为菲奇论证中的一个重大缺陷(Kvanvig1995)。

要使 NKp 是否是一个严格指示词这个问题有道理，我们必须理解句子关于世界指示了什么。受弗雷格启发的一个建议是:一个句子指示了它在一个与该世界相关的世界中的真值。但是这样一来,一个句子算一个严格指示词,仅当它对于每个世界都有相同的真值,这严重限制了严格指示的句子集合。它当然排除了利益情形中的NKp,因为p是否是已知的,据认为是偶然的;例如,t时我办公室书的数量是偶数是否是已知的,是偶然的。但是那种解释是限制过多。由于需要这种对普遍例示的限制,仅当命题变量是严格指示词,而这种异议认为:这种限制是必需的,那么它很可能认为公式∀p(∗p% ∗Np)是有效的。对模态语境的命题量化不值得付出那样的代价。此外,我们对公式∀p(∗p% ∗Np)确实有一种理解,根据这种理解,它被偶然性否证了。

一个更有希望的建议是将句子视为关于世界的指示命题。因此,一个句子是一个严格指示词,如果就每个世界来说它都指示了相同的命题,即使该命题的真值在不同世界中有变化。现在的问题是:人们为什么应当怀疑句子是严格的?特别是,NKp似乎和命题变量p一样严格;就每个世界来说,它指示了这个命题:命题p不是已知的。

NKp这个公式否定了某个存在者在某时知道p。有人可能认为,对于一个世界来说,量词"某个存在者"和"某时"的指示依赖于该世界中有什么存在者和时间;如果量词的指示是整个公式所指示的命题的一个成分,并且有什么存在者或时间是偶然的,那么就不同的世界来说,这个公式就会指示不同的命题。克凡维格(1995)认为这种非严格性是一种索引性,就像"我"(I)的指称的语境依赖性一样,但那是一种混淆。用卡普兰(1989)的术语来说,就表达式被说出的语境来说,索引性就是指称(指示)的变化,而就其评价所参照的环境而言,非严格性是这种环境中的指称的变化。"主格的我"(I)和"宾格的我"(me)这些索引词都是严格指示词;在由某种说话者说出时,它们严格地指示那个说话者。例如，尽管“詹姆斯·穆勒是我父亲”在由约翰·斯图亚特·穆勒说出时为真，但那和由哈里特·泰勒的“詹姆斯·穆勒是我父亲”的真值是不相干的。在评价她所认为的话时，我们认为“宾格的我”严格地指示她，并问在任何(可能的)环境中詹姆斯·穆勒是否是她的父亲。我们没有考虑“宾格的我”指示除哈里特·泰勒之外的某个人的语境。同样，NKp 的指称的语境变化和现在的考虑是不相干的。重要的是：当在一个固定的语境下被说出时，NKp 对于不同的环境(可能世界)是否指示了不同命题。

与非严格的限定摹状词的比较无助于这种建议：NKp 在相关意义上是非严格的。从直觉上看，一个像“行星的数量少于50”这样的句子，当在这种具有非严格地理解的限定摹状词的语境下被说出时，对于所有环境都指示了相同的命题。限定摹状词指示的变化并不构成一个包含它的句子所表达的命题的变化。的确，前者的变化最好由这个假设来解释：这个摹状词对于所有环境都贡献了相同的属性，这种解释还要结合这个假设：不同的项目在不同环境中具有该属性。如果我们沿着罗素的传统，将限定摹状词分析成一个量词，那么严格的就是量词——准确地说是这种成分范畴：它根据克凡维格的建议被看成是非严格的。根据罗素的观点，普遍例示的规则不允许用限定摹状词替换个别的变量(就像在关于行星数量的成问题的论证中那样)，这是由于这个简单的原因：限定摹状词不是单称词项。

我们不期望“狗”——在一个固定语境下被说出时——的外延的变化，对于不同的评价环境来说，构成了句子“Fido 是一条狗”所表达的命题的变化；为什么它应当构成句子“有些狗在狂吠”所表达的命题的变化呢？一个命题的构成词项的外延变化了而命题本身没有变化，这是这个命题偶然具有其真值所必需的。

我们没有理由认为:一个句子在一个固定语境下被说出时,对于不同的评价环境能指示不同的命题。这种看法,即它能指示,似乎把表达和评价混为了一谈。句子所表达的东西在概念上优先于评价程序,而且根本不是相对于评价的环境。

克凡维格的建议认为:有什么存在者或时间是偶然的,但它威胁了我们表达那个命题的能力。因为假定现实的 Fs 就是 a_1,……,a_n。如果被 F-限制的量词$\exists_F$和$\forall_F$实际表达的命题成分是以这种假设的方式与 a_1,……,a_n 联系在一起的,那么这个命题实际上就是由这个句子表达的

$$\exists_F x_1 \cdots\cdots \exists_F x_n ((x_1 = a_1 \exists \cdots\cdots \exists x_n = a_n) \exists \forall_F y (y = a_1 \% \cdots\cdots \% y = a_n))$$

(“a1,……,an 是 F,并且每个 F 都是其中之一”)应当是一个必然真理。因此,我们应当期望实际上其必要性所表达的这个命题为真,而这个公式

$$+N \exists_F x_1 \cdots\cdots \exists_F x_n ((x_1 = a_1 \exists \cdots\cdots \exists x_n = a_n) \exists \forall_F y (y = a_1 \% \cdots\cdots \% y = a_n))$$

表达了一个假命题。但是如果有什么 Fs 是偶然的,那么后一个句子就应当有一种真的解读。另一种量化似乎是提供那种解读所必需的。

克凡维格承认我们能对所有可能的存在者和时间采用不受限制的严格量化,但他认为这种对 K 的解释会使菲奇论证成为不足道的,因为它使“强”证实主义和弱证实主义一样不言而喻地弱。也就是说,他认为 SVER——被解读为“每个命题若为真,就是在某个可能的时间被某个可能的存在者知道的”——说的和 WVER——被解读为“每个命题若为真,就可能在某个时间被某个存在者知道”——一样少。但这是错误的。尽管在

对SVER的这种解读中“时间”和“存在者”都出现在“可能”的范围之内，但“被知道”(known)却不是这样。SVER要在现实世界中为真，现实世界中的每个真理都必须在现实世界中在某个可能的时间被某个可能的存在者知道。由于现实的知道是在一个实际的时间发生在一个实际的主体身上，那么这些量词的可能主义自由化形式，对于SVER实际为真所要求的没有实质的影响。因此SVER仍是荒谬的，而菲奇论证作为对WVER的归谬是成功的。克凡维格的错误类似于混淆下列两者的错误：一个是“我在吃某种可能是蛋糕的东西”，另一个是“我可能在吃蛋糕”；第一个而非第二个衍推了我在吃。同样，即使用可能主义量词来解读，SVER而非WVER衍推了所有真理都是已知的(不必然是现在)。①

将普遍例示用于句子位置在菲奇论证中是无害的。

12.4　无法回答的问题

菲奇论证表明：如果有未知的真理，那么就有不可知的真理。如约瑟夫·米利亚(1991)所指出的，它并未表明：如果有未回答的问题，那么就有无法回答的问题。更准确地说，它并未表明：如果就某个命题p来说，p是否为真是未知的，那么就某个命题p来说，p是否为真就是不可知的。特别是，如果p是一个未知的真理，那么p(*that p*)是一个未知的真理，就是不可知的，但由此不能推出：p是否是一个未知的真理，是不可知的。因为p是一个未知的真理，这是一个不可知的真理，这并不蕴涵这种情况——p为假并且甚至已知为假，因此已知不是一个未

① 关于量词的可能主义解释的更多论述，参见Williamson1998a、2000a。

知的真理——在形而上学上是不可能的。同样,p 是一个未知的真理,这是一个不可知的真理,这并不蕴涵这种情况——p 已知为真,甚至已知已知为真,因此已知的是一个未知的真理——在形而上学上是不可能的。在这两种情况下,p 是否是一个未知的真理,是已知的。的确,菲奇论证并未证明全能的不可能性:一种情景 s,以至于就每个命题 p 来说,p 是否为真在 s 中是已知的(在和现实相反的 s 中)。世界在 s 中可能采取了一种特别简单的形式,这使它更易于知道;自然,在 s 中,存在者的认知能力也得比现实中全面得多。全能的可能性蕴涵了:就每个命题 p 来说,p 在这种弱意义上是否为真,是能知道的:

WDEC ∀p+(Kp%KNp)

如果 WDEC 为假,理由就不同于本章所考察的理由。

尽管菲奇论证并未否定 WDEC,但由此不能推出我们有理由相信 WDEC。特别是,迈克尔·达米特、克瑞斯宾·赖特等人所提出的对弱证实主义论题 WVER 的反实在论论证,不可能被重新解释为:仅仅是对弱判定性论题 WDEC 的论证。因为那些论证的目的是要确认这种建议的困难:说话者关于一种语言的用法,有时会将一个句子与一个真值条件——它甚至在说话者没有识别它获得的倾向时也能获得——联系起来。所认为的困难根本不能由这种让步解决:在有些没有得到真值条件的环境中,说话者认识到它没有获得。因为那没有解释这个句子为什么表达了一个真值条件——它在别的情况下确实难以发现地得到了。所讨论的这些反实在论论证如果支持什么的话,它们就支持与 WVER 类似的东西。如果它们不是关于 WVER 的正当论证,它们就也不是关于 WDEC 的正当论证。对菲奇论证的反实在论反应——它们修改了 WVER——的一个反复出现的问题是:它们没有证明:对 WVER 的反实在论论证最好被重新解释为是对这个修正的论题的论证。

12.5　跨世界的可知性

我们已经考察了关于菲奇论证的正当性的异议,并发现了它们的缺陷。因此,我们将假定菲奇论证是正当的。在公式∃p(p∃N+Kp)的意义上,有不可知的真理。在最后这一节,我们将考察这样的尝试:它们试图阐明关于所有真理都是可知的一种不同的涵义,至少就菲奇论证所证明的而言,从而削弱其影响。结果就是:这另一种涵义是一种相当不足道的意义。但它不是明显不足道的。

与所有真理都是可知的这个主张自然地联系在一起的图画是:如果关于某个主题的一个真理是未知的,那么这种认知地位在主题本身没有任何不同时,也可能是不同的。菲奇论证提醒我们:我们不总能将无知(the unknowing)与未知(the unknown)那样清楚地区别开,因为这种认知地位可能是主题的一部分。知道对于未知可能是至关重要的。然而,有人可能反对说,认知地位的不同对于主题如何处于这个初始世界中——它在其中是未知的——是无关紧要的,这个世界的对立面是这种认知地位在其中不同的世界。特别是,如果 p 在这个现实世界中为真,那么为什么在某个非现实的世界 w 中就不应当知道 p 在这个现实世界而非在 w 中为真呢? 如果我们把 A 这个算子解读为“在这个现实世界中”或“现实地”,我们就能这样表述这种思想:

WAVER ∀p(Ap⊃+KAp)

WAVER 实际上是将 WVER 限制于具有最初的算子 A 的例子。在弥补 WVER 的损失时,WAVER 声称为每个现实的真理 p 都提供了一个相应的可知的现实真理 Ap。此外,人们实际上能先验地知道p等价于Ap;“P当且仅当在这个现实世界上P”这种形式的句子(有它们现在的意义)保证了不表达非真的命题。当然,在这个Ap在其中被知道的假设世界里,它与p的现实的等价关系可能不是已知的(先验的或后验的),否则,p在那个世界中就可能也是已知的,WAVER会产生WVER并且菲奇论证会适用。“在这个现实世界中”这个表达式当在一个反事实世界中被说出时——有它当下的意义——指称那个反事实世界,而非指称这个现实世界。仅当在这个现实世界中被说出时,“在这个现实世界P中”这个句子才表达这个命题:在这个现实世界P中。但是,当我们实际地说“某个人可能知道在这个现实世界P中”时,我们就是在这个现实世界中用“在这个现实世界中”指称它,而不是指称一个反事实世界。

桃乐茜·埃金顿(1985)以及乔治·施莱辛格(1985:103-106)——不太清晰——在回应菲奇论证时,提出的就是这种修正的弱证实主义形式。埃金顿在一个二维模态逻辑框架内,通过给一个算子的解释加上前缀“固定地”(Fixedly)——它的功能类似于一个必然性算子,除了它实际上对话语的世界而非评价的世界进行了普遍的量化之外——而将WAVER从现实世界推广到所有可能世界。最近,弗勒德克·拉比诺维茨和克里斯特·西格尔伯格(1994)已经解决了在知识算子K根据可能世界也有其语义时,包含在解释WAVER中的技术细节。

如果我们打算通过作出p∃NKp对p的关键性替换,将菲奇论证应用于WAVER,FACT和DIST就会使我们到达A(p∃NKp⊃+(KAp∃ANKp),但这个结果不是明显荒谬的,因为在别的某个可能世界中可能知道p在这个现实世界中为真,而且在这个现实世界上是未知的,仍为真。埃金顿把“现实地”比作像“我”和“现在”这样的索引词。其他人可能知道p为真而我不知道p,当然尽管他们表达他们的知识必须说类似于“p为真并且他不知道 p”这样的话，而不是说“p 为真并且我不知道 p”。同样，未来可能会知道 p 为真而现在不知道，当然尽管一个人那时表达这种知识必须说类似于“p 为真并且 p 那时不为所知”这样的话，而不是说“p 为真并且 p 现在不为所知”。菲奇论证没有从 WAVER 得出恼人的结果。

WAVER 可以被强化成一种双重条件，因为它的逆命题是无可非议的。根据 FACT，+KAp 产生了+Ap；+Ap 实际的真要求 Ap 在某个可能世界的真；但是，由于算子 A 的语义规则将 Ap 评价为对于任何世界为真，当且仅当 p 被评价为对于现实世界为真，因此这将要求 p 的实际的真和 Ap 的实际的真。因此，WAVER 产生了：

$$\text{WAVER}^{+} \quad \forall p(Ap \equiv +KAp)$$

WAVER^{+}可能鼓励了这样的证实主义者：他们将真同一于可知性，并且因此要求可知性对于真既是必要的也是充分的。相反，WVER 抵制强化为一种双重条件。例如，假如我抛一个硬币，它正面朝上，而且我知道它那时正面朝上。然而，它是可能背面朝上的，并且如果它背面朝上，我就知道它背面朝上。因此，硬币背面朝上是可能被知道的。在该意义上，它背面朝上就是可知的——尽管它那时不是背面朝上。[1] 这是对 WVER 在认知立场变化时不能确定事物如何随主题变化的另一种解释。因此，证实主义者可能怀疑：复合算子+KA 比单独的+K 更接近于

① 对于定义先验知识的一个类似的问题，von Wright1957：183－184 以及——跟随他——Geach1972：181 提出用“有一种知道 p 的方式”替换“知道 p 是可能的”。一种不同的反应是认为+表达了一种可能性形式，对这种可能性来说，一个世界 x 对于一个世界 w 是可能的，仅当所讨论的这种知道的主题在 w 和 x 之间没有区别，但菲奇论证表明了使这种思想说得通是多么地困难。Williamson1990b：300－301 有进一步的讨论。

“可知的是”的预期意义。

WAVER 和 WAVER+的一个奇怪特征是:它们都只关心必然真理的知识。正如 A 的语义学使+Ap⊃Ap 有效一样,它也会使 Ap⊃ * Ap 有效。事物在这个现实世界中是什么样子,不是偶然的;偶然的是:这个现实世界是否得到。菲奇论证揭示了可能的偶然真理的知识限度;我们可能想知道它的影响被可能的必然真理知识削弱的程度。

一个更深刻的观点出现了。如所指出的,关于 p 的实际的真的反事实知识,不可能用诸如“p 现实地为真”这样的话反事实地表达,因为“现实地”的反事实用法并不指称现实世界,就像你用“我”不指称我,过去或现在用“现在”不指称现在一样。但是这样一来,关于 p 的实际的真的知识如何能被反事实地表达呢?如果这个现实世界没有得到,人们何以能指称它呢?如果反事实的认知者不能指称这个现实世界,他们就不能思考它;如果他们不能思考它,他们何以能知道 p 在其中为真呢?①

就第一人称而言,如果你知道我正坐着,那么,尽管你说“我正坐着”不能表达你的知识,但你对我说“你正坐着”,或者对别人说“他正坐着”或“威廉姆森正坐着”就能表达它。或许你将“你”、“他”和“威廉姆森”与关于我的呈现模式联系了起来,这些模型不同于我与“我”相联系的这种关于我的呈现模式,但即使没有后一种关于我的呈现模式,你也能知道我正坐着。你指称我通常依赖于你和我之间的一种因果联系,这是以知觉、可能还有证言为中介的。反事实的认知者不能那样指称这个现实世界,因为他们与它没有因果联系。一个人不能知觉一个除他自己的世界之外的可能世界,或收到来自于这个世界的证言。同样,就时态而言,如果我们在未来的日子知道今天下

① 关于对现实性的反事实的命题态度,也见 Soames1998:13-17。

雨(1999年10月31日),尽管我们说“今天下雨”不能表达我们的知识,但我们明天说“昨天下雨”,或者在回忆今天时说“那时天下雨”,或者只是说“1999年10月31日天下雨”就能表达它。或许我们将明天说出的“昨天”、回忆指示词“那时”和“1999年10月31日”与今天的呈现模式——它们不同于我们今天与今天相联系的关于它的呈现模式——联系起来,但是即使没有后一种呈现模式,我们在未来的日子也能知道今天下雨。在某个时间指称另一个时间的那些方式,并不类似于在一个可能世界中指称另一个可能世界的方式。将来根据一个回忆指示词指称今天,依赖于回忆今天,从而依赖于与今天的事件的因果联系;从一个可能世界到另一个可能世界没有这种联系。用“昨天”、明天或“1999年10月31日”指称今天,依赖于时间顺序,即独立于那些时候发生的事情的时间顺序。我们没有这样的世界顺序。对这个现实世界的反事实指称是如何实现的?

在一个不同于w的世界中指称可能世界w的明显方式是描述性的:一个人通过规定在w中什么为真来规定w。假定c是一个能在一个反事实世界x中表达的长合取式,并且它在这个现实世界中为真,在任何别的世界中都不为真。那么,或许x中的认知者就由于掌握和知道$*(c \supset p)$就能掌握并知道Ap。这会解决WAVER和$WAVER^{+}$的问题吗?

这种描述的解决办法在一种意义上太廉价了,而在另一种意义上又太昂贵了。它太廉价,是因为如果p实际上为真,那么它就可能作为描述现实世界的长合取式c的一个合取支而被包括其中。因此,在由于具有一人会表达为$*(c \supset p)$的知识而反事实地知道Ap时,这个人所具有的知识和不足道的真理$*((p \exists c) \supset p)$的知识一样不是实质性的。如果那种知识满足了WAVER和$WAVER^{+}$,那么它们对于减轻菲奇论证所揭示的知识限度的影响就是不足道的。在一个不同的方面,描述性解决办法是过于昂贵了,因为它要求反事实的认知者在说明现实世界时要详细说明合取式 c 中的最详细的细节,这是一项几乎无法想象的事情。描述性解决办法过于昂贵的这个方面,几乎不能补偿它过于便宜的方面。此外,*(c⊃p)的反事实知识构成了 Ap 的知识,是不合理的,因为*(c⊃p)的现实知识几乎不构成 Ap 的知识,由于如果一个人不能够知道 c,他就不能够知道 p,那么为什么*(c⊃p)的反事实知识应当比它的实际知识更接近于 Ap 的知识,就是不清楚的。

埃金顿提出了一种说明反事实可能性的不同方式:使用反事实条件。例如,假如昨晚天实际上下雨了,没有人知道下雨了。考虑一个世界 w,如果某个人知道昨晚下雨了它就会得到。我们也可以假定在 w 中,某个这样的人通过反思知道:昨晚可能下雨了,即使没有人知道下雨了,因此他知道:如果没有过人知道昨晚下雨了,昨晚下雨了将是一个未知的真理[K(NKp *→(p∃NKp))]。但是,反事实假设,即没有人知道昨晚下雨,似乎将我们从 w 带回到了现实世界;那将不允许我们将 w 中的这种知识——如果没有人知道昨晚下雨,那么昨晚下雨就是一个未知的真理——看成 w 中的这种知识吗:昨晚下雨实际上是一个未知的真理?更一般地说,这种建议是:如果在一个世界 w 中,若命题 q 为真,另一个世界 x 就会得到,那么 w 中的知识——如果 q 为真,命题 r 就为真——就构成了 w 中的知识:r 在 x 中为真。w 中的认知者不一定详细地描述 x。他们描述了一种与他们的世界的区别(q),并让所有其他的事情尽可能地以反事实假设的方式接近于他们的世界;他们甚至不一定知道他们的世界是什么样子。特别是,x 可能是现实世界,q 是命题 NKp,而 r 是命题 p∃NKp。

对于这种建议,不幸的是:反事实条件前提中的描述性因素足以复活不足道论证(the trivialization argument)。因为假如在世界 w 中，若 q 为真，世界 x 就会得到，再假如 r 在 x 中为真。那么，在 w 中，如果 q∃r 这个合取式为真，x 就会得到；根据简单的反事实条件的可能世界语义学，如果 r 在 x 中为真，并且 x 是与 q 在其中为真的 w 最接近的世界，那么 x 就是与 q∃r 在其中为真的 w 最接近的世界。因此，这种建议就蕴涵了：w 中反事实条件(q∃r) ∗→r 的知识构成了 w 中的知识：r 在 x 中为真。但是，由于 r 是 q∃r 的一个真值函项的结果，因此反事实条件(q∃r) ∗→r 就是一个不足道的必然真理。它在 w 中的知识就是无关紧要的知识。

规定相关的反事实条件不是逻辑真理，是没有帮助的。因为假如 s 陈述的事情是偶然的、完全奇怪、逻辑上极其独立于 q 和 r 的，以至于在 w 中显而易见的是：存在比任何 s 在其中为真的世界更接近于 q∃r 在其中为真的 w 的世界。因此，如上所述，x 是与析取式(q∃r)%s 在其中为真的 w 最接近的世界。因此，反事实条件((q∃r)%s) ∗→r 在 w 中为真，但不是逻辑地为真，因此，它的知识就构成了 w 中的知识：甚至根据修正的建议，r 在 x 中也为真。但是反事实条件((q∃r)%s) ∗→r 的知识相对于 Ar 的知识仍是不足道的，因为它的基础是：s 是一个比 q∃r 奇特得多的假设。拉比诺维茨和西格尔伯格承认他们都没有确定不足道问题能够被克服(1994:113-114)。

根据反事实条件的世界说明也面对着一个具体性(specificity)问题，因为我们为什么应当认为有唯一一个与 q 在其中为真的 w 最接近的世界呢？例如，w 中的反事实假设——没有人知道昨晚下雨——为什么应当只挑选现实世界？大卫·刘易斯(1973)反对其反事实条件语义学中的这种唯一性(uniqueness)假设。我们可以提出这种更宽松的要求：在 w 中，x 是若 q 为真就可能得到的世界之一；但是，如果 w 中的认知者所提出的反事实假设不只挑选 x，那么将他们描述为知道关于 x 的某种具体的东西——例如,关于现实世界——就不是明显合理的。

具体性问题隐含在公式 WAVER 和 WAVER⁺ 自身中。因为 NAp≡ANp 是算子 A 的标准逻辑的一个定理;要么 p 实际为真,要么 Np 实际为真。因此,任何反事实的认知者——他们能以某种方式表达我们用 A 表达的命题成分——就能够详细说明这个现实世界;它是命题 &p(p≡Ap)对之为真的世界。因此,指称一个完整世界,是埃金顿所诉诸的关于现实性的技术概念的固有部分。此外,我们可以将"现实的"用于作出一种相当没有问题的指称,因为我们的直指发生在唯一的完整世界中,即这个世界中。不完整的世界与完整世界的区别不在于它们相互排斥。如果我们打算用"现实的"指称一个不完整的世界,我们用"这个世界"的直指就发生中许多同时具有各种不完整性程度的世界之中;其中的哪个是被直指的?

这些考虑表明,"现实地"这个算子并非最适合于埃金顿的目的。她自己说:"反事实情景的知识根本不是关于一个具体的可能世界的。"(1985:564)她偏爱的公式根据的是不具体的可能情景。我们可以这样改写 WAVER,将它推广到现实世界之外:

$$\text{WSVER}\ \forall p\ \forall s(\text{In}(s,p)\supset\exists s*\ \text{In}(s*,\text{Kin}(s,p)))$$

这实际上是说,对于每个可能情景 s 来说,如果 p 在 s 中为真,那么在某个可能情景 s* 中,p 在 s 为真就是已知的。斯腾·林德斯特伦(1997)研究了这种情景理论方法的技术细节。

一种极端的情景理论形式禁止情景涉及整个宇宙。倘若如此,那么 p 是一个未知的真理,就在任何情景中都不可能为真,因为"未知的"是对"在任何时间都不为任何人所知"这个无限概括的简写,根据它预期的理解,它涉及整个宇宙。这种版本的方法不符合非奇论证;它将证实主义限制于关于宇宙的有限部分的陈述。如果 p 是一个有限情景 s 中的一个未知真理,这里隐含于“未知的”中的量词被限制于 s,那么 s 之外的观察者就能够知觉到 p 是 s 中的一个未知真理,如林德斯特伦所指出的(1997:97)那样。还不清楚的是:证实主义的语义学论证何以能被解释为只产生了它的那种有限的形式,除非——非常不合理的——它们否定了对所有主体和所有时间的无限量化的可理解性。

情景理论的一种适当形式允许但不要求情景涉及整个宇宙。因此在某个情景 s 中可能为真的是:在某种意义上——由此可以推出如果 s 得到,那么 p 就是一个未知的绝对真理——p 是一个未知的真理。那么,根据 WSVER,在某种可能情景 s * 中,未知的是:p 是 s 中的一个未知的真理。这并不直接是:s 和 s * 不可共存。如果它们都得到了,那么由于没有认识到 s 得到了,s * 中的某个人就知道 p 是 s 中的一个无限的未知真理,却不知道 p 是一个无限的未知真理吗? 某个人——他只是通过一个知觉或记忆指示词或通过时空坐标说明 s,却没有得出 s 得到了的结论——仍能够知道 s 得到了。我们可以对未知作很宽的理解,宽得足以排除这些情形。s * 中的认知者必须通过不要求 s 得到的方式来说明 s。但是这样一来,他们就必须通过类似于描述或反事实假设这样的东西来说明 s。假如 s 不是一个完整的可能世界,具体性问题就不再紧迫。或许它能由一个短合取式来描述;或许它是在 p 不为所知时能在 s * 中得到的最具体的情景。然而,不足道问题和以前一样严重。s * 中的认知者可以将 p 作为一个合取支固定于他们对 s 的说明中,从而获得不足道的知识:p 在 s 中为真,这个论证和前面完全一样。WSVER 即使为真,也不会极大地减轻非奇论证的影响。它声称:可能的知识,若能得到,就能以这种不足道的方式得到。

我们可以简要地指出用于辩护 WSVER 的反事实战略的其

他一些问题;同样的批评也适用于 WAVER 和 WAVER⁺。

(i)埃金顿对这个命题——p 是一个未知真理——的处理认为:p 本身在原初的意义上(◇K)——根据这种意义,人们承认并非所有真理都是可知的——是可知的。但是,p 在该意义上可能不是可知的。例如,假定 p 是下列两者的合取式:一个是关于所有时间都联系在一起的所有实际的神经生理事件的描述,另一个是这个命题,即不存在非物理的思想者。我们可能认为 p 是未知的。如果 p 是已知的,它就为真,从而是一个物理的认知者所知的;但这样一来,该认知者大脑中的有些神经生理事件,就不同于所有实际的神经生理事件,因此 p 最终不会为真,因此也不会被知道。因此,可以论证:p 是不可知的,因为这个假定即 p 是已知的,是自拆台脚。但是这样一来,在一个非现实情景 s＊中知道 p,并且反思:若 p 不为所知仍会为真,就不可能知道 p 在一个现实情景 s 中是一个未知的真理,因为 p 在任何可能情景中都不能被知道。

(ii)假如 p 在 s 中是一个可知但未知的真理。这种思想就是:如果 s＊是与 p 在其中被知道的 s 最接近的情景,那么 s 就是与 p 在其中是未知的 s＊最接近的情景,因此 s＊中的主体可以将 s 规定为这种情景:如果 p 是未知的,它就会得到。但是 s 与 s＊之间的关系不一定如此对称。例如,假定 p 是这个命题:在时空位置 xyzt 有一块鹅卵石,s 是一个情景:p 为真但是未知的,因为智慧生命的条件只是在 t(xyzt 的时间)之后很久才出现。假定 s＊是与 p 在其中是已知的 s 尽可能接近的情景。宇宙史在 s 和 s＊中走的是极不相同的路线。在与 p 在其中是未知的 s＊最接近的可能情景中,它是未知的,只是因为没有人有机会接近 xyzt;这些情景在宇宙史中接近 s＊比接近 s 要近得多。因此,尽管 s＊中的某个人可能知道如果 p 是未知的,它就是一个未知的真理,并且知道它不可能被表征为 s＊中的知识:

p 在 s 中是一个未知的真理，因为在 s * 中，如果 p 是未知的，s 就不会得到。s * 中的认知者可能不能根据任何反事实的假定挑选 s。尽管 WSVER 所归属的知识，若能得到，就能以不足道的方式得到，但它可能根本得不到。

(iii) 埃金顿的反事实战略提出了另一个假设：如果命题 p 在情景 s 中是一个未知的真理，s * 是与 p 在其中是已知的 s 最接近的情景，那么，在 s * 中，如果 p 不为所知，它就仍会为真。如果该假设不成立会发生什么？埃金顿论证说：

> 如果有不满足这个原则的真理
>
> (7) 如果没有人知道 p，p 仍会为真，
>
> 例如，我处于疼痛中，那么它们满足了这个原则，
>
> (8) 如果 p，那么某个人知道 p
>
> 并且，更有理由的是，它们满足了[WAVER]。(1985:567；数字为引者所加)

这里有一个缺陷，因为反事实战略要求 (7) 在 s * 中是已知的，而不只是为真；我们观察的东西的观察者依赖性并非总容易建立。因为我想知道：问我自己我是否感到难堪，是否会导致我难堪，我可能不知道：如果没有人知道我感到难堪，我仍会难堪(我可能知道别人都不知道我感到难堪)。因此，即使 (7) 的假蕴涵了 (8) 的真，但在 (7) 为真但是未知的并且甚至可能是不可知的时(在这种意义上：菲奇论证表明存在不可知的真理)，那也是没有什么帮助的。

(iv) 但是，(7) 的假在相关情景中蕴涵了 (8) 的真吗？当 (7) 在 s * 中为假时，反事实战略的困难就会出现。如果 (7) 的假蕴涵了 (8) 的真，那么就能推出：(8) 在 s * 中为真。这毫不奇怪，因为 (8) 的结果在 s * 中为真。但是，由于与 (8) 在 s * 中的真相一致的是：p 在 s 中是一个未知的真理，因此对于在 s * 或 s

中知道:p在s中是一个未知的真理,就还没有提供什么方式。因此,WSVER仍受到了威胁。从(7)在s中为假到(8)在s中为真的论证,不可能有帮助,因为根据假设,(7)的前提和结论在s中都为真;(7)在s中可能为真。真正需要的是从(7)在s*中为假到(8)在s中为真的论证。但没有这样的关系。假如我们最好的物理理论告诉我们:一个人知道?-粒子所处状态,只能是以这样的方式——它们不可预测地改变了其状态——与之发生作用;这个人知道在它改变之后所处的状态。再假如s中的一个未知真理是:?-粒子z处于状态k中(那个命题是p)。那么,(7)在相应的情景s*——在其中z处于状态k中是已知的——中就不为真,因为如果z处于k中是未知的,那么,这些相互作用就不会发生,并且z可能不处于k中。然而,(8)在s中不为真。当然,证实主义者可能否认在这种情形中能有未知的真理:但这种主张对于没有预先承诺证实主义的人来说是没有合理性的。无论如何,我们都没有充分的理由认为,(7)在s*中为假衍推了(8)在s中为真。这是反事实战略不够普遍的另一个方面。

(v)反事实战略作为一种对WAVER和WSVER的辩护是不充分的,它们归属的知识在上面所解释的意义上无论如何都是不足道的。关于这些修正的证实主义原则的动机还有一个基础性问题。证实主义原则(WVER)最初的动机是关于意义本质的论证。在回应菲奇论证时,这个原则被修改了。但还没有检验的是:对WVER的意义理论论证可以合理地重新解释成对WAVER或WSVER的论证。这种重新解释看起来非常可疑。因为对WVER的意义理论论证是在句子层次上进行的;大致而言,它打算证明:句子的真值在某种程度上依赖于它的可断定性条件,这样一来,如果可断定性条件不可能(不能得到),真值条件就也不可能。“A并且A不为所知”这种形式的句子构成了该主张的反例。假如句子 S 有一种可能的真值条件和一个不可能的可断定性条件,对 WAVER 或 WSVER 的辩护,若成功的话,就会产生一个复合句Φ(S)——S 是它的一个构成成分,并且会表明:Φ(S)有一种可能的可断定性条件。例如,如果 S 是"昨晚下雨而昨晚下雨却不为所知",Φ(S)就可能是"如果昨晚下雨不为所知,那么事实就是:昨晚下雨而昨晚下雨是不为所知的。"很可能,这种思想是:Φ(S)的可断定性条件的可能性,在某种程度上解释了 S 的真值条件的可能性,其方式和证实主义意义理论的精神是一致的。由于 S 的真值条件是 S 的意义的一个方面,因此即使根据证实主义解释,S 的意义实际上也是根据Φ(S)的意义来解释的。但在 WVER、WAVER 和 WSVER 的论证中所使用的这种证实主义意义理论是组合性的(compositonal);它们给出复合表达式的意义,是根据它们的组成成分的意义。由于 S 是Φ(S)的一个组成成分,因此Φ(S)的意义就是根据 S 的意义解释的。这看起来像一种解释循环。或许 WAVER 或 WSVER 的辩护者有某种办法使之无害,但我们不应当草率地认为,对那些原则的辩护能够与这些意义理论思想——它们据认为推动了最初的弱证实主义——相符合。有时我们应当从反例中学习到:一种哲学思想是错在精神上而不只是字句上(letter)。①

上述的第(i)点表明有些不可知的真理精神上相似但不是用具体的认识论概念表述的。不可知性的范围可能比那要宽得多。一旦我们承认这个范围是非空的,我们就能更有效地考虑它的范围。为了能给知识设置一个限度,我们不一定会发现这个限度的两端都是可知的。尽管不足道的是:我们不可能知道我们不能知道的是什么,但我们知道有些东西是我们不能知道

① 关于 Edgington 建议的进一步讨论,参见 Percival 和 Wright1993:428-432。

的。在本章,我们看到了通向知道各种命题对子的路线,由于两个命题都是不可知的,并且其中之一为真,那么其中之一就是一个不可知的真理。我们还未看到知道这两个命题何时由一个命题及其否定命题构成的路线(参见第 12.4 节)。然而,我们可以合理地推测:在"不可能的"的某种含义上,对有些命题来说,我们既能知道它们为真或为假,又能知道:不可能知道它们为真,不可能知道它们为假。我们才刚开始理解我们知识的更深刻的限度。

附录1　相关性系数

假定评价为真的(real-valued)随机变量X和Y,它们的论证是一个适当的概率空间中的条件(“事件”),那么它们的相关性系数ρ[X,Y]就被定义为Cov[X,Y]/(σ[X]σ[Y]);它们的协变性反过来就被定义为E[XY]-E[X]E[Y],这里的E[X]是对X的期待;标准的偏差σ[X]被定义为$\sqrt{E[(X-E[X])^2]}$(例如,Parzen1960:362)。协变性本身不是对相关性的一种充分的测量;例如,任何随机变量都与它自身完全相关,但Cov[X,X]=σ[X]^2,它改变了。一个人必须通过根据σ[X]σ[Y]的划分来校准Cov[X,Y]。

所有这些概念通过对那些条件的基础概率的条件化都能相对于一组背景条件。

我们现在必须定义这些条件——这些概率是根据它们定义的——的相关性系数。将条件C的概率表示为P[C]。如果C得到了,随机变量X(C)的指示就是1,否则就是0;因此E[X(C)]=P[C]。就任何条件C和D来说,我们将它们的相关性系数ρ[C,D](ρ中具有无害的歧义性)定义为ρ[X(C),X(D)]。我们将根据概率演算一个关于ρ[C,D]的表达式,然后推出关于它的一些基本事实。条件概率P[C|D]是P[C∃D]/P[D](0<P[D])。

我们假定 $0<P[C]<1$，对于 D 和 E 同样如此，否则这些状态的相关性系数就不是定义明确的。

命题 1. $\rho[C,D]=(P[C\exists D]-P[C]P[D])/\sqrt{(P[C](1-P[C])P[D](1-P[D]))}$。

证明. $Cov[X(C),X(D)]=E[X(C)X(D)]-E[X(C)]E[X(D)]$

$=E[X(C\exists D)]-E[X(C)]E[X(D)]$

$=P[C\exists D]-P[C]P[D]$。

此外，$\rho[X(C)]=\sqrt{E[(X(C)-E[X(C)])^2]}$

$=\sqrt{(E[X(C)^2]-(E[X(C)])^2)}$ 根据标准的演算

$=\sqrt{(E[X(C)]-(E[X(C)])^2)}$ 因为 $X(C)\in\{0,1\}$

$=\sqrt{(P[C](1-P[C]))}$。■

命题 2. (a) 如果 $P[C|D]>P[C]$，那么 $\rho[C,D]>0$。

(b) 如果 $P[C|D]=P[C]$，那么 $\rho[C,D]=0$。

(c) 如果 $P[C|D]<P[C]$，那么 $\rho[C,D]<0$。

证明. 根据命题 1，$\rho[C,D]$ 和 $P[C\exists D]-P[C]P[D]=(P[C|D]-P[C])P[D]$ 有相同的符号。■

命题 3. (a) 如果 $\rho[C,D]\geqslant 0$ 并且 $\rho[C,E]\geqslant 0$，那么 $\rho[C,D]\leqslant\rho[C,E]$ 当且仅当

$(P[C|D]-P[C])(P[C]-P[C|ND])\leqslant(P[C|E]-P[C])(P[C]-P[C|NE])$

(b) 如果 $\rho[C,D]\leqslant 0$ 并且 $\rho[C,E]\leqslant 0$，那么 $\rho[C,D]\leqslant\rho[C,E]$ 当且仅当

$(P[C|D]-P[C])(P[C]-P[C|ND])\geqslant(P[C|E]-P[C])(P[C]-P[C|NE])$

证明.(a) $(P[C|D]-P[C]P[D])^2$

$=(P[C|D]P[D]-P[C]P[D])(P[C]-P[C\exists ND]-P[C]P[D])$

$=(P[C|D]-P[C])P[D](P[C](1-P[D])-P[C|ND]P[ND])$

$=(P[C|D]-P[C])(P[C]-P[C|ND]P[D](1-P[D])$.

因此,根据命题1,

$\rho[C,D]^2P[C](1-P[C])=(P[C|D]-P[C])(P[C|ND])$。

但是,如果 $\rho[C,D]\geqslant 0$ 并且 $\rho[C,E]\geqslant 0$,那么

$\rho[C,D]\leqslant\rho[C,E]\Leftrightarrow\rho[C,D]^2P[C](1-P[C])\leqslant\rho[C,E]2P[C](1-P[C])$

$\Leftrightarrow(P[C|D]-P[C])(P[C]-P[C|ND])$

$\leqslant(P[C|E]-P[C])(P[C]-P[C|NE])$。

(b)同样如此■

命题4. 如果 $P[C|D]\leqslant P[C|E]$ 并且 $P[C|ND]\geqslant P[C|NE]$,那么 $\rho[C,D]\leqslant\rho[C,E]$。

证明.假如 $P[C|D]\leqslant P[C,E]$ 并且 $P[C|ND]\geqslant P[C|NE]$。

情形(i): $P[C]\leqslant P[C|D]$.那么 $P[C]\leqslant P[C|E]$,因此根据命题2, $\rho[C,D]\geqslant 0$ 并且 $\rho[C,E]\geqslant 0$。因此,根据命题3(a), $\rho[C,D]\leqslant\rho[C,E]$ 当且仅当

(*) $(P[C|D]-P[C])(P[C]-P[C|ND])\leqslant(P[C|E]-P[C])(P[C]-P[C|NE])$。

但是, $0\leqslant P[C|D]-P[C]\leqslant P[C|E]-P[C]$。此外,由于 $P[C]=P[D]P[C|D]+(1-P[D])P[C|ND]$, $0\leqslant P[C]-P[C|ND]\leqslant P[C]-P[C|NE]$。因此(*)成立,因此 $\rho[C,D]\leqq\rho[C,E]$。

情形(ii): $P[C|D]<P[C]<P[C|E]$。那么根据命题2。ρ

[C,D]<0<ρ[C,E]。

情形(iii):P[C|E]≤P[C]。与情形(i)类似,使用了命题3(b)。■

命题5.(a)ρ[C,C]=1

(b)[C,NC]=-1

(c)-1≤ρ[C,D]≤1

(d)ρ[C,D]=1当且仅当P[C|D]=1并且P[C|ND]=0。

(e)ρ[C,D]=-1当且仅当P[C|D]=0并且P[C|ND]=1。

证明.(a)和(b)是命题1的结果。

(c)P[C|D]≤P[C|C]并且P[C|ND]≥P[C|ND],因此根据(a)和命题4,ρ[C,D]≤ρ[C,C]=1。同样,ρ[C,D]≥ρ[C,NC]=-1。

(d)假如ρ[C,D]=1,那么根据(a)和(c),ρ[C,C]≤ρ[C,D],并且根据命题2,P[C|D]>P[C]。因此,根据命题3

(P[C|D]-P[C])(P[C]-P[C|ND])≥(P[C|C]-P[C])(P[C]-P[C|NC])=(1-P[C])P[C]。

但是,P[C|D]-P[C]≤1-P[C]并且P[C]-P[C|ND]≤P[C],因此P[C|D]-P[C]=1-P[C]并且P[C]-P[C|ND]=P[C],因此P[C|D]=1并且P[C|ND]=0。相反,如果P[C|D]=1并且P[C|ND]=0,那么P[D]=P[C∃D]=P[C]并且这个结果是从命题1推出的。

(e)与(d)类似。■

附录 2　计算知识的迭代

将必然性算子解读为“一个人知道那”(One knows that)——这里被写成 K——我们就能将命题的模态逻辑 KT(=T)看成知识的一种理想化的逻辑。我们把所有真值函项重言式和 KA⊃A(“知识蕴涵真理”)的所有例证作为关于 KT 的公理运用。我们将肯定前件律和规则 RK——如果[A_1 ∃ …… ∃ A_n]⊃B 是一个定理,那么[KA_1 ∃ …… ∃ KA_n]⊃KB($n \geqslant 0$,“知识封闭于逻辑结果之下”,和关于 $n=0$ 的必然关系规则类似)也是一个定理——作为规则运用。进一步的细节,参见 Chellas(1980)。

假如这棵树实际上是 k 英寸高。我们感兴趣的是:一个人对这些命题——它不是 j 英寸高,这里 $j<k$,如果它是 n 英寸高,那么一个人就不知道它不是 $n-1$ 英寸高,这里 $j<n\leqslant k$——能有多少知识的迭代。让我们将命题变量 p_i 读作“这棵树是 i 英寸高”。就知识的迭代来说,我们归纳地定义 K^n:$K^0A=A$,$K^{n+1}=K^nKA$。对于每个从 j 到 k 的自然数 n 来说,假定 i[n]是一个自然数。那么考虑这个公式:

$$(*)K^{i[j]}Np_j \exists \wedge_{j<n\leqslant k}K^{i[n]}(p_n \supset NKNp_{n-1}) \exists p_k$$

根据 *:一个人对这棵树不是 j 英寸高的知识有 i[j]层迭代;对于每个从 j 到 k 的 n 来说,i[n]层知识的迭代是:如果它是 n 英寸高，那么一个人就不知道它不是 n-1 英寸高；这棵树是 k 英寸高。我们的问题是：对于哪些数来说 * 在 KT 中是前后一致的？回答最终是：它前后一致，当且仅当对于某个 n($j\leqslant n\leqslant k$)来说，$i[n]<k-n$。因此，一个人对除其中一个命题之外的所有命题都有任意多个知识的迭代，只要他陷入了下述这种对余下命题的具体的限度。

命题.对于所有自然数 j 来说，k($j\leqslant k$)并且 $i[j], i[j+1], \cdots\cdots, i[k]$：

$\vdash_{KT}N*$ 当且仅当对于所有的 n，如果 $j\leqslant n\leqslant k$，那么 $i[n]\geqslant k-n$。

证明.首先假定对于所有的 n，如果 $j\leqslant n\leqslant k$，那么 $i[n]\geqslant k-n$。考虑这个公式：

$(**)K^{k-j}Np_j \exists \wedge_{j<n\leqslant k}K^{k-n}(p_n\supset NKNp_{n-1})\exists p_k$

由于 $\vdash_{KT}KA\supset A$，因此根据假设，对于所有的 n($j<n\leqslant k$)，$\vdash_{KT}K^{i[j]}Np_j\supset K^{k-j}Np_j$ 并且 $\vdash_{KT}K^{i[n]}(p_n\supset NKNp_{n-1})\supset K^{k-n}(p_n\supset NKNp_{n-1})$。因此，$\vdash_{KT} * \supset **$，因此它足以证明 $\vdash_{KT}N**$。那么，$\vdash_{KT}(KNp_{n-1}\exists(p_n\supset NKNp_{n-1}))\supset Np_n$($j<n\leqslant k$)，因此通过对 RK 的 k-n 次运用，$\vdash_{KT}(K^{k-n+1}Np_{n-1}\exists K^{k-n}(p_n\supset NKNp_{n-1}))\supset K^{k-n}Np_n$，因此，$\vdash_{KT}**\supset(K^{k-n+1}Np_{n-1}\supset K^{k-n}Np_n)$。对于从 j+1 到 k 的 n 来说将所有这些合在一起，$\vdash_{KT}**\supset(K^{k-j}p_j\supset Np_k)$。但是，$\vdash_{KT}**\supset(K^{k-j}p_j\exists p_k)$，因此 $\vdash_{KT}N**$。

就相反的情况来说，假如对于某个 h 来说，$j\leqslant h\leqslant k$ 并且 $i[h]<k-h$。我们使用这个众所周知的事实——任何 KT 定理在任何具有一种反身性的可通达性关系的标准的可能世界模型中的任何世界上都为真——来证明非 $\vdash_{KT}N*$，这是通过构建这样一个具有在其中 * 为真的世界的模型进行的。这些世界涵盖了从 h 到 k 的自然数；对于任何世界 m 和 n 来说，n 可从 m 通过，当且仅当 $|m-n|\leqslant 1$。因此对于任何公式 A 和世界 m 来说，KA

在 m 中为真，当且仅当对于每个世界 n 来说，如果 $|m-n| \leq 1$，那么 A 在 n 中为真。因此，对任何自然数 l 来说，$K^{l}A$ 在 m 中为真，当且仅当对每个世界 n 来说，如果 $|m-n| \leq l$，那么 A 在 n 中为真。由于 $j \leq m \leq k$ 并且 $h \leq n \leq k$，我们就可以设定 p_m 在 n 中为真，当且仅当 m=n。我们将证明 * 在 k 中为真。当然，p_k 在 k 中为真。有两种情况需要考虑：

(i) h=j。因此，对于任何世界 n 来说，如果 $|k-n| \leq i[h]$，那么 $|k-n| < k-h$，因为根据假设，$i[h] < k-h$，因此 $h<n$，因此 Np_h 在 n 中为真。因此，$K^{i[h]}\ Np_h$ 在 k 中为真。如果 $j<n \leq k$，那么 p_{n-1} 在 n-1 中为真，因此 $NKNp_{n-1}$ 在 n 中为真；由于 p_n 仅在 n 中为真，因此 $p_n \supset NKNp_{n-1}$ 在每个世界中都为真；因此，$K^{i[n]}(p_n \supset NKNp_{n-1})$ 在 k 中为真。

(ii) h>j。如果 $j \leq n < h$，那么 p_n 在每个世界中都为假，因此 $K^{i[j]}\ Np_j$ 和 $K^{i[n]}(p_n \supset NKNp_{n-1})$ 在每个世界中都为真。$K^{i[h]}(p_h \supset NKNp_{h-1})$ 在 k 中为真，因为如果 $|h-n| \leq i[h]$，那么 $h<n$，因此 p_h 在 n 中为假。如果 $h<n \leq k$，那么 $p_n \supset NKNp_{n-1}$ 在每个世界都为真，因此 $K^{i[n]}(p_n \supset NKNp_{n-1})$ 在 k 中为真。■

显然，这只是一个抽样结果。我们推广它，可以将它作为额外的合取支增加给 *，即在这个证明的第二部分所说明的模型中的世界 k 中为真的任何公式。例如，由于 $K^{i}Np_n$ 每当 $|k-n| > i$ 在 k 中都为真，我们就可以增加任何这样的公式。同样，对于任何 i、m 和 n，当 $m \neq n$ 时，一个人就能增加 $K^{i}N(p_m \exists p_n)$。一个人也可以增加受到相同真理定义的世界 k+1、k+2、……关键是在对 Np_j 需要足够的知识的迭代时把 j 作为一个世界删除。

刚才所使用的可通达性关系既是反身性的也是对称性的。因此，这个模型使布鲁沃斯克公式 $A \supset KNKNA$ 有效，它向 KT 增加的东西给出了系统 KTB。KTB 就是由最简单的误差余地考虑所确定的知识的逻辑。这种双重相似性关系的至关重要的逻辑特征只是反身性和对称性,可通达性在这个模型中起着相似性的作用,KTB 是由反身性和对称性对可通达性的限制所确定的逻辑。第 5.3 节还描述了更复杂的误差余地考虑,根据它,余地的范围在不同点上有变化,这会使可通达性关系成为非对称的。

KT 和 KTB 的特征都是:对任何公式 A,A⊃KA 是一个定理,当且仅当要么 NA 是一个定理,要么 A 是一个定理(Williamson 1992a)。第 4 章中关于这种假设的一个形式的类似物是:只有不足道的条件是透明的。

附录3　几乎遍及各处的轻微不敏感性的一个形式模型

我们将用一个形式模型来研究最轻微的系统的不准确性何以能使一个人在反事实的意义上几乎完全是不敏感的：对每个偶然命题 p 来说，如果 p 为假，那么这个人仍可能相信 p。

为了简单起见，我们根据刘易斯的语义学来评价反事实命题，并设想可能世界是沿着一个维度变化的。我们将命题看成世界集合。我们用实数代表世界，用 $|w-x|$ 以一种自然的方式测量世界 w 与 x 之间的距离。因此，$q * \rightarrow r$ 在 w 中为真，当且仅当要么 q 在任何世界上都不为真，要么 q 在某个世界 x 上为真，以至于对于每个世界 y 来说，如果 $|w-y| \leq |w-x|$ 并且 q 在 y 中为真，那么 r 在 y 中为真。关于敏感性的相同的否定结果会从这个更弱的假设推出：刘易斯的条件对于反事实条件的真是必要的。对于任何命题 p 来说，Bp 是一个人相信 p 这个命题。一个人在 w 中敏感地相信 p，当且仅当 $Bp \exists (Np \square\!\rightarrow NBp)$ 在 w 中为真。

假定一个人的信念形成过程体现了一种对一个世界的非常轻微的偏见，它可能是 0。更准确地说，假如一个很小的量 $\varepsilon > 0$，定义一个从世界到世界的映射 f：

$f(w) = w + \varepsilon$　如果 $w < -\varepsilon$

$f(w)=0$ 如果$-\varepsilon \leqslant w \leqslant \varepsilon$

$f(w)=w-\varepsilon$ 如果$\varepsilon<w$

因此,f 至多是ε朝着 0 的移动。为了对这种偏见进行形式化,假如对于每个命题 p 和世界 w 来说,Bp 在 w 中为真,当且仅当 p 在 f(w) 中为真。在 0 处,一个人实际上相信他处于 0(f(0)=0)。在其他地方,一个人相信自己所处的世界比他实际所处的世界更接近于 0 一点。例如,如果 a 是一个实数,假如 p(a)是恰好在世界 w 中为真的命题,以至于$-a<w<a$。那么,对于 $a>\varepsilon$,Bp(a)在 w 中为真,当且仅当$-a-\varepsilon<w<a+\varepsilon$,因此一个人在 w 中错误地相信 p(a),当且仅当$-a-\varepsilon<w\leqslant -a$ 或者 $a\leqslant w<a+\varepsilon$。由于一个人在任何 p(a) 在其中为真的世界上都相信它,因此,这些世界——在其中这个人错误地相信 p(a)——构成了一个人在其中相信 p(a) 的世界的一小部分,如果ε比 a 小的话。这个模型会使一个人的信念在每个世界 w 中都前后一致(因为 p 和 Np 在 f(w) 中并非都为真)、完整(因为要么 p 在 f(w) 中为真,要么 Np 为真)和演绎封闭(因为如果 q 是从 p_1,……,p_n 逻辑地推出的,并且 p_1,……,p_n 在 f(w) 中为真,那么 q 也为真)。这些非常理想化的属性保证了一个人在这个模型中的任何认知问题都不是逻辑无能的结果。在 0 时,一个人相信 p,当且仅当 p 为真。但这个人的信念是不敏感的。例如,$Np(a) \square\!\!\rightarrow p(a+\varepsilon)$ 在 0 时为真,因为如果一个人的世界不是与 0 相距 a,它就是与 0 相距 $a+\varepsilon$;但是 Bp(a) 在和 $p(a+\varepsilon)$ 完全相同的世界中为真,因此,每当$\varepsilon>0$,$Np(a) \square\!\!\rightarrow Bp(a)$ 在 0 处就为真。如果 p(a) 为假,这个人仍会相信它。因此一个人在 0 处不敏感地相信 p(a),这是由于宽阔的世界核心——在那里一个人真的相信它——与无限宽阔的世界其他部分——在那里它为假并且这个人不相信它——之间狭窄的世界区域——这个人在那里错误地相信它。

这一点推而广之:一个人任何与 0 相距ε/2 的世界上都不

敏感地相信偶然的命题。证明：假如 $Bp \exists (Np \Box \rightarrow NBp)$ 在 w 中为真，这里 $|w| \leqslant \varepsilon/2$ 并且 p 是偶然的。我们可以不丧失普遍性地认为 $0 \leqslant w \leqslant \varepsilon/2$。由于 p 是偶然的，这个反事实条件件在 w 中的真就要求一个世界 x，在其中 Np 为真，并且对于每个世界 y，如果 $|w-y| \leqslant |w-x|$，那么 $Np \supset NBp$ 在 y 中为真。假如 $f^0(x)=x$ 并且 $f^{n+1}(x)=f(f^n(x))$。我们根据对 n 的归纳可以证明 p 在 $f^n(x)$ 中为假并且对于所有的 n，$|w-f^n(x)| \leqslant |w-x|$。根据：不足道。归纳的步骤：根据归纳假设，$Np \supset NBp$ 为真并且 p 在 $f^n(x)$ 中为假，因此 Bp 在 $f^n(x)$ 中为假，因此 p 在 $f^{n+1}(x)$ 中为假。我们必须证明 $|w-f^{n+1}(x)| \leqslant |w-x|$。如果 $f^n(x) \leqslant 0$，那么 $f^n(x) \leqslant f^{n+1}(x) \leqslant 0 \leqslant w$，因此根据归纳假设，$|w-f^{n+1}(x)| \leqslant |w-f^n(x)| \leqslant |w-x|$。如果 $3\varepsilon/2 \leqslant f^n(x)$，那么 $w \leqslant \varepsilon/2 \leqslant f^{n+1}(x) \leqslant f^n(x)$，那么同样 $|w-f^{n+1}(x)| \leqslant |w-f^n(x)| \leqslant |w-x|$。如果 $0 < f^n(x) < 3\varepsilon/2$，那么 $0 \leqslant f^{n+1}(x) < \varepsilon/2$，因此 $|w-f^{n+1}(x)| \leqslant \varepsilon/2$；由于 Bp 在 w 中为真，那么 p 在 $f(w)=0$ 时为真；但是 Bp 在 x 中为假，因此 p 在 f(x) 中为假，因此 $f(x) \neq 0$，因此 $\varepsilon < |x|$，因此 $\varepsilon/2 \leqslant |w=x|$，因此 $|w-f^{n+1}(x)| \leqslant |w-x|$。这就完成了归纳。根据 f 的定义，对于某个 n 来说，$f^n(x)=0$。因此 p 在 0 处为假，这就产生了矛盾。因此如果 $|w| \leqslant \varepsilon/2$，就没有偶然的命题在 w 中被敏感地相信。■

偶然命题在离 0 更远的世界中被敏感地相信。如果 $\varepsilon/2 < w < \varepsilon$，那么，在 $(2w-\varepsilon)/3$ 和 $2(w+\varepsilon)/3$ 中为假而在其他地方为真的一个命题在 w 中就是被敏感地相信的。如果 $\varepsilon \leqslant w$，那么在 $w-2\varepsilon/3$ 和 $w+\varepsilon/3$ 中为假而在其他地方为真的一个命题在 w 中就是被敏感地相信的。

一个人在靠近 0 的世界中的敏感信念只有对必然命题的信念，它们是空洞地敏感的。假如必然命题只衍推必然命题，那么第 7.5 节中的(4)就蕴涵了一个人在这些世界中就没有关于偶然性的知识，如果有这样的偏见，不管多么小。只要 $\varepsilon=0$，所有信念就都是敏感的并且可能算是知识。敏感性概念——根据它最轻微的偏见都能产生彻底的不敏感性——是知识归属解释的恰当基础吗？直觉上，我们可能期待一种轻微的偏见来排除在接近于 p 在其中为假的世界边缘知道 p；根据以敏感性为基础的解释，它能在离边缘任意远的地方这样做。

我们可以修改这个模型以给予它更可取的特征。例如，按照现在的情况，它在某些世界上（但不是在 0 处）归属给一个人一些摩尔悖论式的信念。由于 p(ε) 在 0 处为真，在ε处为假并且 f(ε) = 0，因此 Np(ε) ∃ Bp(ε) 和 Np(ε) ∃ NBNp(ε) 在ε中为真；由于 f(2 ε) = ε，因此 B(Np(ε) ∃ Bp(ε)) 和 B(Np(ε) ∃ NBNp(ε)) 在 2 ε中为真。因此，在 2 ε处，一个人可能有非理性的信念，它们相当于“p(ε) 为假，但我相信 p(ε)”和“Np(ε) 为真，但我不相信 Np(ε)”。在这一点周围还有几种情况。最简单的是，我们可以使 Bp 在 w 中为真，当且仅当 p 在 f(w) 和 0 处都为真。一个人相信自己处于 f(w) 和 0，但不能肯定在哪一处。由于他仍相信 0 处的所有而且仅仅在那里的真理，因此 Np ∃ Bp 和 p ∃ NBp 在 0 处都不为真，因此 B(Np ∃ Bp) 和 B(p ∃ NBp) 在 w 中都不为真。在这种修改形式之下，一个人的信念在每个世界上仍是前后一致的和演绎封闭的，但只在 0 处是完整的。W 几乎和前面一样能证明：如果 |w| ≤ ε/2，一个人在 w 中是不敏感地相信偶然的命题。

使 Bp 在 w 中为真，当且仅当 p 在每个世界 x 中为真，以至于 f(w) ≤ x ≤ 0 或 0 ≤ x ≤ f(w)，我们也能“填充”f(w) 与 0 之间的世界。一个人相信自己处于 f(w) 与 0 之间所包括的某个世界，并且不能肯定是哪一个。也是在这种修改之下，一个人的信念在每个世界中都是前后一致的和演绎封闭的，但只在 0 中是完整的。摩尔悖论被避免了并且我们能以类似的方式证明：如果 |w| ≤ ε/2，那么一个人在 w 中就不会敏感地相信偶然命题。

最后这个模型不同于前两个之处在于：它有一种传递性的可通达性关系，因此能使“正内省”（positive introspection）（S4）原则 Bp⊃BBp 的所有例证都有效；如果一个人相信某事，那么他就相信他相信它。相反，在前两个模型中，由于 p(2 ε)⊃p(ε) 在 2 ε 和 0 处为真但在ε处不为真，因此 B(p(2 ε)⊃p(ε)) 在 3 ε处为真但不在 2 ε处为真，因此 BB(p(2 ε)⊃p(ε)) 在 3 ε处为假，因此正内省在 3 ε处是无效的。如果正内省在一个模型——一个人的信念在其中的任何地方都是一致的——中的任何地方都成立，那么只要 Bp 为真，BBp 就为真，因此根据一致性 NBNBp 就为真，因此 Bp□→NBNBp 在任何地方都为真：一个人不可能不敏感地相信他不相信 p。这和他不能敏感地相信偶然命题是一致的，因为在第二个和第三个模型中，他在某个世界中都相信 NBp，仅当他在每个世界上都相信它；如果 BNBp 在 w 中为真，那么 NBp 在 0 处就为真，因此 p 在 0 处为假，因此 NBp 在每个世界上都为真；对它的信念是空洞地敏感的。

这三个模型都不会使“负内省”（negative introspection）（S5）原则——如果一个人不相信某事，那么他就相信他不相信它——的所有例证有效。例如，由于 p(ε) 在ε处为假，Bp(ε) 在 2 ε处就为假；由于 p(ε) 在 0 处为真，因此 Bp(ε) 在ε处就为真，因此 BNBp(ε) 在 2 ε处就为假；因此 NBp(ε)⊃BNBp(ε) 在 2 ε处为假。如果负内省在一个模型——一个人的信念在其中的任何地方都前后一致——中的任何地方都成立，那么只要 NBp 为真，BNBp 就为真，因此根据一致性 NBBp 就为真，因此 NBp□→NBBp 在任何地方都成立：一个人不能不敏感地相信他相信 p。在上述模型中，一个人可以错误地相信他相信 p；NBp(ε) ∃ BBp(ε) 在 2 ε处为真。

这些模型显而易见不是现实的。然而，它们使我们能看出敏感性是如何工作的，以及它所强加的令人吃惊的要求。它们进一步破坏了第 7.5 节中的(4),这是通过证明它何以能使最轻微的偏见破坏所有关于偶然性的知识进行的。在具有更现实的复杂性的模型中可以期待相同的病理,但是当然比这里所建立的要更难。从直觉上看,错误之处在于:反事实的假设 Np 可以将一个人带到这些世界:他在其中相信 p,根据的是一个与我们实际相信 p 所根据的基础极不相同的基础。明显的补救办法是将敏感性相对于被很好地个体化的方法,可能就像第 7.4 节中的(3)所做的那样。

附录 4　认知逻辑中的迭代概率(证明)

首先是一些标准定义。一种框架是一个数对$\langle W,R\rangle$,这里 R 是集合 W 上的一种双重关系。对 $w\in W$ 来说,$R(w)=\{x\in W:wRx\}$。R 在 W 上是序列的,仅当对于每个 $w\in W$,都有一个 $x\in W$,以至于 wRx。$\langle W,R\rangle$是序列的(反身性的,对称的,传递的),仅当 R 在 W 中是序列的(反身性的,对称的,传递的)这种情况一样。一个框架是划分的仅当它是反身性的、对称性的和传递性的。W 上的概率分布是从 W 的所有子集到非负实数的映射 P,以至于每当 X 与 Y 是 W 的不相交的子集,$P(W)=1$ 并且 $P(X\cup Y)=P(X)+P(Y)$。如果 $P(Y)>0$,那么 $P(X\varpi Y)=P(X\cap Y)/P(Y)$;如果 $P(Y)=0$,那么 $P(X\varpi Y)$就未被定义。W 上的概率分布 P 是有规则的,仅当每当 X 是 W 的一个非空的子集,$P(X)>0$。框架$<W,R>$是乏味的,仅当它是序列的并且对于每个 $X\subseteq W$ 以及 W 上的有规则的概率分布 P 来说,$P(X)=\Sigma_{w\in W}P(\{w\})P(X\varpi R(w))$在$<W,R>$是序列的时,$R(w)$总是非空的,因此如果 P 是规则的,$P(R(w))>0$,因此 $P(X\varpi R(w))$就被定义了;如果$<W,R>$不是序列的,那么对于有些 $w\in W$ 来说,$R(w)$就是空的并且 $P(X\varpi R(w))$未被定义。

命题 1. 任何乏味的有限框架都是反身性的。

证明.假定 < W,R > 是一个乏味的有限框架并且 $x \in W$。假如并非 xRx。由于 < W,R > 是序列的,因此对于 $y \neq x$, xRy。因此对于 $n \geqslant 0$, W 就有 $n+2$ 个成员。W 上有一个(唯一)有规则的概率分布 P,以至于:

$P(\{x\}) = 2/3$

就 $w \in W-\{x\}$ 来说, $P(\{w\}) = 1/3(n+1)$.

那么

$\Sigma_{w \in W} P(\{w\}) P(W-\{x\} \varpi R(w)) \geqslant P(\{x\}) P(W-\{x\} \varpi R(x))$。

由于并非 xRx,因此 $R(x) \subseteq W-\{x\}$,因此 $P(W-\{x\} \varpi R(x)) = 1$。因此

$\Sigma_{w \in W} P(\{w\}) P(W-\{x\} \varpi R(w)) \geqslant P(\{x\}) = 2/3 > 1/3 = P(W-\{x\})$。

这与 < W,R > 的乏味性相矛盾。因此 xRx.■

命题 2. 任何乏味的有限框架都是对称性的。

证明.假定 < W,R > 是一个乏味的有限框架,并且 $x, y \in W$。假如 xRy 但并非 yRx。因此 $x \neq y$,因此就 $n \geqslant 0$ 来说,W 有 $n+2$ 个成员。W 上有一个(唯一)有规则的概率分布 P,以至于:

$P(\{x\}) = 1/2$

$P(\{y\}) = (n+2)/4(n+1)$

就 $w \in W-\{x, y\}$ 来说, $P(\{w\}) = 1/4(n+1)$。

那么

$\Sigma_{w \in W} P(\{w\}) P(\{y\} \varpi R(w)) \geqslant P(\{x\}) P(\{y\} \varpi P(\{y\} \varpi R(y))$

$= P(\{y\} \varpi R(x))/2 + (n+2) P(\{y\} \varpi R(y))/4(n+1)$

$> P(\{y\} \varpi R(x))/2 + P(\{y\} \varpi R(y))/4$。

由于 xRy, $\{y\} \subseteq R\{x\}$,因此

$P(\{y\}\varpi R(x))=P(\{y\}\varpi P(R(x))\geqslant P(\{y\})$。

但并非 yRx,因此 $R\{y\}\subseteq W-\{x\}$,因此

$P(R(y))\leqslant P(W-\{x\})=1-P(\{x\})=1/2$。

那么 yRy,因为根据命题1,R 是反身性的,因此$\{y\}\subseteq R(y)$,因此

$P(\{y\}\varpi R(y))=P(\{y\})/P(R(y))\geqslant 2P(\{y\})$。

因此

$\Sigma_{w\in W}P(\{w\})P(\{y\}\varpi R(w))>P(\{y\})/2+2P(\{y\})/4=P(\{y\})$。

这与<W,R>的乏味性相矛盾。因此如果 xRy,那么 yRx.■

命题3. 任何乏味的有限框架都是传递性的。

证明.假定<W,R>是一个乏味的有限框架,并且 $x,y,z\in W$。假如 xRy 和 yRz 但并非 xRz。因此 $x\neq y$ 且 $y\neq z$。根据命题1,xRx,因此 $x\neq z$。因此就 $n\geqslant 0$ 来说,W 有 n+3 个成员 W 上有一个(唯一)有规则的概率分布 P,以至于:

$P(\{x\})=P(\{z\})=1/3$

$P(\{w\})=1/3(n+1),w\in W-\{x,z\}$。

那么

$\Sigma_{w\in W}P(\{w\})P(\{y\}\varpi R(w))\geqslant P(\{x\})P(\{y\}\varpi R(x))+P(\{y\})P(\{y\}\varpi R(y))+$

$P(\{z\})P(\{y\}\varpi R(z))$

$=P(\{y\}\varpi R(x))/3+P(\{y\}\varpi R(y))/3(n+1)+P(\{y\}\varpi R(z))/3.$

由于 xRy,$\{y\}\subseteq R(x)$,因此

$P(\{y\}\varpi R(x))=P(\{y\})/P(R(x))$。

此外,根据命题2,xRz 和 R 是对称性的,因此 zRy,因此$\{y\}\subseteq R(z)$,因此

$P(\{y\} \varpi R(z)) = P(\{y\})/P(R(z))$。

最后,yRy,因为 R 是反身性的,因此$\{y\} \subseteq R(y)$,因此

$P(\{y\} \varpi R(y)) = P(\{y\})/P(R(y))$。

因此

$\Sigma_{w \in W} P(\{w\}) P(\{y\} \varpi R(w)) \geqslant P(\{y\})/_3 P(R(x)) + P(\{y\})/_3(n+1)P(R(y)) +$

$P(\{y\})/_3 P(R(z))$

$> {}^1/_3 P(\{y\})(1/P(R(x)) + 1/P(R(z)))$.

由于并非 xRz,$R(x) \subseteq W - \{z\}$,因此

$P(R(x)) \leqslant P(W - \{z\}) = 1 - P(\{z\}) = 2/3$.

同样,并非 zRx,因为 R 是对称性的,因此

$P(R(z)) \leqslant 2/3$.

因此

${}^1/_3 P(\{y\})(1/P(R(x)) + 1/P(R(z))) \geqslant {}^1/_3 P(\{y\})({}^3/_2 + {}^3/_2) = P(\{y\})$.

因此

$\Sigma_{w \in W} P(\{w\}) P(\{y\} \varpi R(w)) > P(\{y\})$.

这与 < W,R > 的乏味性相矛盾,因此如果 xRy 和 yRz,那么 xRz.■

命题 4. 任何有限的划分框架都是乏味的。

证明.假定 < W,R > 是一个有限的划分框架和 p 是 W 上的一个有规则的概率分布。由于 R 在 W 上是反身性的,因此 < W,R > 是序列的。假定 w,那么 $x \in W$。如果并非 $w \in R(x)$,那么就并非 $x \in R(w)$,因为 R 是对称性的,因此$\{x\} \cap R(w) = \{\}$,因此

$P(\{x\} \varpi R(w)) = 0$

如果 $w \in R(x)$,那么 $R(x) = R(w)$ 并且$\{x\} \subseteq R(w)$,

由于 < W,R > 是划分性的,因此

$P(\{x\}\varpi R(w)) = P(\{x\})/P(R(w)) = P(\{x\})/P(R(x))$.

因此

$\Sigma_{w\in W}P(\{w\})P(\{x\}\varpi R(w)) = \Sigma_{w\in R(x)}P(\{w\})P(\{x\}\varpi R(w))$

$= \Sigma_{w\in R(x)}P(\{w\})P(\{x\})/P(R(x))$

$= (P(\{x\})/P(R(x)))\Sigma_{w\in R(x)}P(\{w\})$

$= (P(\{x\})/P(R(x)))/P(R(x))$.

因此,对于任意的 $X\subseteq W$,$\Sigma_{w\in W}P(\{w\})P(X\varpi R(w)) = P(X)$.■

命题 5. 一个有限的框架是乏味的,当且仅当它是划分性的。

证明.从命题 1-4. ■

注释.对命题 1-3 和 5 的证明使用了不一致的分布:就某个 $x,y\in W$(就有限的框架,一致性衍推规则性)来说,在如下意义上这是本质性的:如果定义“乏味的”用的是取代“有规则的”的“一致的”,那么 1-3 的类似命题就为假。当 P 是 W 上的一致的分布时,就每个 $X\subseteq W$ 来说,非划分性框架 $<W,R>$ 都能满足等式 $P(x) = \Sigma_{w\in W}P(\{w\})P(\{x\}\varpi R(w))$。为了看到这一点,假定 $W=\{0,1,2\}$ 并且 $R=\{<0,1>,<1,2>,<2,0>\}$。因此 $R(0)=\{1\}$,$R(1)=\{2\}$,$R(2)=\{0\}$,并且 R 在 W 上是序列的但不是反身性的,对称性的,也不是传递性的。假定 P 是 W 上的一致的分布;$P(\{0\}) = P(\{1\}) = P(\{2\}) = 1/3$。然而,

$\Sigma_{w\in W}P(\{w\})P(X\varpi R(w)) = \Sigma_{w\in W}P(X\varpi R(w))/3$

$=P(X\cap\{1\})/3P(\{1\})+P(X\cap\{2\})/3P(\{2\})+$

$P(X\cap\{0\})/3P(\{0\})$

$= P(X\cap\{1\})+P(X\cap\{2\})+P(X\cap\{0\})$

$= P(X)$.

当然,正文中的例子表明甚至在这种弱化的意义上也并非

每个有限的序列框架是乏味的。

那么说一个框架 $<\mathbb{W},R>$ 是平庸的(banal),仅当就每个实数 c, $\mathbb{W}$ 的子集 X 以及 $\mathbb{W}$ 上的有规则的概率分布 P 来说, $P(X\varpi\{w\in\mathbb{W}:P(X\varpi R(w))=c\})=c$,从而条件概率就被定义了(即就 $w\in\mathbb{W}$ 来说, $P(X\varpi R(w))=c$)。平庸性(banality)是一种形式的米勒原则或首要原则。

命题 6. 一个有限的框架是平庸的,当且仅当它是划分性的。

证明.假如 $<\mathbb{W},R>$ 是一个有限的划分性框架, $X\subseteq\mathbb{W}$ 并且 P 是 $\mathbb{W}$ 上的有规则的概率分布。如果 wRx,那么 $R(w)=R(x)$,由于 R 是一种等值关系,因此如果 $P(X\varpi R(w))=c$, $P(X\varpi R(x))=c$。因此,如果条件概率被定义了,

$$\{w\in\mathbb{W}:P(X\varpi R(w))=c\}=R(w_1)\cup\cdots\cup R(w_n)$$

这里 $R(w_i)$ 是两两不相交的并且就 $1\leqslant i\leqslant n$ 来说 $P(X\varpi R(w_i))=c$。因此就 $1\leqslant i\leqslant n$ 来说,

$$P(X\cap R(w_i))=c\,P(R(w_i))$$

因此

$$P(X\cap\{w\in\mathbb{W}:P(X\varpi R(w))=c\})=P(X\cap R(w_1)\cup\cdots\cup R(w_n))$$
$$=\Sigma_{1\leqslant i\leqslant n}P(X\cap R(w_i))$$
$$=c\,\Sigma_{1\leqslant i\leqslant n}P(R(w_i))$$
$$=c\,P(R(w_1)\cup\cdots\cup R(w_n))$$
$$=c\,P(\{w\in\mathbb{W}:P(X\varpi R(w))=c\}).$$

因此, $P(X\varpi\{w\in\mathbb{W}:P(X\varpi R(w))=c\})=c$.

相反,假如 $<\mathbb{W},R>$ 是一个有限的平庸框架。假定 $\mathbb{W}=\{w_0,\cdots,w_m\}$。$\mathbb{W}$ 上的一个有规则的概率分布 P 是:

$$P(\{w_i\})=2^i/(2^{m+1}-1)\quad(1\leqslant i\leqslant m)$$

因此对于所有 $X,Y\subseteq\mathbb{W}$, $P(X)=P(Y)$ 仅当 $X=Y$。假设

xRy。假定 $c=P(\{y\}\varpi R(x))$。由于 $y\in R(x)$,因此 $c>0$ 并且 $P(\{y\})= cP(R(x))$。假如 $P(\{y\}\varpi R(w))=c$。由于 $c>0$,$y\in R(w)$,因此 $P(\{y\})= c P(R(w))$。因此 $c P(R(w))=c P(R(x))$;因为 $c>0$,$P(R(w))= P(R(x))$,因此 $R(w)= R(x)$。相反,如果 $R(w)= R(x)$,那么 $P(\{y\}\varpi R(w))= P(\{y\}\varpi R(x))=c$。因此:

$$\{w:P(\{y\}\varpi R(w))\}=\{w:R(w)= R(x)\}$$

因此:

$$P(\{y\}|\{w:R(w)=R(x)\}=P(\{y\}|\{w:P(\{y\}|R(w))=c\})=c=P(\{y\}|R(x))$$

因为 $< W,R >$ 是平庸的。根据上述推理,$\{w:R(w)= R(x)\}=R(x)$。由于 $< W,R >$ 是序列的(因为平庸的),因此这个结论对所有 $x\in W$ 都成立。因此 wRx,当且仅当 $R(w)= R(x)$;由于后一个等式定义了一种等值关系,因此 $< W,R >$ 是划分性。■

附录5　一个非对称的认知模式

一种生物以句子的形式存储信息。它的语言L有两个原子语句H(“天热”)和C(“天冷”),有与它们通常的解释相伴随的逻辑常数N和∃,以及一元句子函子K(“我知道…”)。假定<A>根据这种解释是由句子A表达的命题,$W=\{w_1,w_2,x\}$。为了说明哪些句子存储在哪些世界里,递归地定义从L到W的一个辅助函数ϕ:

$\phi H \quad = \{w_1\}$

$\phi C \quad = \{w_2\}$

$\phi NA \quad = W - \phi A$

$\phi(A \exists B) \quad = \phi A \cap \phi B$

ϕKA　　如果 $x \in \phi A$, $= \phi A$,

否则, $= \{\}$。

假定这种生物与其环境是如此联系的,以至于对于所有的 $y \in W$ 和 $A \in L$:

\#　倾向于在y中存储A,当且仅当 $y \in \phi KA$。

例如,由于 $\phi NC = \{w_1, x\}$, $\phi KNC = \{w_1, x\}$,因此倾向于将NC存储在 w_1 和x中而不是 w_2 中。由于 $\phi KC = \{\}$,因此,不倾向于将C存储在任何世界里。因此,在关于天是否冷的信息的存储方面,#会同意第10.6节中的例子。对于天是否热的信息同样如此。

我们可以合理地论证:ϕA 是 < A > 在其中为真的世界集合。这个论证是通过归纳 A 的复杂性。唯一非常规的情形是 K 的归纳步骤。归纳假设是:ϕA 是 < A > 在其中为真的世界集合。由于表示ϕKA 的从句蕴含着 $\phi KA \subseteq \phi A$,因此#就蕴含着 A 只存储在ϕA 中的世界里。因此,根据归纳假设,这种生物仅当 < A > 为真时才倾向于存储 A。因此我们能够合理地认为:如果这种生物倾向于存储 A,那么它就知道 < A >。反之,如果它不倾向于存储 A,它就不知道 < A >。但是 < KA > 为真,当且仅当它知道 < A >。因此 < KA > 为真,当且仅当这种生物倾向于存储 A。这就完成了归纳步骤。

假如ϕA 是 < A > 在其中为真的世界集合,那么ϕ的定义就递归地说明了 L 的句子的真值条件。一个人很容易就能检验它的结果与可能世界式的语义学的结果是一致的,所使用的是第 10.6 节的表中的可通达性关系。由于可通达性关系是反身性的和传递性的,因此,当用 K 替换 *,用 L 的任意句子替换命题变量时,模态系统 S_4 的每个定理在每个世界中都为真。因此,这种生物知道它所知道的东西的每个逻辑结果。此外,每当它知道 p,它都知道它知道 p。但是有时候,当它不知道 p 时,它就不知道它不知道 p。那是因为它不能考察其知识的整体性。这是自我知识的失败,而不是任何通常意义的合理性的失败。

附录 6　对合取式分配

试图通过一个有特征 F 的算子接近一个没有 F 的算子 O，有两种明显的方式。一种是寻找比有 F 的 O 更强的最弱的算子;另一种是寻找比有 F 的 O 更弱的最强的算子 O^-。当然，O^+还是 O^-存在并没有普通的保证。然而，当 F 是对合取式分配的特征时，我们通过量化句子位置就能根据 O 来定义 O^+和 O^-。

从形式上说，我们使用了一个二元句子算子 Con，这里 Con (p,q)为真，当仅当 p 在语义上是 q 的一个合取支。我们这样来理解这一点：下述的都为真：

$$\forall p\ \forall q \ast Con(p, p \exists q)$$

$$\forall p\ \forall q \ast Con(q, p \exists q)$$

$$\forall p\ \forall q \ast Con(p,q) \supset (q \supset p))$$

$$\forall p \ast Con(p,p)$$

$$\forall p\ \forall q\ \forall r \ast ((Con(p,q) \exists Con(q,r)) \supset Con(p,r))$$

算子 O 对合取式分配，当且仅当$\forall p\ \forall q \ast (Con(p,q) \supset (Oq \supset Op))$为真。O 是事实的，当且仅当$\forall p \ast (Op \supset p)$为真。算子 O_1衍推算子 O_2，当且仅当$\forall p \ast (O_1 p \supset O_2 p)$为真。我们假定$\forall p$与 * 互换，即：巴坎公式及其逆命题都成立;这实际上是假设：有什么命题并不是偶然的。

我们这样定义算子 O^+和 O^-：

$O^{+}p =_{def} \forall q(Con(q,p) \supset Oq)$

$O^{-}p =_{def} \exists q(Con(p,q) \exists Oq)$

我们首先表明:O^{+}是对合取式分配的、至少与O一样强的最弱的算子。更准确地说,我们表明:O^{+}衍推O;O^{+}对合取式分配;如果算子O*衍推O并且对合取式分配,那么O*就衍推O^{+}。O^{+}衍推O,因为Con是反身性的。O^{+}对合取式分配,因为假定$O^{+}p$和Con(q,p),我们就能推出$O^{+}q$,这是由于Con是传递的。那么假如O*衍推O并且对合取式分配。我们证明了O*衍推O^{+}。假如O*p。假如Con(q,p),我们就有O*q,因为O*对合取式分配,因此我们就有了Oq,因为O*衍推O。因此我们就有$O^{+}p$。因此,O*衍推O^{+},正如所要求的。我们也注意到,由于O^{+}衍推O,因此如果O是事实的,O^{+}就是事实的。■

假如K是事实的,我们就能建构一个从$\forall p(p \supset +K^{+}p)$到$\forall p(p \supset K^{+}p)$的非奇式的论证。由于$K^{+}$衍推K,这就产生了一个从$\forall p(p \supset +K^{+}p)$到$\forall p(p \supset Kp)$的论证。由于$\forall p(p \supset Kp)$是荒谬的,因此我们必须否定$\forall p(p \supset +K^{+}p)$:一个命题能够为真,即使不可能知道它的所有合取支。

我们现在证明了:O^{-}是对合取式分配的至少与O一样弱的最强的算子。更准确地说,我们证明:O衍推O^{-};O^{-}对合取式分配;如果O衍推一个算子O*——它对合取式分配,那么O^{-}就衍推O*。O衍推O^{-},因为Con是反身性的。O^{-}对合取式分配,因为假如$O^{-}p$并且Con(q,p),那么我们就能推出$O^{-}q$,因为Con是传递的。那么假如O衍推O*并且O*对合取式分配。我们证明O^{-}衍推O*。假如$O^{-}p$。因此我们可以认为对于某个q,Con(p,q)并且Oq。我们有O*q,因为O衍推O*,因此我们有O*p,因为O*对合取式分配。因此,O^{-}衍推O*,正如所要求的。我们也注意到由于合取式衍推它们的合取支,因此如果O是事实的,O^{-}就是事实的。■

假如K是事实的,我们就能建构一个从∀p(p⊃+K^-p)到∀p(p⊃K-p)的菲奇式论证。由于K衍推K^-,这就产生了一个从∀p(p⊃+Kp)到∀p(p⊃K-p)的论证。这个结论说:每个真理都是一个已知真理的一个合取支。由于这是假的,我们就必须否认∀p(p⊃+Kp)。

K^+和K^-是定义明确的吗?更具体地说,句子位置的量化产生了某种非预言性(impredicativity)、循环性或悖论吗?我们可以假设一个公式是由于被归属了一个作为其语义值的集合I的一个子集而得到解释的。我们可以把I看做是可能世界、索引词等的集合,把归属给一个公式的集合看做是它在其中为真的这些项目的集合。如果a是将i的子集归属给公式,那么就所有这些归属a*——它们至多在p上的语句字母方面不同于a——来说,a(∀p φ(p))是a*的交集(φ(p))。同样,就所有这些归属a*——它们至多在p上的语句字母方面不同于a——而言,a(∃p φ(p))是a*的并集(φ(p))。这种语义学是完全没有疑问的。唯一的危险是:它可能产生了一个非常粗鄙的关于Con与K的解释。例如,我们可能说a(Con(A,B))是I,如果a(A)是a(B)的交集,是I的某个子集;否则a(Con(A,B))是{}。但是这样一来,a(Con(A,B))是I,当且仅当a(A)是a(B)的一个子集;实际上,所有结果都被看做是合取支。因此,否定∀p(p⊃+K^+p),实际上就是说:一个命题能够为真,即使不可能知道它的所有结果。∀p(p⊃+K^-p)的假实际上是存在一个真理,它是一个未知真理的结果。一种更周密的语义学可能是可取的,但也可能产生量词语义学的问题。然而,粗鄙语义学下的结果对证实主义概念也是极为不利的。

附录7　威廉姆森访谈录*

陈　波

陈波［以下简称“陈”］：蒂莫西·威廉姆森教授，很高兴有这个机会对你作访谈。中国哲学家和逻辑学家对你个人以及你的学术工作所知甚少，你能够向中国读者简要介绍一下你自己吗？例如，你的教育背景，你的学术经历，你的主要研究领域，以及某些业余爱好，诸如此类。

威：虽然我是英国人，但我出生在瑞典（1955年），因为我的父母在那里教英语。他们两人后来继续在牛津大学讲授英国文学，所以我在一种学术氛围中长大。我也是牛津的一名学生。我的第一个学位是数学和哲学方面的。我后来的博士论文是关于卡尔·波普的拟真度观念，根据这一观念，科学理论能够越来越好地逼近真理，但从不会完全为真。此后，从1980年至1988年，我在都柏林三一学院教哲学；1988—1994年，我在牛津大学

---

* 本文是陈波在2007—2008年在牛津大学对威廉姆森教授所做的访谈录，曾发表于《晋阳学刊》（2009年第1期）；英文版先后发表于《逻辑学研究》（2008年第3期）和 *Annals of the Japan Association for Philosophy of Science*, vol. 18, November 2009, pp.57–87；此访谈录日文译本发表在日本《思想》杂志。鉴于此访谈录很重要且欧美学者看不到先前发表此文的那些刊物，国际AHCI刊物Theoria于2010年重新发表此文英文版。

教哲学。然后,我转任爱丁堡大学逻辑学和形而上学教授,直至我回到牛津大学任现职。我曾经在麻省理工学院、普林斯顿大学、澳大利亚国立大学、香港中文大学等校任访问教授或研究人员。如果我不得不在我的研究中挑选出一个中心论题的话,我会说,那就是真的东西与可知的东西之间的空隙。这导致我研究了许多相互关联的问题,既有逻辑学中的技术性问题,也有宽泛的哲学问题,例如知识的性质。至于我的非学术生活,我的妻子是安娜·姆拉德诺维奇(Ana Mladenovic),一位来自塞尔维亚贝尔格莱德的钢琴家。我的前妻是一位意大利人。我有一位15岁的女儿,以及两个年龄为11岁和3岁的儿子。我的工作和家庭生活使我相当忙。我一度经常在山中旅行,但这些日子以来,唉,我很难再找到时间去做这件事,甚至没有足够的时间用于我所喜爱的诗歌、小说和电影。我的哲学使我有机会访问这个世界上的很多国家,在某种程度上不是以一位旅游者的眼光去打量它们,而是从其内部,通过作为我的主人的那些哲学家的睿智的眼睛去观察它们。

陈:你的学术背景是数学和哲学,你也是一位逻辑学家,在进入大学之前,你曾作为一名计算机程序员在一个原子能研究站工作过。我想知道,所有这些背景和训练对你的哲学生涯有何贡献?

威:计算机程序设计提供了有用的训练,即如何把一个原来模糊的观念澄清到这样的地步,它们能够变得在形式上是精确的。它也使我具体理解了把心灵(mind)视为计算机这一模型究竟意味着什么。从数学那里,我懂得了思考问题的抽象结构以及凭借一种雅致的合适概念框架去识别这种结构的重要性。我所学到的某些数学,例如概率论,直接与哲学相关联。在我的本科生哲学训练中,非常强调逻辑学,因为它在数学和哲学之间架设了一座最宽敞和最自然的桥梁。我的哲学训练肯定属于分析哲学传统。于是,下面一点就不令人感到奇怪了:在我的大多数哲学工作中,都有一个形式的方面,尽管其中绝大多数并不是纯粹形式的。就其最简单的形式而言,形式方法包括:对某些形式表达的前提给出非形式的论证,然后从这些前提出发,通过形式论证得出一个结论。这些结构化的思维方式可以用于比许多哲学家所意识到的更多的方面。例如,它们使得我们更容易去发现哲学理论的反例,因为人们能够提前构想出它们必定具有什么样的结构。就我所受训练的质量而言,我是幸运的。作为一名本科生,我每周与我的哲学导师见面一次,一次一小时,或者我单独与他见面,或者与另外一名学生一道。每次见面前我必须写一篇文章,导师对它做评论。类似地,一名研究生会因其文字作品受到长时间的个别指导。这里无处可藏:他知道他所写的每一个句子必须能够经得起仔细的检查。除了我的老师,我的许多同学也是非常能干的,我从与他们的哲学交谈中获益良多。通过跟踪正在世界的一个哲学中心展现的原创性观念,在这里,我的许多老师具有国际性声誉,并且正在我的眼前作出新的贡献,我也获得了自信心。当我作为学生时,牛津哲学和逻辑领域的领袖人物包括迈克尔·达米特(Michael Dummett)、彼得·斯特劳森(Peter Strawson)、A.J.艾耶尔(A.J.Ayer)、丹纳·司科特(Dana Scott)、格雷司·埃文斯(Gareth Evans)、约翰·麦克道威尔(John MacDowell)、约翰·麦凯(John Mackie)、R.M.黑尔(R.M.Hare)、德雷克·巴菲特(Derek Parfit)以及克瑞斯宾·赖特(Crispin Wright)。我认为,我也能够做到像他们那样。

陈:当你在牛津念书时,遭遇到所谓的“戴维森爆红”。你在2005年说过,“我过去认为,现在仍然认为,实施戴维森纲领的那种过分夸张的方式是对于形式化的滥用。”这一陈述相当大胆、直率和令人印象深刻。我想知道,你目前对戴维森哲学做何评论?

威:唐纳德·戴维森对哲学作出了重要贡献。在20世纪60年代,他在激活更具建设性和系统性的研究方面扮演了主要角色,并且对维特根斯坦和日常语言哲学的某些不良影响起到了矫正作用。在心灵哲学中,戴维森强调了根据主体的信念和欲求对行动做因果解释的重要性。在语言哲学中,他奠定了真值条件语义学的纲领,根据这一纲领,该语言的所有语句的真值条件可以从其构成短语的语义贡献中推出,这一纲领要求对作为一个整体的该语言做系统性研究。他还在一些特殊性论题上作出了很有影响的贡献:例如,他关于自我欺骗的说明,他的副词理论,根据这一理论,大多数句子是在隐含地谈论事件。就其否定的方面而言,他的风格过于隐晦和简略,以至于常常弄不清楚他的断言或论证究竟是什么。在回答质疑或异议时,他是防御型的,自我保护,很少去更为明确地澄清他的观念。不幸地是,许多人把他当做精神领袖,允许他这样做。在戴维森传统中,还存在一种倾向,以一种独断的而不是实验的精神去规定形式限制,而没有适当地解释对这些限制的证成,而是用这些限制去驱除合法的理论选择。更无助益的是,其中某些人对逻辑学拥有相当外行的知识("仅知道一点点是一件危险的事情")。所有这些在朝着拒绝开放辩论的科学精神方面走得太远了,从而妨碍了进步。幸运的是,对戴维森的这种准宗教式态度已经远不像过去那样常见了。

陈:现在让我们来谈论你的第一本书——《同一和分辨》(1990)。你能够概述一下你在这本书中所阐述的最重要的观念吗?

威:我当时对这样的情形感兴趣:人们要求给出适用于某类对象的特殊的同一性标准,但该标准本身并不具有合适的逻辑性质。例如,你可能要说,两组动物属于同一个物种,当且仅当它们能够成功地相互交配。但这并不管用,因为有这样的情形:

X 组能够成功地与 Y 组交配,并且 Y 组能够成功地与 Z 组交配,但 X 组不能成功地与 Z 组交配——几个小的遗传变异加在一起成为一个大的遗传变异。相比之下,同一性不能有这种结构;它必须在逻辑的意义上是传递的:如果 U 与 V 是同一的,V 与 W 是同一的,那么可以逻辑地推出:U 与 W 是同一的。根据集合论推理,我证明:对于原标准来说,总是存在“最好的近似”,它与原标准不同,确实具有同一性所要求的那些逻辑性质。所以,人们能够重新回到“下一个最好的东西”。我特别对这一问题的下述情形感兴趣:其中成问题的原标准是不可分辨性(认识论意义上的,而不是纯逻辑意义上的)之一。例如,你可能要说,两个对象有明显同样的颜色,当且仅当,主体不能分辨出它们之间在颜色上的任何差异。这并不管用,因为有这样的情形:其中主体不能分辨出 A 和 B 之间在颜色上的任何差异,也不能分辨出 B 和 C 之间在颜色上的任何差异,却能够分辨出 A 和 C 之间在颜色上的差异——几个不可见的差异加在一起构成一个可见的差异。还有,真正的同一性不能具有那种非传递的结构。我把同样的结构式探究应用于那些情形,但我也变得对不可分辨性本身的性质感兴趣。我论证说,两个事物的不可分辨性是属于(认知)主体的问题,该主体不能知道它们不是同一的。我表明了如何把该观念形式化,并且在认知逻辑的背景中严格地探索其逻辑后果。尽管就论证的质量而言,《同一和分辨》与我后来的著作相类似,但它并没有得出像后来的著作中所得出的那类清晰而简单的结论。其结果是,它并没有造成像后来的著作所造成的那种影响,虽然近来对它有关不可分辨性的说明的兴趣有所增长。

陈:莱布尼茨原则既包括同一的不可分辨性,也包括不可分辨者的同一(其中“不可分辨性”要在逻辑意义上理解);两者合在一起可用符号表示如下:

$$\forall x\,\forall y((x=y)\leftrightarrow\forall F(Fx\leftrightarrow Fy))$$

在我看来,这些原则只适用于像数这样的抽象实体,而不适用于跨时间的实体,例如跨越其童年、青年和老年时代的一个人;也不适用于跨空间存在的物理对象。你对这一点怎么看?如何判定那些存在于时空中的对象的同一性?

威:同一的不可分辨性毫无例外地适用于所有对象。下述想法是诱人的:虽然那位老人与那个孩童同一,他们是同一个人,但他们是可以分辨的,因为那位孩童并不具有那位老人所具有的某些属性,例如有皱纹。不过,一旦人们精确地考虑到时间参数,这些明显的反例就被消解掉了。那位老人与那个曾经是孩童的人同一;那位老人现在有皱纹,但当他还是一位孩童时他没有皱纹。那位孩童现在仍没有皱纹,这一说法是假的。大卫·维金斯(David Wiggins)沿着这样的思路,对同一的不可分辨性做了出色的辩护。有关跨空间的情形是类似的。同一条河流,例如泰晤士河,先经过牛津,再经过伦敦;它在伦敦时是宽的,但在牛津时不是。于是,这同一条河流的不同部分有不相容的属性——流经伦敦的泰晤士河的跨度很宽,但流经牛津的泰晤士河的跨度不宽——但这并不构成同一不可分辨原则的反例。不可分辨者的同一也毫无例外地适用于所有对象,只要假定性质 F 是非定性的,例如与特德是同一个人这样的性质,它适用于特德但不适用于他的孪生兄弟弗瑞德。莱布尼茨本人对纯粹定性的性质提出了一个限制条件,它或者适用于两个十分类似的对象,或者不适用于其中任何一个。但我推测你脑子里想到的是对于同一的不可分辨性的更为宽松的现代解释。当然,逻辑本身不能告诉我们,我们在不同时间和地点遭遇到的对象是否是同一的;我们也需要知道关于这些对象的某些东西!

陈:在你的第二本书《模糊性》(1994)中,你阐述了一种关于模糊性的认知观点:模糊性是一种认知现象,是一种无知。确实有某粒特别的谷子，去掉它就会使一个谷堆不成为谷堆，但我们不能知道它是哪一粒谷子。这听起来相当反直观，甚至有一点怪异。你能够澄清一下你的立场以及为它所做的论证吗？你为什么以及如何发展出关于模糊性的这样一种观点？

威：对关于模糊性的认知主义所做的主要论证是非常简单和一目了然的。它把经典逻辑的标准原则和语义学与几乎每一个人都接受的常识观察相结合。例如，10000 粒谷子构成一个谷堆，但 0 粒谷子并不构成一个谷堆。根据相当普通的逻辑或数学的推理，可以推出：位于 10000 与 0 的某处，有某个自然数 n，使得 n+1 粒谷子构成谷堆，但 n 并不构成谷堆。根据有关真的标准的原则，我们能够补充说：针对 n+1，说“许多粒谷子构成谷堆”是真的；针对 n，说“许多粒谷子构成谷堆”是假的。但是很明显，我们没有任何办法找出 n 究竟是哪一个数。这就是说，在“谷堆”的相关的模糊意义上，我们没有办法知道，当 n+1 粒谷子构成谷堆，但 n 粒并不构成谷堆时，数 n 是否可以凭数字“29”识别出来。其结果是：“堆”的外延有一个界限，但我们无法知道该界限在哪里。这解决了古代的连锁悖论，它似乎是这样的：从一个谷堆仅仅减去一粒谷子，该谷堆仍然是谷堆；所以，如果你从一个由 10000 粒谷子构成的谷堆中逐一减去谷子，直到没有一粒谷子留下来时，仍然有一个谷堆。从一个谷堆逐一减去谷子总是留下一个谷堆，这一原则是假的，但我们无法知道究竟什么时候不再有谷堆。当然，许多哲学家不喜欢这个结论，试图通过限制经典逻辑或语义学的原则，或者以某种方式限制它们的应用来避免它。当遇到困难时不愿意应用基本的原则，使我明显地感到，这在方法论上是不可靠的。我还在该书中证明，所提议的非经典选择导致了它们自己的各种类型的困难，包括它们的提倡者用来攻击认知主义的那些困难的类似物。我达到这一立场是我撰写《同一和分辨》一书的结果。在解释可分辨性的非传递性时，我塑述了我所谓的"给错误留下余地原则"，该原则大致是说：在一给定情景中，为了获得知识，你必须在相关的类似情景中避免假的信念；否则，你在原来的情景中的信念就太不安全，以至难以构成知识。我认识到，给错误留下余地原则还可以解释：假定模糊概念有明确的界限，我们为何仍然不能知道那些界限在哪里。这样一种解释构成认知主义，而不仅仅是抽象的理论选择。在撰写《同一与分辨》一书的后期，我获得了这些想法。当我撰写该书时，我关于模糊性的观念仍在变化中；直到该书出版后不久，我才得到一个足够一般的认知主义理论。

陈：什么是模糊性问题？当用多值逻辑、模糊逻辑和超赋值处理模糊性和连锁悖论时，它们不得不面临什么样的困难？当用经典逻辑去处理模糊性和连锁悖论时，它有什么样的优势？

威：有关模糊性的中心问题是，逻辑和语义学应该如何处理模糊词语和概念，这实际上包括所有的词语和概念——科学的词语和概念也包括在内；虽然它们经常比日常的词语和概念更为精确，但也不是完全精确的。在用于模糊性时，需要以某种方式对经典逻辑或语义学做修正或限制吗？如果需要，如何修正或限制？如果不需要，为什么不需要？这样的问题不仅对哲学家们提出来，而且显现给语言学家和试图建造能够用模糊语言与人交流的计算机的计算机科学家。你已经提到了三种最流行的非经典探究方式。多值和模糊的逻辑改变了经典逻辑。例如，它们意味着，矛盾可以是半真的，否则它们应该被视为确定的假。超赋值改变了经典语义学。例如它说，像"关于是否是一个谷堆，有一个截然分明的点"这样的存在断言，能够是真的，但没有一个真实的例证——根据超赋值论者，没有任何这样的点，以致下述说法"关于是否是一个谷堆，有一个截然分明的点"是真的。经典逻辑自动地避开了这些困难。对于大多数非经典探究来说,一个主要困难就是高阶模糊性:界限情形的界限情形,诸如此类。我在该书中论证说,它们并没有以令人满意的方式处理高阶模糊性。相比之下,认知主义能够很容易地处理高阶模糊性,前者把后者解释为关于我们的关于我们的知识限度的知识的限度。给错误留下余地原则精确地预示了关于知识的这种高阶限度。经典逻辑正常地被用在逻辑、数学和科学中,在这些领域中它被证明是极其成功的。少数拒绝经典逻辑的哲学家会面对这样一种修正给科学所造成的那些困难。英语中有一种说法:"差劲的工匠指责他的工具。"经典的逻辑和语义学就属于那些差劲的哲学工匠的工具。

陈:如达米特所言,二值原则预设了某种形式的实在论:正是世界的状况使得某些句子为真,另外一些句子为假。但是,直觉主义者和达米特断言,真(truth)是某种类型的认知概念,与可证性和可知性有关;仅当我们能够(至少在原则上)证明或知道一个句子的真值时,我们才能够说它是真的或者假的。你对此类断言作何评论?

威:我完全拒绝这样的断言:真是任何类型的认知概念。在下面的假设中绝没有任何矛盾:有关于这个世界的真理,尽管没有任何人能够知道它们。亚里士多德原则把握了真和假的基本性质:说非者为是,或者说是者为非,是假的;说是者为是,或者说非者为非,是真的。例如,"天在下雨"这个命题是真的,当且仅当天在下雨。陈述该等价式时没有使用任何看起来是认知的概念。证明的负担落在那些断言真是认知概念的人身上:归根结底,根据他们的观点,如果他们的观点是真的,则它应该以某种方式是可证的。当人们试图分析为关于真的认知看法做论证的尝试时,就会发现它们是非常弱的。直觉主义算术,是布劳维尔因其拒绝二值原则所发展出来的经典算术的替代品,在数学领域一直处于非常边沿的位置。把直觉主义纲领扩展到自然科学领域中的尝试,没有取得任何严肃的成功。

陈:据说,你关于模糊性的认知观点起初被许多人以怀疑的眼光打量,但在目前关于模糊性和连锁悖论的研究中,已经变成为一种相当主流的观点,至少是一种相当有影响的观点。这是真的吗?顺便问一下,在评价一项哲学工作时,应该遵循什么样的标准?

威:在我发表《模糊性》一书以前,认知主义通常被视为过于疯狂,以致不能严肃地加以对待,尽管有很少几个人捍卫着它的很少展开的版本。我对此书最初所抱的期望是,它会迫使人们严肃地对待此类观点。它确实获得了这一效果:认知主义现在已被正式地列为有关模糊性的主要理论之一。鉴于它的简单和经典的性质,许多较年轻的哲学家把它视为有关模糊性的缺省理论,一种只有在很强的论证的基础上才能加以拒绝的理论。一般而言,在评价一项哲学工作时所遵循的标准,与在评价某些其他学科中的工作时所遵循的标准并无很大不同。从我们能够独立评价为真的前提出发,能够有支持该前提的有效论证吗?从它出发,能够经有效的论证得出我们能够独立评价为假的结论吗?它具有什么样的解释力?它具有简单性和雅致的内在价值吗?

陈:我还想知道,为什么在当代语言哲学中隐喻(metaphor)成为一个热门话题?你能够解释一下原因吗?

威:隐喻对当代语义学和语言哲学中的一个中心观念——组合性——构成了一个令人迷惑的挑战。根据组合性,一个复杂的语言表达式的意义是由其构成词的意义建构出来的(如我在谈论戴维森时所提到的)。这是对人们理解他们先前从未遇到过的新句子的能力的标准解释,只要假定这些句子是由先前遇到过的词语构造出来的即可。隐喻并不以如此方式起作用。如果我告诉你,某位演员是一只雄孔雀,你也许能够构想出我脑袋里所想的是什么，即使这不简单地是对我的词语已经具有的意义加以组合的结果。某些人已经设定了一类特殊的隐喻意义去解释这种现象。也许，关于隐喻的最重要的作品就是由戴维森所撰写的一篇论文，在该文中他论证说，没有像隐喻意义这样的东西；只有这些词语的字面意义，以及它们在听话者那里所引起的效果。虽然他的观点或许过于简单，但它为关于该论题的进一步讨论提供了一个漂亮、简单且有力的基础。

陈：1997年，你当选为英国科学院院士。我猜想，许多中国读者都不清楚英国科学院是一个什么样的机构，它与英国皇家学会有什么不同？你能够解释一下吗？

威：皇家学会于1660年在伦敦创立，是一个科学家团体，后来变成英国在自然科学和数学方面的国家科学院。由于它不包括人文社会科学，于1902年创立的英国科学院就成为这些领域的国家科学院。哲学，包括哲学逻辑，处在英国科学院而不是皇家学会的范围内。平均而言，每年都会有一位英国哲学家被选为英国科学院院士，这不是一个职位，而是一种荣誉。英国科学院分配各种形式的研究资助，在国家关于教育和研究的论辩中代表人文社会科学，并与其他国家的国家科学院进行合作，如此等等。

陈：2000年，你被任命为牛津大学威克汉姆逻辑学教授。我认为，这个职位是相当重要的。你的前任者都是谁？你能够为中国读者简单地介绍他们吗？你在这个位置上的职责是什么？

威：我的直接前任是大卫·维金斯，他因其在同一的逻辑和形而上学以及伦理学方面的工作而知名。在维金斯之前，占据该教席的是迈克尔·达米特，反实在论的捍卫者；他的著名著作包括《弗雷格：语言哲学》、《弗雷格：数学哲学》、《真理和其他之谜》、《形而上学的逻辑基础》和《语言之海》。虽然达米特是我的指导教师之一，但我的哲学观点更接近维金斯的，不过他们俩人都是重要人物。达米特的前任是艾耶尔，他的《语言、真理和逻辑》一书在把逻辑实证主义引入英国方面发挥了主要作用。该位置的教学职责主要是研究生教学。许多研究生跟着我写他们的博士论文；我通过逐行批改他们所写的东西，并与他们讨论如何以最好的方式去展开他们的观念，试图教会他们如何使其工作达到精确和严格的最高标准。我对我的学生们感到非常骄傲，他们已经在世界的许多地方走上哲学教学岗位。我也上课，在这些课程中我有时阐述我本人的新近研究成果。这些课程的意图是让教授和学生们从讨论中学习。我的许多文章或著作都曾经在研究生课程上陈述过，并从这一过程中获益匪浅。虽然我的教授职位不是一个管理职位，我仍被期望在哲学系中扮演领导角色，不仅仅是通过榜样的作用，而且通过服务于各种委员会，诸如此类。当然，在牛津也设立了哲学方面的其他教席。目前，约翰·布鲁姆(John Broome)是道德哲学教授，马丁·戴维斯(Martin Davies)是精神哲学教授，约翰·霍桑(John Horthorne)是形而上学教授，特伦司·厄温(Terence Irwin)是哲学史教授。

陈：也是在2000年，你出版了你的第三本书——《知识及其限度》，它似乎受到英语哲学圈的热烈欢迎和高度评价。我读到了这样的评论："自1975年以来所出版的最好的认识论著作"，"它为后十年或更多时间内的认识论提供了议事日程"。我的问题与前面类似：你能够概述一下你在这本书中所阐述的最重要的观点吗？

威：这本书的口号是："知识是第一位的"。它主张把知识概念作为起点，根据它去理解其他的认知现象，例如信念，而不是相反。知识本身就是一种心智状态，信念是更一般的心智状态，要求以知识为条件。成功的信念构成知识；不构成知识的信念是有缺陷的。知识概念不能用更基本的术语来分析。它也被用来解释证成(justification)、证据和断定的性质。这一观点是一种极端形式的外在论,因为它意味着:我们最基本的认知状态是由与我们的外在环境的关联来构成的。例如,你知道猫坐在席子上,仅当猫确实坐在席子上……

陈:就我所知,自从柏拉图的《泰阿泰德篇》以来,就存在一个根深蒂固的传统,根据这一传统,知识意味着真理。蒯因提倡一种关于"信念网"的经验论和整体论的理论,并且还坚持一种相当激进的可错主义;他在BBC的访谈节目中甚至不接受知识为合法的概念,宣称并不存在像知识这样的东西,而只存在不同程度上有保证(warrant)的真信念。虽然我不会走得那样远,但对蒯因的立场持同情态度。我强烈怀疑"知识意味着真理"这一论题,认为它与常识的知识概念相抵触。你关于这一论题持有什么样的意见?在你的知识观和蒯因的知识观之间有什么异同?

威:确实,常识的观点就是知识衍推真理。如果某人断言他知道北京在日本,他的断言仅仅是假的。他也许认为他知道北京在日本,但他弄错了;他并不真的知道北京在日本。他对他自己的无知无知,正像他对地理学无知一样。我并不认为蒯因会不同意这一点。即使激进的可错论者也能够同意知识衍推真理,既然我们关于我们是否知道是可错的。甚至激进的怀疑论者也同意知识衍推真理,并且经常在他们的论证中尽可能地假定这一点;这样的怀疑论者是激进的可错论者。实际上,对"可错论"给出一个精准的定义是很困难的;但至少下面一点是清楚的:知识衍推真理这一断言,与下述断言是完全相容的:不存在任何一般类型的题材,关于它们我们是不可错的。我接受这两个断言。如果你愿意接受在不同程度上有保证的真信念,那么,你能够把"知识"定义为高度有保证的真信念,于是这种意义上的知识就自动地衍推真理。在《知识及其限度》一书中,我所捍卫的观点是:知识概念至少像信念和保证等概念一样是基本的。蒯因讨厌知识概念是基于无保证的还原主义假设。

陈:在这本书中,你打算批驳哪些对立的学说?你是如何批驳它们的?你能够概述一下你反驳它们的主要论证吗?

威:我所反驳的是认识论中的一个漫长的传统,即把信念当做比知识更为基本的概念,并试图根据信念、真理和其他因素来分析知识。我也在反驳相关的内在论学说,它赋予主体的纯粹内在的状态作为认识论起点的优先地位。另一个靶子是怀疑论,也就是这样一些支持怀疑论的论证,它们预设了某种形式的内在论,即使当它们表面上没有这样做时。反对根据信念来分析知识的一个论证是:在文献中,迄今为止进行了成百上千种这样的尝试,但它们全都失败了;或者,关于这种分析存在众多反例,或者这种分析是循环的。我所捍卫的观点解释了为什么所有这些分析必定失败。我还论证说,内在论的驱动力来自下面的假设:存在一些心智状态,它们在下述意义上是透明的:只要一个人处于这样的状态中,他就能够知道他处于这种状态中。例如,内在论者倾向于认为,处于疼痛的状态中是透明的,因为只要一个人处于疼痛中,他就能够知道他处于疼痛中。我论证说,仅仅透明的状态在下述意义上是不足道的:一个人总是处于这种状态中,或者从不处于这种状态中。例如,疼痛是足道的状态,因为一个人有时候处于疼痛中,在其他的时候不处于疼痛状态中。所以,处于疼痛状态是一个非透明的状态:人们能够处于疼痛中,但未能知道他处于疼痛中。所以,内在论的驱动力是不可靠的。

陈:反透明论证似乎在你的认识论中发挥了重要作用。你能够再次为我们概述一下此论证吗?为什么你断言认识论不能被完全操作化?你能够简要地论证这一点吗?

威：反透明论证考虑了这样一个过程，凭借该过程，小的改变引导你进入所谈论的那个心智状态。例如，一种折磨人的疼痛缓慢消失了，直到你处于完全舒适的状态。我利用给错误留下余地原则的一个版本去证明，这样一种缓慢的改变能够发生，仅当该状态不是透明的；例如，在该过程的某些中间阶段，在靠近处于疼痛中和不处于疼痛中的临界点的地方，必定会达到这样一个点：在那里，你处于疼痛中，但你不能知道你处于疼痛中。于是，《知识及其限度》一书的论证就与《模糊性》一书的认识论紧密关联起来。不过，我证明，无论人们是否接受有关模糊性的认知主义，他们都能够接受反透明论证。至于“操作化的”认识论，我将其理解为把认识论转变为去评价有关获取、保存和拒绝信念的规则，这些规则在下述意义上是操作性的：只要一个人在遵循那个规则，他就能够知道他在遵循该规则。当然，这会使得遵循规则成为一种透明状态，并且它不是一种不足道的状态。但是，根据反透明论证，只有不足道的状态才是透明的。于是，不存在操作化认识论所要求的那种状态。结论是，认识论不能被操作化。

陈：你把一个人的证据总体等同于他所知道的东西，用符号来表示，E=K。这样一种证据概念似乎是相当反直观的。这种类型的证据仍然是客观的还是主观的？它还能帮助我们达到真理吗？

威：我以为，E=K 是相当自然的、合乎常识的证据观。它不会使你的证据不依赖你的个人状态，因为你所知道的东西依赖于你的个人状态——例如，昨天你把你的头朝向什么样的事件并注意到它们。但同样的，它也不会使证据成为完全主观的东西，因为既然知识依赖于真理，E=K 就确保了所有证据都由真理组成（尽管不是所有的真理都是证据）。于是，证据就能够帮助我们达到真理。我们不知道的真理的概率可以根据我们所知道的真理来评定。当然,我们并不总是能够知道某物是否构成了我们的部分证据,既然我们并不总是能够知道我们是否知道这一点,但反透明论证表明:这并不构成对 E=K 的异议,既然无论证据是什么样的,具有某个特定的命题作为一个人的部分证据这一状态将不是透明的。所以,一个人能够有该命题作为他的部分证据,但不能知道它是他的部分证据。我们必须学会与这一事实自然相处。

陈:你的新知识观对认知逻辑的发展有任何意涵吗?你对当前的认知逻辑状况有何评论?你能够预测一下认知逻辑的前景吗?

威:根据这种新的知识观,除开在极度理想化的情景中外,我们应该拒绝两个认知逻辑的公理,即著名的“正内省公理”和“负内省公理”。正内省说的是,如果你知道某件事情,你就知道你知道它。负内省说的是,如果你不知道某件事情,你就知道你不知道它。雅科·亨迪卡(Jaakko Hintikka),这位形式化认知逻辑的创立者,已经给出了拒绝负内省的决定性理由。在《知识及其限度》一书中,我论证说:根据反透明论证的一个特例,正内省也失败了。认知逻辑的许多新近发展是在计算机科学和理论经济学领域,这两者都关注公共知识,其中每一个人都知道某件事情,并且每一个人都知道每一个人都知道它,诸如此类。认知逻辑被证明是研究公共知识的一个好的平台。那里的讨论趋向于在技术上是精致的,但在哲学上却是素朴的。我正试着鼓励认识论家更多地使用认知逻辑为他们感兴趣的问题建立模型。技术家可以从哲学家那里学到很多东西,反之亦然。但是,很难克服由训练和目标等方面的差异所产生出来的壁垒。

陈:你断言,真和可知性之间的间隙是弥散性的;存在着不可知的真理。你能够概述一下你关于这些论题的论证吗?你还能概述一下你关于意外考试悖论和可知性悖论的观点吗?

威:关于模糊性的认知主义,反透明论证以及对正内省和负内省的拒绝,全都涉及不能被知道的真理,至少是在相关情景中。我对意外考试悖论的处理是类似的,一个例子是一位教师告诉他的学生,仅在该年的某一天,他们将面临一场考试,并且在该考试的早晨,他们将不知道考试将发生在那一天。论证是这样进行的:考试日不可能是最后一天,既然那天早晨他们将知道这是留给考试的唯一一天。因此,他们能够提前排除考试发生在最后一天。所以,最后一天的前一天是最后的可能性。但是,这样一来,根据类似的论证,他们也能够排除考试发生在那一天。通过提前对该年的每一天继续该论证,学生们能够"证明"不可能有这样的考试。但是很清楚,如果该教师是值得信赖的,学生们就能够提前知道将会有这样一个意外考试。解决办法是弄明白下面一点:即使人们今天知道某件事情,也推不出他今天知道他明天仍然知道该件事情。这是直接拒绝正内省原则的历时版本。在《知识及其限度》一书中,我还针对新近的批评,捍卫了关于存在不可知的真理的一个不同类型的论证。该论证是由逻辑学家丘奇(Alonzo Church)设计的。它是这样进行的:存在着未知的真理。例如,在2008年1月1日,我办公室里书的数目或者是奇数或者是偶数。既然我当时没有数它们,自那时以来已经发生了太多的改变,没有人将会知道该数目是什么。于是,或者"该批书的数目是奇数"总是一个未知的真理,或者"该批书的数目是偶数"总是一个未知的真理。我们能够允许,虽然那些真理总是未知的,却不是不可知的,既然在2008年1月1日,某个人能够通过计数我房间里的书,从而知道这两个真理中的某一个。不过,如果"该批书的数目是奇数"总是一个未知的真理,那么,"'该批书的数目是奇数'总是一个未知的真理"就是一个不可知的真理,因为如果任何人知道"'该批书的数目是奇数'总是一个未知的真理",他们因此就知道"该批书的数目是奇数”,在这种情形下“该批书的数目是奇数”就不会总是一个未知的真理,在这种情形下,他们根本上就不知道“‘该批书的数目是奇数’总是一个未知的真理”(既然知识依赖于真理;整个论证使用了归谬法)。类似地,如果“‘该批书的数目是偶数’总是一个未知的真理”,那么“‘该批书的数目是偶数’总是一个未知的真理”就是一个不可知的真理。于是,无论按哪一种方式,都存在不可知的真理。反实在论者常常把此论证叫做“不可知悖论”,因为他们不喜欢该结论。在我看来,它不是悖论,而是一个出乎意料的从真前提得出真结论的简洁论证。

陈:我担心,你关于模糊性的认知主义以及你关于存在不可知的真理的断言蕴涵着某种形式的不可知论,它意味着:我们在原则上不能知道这个世界的某些部分或某些方面,例如界限情形。你认为,不可知论在认识论上是可接受的还是不可接受的?如果是可接受的,如何划出可知的与不可知的界限?

威:我的观点确实蕴涵一种有限度的不可知论,在它看来,我们必须承认,存在着某些我们不能知道的真理。不过,也存在着许多我们能够知道的真理——甚至是关于是否存在一个上帝的真理。同一个认识论原则既解释了在某些情形下的无知,也解释了在另外情形下知识的可能性,我看不出对这样的不可知论有什么可反对之处,只要它不会变成怀疑论。在某些非常清楚的情形下,我们知道我们知道一些东西。正内省的失败只是意味着,当我们知道时,我们不能总是知道我们知道;它并不意味着,当我们知道时,我们不能在某时知道我们知道。类似地,负内省的失败只是意味着当我们不知道时,我们并不总是知道我们不知道;它并不意味着:当我们不知道时,我们不能在某时知道我们不知道。我正在解释的论证类型给予我们很多关于可知性与不可知性之间界限何在的知识,但是它们也表明,我们不可能具有关于这种界限何在的完全知识。生活本身就是这样。

陈：在2007年，你当选为美国文理科学院外籍荣誉院士。谨表示热烈祝贺！我想知道，在美国文理科学院有多少来自哲学的院士？举一些著名哲学家作为例证？

威：美国文理科学院把哲学和宗教研究合成一个分部，虽然哲学似乎占大多数。该分部有近150位美国院士，他们包括了几乎所有最杰出的资深的美国哲学家。该分部有来自美国之外的28位外国荣誉院士，作为单独的一类，其中1/4是牛津哲学家。其他六位是达米特、安东尼·肯尼(Anthony Kenny)、柯拉科夫斯基(Leszek Kolakowski)、帕菲特(Drek Parfit)、佩尔斯(David Pears)和维金斯。

陈：最近我读了你的新书《哲学的哲学》(2007)，我认为它是一本相当重要的书，具有原创性和挑战性。但我也发现，它不是那么好读和容易理解，因为它的论题和观念相当新，某些章节相当技术化，其论证相当复杂。你能够概述一下这本书中最重要的观念吗？

威：这本书的一个主要目标就是捍卫哲学推理的传统的扶手椅(armchair)方法的合法性——大多数哲学家并不像自然科学家那样做实验——但在这样做时，并没有把哲学题材限制为我们的词语或概念。我把哲学视为理解这个世界(一般的)以及我们在这个世界中的位置(特殊的)的整体努力的一部分。于是，出现了下面的问题：扶手椅方法怎么能够给予我们关于在我们的扶手椅之外的这个世界的知识呢？数学的例证是鼓励性的，因为它使用了扶手椅方法，但仍然给予我们关于这个世界的有价值的知识。我论证说，哲学的扶手椅方法是由我们获取关于这个世界的知识的相当普通的方法中发展出来的。举例来说，思想实验给予我们关于形而上学可能性和形而上学必然性的知识，它确实只不过是我们通过有节制地使用想象力去评价反事实条件句(例如,“如果仅有10个人参加该聚会,该聚会就是失败的。”)把这种想象设想为首先属于神秘莫测的幻想的领域是错误的;想象发挥了意义重大的认知作用。自然地,逻辑在扶手椅推理中也发挥了重要作用。在捍卫扶手椅方法时,我并不打算说,科学实验的结果与哲学问题绝无关联,而只是说:它们的关联在原则上不会削弱扶手椅方法的使用。归根结底,即使实验的结果在原则上与数学问题相关联,但一种扶手椅方法论仍然通常是解决数学问题的最有效途径。对于某些哲学问题——例如,关于知觉的哲学,以及关于时间和空间的哲学——实验结果是重要的。对于其他的哲学问题——例如,关于可能性和存在的关系——它们并没有助益。

陈:你断言,“语言转向”和“概念转向”已经过去了,并且应该被遗弃,因为它们是错误的。你能够更清晰地解释这些断言吗?例如,什么是语言转向?什么是概念转向?为什么它们是错误的?因为什么原因?特别地,你能够更详细地解释语言和思想的关涉性(aboutness)吗?

威:语言转向是20世纪哲学最重要的特征。无论在分析传统中还是在非分析传统中,它是一场运动,通过这场运动,语言成为哲学的关注中心,或者是作为它的题材——即这一观念,哲学研究我们的现实语言或人工语言的性质和结构——或者作为它的方法——即这一观念,哲学化主要由人作为这类语言的说话者所具有的能力的应用组成。像维特根斯坦、卡尔纳普和奥斯汀这样的哲学家是语言转向在分析一翼的不同典范;德里达可以视为在非分析一翼的典范。概念转向是类似的,但用思想替换了语言,并且用心灵概念替换语词去发挥中心作用。在其后期工作中,斯特劳森既代表了语言转向,同样也代表了概念转向。像埃文斯这样的哲学家走得更远,他主张在哲学中思想分析对于语言分析的优先性。语言转向和概念转向都可以解释为对哲学的扶手椅方法论的捍卫，其办法是把哲学的雄心限制于我们在扶手椅中仍然具有的东西：我们自己的语言和思想。语言转向和概念转向是密切相关的，因为语词和概念的一个非常恰切的特征就是它们的意向性，它们的关涉性，也就是它们的指涉能力。例如，语词“水”和概念水都指涉实体水。写这本书的一个动力是，下面一点已经变得日渐清楚：许多新近的分析哲学并不适合于这两个转向。举例来说，物理学哲学并不主要研究词语“时间”和“空间”或者概念时间和空间，甚至不研究应该用什么样的词语或概念替代它们；它们主要研究时间和空间本身。他们在其方法论中也不主要依赖于简单地作为一个语言的说话者或者那些概念的拥有者所具有的能力。他们既依赖于思想实验的结果，也依赖于物理实验的结果。我通过详细的案例研究论证说，甚至在物理实验并不如此发挥作用的那些哲学部分中，也有一个类似的摆脱词语和概念的关注焦点转换。

陈：我想知道，20世纪的盎格鲁—美利坚哲学给我们留下了什么样的遗产？分析哲学具有什么样的优势和劣势？我们能够从分析哲学中学到一些什么，无论是好的还是坏的？既然你同时是哲学家和逻辑学家，你仍然称自己为分析哲学家吗？

威：我很高兴称自己为分析哲学家，因为我明显属于这个传统。但我并不认为这个标签是非常有内容的，既然在这个传统内有如此多的变种。例如，维特根斯坦和蒯因都被视为分析哲学家，即使他们彼此之间非常不同。当然，并非所有分析哲学家都是盎格鲁—美利坚人，也并非所有的盎格鲁—美利坚哲学家都是分析的。早期分析哲学的几位巨擘，譬如弗雷格和卡尔纳普，是德国人。一些盎格鲁—美利坚哲学家是后现代主义者，而不是分析哲学家（幸运的是，这样的人并不太多）。在近几十年来，最重要的发展之一就是分析哲学在英语国家之外的迅速扩展。我看到，目前在中国也有许多分析哲学家了。我看不出在做一名哲学家和做一名逻辑学家之间有任何冲突。弗雷格、罗素、蒯因和克里普克就是明显的例子。他们的逻辑仅仅是他们的哲学的更为形式的部分。许多分析哲学家一度把语言转向视为分析哲学的主要成就。如我所言,我则把它视为一个错误。不过,当人们回过头来打量20世纪的时候,人们会看到,分析哲学在此世纪内已经留下了巨大的正面遗产,该遗产并不像语言转向和概念转向所做的那样,要求我们去降低哲学的雄心。其成就过于巨大且变化多端,以至难以适当地概括,但我将挑出少数几个它的最重要的方法论方面。首先,提炼出用日常语言表述的直接了当型的哲学推理,具有清楚陈述的主题,明确阐释的论证,小心展示的证据,常识反例和具有想象力的思想实验。其次,把自然语言的语义学用于深入系统地反思哲学论题的语义结构,并由此去更精确地评价非形式的哲学论证的有效性。再次,运用形式语言的逻辑去提供对哲学论题的更精确表述,然后推演出它们的后承,有时候使用了明智地理想化的假设。最后,把科学知识——例如,来自数学、物理学、生物学和心理学的知识——与对相关领域的哲学反思结合起来。这些倾向中没有一个源出于分析哲学——人们可以在亚里士多德那里找到它们中所有的早期版本——但是,在分析哲学中它们得到了比先前严肃得多的对待。当然,我们还从过去百年的分析哲学那里获得了更为专门的知识的巨大遗产,不仅包括逻辑学和语义学,而且包括相对于不同哲学问题的现成的各种理论选择,以及这些选择所面对的那些困难。

陈:你论证说,就其题材、方法论和评价标准等等而言,哲学并不是其他科学的例外。你激烈地批评哲学例外论,并论证它是假的。从你的论证中,我可以辨别出蒯因观点的某些影子,例如他的下述看法:哲学与科学是连续的,哲学也属于我们关于这个世界的知识的总体,等等。关于哲学与科学的关系,你能够解释一下你的观点与蒯因的观点之间的同异之处吗?

威:你是正确的,就哲学与人类知识的其他分支是连续的、甚至是相互重叠的而言,我的哲学观与蒯因的哲学观是类似的。主要的差别是,蒯因赋予自然科学,特别是物理学,相对于人类知识的所有其他分支的特权地位。他倾向于拒绝一切不能化归于基础物理学的东西。我本人并不是蒯因那样的还原论者。例如,他认为,归根结底,信念和欲望的概念并不是在科学上可尊敬的,因为它们不能用物理学的语言来表述。但是,物理学的语言从未指望成为一个普遍语言。它可能是适用于物理学问题的最好的语言,物理学家是询问有关这些问题的最合适的人选,但是,并非所有好的问题都是物理学问题;对于其他问题来说,其他的词语也是需要的。如果物理学并不衍推存在着某种类型的事物(例如音乐协奏曲),也推不出物理学衍推不存在那种类型的事物。我严肃地看待我们关于历史和数学的知识,正如我严肃地看待我们关于物理学的知识一样。哲学也具有某种有限度的自主权:它不能忽视来自物理学的考虑,但也必须适当地尊重扶手椅推理。

陈:你似乎把分析性划分为三种或四种类型:形而上学的,认识论的,模态的或弗雷格的分析性。你还论证说,分析性是实质性的,而不是非实质性的;分析真理和综合真理并不以完全不同的方式为真。你能够更清楚地解释这些断言吗?

威:根据语言转向或概念转向的一种形式,哲学的起点由分析的或概念的真理组成。为了评价这些断言,我们必须询问其中“分析的”一词是什么意思。粗略说来,如果一个句子是简单地根据其意义为真,它就是形而上学上分析的。模态分析性是澄清形而上学分析性的一种方式;如果一个句子具有那种意义就使得它必然为真,它就是模态分析的。我允许某些真理,如逻辑和数学的真理,是模态分析的,但否认这显示出它们表达了某种在形而上学和认识论上明显的或非实质性的东西，因为并没有假定，必然真理本身以任何方式是明显的。如果赞成一个句子是理解它的必要条件，则它就是认识论上分析的。我论证说，没有任何句子是认识论上分析的，因为一个有能力的说话者总是能够基于理论的理由而不赞成它；即使那些理由是错误的，一个理论的错误并不等于语言上的没有能力。如果一个句子与一个逻辑真理同义，它就是弗雷格分析的。我允许某些真理，如逻辑真理，是弗雷格分析的，但再一次否认，这表明它们表达了在认识论或形而上学上明显的或非实质性的东西，因为并没有假定，逻辑真理以任何方式是明显的。一般而言，分析的或概念的真理并未以语言转向或概念转向的倡导者所希望的方式去阐明哲学的认识论。它们并没有减缩或解释哲学知识。为了论证假定的分析真理和假定的综合真理以同样的方式为真，我表明，它们的真由逻辑学和语义学以统一的方式处理，后两门学科最关注真概念。

陈：我想知道你关于逻辑真理的性质的观点：什么是逻辑真理？逻辑真理是先验的和必然的吗？在什么意义上是或者不是？逻辑是可修正的吗？如果是，如何修正逻辑真理？你同意逻辑哲学中的可修正论或可错论吗？为什么？

威：在我看来，波兰逻辑学家塔斯基对逻辑真理给予了最好的说明。这种说明在逻辑作为一门学科在过去70年的发展中已经被证明是极其有效的。首先，我们把该语言的基本词汇划分为“逻辑的”和“非逻辑的”。“逻辑”词汇典型地包括像“是”、“并非”、“并且”、“或者”、“所有”、“有些”这样的词语，也就是说，那些其意义是结构性的、能够使其意义更精确的词语；我们还可以包括像认知逻辑中的“知道”这样的更特殊的词语，假如我们对它们的结构特征感兴趣的话。然后，一个句子是逻辑真理，当且仅当它在如下的每一个解释下都真，这些解释使其逻辑词语的意义保持固定，但可以改变其他词语的解释。例如，“如果草是绿色的，则草是绿色的”是一个逻辑真理，因为只要“如果”的意义保持不变，无论“草”和“绿色的”指称什么，该句子都是真的。“草是绿色的”是一个真理，但不是逻辑真理，因为当把“草”解释为指称水，并且把“绿色的”解释为指称干燥的东西时，该句子是假的。这个定义摆脱了认识论或模态的因素，这一事实是一个优点，因为它使得逻辑真理的概念像一个基本的概念工具应该所是的那样，变得纯粹而简单。在定义逻辑真理时，纳入这样的认识论或模态的因素，已经严重地妨碍了现代逻辑的发展。在塔斯基意义上的逻辑真理并非自动就是先验的和必然的。有些人不喜欢这一后果，但看不出其中有什么错误。逻辑在某种意义上关注形式的结构的事情；为什么应该把下面一点视为理所当然的：对此类问题的回答是先验的或必然的？当我们把自身局限于像命题逻辑这样的最基础的逻辑分支时，我们可以基于更特别的理由去论证说，在塔斯基意义上的所有逻辑真理在可证的意义上是先验的，并且是形而上学上必然的。对于那些较不基础性的逻辑分支来说，图景改变了。例如，二阶逻辑——它允许我们对谓词的位置做概括，就像对名称的位置做概括一样——在本质上是不完全的；不可能得到这样一个形式的证明系统，在其中只有逻辑真理是可证的，并且所有逻辑真理都是可证的。于是，人们不能期望二阶逻辑的所有逻辑真理都是先验可知的。在模态逻辑即关于可能性和必然性的逻辑中，人们能够纳入一个特殊的算子“现实的”(actually)，类似于时态逻辑中的“现在”，并且在逻辑真理中得出这样的结果，它们并不表达必然真理。一个例子是“天在下雨，当且仅当，实际上天在下雨”，它是一个逻辑真理，因为无论怎样解释“下雨”，它都是真的；但它不是必然真理，因为即使在现实世界中天不在下雨，但天却能够下雨。塔斯基的逻辑真理概念很好地适合关于逻辑的可错论,因为它使得在原则上有可能设想一个句子是逻辑真理,当它实际上不是的时候。在实践中,我们知道初等逻辑中的逻辑真理是什么,就像我们知道初等算术中的算术真理是什么一样。在理解得不那么好的逻辑分支中,关于某个特定的句子是不是逻辑真理,我们很可能犯错误,并且被迫修正我们的意见,而并不改变该句子的意义。这样一种改变与其他科学中的改变并无根本性的不同。

陈:顺便问一下,你如何看待蒯因的著名论文《经验论的两个教条》及其在分析哲学中的影响?还有,你对蒯因哲学,特别是其自然化认识论纲领,做何一般性评价?

威:蒯因在《两个教条》一文中对分析—综合区分的批评发生了极大的影响,但他反对该区分的论证看起来却越来越少地是强迫性的。虽然他表明定义此区分的尝试涉及其他的语义概念,但他并没有一般性地证明像同义性这样的语义概念错在哪里。它们毕竟被用在作为语言科学的一个分支的语义学中。他对它们的异议似乎就是它们太不清楚了,因为它们不能化归于纯粹的行为术语,但当今很少有几位哲学家会接受他隐含的还原主义或行为主义的前提。不过,在我撰写有关分析性的部分时,使我感到惊奇的是,我看清楚了蒯因关于分析—综合区分的结论依然成立,即使人们反对他关于意义的怀疑论。这样的区分也不能做像卡尔纳普这样的哲学家期待它们去做的工作;它不能使关于一组称之为"分析的"真理的认识论和形而上学变得不足道。在蒯因自己的著述中,也暗示了对分析—综合区分的另一种不那么意识形态化的批评。蒯因工作的其他方面看起来是很过时的,例如他的行为主义:50年前,乔姆斯基摧毁了行为主义的自夸,即它是对于心灵的科学探究。蒯因的还原论看起来是更为狭隘的先入之见。但他关于逻辑的某些评论却依然像春风扑面。至于他的自然化认识论,我同意他的观点:知识的获得是自然界中的一个过程，但这一点本身却只产生了相对很少的方法论后果，如果人们不把它与他的极端还原论相结合的话。例如，它不会迫使人们把"知识"和"信念"这样的词语翻译成基础物理学的语言。该语言也许根本不能表达任何有意思的认识论问题。不过，人们可以把蒯因的自然化认识论看做是认识论中一个更一般性转折的极端表示，即摆脱笛卡儿的内在主义探究，根据这种探究，起点局限于主体所知道的东西。在研究一个人的认知状况时，我们作为理论家可以使用我们关于这个世界的所有知识，即使我们正在研究的那个人并不分享该知识。例如，我们可以使用从关于知觉的心理学实验中获得的知识。这种更为外在主义的探究已经成为自 20 世纪 60 年代以来最重要的发展之一。人们在哥德曼(Alvin Goldman)、哈曼(Gilbert Harman)、诺奇克(Robert Nozick)和孔布尼司(Hilary Kornblith)以及在《知识及其限度》一书中看到了这种探究，它至少是蒯因所意指的自然化认识论的一部分。我也在《哲学的哲学》一书中使用了这种探究，例如当我讨论逻辑的认识论时，我诉诸推理心理学方面的实验结果。

陈：你论证说，像所有其他的科学一样，哲学也需要思想实验。你还说到，"哲学将从这样一种态度中获益，它更主动地寻求建立模型的机会。"你能够解释一下，如何在哲学中应用思想实验和建立模型的方法论吗？请举一些例子。

威：最著名的思想实验的例子就是罗素所设想的例子：在一个停摆了的钟上面寻找一个时刻，该钟摆碰巧显示了正确的时间。关于当时是什么时间，那个人获得了一个真信念，甚至是一个有证成的真信念，但该信念并不构成知识。由此推出，真信念甚至是有证成的真信念都不足以构成知识。在构想该例证并判断所牵涉到的那个人并不知道那个时间时，人们就在从事一个简单的思想实验。人们获悉了在一个特定的可能情景中事情可能是什么样子，由此我们推出在该思想实验中所牵涉到的属性的某种东西——在这个例子中，是关于知识的性质的东西。模型不同于思想实验。典型地，模型使用简化和理想化，以便达到对一种可能性的形式描述，该可能性的后果因此由形式的推理得出，而不是凭借基于想象力的判断。例如，在认知逻辑中，我们可以设定一个如下的模型："可能世界"是数目0,1和2，一个"命题"是集合{0,1,2}的一个子集。一个命题在一个世界中是"真的"，当且仅当该世界是该命题的一个元素。一个称为"可通达性"的关系在世界之间成立，当且仅当它们之间的数字差异最多是1。一个人知道命题X这个命题包含一给定世界，当且仅当由那个世界可通达的每一个世界都是X的一个元素。于是，如果X是命题{0,1}，一个人知道X这个命题仅仅是{0}。由于从0可通达的世界是0本身和1，这两个数都属于{0,1}，而世界2是从世界1和2可通达的，不属于{0,1}。人们于是可以得出结论，一个人知道一个人知道X这个命题，就是一个人知道{0}这个命题，它就是空集{}，因为没有一个世界只通达到世界0。于是，在世界0，某个人知道X，但不知道某个人知道X。换句话说，我们已经为正内省公理构造了一个形式反例。该公理在该模型中失败了，这个论证是纯粹数学的。这是相对于思想实验的长处。另一个长处是该情景的形式协调性由它被刻画的方式清楚地显示出来。一个短处就是，该模型建立在一个不现实的、理想化的假定之上：一个人知道他所知道的东西的所有逻辑后承。人们不得不论证说，该理想化对于我们目前的兴趣点即正内省来说是不相干的，并且该例子在更为相干的方面却是足够现实的。有关自然科学中的模型的那种类型的争议也出现了，这些争议经常可以通过好的判断来解决掉，而不至损害模型的价值。这样一种方法论也可以应用于哲学。

陈：你论证说，像所有的理智学科一样，哲学也需要和使用证据，并且证据由事实或真命题组成。我想要知道，在你看来，究竟什么是事实？事实是客观的还是主观的？如何把事实个体化？换句话说，如何计数事实？例如，"我们在讨论你的新书"，"我们坐在扶手椅里"，"我们的口腔在发出声音"，它们是同一个事实的不同版本，还是不同的事实？如何去分辨它们？并且，如果把"事实"等同于真命题，命题的"真"、"假"又如何定义？这里是否会涉及某种循环？

威：《哲学的哲学》中对证据的讨论是许多这样的地方之一，其中我在使用《知识及其限度》一书中的认识论，强调我们并不总是能够知道某物是否是我们的证据的一部分。等式 E = K 也适用于哲学。至于事实概念，我并没有求助于高度形而上学的事实概念。对我的目的来说，把事实当做真命题就够了。既然真理是一个客观的事情，所以事实也是客观的。如果当我们坐在扶手椅里时以通常的方式谈论我的新书，那么，我们正在谈论我的新书这个命题，我们坐在扶手椅里这个命题，以及我们的口腔正在发出声音这个命题全都是真的，它们全都是事实。它们是三个不同的命题，因为其中没有一个必然等值于其中的任何其他的命题。我们能够谈论我的新书而不坐在扶手椅里；我们能够坐在扶手椅里而我们的口腔不发出声音；我们的口腔发出声音但我们不在谈论我的新书。于是，它们是三个不同的事实。虽然关于事实的个体化可以问更多的问题，《哲学的哲学》的认识论是与对它们的任何合理的回答相容的。

陈：你断言，经验至少有两种作用：证据作用和使……能够(enabling)作用。过去的经验有塑造、管制我们的想象力、判断能力和习惯的作用，所以，所有的知识，甚至包括我们的数学直觉，都与过去的经验有某种遥远的联系。使用先验和后验等范畴去刻画我们的知识，只产生很少的洞见，事实上，这是错误的。你能够进一步解释这些断言吗？我能够把你称作认识论中的经验论者吗?

威:在发挥证据作用时,经验给我们提供了新的证据:例如,当我看见一个穿红衬衫的人正在走过去时,一个穿红衬衫的人正在走过去这个事实就加入我的证据之中。在发挥使……能够的作用时,经验使我们能够获得新的概念而不给我们提供新的证据:例如,我们可以通过关于别人把“红的”一词应用到可以看见是红色的事物的经验,而获得红这个概念。根据区分“先验”和“后验”知识的标准方式,先验知识是在其中经验没有证据作用但可以发挥使……能够作用的知识。后验知识是其中经验有证据作用的知识。例如,根据这种看法,人们能够先验地知道所有红色的东西都是有颜色的,即使人们需要经验去获得红的概念,因为这是纯粹的使……能够作用。人们只能后验地知道一个穿红衬衫的人正在走过去。我对这个区分提出的问题是,经验在扶手椅知识中所发挥的作用,既不是纯粹使……能够作用,也不是严格的证据作用。在以适当的方式做思想实验时,我们在想象中使用了我们应用相关概念的技能——例如,在停着的钟摆的情形中,我们使用了我们应用知识概念的技能。我们并不在真实地经验某个人看着停着的钟摆。经验在这里发挥的作用少于证据作用。但是,即使该概念有先天的基础,我们应用该概念——这超越了单纯具有该概念——的技能,是通过对知识和无知的实际情形的感知或相关现象以及对“知道”一词的实际情形的当下经验来发展的。在《哲学的哲学》一书中,我论证说,尽管人们试图让先验/后验的区分适合这种例证,它并不以意想的方式起作用,模糊了情形之间底层的类似和差异。我并不认为我本人是一名经验论者,相反是一位试图找到介于经验论和唯理论之间的中间道路的人。经验论者强调后验知识;唯理论者强调先验知识。我所强调的是并非很好地适合这两个范畴的知识。我不是特定的经验论者的另一个方面是,我根据来自语言学和心理学的证据,相信在人类认知中存在着大量的先天因素。

陈:你能够简要地解释一下直觉在哲学中的作用吗?你对心灵哲学,特别是当代哲学中关于意向性的研究怎么看?

威:某些哲学家谈起来似乎直觉是一个单独的认知类型,就像我们需要从事思想实验一样。当我进而分析这假定的直觉例证时,我认识到,正在发生的事情远不是那么奇怪和特别。例如,在一个思想实验中,某个人作出了一个判断,其内容是一个反事实条件句,有关如果某些条件成立会发生什么样的情形:"如果这些条件成立,他就不会知道那个时间。"我把直觉概念斥之为致人迷误的。你是正确的,这些争议问题与心灵哲学有关。很少有心灵哲学家使用直觉概念。《知识及其限度》一书的不少部分与心灵哲学有关,其中我讨论了主体的知识和其他的涉及环境的心智状态如何能够因果地解释它们为什么像实际发生的那样起作用。正像我把指称外部环境中的对象作为意向性的主要情形一样,我也把关于外部环境中事态的知识作为思想的主要情形。这是一种外在论的、以成功为导向的心灵哲学,其中不成功的认知(例如,虚假的信念和空名)相对于成功的认知来理解,故障作用相对于正常作用来理解。相比之下,内在论者把处于成功和失败之间的中间情形,例如信念(可能真也可能假)和表面指称,作为基本的心智状态。从方法论的角度看,心灵哲学提出了一些迷人的问题。在20世纪80年代,许多人认为,它正在从语言哲学那里接过哲学的驾驶位置,在某些情形下,因为他们认为概念转向是比语言转向更为基本的;在另外一些情形下,因为他们认为在实验心理学和神经科学方面的突破将改变哲学。自那时以来,心灵哲学并没有真的兑现那种承诺。确实,没有一个哲学分支对于该主题来说明显是关键性的,即使某些分支比其他分支更为边沿:相反,像大多数其他的学术性学科一样，哲学已经变得更为专门化了。实验工作确实对我们关于心灵的哲学理解有所贡献，并且将继续这样做。但是，我们将仅仅从实验家的结论中获得我们对心灵的哲学理解，这样的想法总是素朴天真的。

陈：你说过，"逻辑同时是哲学和数学的分支；不可能把它分解为相互排斥的来自数学的贡献和来自哲学的贡献。"我同意你的看法。最近你完成了一篇文章《21世纪的逻辑和哲学》，其中译文会在《北京大学学报》上发表。你能够进一步澄清一下21世纪逻辑和哲学之间的关系吗？在这个世纪，逻辑能够为哲学做些什么，哲学又能够为逻辑做些什么？

威：首先逻辑是解决哲学问题的必要而不充分的条件。为了在哲学中取得进展，我们需要在一些领域使用很长的逻辑推理链，其中很难把有效推理与无效推理区分开来。逻辑帮助我们以更可靠的方式做这项工作。例如，量化模态逻辑的发展使我们能够以远比先前更安全的方式进行有关可能性、必然性和存在的推理。其次，逻辑在我前面谈论过的建立模型的活动——我举了来自认知逻辑的例子——中发挥着关键性作用。最后，逻辑为哲学的许多分支，而不仅仅是数学哲学，贡献了特定的结果。例如，关于真理的最活跃和最有成效的研究领域之一，与对说谎者悖论的解决方案有关，该说谎者说"我正在说的不是真话"，他说的是真话还是假话？该项工作的许多部分要求来自数理逻辑的困难的技巧。行动逻辑也正在变得日渐重要，因为它既可用于行动哲学，也可用于计算机科学。在相反的方向，哲学将为逻辑学家提供他们试图去解决的新问题。正像模态逻辑和认知逻辑产生于哲学关注，随后经历了自主的技术性发展一样，同样的事情也会发生在其他领域。逻辑学家是新问题的瞭望者，哲学家有时候能够看清楚这些问题，因为他们从一个新的、意料之外的角度来考察。一个可能的例子就是关于完全不受限制的概括的逻辑，它关注有关绝对的每一事物的概括的逻辑。其动机是哲学的，但其中的许多问题却是相当棘手的技术问题。

陈：你在你的哲学研究中广泛使用了形式方法。但是你也断言，“下面一点应该是清楚的：非形式方法对于哲学也是本质性的，因为像所有其他的方法一样，若应用形式方法而没有好的非形式判断，该方法是很容易致人迷误的。”我强烈同意你的说法。你能够更充分地解释这些断言吗？

威：大多数哲学问题最初都是用模糊的非形式的术语来表述自身。为了应用形式方法，人们必须把该问题形式化，用精确的形式术语来表述它。人们需要有好的非形式判断去判定该形式化是否把握了与原来问题相关的最重要的东西。例如，在形式化过程中所作出的简化或理想化是无害的吗？或者它们忽略掉了该困难问题中最核心的东西？判断形式化前提的合理性也是一个非形式的事情，诸如此类。甚至还可能有这样的问题，形式化方法对它的解决在根本上毫无贡献，尽管我对此有些怀疑。

陈：你能够从你迄今所发表的论文中，列出十篇最重要的论文吗？你能够分别用一句话描述它们的最主要贡献吗？

威：我修改了我的许多最著名的论文，将其纳入我的书中。对我来说，描述十篇没有经历此过程的论文是更有意思的事情。它们能够帮助更好地感受我的工作的多样性。我所发表的第一篇论文是《直觉主义被否证了吗？》(*Analysis*,1982)，一个很短的篇章，其中我证明，关于可知性“悖论”的论证是针对那个反实在论原则，即所有的真理都是可知的，该论证本身并没有起到反对反实在论者的作用，反实在论者遵循达米特的提议，即直觉主义是反实在论的正确逻辑；当然，我拒绝那个反实在论原则，但我认为反对它需要更多的论证。在《逆关系》(*Philosophical Review*,1985)一文中，我论证说，像踢和被踢或上和下这样的序偶对应于实在的同一个独立于语言的特征,并且我解释了由此观念所提出的某些逻辑和语义的问题。《关于比较类似性的一阶逻辑》(*Notre Dame Journal of Formal Logic*,1988)一文讨论了此类句子的逻辑:"与克里斯和大卫的类似相比,安娜更类似于贝蒂。"《两个不完全的反实在论的模态认知逻辑》(*Journal of Symbolic Logic*,1990)探索了这样的问题,按照一种反实在论理论,真等价于某些特殊的认知状态的可能性,为了不使这一理论崩溃,关于这一理论的逻辑看起来应该是什么样子。《表征图灵机的知识》(*Theory and Decision*,1994)一文是与理论经济学家 Hyun Song Shin 合写的,他当时是我在牛津的同事;此文关注认知逻辑能够以何种方式受到下述假设的限制:行为主体并不比计算机更聪明。《单纯的可能体》(*Erkenntnis*,1998)一文发展了一个形而上学的观念,它允许一个人去捍卫巴坎公式,后者是有关可能性和存在之间关系的一个有争议的原则,该原则极大地简化了量化模态逻辑。《论高阶模糊性的结构》(*Mind*,1999)一文通过表明界限情形的界限情形等如何服从意料之外的逻辑原则,从而使我的《模糊性》一书中关于模糊性的分析更深了一层。我的被引用最多的论文是《知道如何》(*Journal of Philosophy*,2001),与美国哲学家斯坦利(Jason Stanley)——我最先碰到他,是他被指派为我在麻省理工学院的教学助理——合作撰写的;该文使用了来自英语语义学的证据去间接地论证,知道如何去做某事,是知道某事是事实的一种形式,这一观点与赖尔(Gilbert Ryle)和许多其他作者所断言的相反——有人说过,人们对此文的反应是,似乎他们刚刚发现圣诞老人不存在。《必然的存在》一文(发表在由 Anthony O'Hear 编辑的一卷书中,《逻辑,思想和语言》,剑桥大学出版社,2002)是《单纯的可能体》一文的延续;我表明,关于存在、命题、真和必然性的多么简单而合理的原则如何衍推出下面的结论,即一个给定的个体是否存在，这不是一个偶然的事情。——这个结论初听起来近乎疯狂，不过，一旦你把它所涉及的那个纯逻辑的存在观念与更具体的存在观念（如在时间或空间中）区分开来，它就是好理解的了。《每一事物》（*Philosophical Perspectives*，2003）一文针对下列批评家的观点：尝试不加限制地概括会在集合论中导致悖论，如罗素的关于一切不是自身的元素的集合的集合的悖论（该集合是不是它自身的元素？），该文捍卫了同时对绝对的无论什么样的每一事物做概括的合理性；我表明这类悖论是如何危险，但又如何在最后关头避免了它们。

陈：你能够谈一谈你目前的研究工作吗？你希望在近期内成就一些什么样的事情？

威：最近，我完成了关于《知识及其限度》的 15 篇文章的回应的写作，这些文章和我的回应将很快作为题为《威廉姆森论知识》的一卷由牛津大学出版社出版，该卷编者为 Patrick Greenough 和 Duncan Pritchard。眼下，我不得不开始撰写关于《哲学的哲学》的一些文章的回应，它们是为关于该书的一个专题讨论会准备的。当然，我更有兴趣去做一些新的具有建设性的事情。我的下一本书将基于我在一些文章——例如，《单纯的可能体》（*Erkenntnis*，1998）和《必然的存在》（发表在由 Anthony O'Hear 编辑的一卷书中，《逻辑，思想和语言》，剑桥大学出版社，2002）两文——中阐述的有关存在和可能性的观念。我希望通过使用更强有力的形式系统，即二阶模态逻辑，来强化我的论证。暂拟的题目是《本体论的严格性》，将由牛津大学出版社出版。在这之后——谁知道呢？

陈：我先前与你谈过，尽管我承认克里普克是一位非常伟大的哲学家和逻辑学家，但我仍然对他的《命名与必然性》一书有系统的异议。就我所知，你是一位坚定的克里普克的信奉者。你能够谈一谈克里普克和他的工作吗？

威:作为一年级本科生,我去听了克里普克在牛津所作的声誉卓著的约翰·洛克讲演;我的导师先前已经把他描述为星光闪烁的年轻的美国哲学家(克里普克当时三十出头)。尽管当时我并没有理解他所讲的一切,但我还是留下了极其深刻的印象——他的清晰、精细的区分、逻辑的力量、想象力和常识,所有这些与某种幽默感结合在一起。自那时以来,关于应该如何做哲学工作,他一直是我的榜样。他也许比我的任何一位牛津教师对我的影响更大。我当时特别喜欢,现在仍然喜欢,他把形而上学问题和认识论问题区分开来,这是他关于先天偶然命题和后验必然命题的著名例子的基础。虽然《命名和必然性》中的某些细节也许不完全正确,我认为,他在该书中所描绘的图景基本上是正确的。当然,他早期在模态逻辑方面的技术性工作一直具有基础性的重要性。即使有人不同意它的某些方面(如我本人,在例如先前提到过的巴坎公式上),但它仍然是思考由量化模态逻辑所提出的那些形而上学争议的最好出发点。他关于真理的文章,在过去30年内已经激起了关于真理的许多第一流的技术性工作。克里普克后来的著作《维特根斯坦论规则和私人语言》,被大多数维特根斯坦的追随者斥之为对他的误解。从学术史的角度看,情况也许是如此,但他们没有认识到,克里普克正在为维特根斯坦注入某种活力。在20世纪70年代,情况大致是这样:维氏追随者认为,维氏对哲学的主要贡献就是他反对私人语言的可能性的论证。私人语言论证似乎依赖于一个证实主义的前提,大意是:描述心智状态的语句的意义就在于它们的证实方法。既然大多数哲学家(除了某些反实在论者)都认为证实主义是不值得信赖的,被广泛接受的看法是:如果私人语言论证真的基于一个证实主义前提,它就是不可靠的和没有意思的。反维特根斯坦主义者认为,它确实依赖于一个证实主义前提。维氏信徒坚持认为情况并非如此,但他们从未能令人信服地解释:假如没有这样一个前提,该论证如何进行。克里普克提供了解释该论证的一种方式,它解释了在没有证实主义前提的情况下,该论证能够如何起作用。这项工作使得维特根斯坦的工作再一次对于年轻一代的哲学家富有意义,维氏信徒对私人语言论证的辩护没有给他们留下什么印象。一旦同意克里普克的解释不适合维特根斯坦的意图,私人语言论证就失去了它的大部分吸引力,除了对坚定的维氏信徒之外。其结果是,对于分析哲学的发展来说,维氏的工作逐渐变得边缘化。不幸的是,克里普克的许多重要著作尚未出版,例如论述跨时间的同一性和某些认识论问题的著作,但他的许多观念已经通过他的讲演和私下印行的这些讲演的逐字记录稿,被哲学共同体吸收了。他没有发表更多的东西,这是一个很大的遗憾。

陈:有一组在形而上学中特别重要的用语,例如"to be","to exist","being(s)","existence","reality","actuality",等等。中国哲学家有时不能辨别它们在哲学语境中的微妙差别。你能够帮助我们对它们做一些澄清吗?

威:英语母语的说话者也经常对它们在哲学语境中的差别感到迷惑不解!这些词语中的每一个本身都以许多不同的方式被使用。通常,当哲学家们对它们做细微区分的时候,他们并不只是简单地依赖在它们的常见意义中的清楚而细致的差别;相反,他们驱使这些词语成为适合于他们自己的理论目的的专门术语。例如,如果一个哲学家说"某些实体有being但没有existence",不听完他的其余的话语,你很难知道他在作出什么样的区别。在我的《单纯的可能体》一文中,我建议,"exist"一词是有歧义的,介于逻辑的读法和更具体的读法之间。按照逻辑的读法,"exist"等于"be something"(是某物)(在"某物"的最一般的意义上);在这种意义上,"Eerything exists"(每一事物存在)明显为真,因为它等价于"Everything is something"(每一事物都是某物)。按照更具体的读法,"exist"等价于更像是"在时间或空间之中"的某种东西;在这种意义上,"Eerything exists"就成为一个高度有争议的断言:"每一事物都在时间或空间之中"——可以证明,这是一个假的断言,因为空集合是某物但不在时空之中。为了揭示"reality"(实在)和"actuality"(现实性)在哲学中的差别,注意下面一点是有助益的:"reality"典型地是与"appearence"(外观)或"pretence"(做作)相比较而言的,而"actuality"典型地是与"possibility"(可能性)相比较而言的。例如,人们会自然而然地说,"如果我吃得更少一些,我的体重就会比我的实际(actual)体重更轻一些":比较是在现实性和非现实的可能性之间进行的,而不是在现实性与一种看起来或宣称是的情形之间进行的。相反,如果一个人在剧场里观看一个爱情场景,下面的说法是自然的:"那些演员不是真的(really)在相互爱恋",而不是"那些演员不是现实地(actually)相互爱恋",既然关注点在于与虚构情景即他们在爱恋中相比较,而不是与一种可能性即他们在爱恋中相比较。但是,在很多语境中,一个人使用哪一个词语,是不太重要的;人们能够说,"麦克贝思实际上(actually)谋杀了他的前任吗?",或者"麦克贝思真的(really)谋杀了他的前任吗?"。我对中国读者的告诫是:当你们在哲学文本中看到这些词语时,不要过多地担忧其英语用法的微妙之处,而是试图弄清楚这位特定的哲学家正在用这些词语干什么事情。

陈:你如何定义你自己的哲学立场?换句话说,哪些是你的主要哲学信念?

威:我从经典逻辑的下述原则开始:假就是说是者为非,真就是说是者为是。真的东西几乎不依赖于我们人类。我们只构成了自然界的很小很小的部分,并且没有任何特殊地位。不过,尽管我们对巨大的领域无知,这些领域中有些是偶然的,有些是必然的，我们还是获得了关于这个世界的意义重大的知识，包括常识和更系统的研究。我对还原论持怀疑态度；每一个事物就是它所是的东西，而不是另一个事物。我拒斥所有的宗教信念，认为其大体上由谎言构成，人性被指望从中生长出来，但实际上不能。我们应该用证据约束我们的信念，无论这么做是多么困难，而不要让位于一厢情愿式的思考。某位反实在论哲学家曾把我称为“凶猛的实在论者”，我很高兴地接受这一描述。

陈：在你看来，一位成功哲学家的最重要的特征是什么？他应该具有什么样的基本训练、能力和知识？当一位年轻学者打算投身于一项哲学研究计划时，他应该仔细地考虑哪些因素？例如，他应该如何选择他的研究课题？如何从事他的研究工作？

威：对于有雄心的年轻哲学家，很难给出一个一般性的劝告，因为没有一个尺度适合所有人：好的哲学家在禀赋、技巧和其他特性上相互之间都有不同。适合一位哲学家的工作方式并不适合另一位。不过，人们能够说少许明显的东西：对于在几乎任何学术领域的成功来说，一些特质是需要的。你需要有勇气和想象力去思考新的思想，你还需要有耐心、持久的坚持和精确程度，去以合适的方式展开这些思想。如果你既没有自我批评的力量，也没有接受来自他人批评的谦虚精神，你的工作将不会得到改进。当你的老师犯错的时候，你必须能够认识到这个错误，但如果你太热衷于指出错误，你就不会从他们那里学到足够多的东西。很难找到中间道路。你必须学会清楚地、严谨地、不装腔作势地写作。不要担心你所说的东西是否深刻；担心它是否真实。我喜欢这样的哲学家，他前进得很慢很小心，一段时间内走一步，但理所当然，除非他们知道自己要走向哪里，否则他们不会达到目的地。在哲学方面，好的基础训练包括一些逻辑和一些哲学史，以及在下述方面的大量实践：用你自己的话去写出你对哲学问题的探讨，分析和批评另外的解决方案，然后把你的分析和批评交由你的老师去分析和批评。选择你感兴趣并且你觉得你可能有一些话要说的研究课题;课题要足够小以便能够驾驭(一个更常见的现象是,选择过大的课题,而不是选择过小的课题)。该课题是否时髦并不重要——最时髦的领域过于拥挤了——但是该领域应该有一些先前的工作以确定其研究工作的起点。投身关于一个论题的公开出版的论战之中,就像参加一场会话。你必须使你所说的东西与其他人刚刚说过的东西相关联,并且能够让他们理解。但是,除非你加入了一些你自己的东西,该次会话就会是令人生厌的。

陈:蒂莫西·威廉姆森教授,感谢你接受我的访谈。我认为,从这次谈话中,中国读者已经获得了足够多的关于你本人以及你的哲学工作的信息。对于在 2007 年 8 月至 2008 年 8 月,我在牛津大学哲学系做访问学者期间,你对我所提供的指导、帮助、建议以及所显示的友谊,谨表示诚挚的谢意。祝你继续在你的哲学生涯中取得成功!

威:也祝你如此,陈博士!在你停留于牛津期间,与你相识是一件愉快的事情,你的工作是对于分析哲学在中国的发展、对于中国哲学家与来自世界其他地方的哲学家之间的交流的重要贡献。

索　引

a priori knowledge(先验知识)4,44,186,198,231,264,291—2
accessibility(可通达性),见 epistemic accessibility(认知的可通达性)
Achinstein,P.(阿钦斯坦)189
Acquaintance(亲知)21,31—2,44,173
Action(行动)1—2,6—8,20,24,51,61,64—5,75—7,79—82,84—8,91,101—2,192,235,268;也见 explanation of action(行动的解释)
casuality operator(偶然性算子)291—3,296
alternatives(选项),见 relevant alternatives(相关的选项)
analysis(分析)3—5,8,22,30—4,36—7,39—47,49—51,54—5,58,63,77,79—80,89,91—2,100—1,117,148,185—6,283;也见 conceptual priority(概念的优先性);conjunctive analyses(合取分析);disjunctive analyses(析取分析)
ancestral concept(祖先的概念)4,32—3
anti—realism(反实在论)17,110—13,242,258,275,290
appearance(显现,呈现,表象)15,46,48,58,96,107,150,156,158,160,162,165,168,174,177—8,182—3,192,198—200,202—3,223,227,257,262,265—6;也见 hallucination(幻觉);illusion(错觉);perceptual content(知觉内容)
Aristotle(亚里士多德)1
Armatrong,D.M.(阿姆斯特朗)42,249
assertibility—conditional theories of meaning(可断定性条件的意义理论)111—13,258,263,284,300
assertion(断定)10—12,16—17,111—13,238—69,276;也见

authority for assertion(断定的权威性);C rule for assertion(断定的 C 规则);knowledge, rule for assertion(断定规则的知识);rational belief rule for assertion(断定的合理信念规则);simple account of assertion(简单的断定解释);truth, rule for assertion(断定规则的真理);warrant, for assertion(断定的保证);warrant, rule for assertion(断定规则的保证)
attitudes(态度),见 factivity(事实性);propositional attitudes(命题态度)
Aumann, R.(奥曼)228
Austin, J.L.(奥斯汀)43,207
Authority for assertion(断定的权威性)246—7, 252, 257—8, 262,264—5,268
Ayer, A.J.(艾耶尔)178
Bacharach, M. O. L.(巴卡拉克)142,228
bachwards induction arguments(反向归纳论证),见 Iterated Prisoner' s Dilemma(迭代的囚徒困境);paradox, Surprise Examination(意外考试悖论)
banal frame, definition of(平庸框架的定义)314
Barcan formula(巴坎公式)318
Barwise, J.(巴怀斯)277
Basu, K.(巴苏)228
Bayesianism(贝叶斯主义),见 objective Bayesianism(客观贝叶斯主义);subjective Bayesianism(主观贝叶斯主义)
BCOND, statement of(BCOND 的陈述)214;也见 conditionalization(条件化)
belief(信念)1—6,8—11,14—15, 21,22,24—5,27,33,38,41—8, 53, 55, 57—9, 61—2, 70—1, 79—80, 86, 99, 185, 189, 192, 194,202,208,218,238,254—6, 268, 277—80, 283; 也见 confidence(信心);credence(信任度);judgement(判断);justification(证成);rationality(合理性,理性);S4, principle for belief(信念的原则,S4);S5, principle for belief(信念的原则,S5);sensitive belief(敏感的信念);stable belief(稳定的信念);true belief(真信念)
Bicchieri, C.(比克奇瑞)142
BK rule for assertion(断定的 BK 规则)260—2
Black, M.(布莱克)252
bland frame, definition of(乏味的框架的定义)311
Boghossian, P.(博奥西安)96
BonJour, L.(邦茄)249
Bovens, L.(博文斯)135,142
Brandom, R. B.(布兰德姆)258, 267,269
broad condition, definition of(宽条件的定义)52

Brouwersche principle(布鲁沃斯克原则)166,226,228,230—1,306;也见 knowledge, that one does not know(人不知道的知识)
Burge,T.(柏杰)50,53,75,280
C rule for assertion(断定的 C 规则)241,257
canonical verification(权威的证实)112, 281—2, 284; 也见 warrant(保证)
Carnap,R.(卡尔纳普)189,211
Cartesianism(笛卡尔主义),见 Descartes(笛卡尔)
case,definition of(情形的定义)52
Castell,P.(卡斯特尔)219,222
causal powers(因果力)73—4
causation(因果关系)2,7—8,14,22,31,41,49—52,60—1,63—6, 71—4, 76—83, 88—9, 91,101—2,157,161—2,180,182,
causation(cont.)(因果关系(包括的)) 185, 191—2, 199, 218,235,239,252,268,270,282,293
certainty(确定性)23,63,205—7,213—15,220,222—3,244,254
chance(机会)84, 86, 196, 209,211,251
charity, principles of(宽容原则)267
Chellas,B.F.(切拉斯)305
Chihara,C.(奇哈拉)140
Child,T.W.(蔡尔德)44,64
Christensen,D.(克里斯腾森)198,217—19,232
closeness(接近性)13, 17, 124,126—8, 148—52, 154, 228—9;也见 margins for error(误差余地);similarity(相似性)
closure(封闭性), 见 intuitive closure(直觉的封闭性); inference(推理)
cognitive home(认知家园)93—4,109,113
Cohen,S.(科恩)169
colour(颜色):
concepts(颜色概念)3, 32, 34,43—4
properties(颜色属性)68,73
commands(命令)268
common belief(公共信念)123
common knowledge(公共知识)17,114, 122—3, 132—4, 142,227—8
communication(交流)238,267
complexity(复杂性)270
composite condition, definition of(合成条件的定义)66
conception(概念)21, 38—9, 41,44, 46—7, 95, 108, 115, 121,162, 170—1, 175, 194—200,202,274,276,283
conceptual analysis(概念分析),见 analysis(分析)
conceptual priority(概念的优先性)2—5,8—10,31—3,44,50,185—6,220,243
condition, definition of(条件的定

义)52,94
conditionalization(条件化)86, 205—6,214—20,222,231,236; 也见 BCOND;ECOND;JCOND; Jeffrey conditionalization(杰弗里条件化)
Conee,E.(科恩伊)100
confidence,degree of(信心度)86, 97—9,101,105,109,124,127, 161,209
conjecturing(推测)244—5
conjunctive analysis(合取分析)3, 8,29—30,32—3,42—3,48, 65—73,75,89,100,147,149
constitutive rules(构成规则) 239—41,266
content(内容):
of assertion(断定的内容)242
也见 externalism,about content(关于内容的外在主义); internalism,about content(关于内容的内在主义);perceptual content(知觉内容)
contextualism(语境主义)151—2, 158—9,161—2,169,181,188, 211,254—5
conventionalism(约定论)81
conventions(约定)122,239,266—7;也见 knowledgeableness(博学性);truthfulness(真实性)
conversational maxims(会话的基本原理)242—3,247—8
correlation coefficient(相关性系数)83—9,302—4
counterfactual conditionals, semantics of(反事实条件语义学)148—52,154—5,157—8, 160,295—6,307
counterfactual conditions on knowledge(知识的反事实条件)17—18,50,117,147—63,278—9, 309—10
covariance(协变性)302
Cozzo,C.(科佐)275
Craig,E.J.(克雷格)31,78,184, 249,267
credence(信任度)(degree of belief)(信念度)6,193,196, 200,209—14,220—1,223, 251,256
Cresswell,M.J.(克雷斯韦尔)223
Dancy,J.(丹西)44
Daniels,C.B.(丹尼尔斯)
Davidson,D.(戴维森)194
decidability(可判定性),见 undecidability(不可判定性)
decision theory(决策论)16,142—3,210,219,227,231—2,235
defeasibility,definition of(可否定性的定义)265
definite descriptions(限定摹状词) 285—8
degree(度,程度),见 confidence(信心);truth(真理,真)
DeRose,K.(德罗塞)147,151—2, 156—9,161—3,248—9, 252,254
Descartes,R.(笛卡尔)23,93,193,

205,213—14,219,226,254,264
desire(愿望)1,14,21—2,27,46—7,76,268
determinism(决定论)73,88,123
Dewey,J.(杜威)243
Diaconis,P.(戴肯斯)217
direction of fit(适应指向)1—2,268
discrimination(辨)13—14,17,26,28,45—6,104,119,127,130,167—8,175,177—9,183,190,256,270
disjunctive analyses(析取分析)34,44—8,83,89—90
DIST,definition of(DIST 的定义)271;也见 distribution of knowledge over conjunction(知识对合取式分配)
distribution of knowledge over conjunction(知识对合取式分配)19,118—19,145,253,260,271,273,275—85,291,318—19
dreams(梦)182
Dretske,F.I.(德雷特斯克)151,169,249,283—4
Dudman,V.(达德曼)246
Dummett,M.A.E.(达米特)96,110—13,241,266,275,281,284,290
Dutch Book(荷兰赌)210,219
duty(义务)16
E = K(principle about evidence)(关于证据的原则)185—7,189—93,197—9,202—3,206—8,222—3,225,251,256
Earman,J.(厄曼)184—5,189—90,212,220
easy possibility(容易的可能性)123—7,147;也见 closeness(接近)
ECOND(principle about evidential probability)(关于证据概率的原则)220—3,225,231—2
Edgington,D.(埃金顿)246,251,275,285,291—2,294,296—8,300
entailment,definition of(蕴涵的定义)52
environmental condition,definition of(环境条件的定义)66
epistemic accessibility,definition of(认知可通达性的定义)224
epistemic logic(认知逻辑)126,145,166—7,223,227,256
epistemic paradoxes(认知悖论)280,282,319
epistemology(认识论)5,22—3,41,49,100,180,184—5,193,207—8,212—13,216—17,222,226
error(误差,错误),见 margins for error(误差余地)
estimation(估计)130—1,159—60,195
eternal condition,definition of(永恒条件的定义)108(principle about evidence)(关于证据的原则)187—9,204—5,221

Evans, M.G.J.(埃文斯)32,53,267
evidence(证据)8—13, 15, 18, 38—9, 47, 64, 78—9, 86, 88, 101, 138, 153—5, 160, 164, 169—223, 225—6, 229—32, 234—5, 242—57, 260, 265—6, 275;也见 E=K; EV; knowledge, of evidence(证据知识); old evidence(旧证据); misleading evidence(误导的证据); total evidence(全部证据)
evidential probability(证据概率) 10, 99, 134, 186—7, 189, 195—7, 200, 204—6, 209—23, 225—6, 228—35, 244, 246, 248—52, 255—6, 275, 279; 也见 ECOND, EXP
EXP (principle about evidential probability)(关于证据概率的原则)232—3
experience(经验)44, 46, 48, 175, 178—9, 182, 193, 197—9, 206—7, 214, 216, 218
explanation(解释)7—9, 49, 61—5, 75—6, 80—3, 85, 88—9, 91—2, 101—2, 157—9, 161—2, 194—7, 200
of action(行动的解释)7—8, 49, 61—5, 75—6, 80—3, 85, 88—9, 91—2, 101—2
也见 generality of explanations(解释的普遍性); inference, to the best explanation(趋向最好解释的推理)
external/internal distinction (外部/内部的区别),见 internal/external distinction(内部/外部的区别)
external likeness, definition of(外部相似性的定义)66
externalism(外在论):
about content(关于内容的外在论)5—6, 8, 16, 51, 53, 56, 58, 61, 64, 71—2, 78, 89, 161—2, 165—6
about mental states(关于心理状态的外在论)5—6, 8, 50—3, 57—8, 60—1, 64—5, 75—6, 91—2, 173, 191, 262, 268; 也见 factivity(事实性)
about methods(关于方法的外在论)153—6, 163, 180
FACT:
definition of(FACT 的定义)271
也见 factivity(事实性)
factivity(事实性)6, 21—2, 34, 36—7, 39—41, 47—51, 54, 61, 64, 95, 134, 229, 265—6, 271, 273—6, 281, 283—5, 291—2, 318—19; 也见 FMSO
facts(事实)43—4, 82, 201
Fagin, R.(费金)123
fallibility(可错性)174, 191—3, 199, 202, 214—15
false lemmas(错误引理)56, 62—3, 78, 87
Feldman, R.(费尔德曼)100
Field, H.H.(菲尔德)217

Fine, G.(法恩)78
Fine, K.(法恩)276
fit(适应,符合),见 direction of fit(适应指向)
Fitch, F. B.(菲奇)19—20, 270—6, 279, 281—3, 285—6, 288—94, 296—7, 299, 319
FMSO (factive mental state operator)(事实性心理状态算子)34—7, 39—40
Fodor, J. A.(福多)31, 50, 73—4
forgetting(遗忘)34, 42, 78, 111, 138, 201, 206, 219, 235—6, 280;也见 memory(记忆)
formality condition(形式性条件)50
foundationalism(基础主义)186
frame, definition of(框架的定义)311
free recombination(自由重组原则)73—4, 89—91
free will(自由意志)7
Frege, G.(弗雷格)286
Fricker, E. M.(弗里克)57
Fudenberg, D.(富登伯格)227
Fumerton, R.(富默顿)171, 173, 177, 181
Gaifman, H.(盖夫曼)225
games(游戏)238—41, 258
Garber, D.(加伯)217
Gazdar, G.(加兹达)243
Geach, P. T.(吉奇)292
Geanakoplos, J.(吉纳科普洛斯)228, 231
generality of explanations(解释的普遍性)81—3, 92
geometrical properties(几何属性)27—8, 68, 73
Gettier, E.(盖梯尔)2, 4, 8, 30, 46, 64, 78, 184
Gibbons, J.(吉本斯)23
Ginet, C.(吉尼特)259
Glimpse(窥视),见 paradox, Glimpse(窥视悖论)
Glymour, C.(格利穆尔)189, 220
Gödel, K.(戈德尔)270
Goldman, A.(戈德曼)79, 153, 155, 157, 159, 169
Goldstein, M.(戈尔茨坦)232
Green, M.(格林)219
Grice, H. P.(格赖斯)35, 187, 242—3, 247—8
guessing(猜测)35, 42, 115, 242
Guttenplan, S.(格腾普兰)23
Hall, N.(霍尔)135
hallucination(幻觉)38, 156—7, 165, 173, 199, 203;也见 illusion(错觉)
Halpern, J. Y.(哈尔彭)123
Hambourger, R.(汉伯格)255
Harman, G.(哈曼)79, 194, 220, 249
Harrison, C.(哈里森)140
Hart, W. D.(哈特)270
Heal, B. J.(希尔)259
Hedenius, I.(赫德纽斯)259
Hemple, C. G.(亨普尔)189, 212
hierarchies(层级)280—2

higher—order probability(高阶概率)209,225
Hild,M.(希尔德)219
Hintikka,K.J.J.(欣提卡)23,223,253,277
Hinton,J.M.(欣顿)44
Hitchcock,C.(希契科克)219
Howson,C.(豪森)189,219—20,222
Hughes,G.E.(休斯)223
Humberstone,I.L.(亨伯斯通)167,226,252
Hume,D.(休谟)46
Hurley,S.L.(赫尔利)73
Hyman,J.(海曼)64,200
identity(同一性),见 Leibniz's Law(莱布尼兹定律)
illusion(错觉)6—7,46,48,58,75,198,202;也见 hallucination(幻觉)
indefeasibility(不可否定性),见 defeasibility(可否定性)
indexicality(索引性)16,53,58,162,165—8,198,218,274,287,292—3,297
indiscriminability(不可分辨性),见 discrimination(分辨,辨别)
induction(归纳)189,211
infallibility(不可错性),见 fallibility(可错性)
inference(推理)2,7,9,16,37,40—1,58,99,116—18,122,132—3,139—40,151,157,159,162,166,196,258,261,267,277,280,282,285
to the best explanation(趋向最好解释的推理)194—5,197,200,250—1
也见 false lemmas(错误引理);intuitive closure(直觉的封闭性)
intention(意向)2,7—8,21,61,76,268
internal/external distinction(内部/外部的区别)51—2,67,73—5,80
internal likeness,definition of(内部相似性的定义)52
internalism(内在论):
about content(关于内容的内在论)5,51,53—4,61,82,163
about mental states(关于心理状态的内在论)5—6,49—57,59—62,65—7,73—5,92,262
about methods(关于方法的内在论)154—6,163
intuitionism(直觉主义)111—12,263,275
intuitive closure(直觉的封闭性)117—18;也见 inference(推论)
irrationality(非理性,不合理性),见 rationality(合理性,理性)
Iterated Prisoner's Dilemma(迭代的囚徒困境)142—3
Jackson,F.(杰克逊)31,65,82,135,138,142
Janaway,C.(贾纳威)135
JCOND,statement of(JCOND 的陈述)216;也见 Jeffrey conditional-

ization(杰弗里条件化)
Jeffrey,R.(杰弗里)217—18
Jeffrey conditionalization(杰弗里条件化)205,216—19
Jones,O.R.(琼斯)253
judgement(判断)10—11,14,95,100—1,107,114—15,131—3,146,153—4,159—60,238,259;也见 estimation(估计)
justification(证成)2,4,8—12,30,38,41,46—7,57,78—9,145,181,184—6,200—1,203,207—8,258
Kaplan,D.(卡普兰)139,276,280,287
Kaplan,M.(卡普兰)184
Kim,J.(金)55—6
Kitcher,P.(凯切尔)264
KK principle(KK 原则),见 knowledge,that one knows(一个人知道的知识)
knowability(可知性),见 paradox,Knowability(可知性悖论);unknowability(不可知性)
knowledge(知识):
of evidence(证据知识)12—13,15,18,164,170—2,174—80,182,190—1,222
of necessary truths(必然真理的知识)39,60,107—8,150,181—2,292—5
rule for assertion(断定规则的知识)11—12,16,113,243,249,251—9,261—8,270
that one does not know(人不知道的知识)11,14—16,23—4,107,166—7,191,222,226—8,231,255—6,258—9,306,317
that one knows(人知道的知识)11—12,15—17,23—4,38,107,114—17,119—23,125,130—1,133—4,139—41,143,146,167,191,193,222,226,258,305—6,317
也见 a priori knowledge(先验知识);common knowledge(公共知识);counterfactual conditions on knowledge(知识的反事实条件);distribution of knowledge over conjunction(知识对合取式分配);epistemology(认识论);self—knowledge(自我知识);semantic knowledge(语义知识);unknowability(不可知性)
knowledgeableness,convention of(博学性的约定)266—7
Koons,R.C.(孔斯)135,280
KT modal system(KT 模态系统)276,305
KTB modal system(KTB 模态系统)306
Kvanvig,J.(克凡维格)275,286—9
Kyburg,H,Jr.(凯伯格爵士)213
Lackey,J.(拉基)257,267
language of thought(思想语言)71
languages(语言)239—41,266—7
Leibniz's Law(莱布尼兹定律)

33,40
Lemmon,E.J.(莱蒙)259
Lenzen,W.(伦曾)260
Levi,I.(利瓦伊)219
Lewis,D.K.(刘易斯)52,148—50,154—5,169,239,249,254,259,266,295,307
Liar(说谎者),见 paradox,Liar(说谎者悖论)
Lindström, S.(林德斯特伦)296—7
Lipton,P.J.(利普顿)194—5
Loar,B.(洛尔)277
locality(局部性)49,51,61,65—6,74—7,79—80,88—9,101
logical omniscience(逻辑的全能)210,212,224—5,228,230
lotteries(抽奖)58—9,117,246—52,254—6,258—60
Lowe,E.J.(洛)246
luminosity(透明性)13—15,17,19,95—115,118—19,122,125—30,164,167,175,192
luminous condition,definition of(透明条件的定义)95
Luper—Foy,S.(卢坡—富伊)151,154,156
McDowell,J.H.(麦克道威尔)23,26,44,53,95,169,198,266—7
McGinn,C.(麦金)270
MacIntosh,J.J.(麦金托什)275
Mackie,J.L.(麦凯)275
McLelland,J.(麦克莱兰德)140
Maher,P.(马厄)189,207,220
margins for error(误差余地)17—19,114,125—7,129—34,140—2,146,198,228—30,306;也见 closeness(接近性)
Martin,M.G.F.(马丁)44,48
mathematics(数学)181,207,210—12,263—6,270,277,283
meaning(意义)31,36,71—2,96,104,106—7,110—13,162,198,281—4,291,299—300;也见 semantic knowledge(语义知识);synonymy(同义)
measurement(测量)109—10,113,270
Melia,J.(米利亚)289
memory(记忆)2,6,14,21—2,34—9,41,48,52,54,119,138,140,144,173,198,205—6,214,220,226—7,263,280,293,297;也见 forgetting(遗忘)
mental concepts(心理概念)28—30,83
mental states,nature of(心理状态的本质)2,5—8,12—14,21—31,39—41,46,48—60,64—5,67—9,72,75—6,82,89—91,93,102,188,191,206,214—15,262,268;也见 externalism,about mental states(关于心理状态的外在论);factivity(事实性);internalism,about mental states(关于心理状态的内在论);phenomenal conception of mental states(现象的心理状态概念)

methods(方法)153—8,161,163,179—82,278—9,310
Millar,A.(米勒)194,201
Miller's Principle(米勒原则),见 Principal Principle(首要原则)
Milne,P.M.(米尔恩)210
misleading evidence, unpossessed (不具有的误导性证据)63,78—9
moderately strong verificationism (适当强的证实主义),见 MSVER
moderately weak verificationism(适当弱的证实主义),见 MWVER
modes of presentation(呈现模式)293
MONOTONICITY (principle about evidential probability)[单调性(关于证据概率的原则)]218—20
Montague,R.(蒙塔古)139,280
Moore,G.E.(穆尔)252—3
Moorean paradoxes(穆尔悖论)145,210,253—4,260—1,270,274,308—9
Moser,P.K.(莫泽)194
Moses,Y.(摩西)123
Mott,P.(莫特)130
MSVER(moderately strong verificationist principle)(适当强的证实主义原则)284
MWVER(moderately weak verificationist principle)(适当弱的证实主义原则)284
naïve realism(朴素实在论)48
narrow condition,definition of(窄条件的定义)52
necessary truths(必然真理),见 knowledge, of necessary truths (必然真理的知识)
nomic possibility(普通的可能性)52,73—4
Noonan,H.W.(努南)61
norms(规范)11,25,113,218,238,240—5,249,255—8
Nozick,R.(诺齐克)117,147—56,158,163,278—9
objective Bayesianism(客观贝叶斯主义)10,206,212—13,217,226
objective probability(客观概率),见 chance(机会)
old evidence,problem of(旧证据问题)10,189,220
outward-condition,definition of(外部条件的定义)67
Pagin,P.(帕金)111,275
pain(疼痛)14,21,24,27,59—60,95,106,130,298
paradox(悖论):
Glimpse(窥视)135,138—41,143
Knowability(可知性)19—20,270—301
Liar(说谎者)139,280
Surprise Examination(意外考试)17,114,134—5,138—46
也见 epistemic paradoxes(认知悖论);Moorean paradoxes(穆尔悖

论)
partitional frame, definition of(划分框架的定义)311
Parzen, E.(帕泽恩)302
Peacocke, C.A.B.(皮科克)23, 41, 47, 75, 103, 124, 151, 198
Peirce, C.S.(皮尔士)189
perception(知觉)2, 5—7, 21, 34, 36—8, 41, 46, 48—9, 54, 58, 69—71, 75—7, 83, 113—16, 118—20, 127—8, 131—3, 135—7, 139, 141, 143, 146, 153, 155—7, 159—60, 162, 165, 173, 176, 178, 180, 189—90, 194, 197—203, 205, 207, 217—19, 222
perception(cont.)[知觉(内容)]226, 252, 257, 270, 293, 297; 也见 hallucination(幻觉); illusion(错觉)
perceptual content(知觉内容)36, 197—9, 202
perceptual verbs(知觉动词)36—8
Percival, P.(珀西瓦尔)275, 300
Perner, J.(珀纳)33
Perry, J.(佩里)277
Pettit, P.(佩蒂特)64, 82, 142
phenomenal states(现象状态)15, 49, 164, 173, 178, 183
physical states(物理状态)49—50, 52—3, 61, 66, 68, 73—4, 76, 80, 156, 173, 191, 297
physicalism(物理主义)52, 80, 87
Plantinga, A.(普兰廷加)213, 275
Plato(柏拉图)78
Poincaré, H.(彭加勒)178
positive propositional attitudes(肯定的命题态度)277
possibilia(可能项), 见 quantification, over possibilia(可能项的量化)
possible worlds(可能世界)19, 52, 94, 106, 148, 150, 157, 224—5, 286, 291—8, 316, 319; 也见 reference, to possible worlds(指称可能世界)
practical reasoning(实践推理)24, 47, 76, 99
pragmatic justification(实用主义的证成)207
pragmatism(实用主义)180, 243
prediction(预言, 预测)75, 79, 83—8, 299
presentations of cases(情形的呈现)108, 167—8, 171; 也见 modes of presentation(呈现的模式)
Prichard, H.A.(普里查德)23, 42
prime condition, definition of(首要条件的定义)66
primeness(首要性)66—78, 80—3, 85, 88—92
Principal Principle(首要原则)233, 314
priority(优先性), 见 conceptual priority(概念的优先性)
Prisoner's Dilemma(囚徒困境), 见 Iterated Prisoner's Dilemma(迭代的囚徒困境)

probability(概率),见 chance(机会);credence(信任度);evidential probability(证据概率);higher—order probability(高阶概率);lotteries(抽奖);subjective probability(主观概率)
promising(有希望的)259
proof(证明)41,60,111—12,187,259—60,263—5,283
propositional attitudes(命题态度)6,21—2,25,34—6,39—40,43,47,51,53—4,58,61,64,71—2,77,82,276—7;也见 factivity(事实性);mental states(心理状态)
propositional quantification(命题的量化),见 quantification, into sentence position(句子立场的量人)
PROPOSITIONALITY(principle about evidential ptobability)[命题性(关于证据概率的原则)]218,220
propositions(命题)21,31—2,38—9,43—4,47,58,94,101,148,152,161—3,165,194—9,206,213—15,218,224,229,270,283,286—8,291,307;也见 singular propositions(单称命题)
Putnam, H.(普特南)53,76,81,161—2
quantification(量化):
into sentence position(句子位置的量化)276,285—6,318—19
over possibilia(可能项的量化)288—9
unrestricted(无限制的量化)288—9,297
Quine, W.V.O.(蒯因)194
Rabinowicz, W.(拉比诺维茨)291,295
Radford, C.(雷福德)42
rational belief rule for assertion(断定的理性信念规则)16
rationality(理性)8,12,15—17,25,45,57—60,63,76,79,101,140,142,144,164,167,170,173—4,179—80,182—4,188,191,193—4,201,206,209—12,218—20,223,226,232—6,255—7,259—64,267—8,274—5,277—8,283,285,309,317;也见 justification(证成)
RBK rule for assertion(断定的RBK规则)261—2
realism(实在论)110—13,243
reasonableness(合理性),见 rationality(理性)
reasoning(推理),见 inference(推论);practical reasoning(实践推理)
reasons(理由);见 rationality(合理性,理性)
Recanati, F.(雷卡那蒂)259,267
recombination(重组),见 free recombination(自由重组原则)
reduction(还原)82,113

reductionist programme for knowledge, definition of(还原论知识纲领的定义)50
reference(指称):
failure(指称失败)43,58,162,165
to possible worlds(提及可能世界)293—6,298—9
situations(指称情景)297
to times (指称时间) 273—4, 292—4
regularity, definition of(规则性的定义)225
relevant alternatives (相关选项) 169,174,180
reliability(可靠性)14,17,41—2, 97—103,105,123—5,127,133, 136,144,146,160,181—3,185, 193,217,267,280
remembering(记忆), 见 forgetting (遗忘);memory(记忆)
Rescher, N.(雷斯切尔)275,277
response—dependence(反应依赖性)107,130
responsibility(责任)182,268—9
rigid designation (严格指示) 286—8
Routley, R.(劳特利)275
Rubinstein, A.(鲁宾斯坦)142
rules (规则) 11—12, 40, 100, 182—3, 192, 223, 238—41, 243—5,256,258—60,266,268; 也见 BK rule for assertion(断定的 BK 规则);C rule for assertion (断定的 C 规则); constitutive rules(构成规则); knowledge, rule for assertion(断定规则的知识);rational belief rule for assertion(断定的理性信念规则); RBK rule for assertion(断定的 RBK 规则); truth, rule for assertion(断定规则的真);warrant, rule for assertion(断定规则的保证)
Russell, B.A.W.(罗素)31—2,43, 178,287
S4:
modal system(模态系统)276,317
principle for assertibility(可断定性原则)113
principle for belief (positive introspection)[信念的原则(正内省)] 309
principle for easy possibility(容易的可能性原则)124
principle for knowledge(知识的原则), 见 knowledge, that one knows(人知道的知识)
principle for metaphysical modalities(形而上学模态的原则)119—20,186,226
S5:
modal system(模态系统)276,283
principle for belief (negative introspection)[信念原则(负内省)] 309
principle for knowledge (知识原则), 见 knowledge, that one does not know(人不知道的知识)

safety（安全性）123—8，147，149,152
Sainsbury,R. M.（塞恩斯伯里）124,135
Salmon,N.U.（萨蒙）119—20
Samet,D.（萨米特）228
saying（说）243,249
scepticism（怀疑论）6—7,10,12—13,15,17,22,24,26—7,49,61,147—8，150—2，155—6，158，161,163—71,173—5,180—5,188,193,249,251—2,254—5
Schiffer,S.R.（希弗）158
Schlesinger,G.N.（施莱辛格）291
Searle,J.R.（塞尔）269
Segerberg，K.（西格尔伯格）291,295
self—knowledge（自我知识），6，12—15,22—6,56,59—60,93，95—100，104—10，156，164，169,173,178,182—3,193,210，262,317
semantic knowledge（语义知识）96,106—7,110—13
sensation（感觉）95—100,104—5，109—10，158，169，178，188，194—5;也见 pain（疼痛）
sensitive belief, definition of（敏感信念的定义）148
serial relation,definition of（序列关系的定义）311
set theory（集合论）33,211,213
shape properties（形状属性），见 geometrical properties（几何属性）
Shatz,D.（沙兹）156
Shaw,R.（肖）139
Shin，H. S.（夏恩）123，226，228,231
Shope,R.K.（肖普）30,42—3,57，78,209
similarity（相似性）123,147,156—7，162，177—8，306；也见 closeness（接近性）
simple account of assertion, definition of（断定的简单解释的定义）241
sincerity（真诚,真实）243
singular propositions（单称命题）53,58,71,162,165
situation theory（情景理论）296—7
Skyrms,B.（斯克姆斯）219—20，225,232—3
Slote,M. A.（斯洛特）244，252，254—5
Smith,M.（史密斯）162
Snowdon,P.（斯诺登）44
Soames,S.（索姆斯）293
Sorensen,R.A.（索伦森）115,135，138—40,142—3,254,275
sorites paradoxes（连锁悖论）102—4,106,118,120,139,177;也见 vagueness（模糊性）
Sosa,E.（索莎）149
speech acts（言语行为）239—41，244,249,257,267,269
stable belief（稳定的信念）78—80,87,101,123

Stalnaker, R.C.(斯托尔内克)277
Stampe, D.(斯坦普)201
states(状态)28—9,34—5,40—1,46—7,52,60,63;也见 statives(状态动词);mental states(心理状态)
statives(状态动词)34—6,39—40
Steiner, M.(斯坦纳)264
Steup, M.(斯柔普)38
Steward, H.(斯图尔德)40,82
Stich, S.P.(斯蒂奇)55
Stine, G.C.(斯泰恩)169
strong verificationism(强证实主义),见 SVER
subjective Bayesianism(主观贝叶斯主义)180, 196, 198, 205, 210—15, 218—20, 222, 225—6,231
subjective probability(主观概率)98—9;也见 credence(信任度)
Sudbury, A.(萨德伯里)138
Sugden, R.(萨格登)142
supervenience(随附性)52,54—5,61,65—6,80,156,173,190—1
Surprise Examination(意外考试),见 paradox, Surprise Examination(意外考试悖论)
SVER(strong verificationist principle)(强证实主义原则)271—6,283—5,288—9
swearing(发誓)244—5
synonymy(同义)96,106
T-conception(T-概念)274
Talbott, W.J.(塔尔博特)219
Tennant, N.(坦南特)275
testimony(证言)42, 72, 80, 110, 112, 119, 136—7, 153, 191, 201—2, 206, 257, 264, 267, 282,293
Thijsse, E.G.C.(西耶斯)260,262
time(时间),见 reference, to times(指称时间)
Tirole, J.(蒂洛尔)227
topology(拓扑学)124,126
total evidence, requirement of(全部证据要求)189—90,204
transparency(透明性)24—6;也见 self—knowledge(自我知识)
true belief(真信念)1—3,5—6,8,11,27—30,32,36,39—40,42,47,57,60,62,65,78—9,84—7,101—2,179,182
truth(真理,真):
degree of(真的程度)103,105
predicate(真理谓词)280
rule for assertion(断定规则的真)11,242,244—9,262,267—8
truth—conditional theories of meaning(真值条件的意义理论)110—13,290,316
truthfulness, convention of(真实性的约定)266—7
two—dimensional modal logic(二维模态逻辑)291;也见 actuality operator(现实性算子)
undecidability(不可判定性)112,270,290
underdetermination of theory by

data(理论不能由资料充分决定)190
Unexpected Examination(出乎意料的考试),见 paradox, Surprise Examination(意外考试悖论)
Unger, P.(昂格尔)37, 184, 194, 200, 249, 252—4
unknowability(不可知性)18—20, 270—301;也见 paradox, Knowability(可知性悖论)
Urbach, P.(乌尔巴赫)189, 220
Usberti, G.(厄斯伯蒂)275
vagueness(模糊性)100, 102—4, 106, 118—19, 133, 139, 177, 185—6, 211—12;也见 sorites paradoxes(连锁悖论)
Van Fraassen, B.(范·弗拉森)219, 232, 235
Vardi, M.Y.(瓦迪)123
Vendler, Z.(文德勒)36, 43—4
verificationism(证实主义),见 SVER; MWVER; WAVER; WAVER⁺; WSVER; WVER
virtual—condition, definition of(虚拟条件的定义)66
Vogel, J.(沃格尔)156
warrant(保证):
for assertion(断定的保证)17, 111—13, 242—3, 249—66
rule for assertion(断定规则的保证)242—3
也见 assertibility—conditional theories of meaning(可断定性条件的意义理论);assertion(断定);canonical warrant(权威的保证)
WAVER(weak verificationist principle)(弱证实主义原则)291—2, 294, 296—300
WAVER⁺(weak verificationist principle)(弱证实主义原则)292, 294, 296—7
WDEC(weak decidability principle)(弱可判定性原则)290
weak verificationism(弱证实主义),见 WVER
Weinstein, S.(温斯坦)111
Weintraub, R.(温特劳布)135
Williams, B. A. O.(威廉姆斯)78, 167
Wittgenstein, L.(维特根斯坦)93
wondering(想知道)11—12, 21, 93
worlds(世界),见 possible worlds(可能世界)
Wright, C. J. G.(赖特)99, 112—13, 138, 152, 158, 162, 184—5, 256, 266, 275, 290, 300
Wright, G.H.von(冯·赖特)292
WSVER(weak verificationist principle)(弱证实主义原则)296—300
WVER(weak verificationist principle)(弱证实主义原则)271—3, 275—6, 281, 283—5, 288—9, 291, 299—300
Yablo, S.(亚布罗)82
Zabell, S.(扎贝尔)217
Zemach, E.(扎马克)282